prometeo
libros

LA LARGA MEMORIA DE LA DICTADURA EN IBEROAMÉRICA:
ARGENTINA, CHILE Y ESPAÑA

JULIÁN CHAVES PALACIOS

(Coord.)

LA LARGA MEMORIA DE LA DICTADURA EN IBEROAMÉRICA: ARGENTINA, CHILE Y ESPAÑA

PROMETEO LIBROS (BUENOS AIRES – ARGENTINA) Y AGENCIA ESPAÑOLA
DE COOPERACIÓN INTERNACIONAL PARA EL DESARROLLO (AECID)
2010

Índice

Dictaduras, represión y movimientos por la memoria en la Argentina, Chile y España
Julián Chaves Palacios 9

La percepción del otro en tiempos de dictadura y de democracia. Hacia una memoria democrática
Fernando Sánchez Marroyo 25

La novela de la memoria. Guerra civil, posguerra y memoria en la novela española contemporánea
José Luis Bernal Salgado 57

Entre la memoria y el cine. Re-visitando la historia reciente de Chile
María Eugenia Horvitz Vásquez 75

Universidad y exilio interior: Antonio Tovar "el rector de las mil lenguas"
César Chaparro Gómez 113

Dictadura franquista y exilio español a Iberoamérica. Represión contra un destacado republicano: José Giral
Julián Chaves Palacios 139

Exilio chileno: mujeres y novela testimonial
Carmen Norambuena Carrasco 181

La disyuntiva de la derecha: qué tan cerca o qué tan lejos de Pinochet
Isabel Torres Dujisin 227

Los mitos legitimadores del Estado terrorista argentino
y sus consecuencias
Maria Susana Bonetto 247

Educar al soberano argentino en tiempos de dictadura.
Los libros de "Formación Moral y Cívica" en el último gobierno militar
María Teresa Piñero 269

Un cuerpo armado al servicio de la Dictadura de Franco:
la Guardia Civil
Francisco Javier García Carrero 293

Imaginarios en contacto: libros, imágenes e ideas políticas
de la dictadura militar chilena y el franquismo
Isabel Jara Hinojosa 325

De la conspiración del mal absoluto a la restauración
del orden tradicional. Franquismo y pinochetismo.
Bases para un pensamiento antidemocrático
Sergio Andrés Aedo Vásquez 343

Dictaduras, represión y movimientos por la memoria en Argentina, Chile y España[1]

Julián Chaves Palacios
(Universidad de Extremadura)

1. Represión y dictadura

Han transcurrido más de doscientos años desde las reivindicaciones de gobiernos verdaderamente representativos, que fructificaron en el último tercio del siglo XVIII con la Independencia de las Trece Colonias inglesas de América del Norte y en Europa con la Revolución Francesa. Procesos históricos en los que cabe destacar la primera Declaración de Derechos del Hombre que contemplaba contenidos tan extendidos después en las sociedades contemporáneas como igualdad y libertad. Conceptos que se convirtieron, con la paulatina consolidación del liberalismo, en referencia para la elaboración de constituciones que poco a poco fueron abriendo las puertas a la democracia.

Un proceso lento pero sin retorno en el que se aprecia, contemplado desde la perspectiva de los albores del siglo XXI, lo mucho que se ha avanzado en ese terreno pese a que el camino recorrido todavía es insuficiente. Y es que en plena era de la globalización, en que las actividades humanas han adquirido dimensiones internacionales de forma que las decisiones adoptadas en una parte del planeta repercuten en otras, resulta cuanto menos sorprendente que los regímenes dictatoriales se encuentren presentes en no pocos países del mundo, países en los que los derechos ciudadanos no son respeta-

---

[1] Este artículo, al igual que los restantes que componen esta publicación, se insertan en el Proyecto de Investigación número A/012165/07, titulado "Memoria Histórica y Dictaduras en Hispanoamérica en el siglo XX: un ejercicio de historia comparada", aprobado, en diciembre de 2007, por la Agencia Española de Cooperación Internacional (Ministerio de Asuntos Exteriores), dentro del programa de Cooperación Interuniversitaria e Investigación Científica entre España e Iberoamérica.

dos y se anteponen criterios autoritarios y represivos frente a cualquier atisbo de libertad.

Son Estados en los que se ha detenido el tiempo, donde la larga marcha por consolidar sistemas políticos abiertos y participativos no se ha podido materializar, ante la inequívoca voluntad contraria a ello de dirigentes que no los consideran factibles por no obedecer a sus convicciones e intereses. Escenario que lamentablemente sufren en la actualidad diversas naciones, pero que hasta hace poco tiempo han vivido otras que hasta su derrocamiento tuvieron que soportar las vicisitudes inherentes a un régimen dictatorial, entre las que destacamos la falta de libertades y la utilización de elementos coercitivos para acallar cualquier atisbo de disidencia.

Esa realidad la vivieron hasta tiempos recientes los países que acaparan especial protagonismo en la presente publicación: la Argentina, Chile y España. En los tres esa experiencia fue protagonizada por militares, siendo pionera España como resultado de la guerra civil que entre 1936-1939 asoló su territorio y tuvo como epílogo la derrota de la democracia republicana y la consolidación de una dictadura que estuvo presente casi cuarenta años. La huella de un régimen de existencia tan alargada fue significativa no sólo en el interior de España sino también en el exterior, y destacamos en ese sentido su peyorativa influencia en determinadas elites castrenses de Iberoamérica que se vieron seducidas por la presencia de un sistema de estas características en tierras hispanas.

La base de esa larga presencia del franquismo en la sociedad española residió, entre otras razones, en la implacable represión ejercida contra los disidentes. Con ese fin desde inicios de la guerra civil puso en práctica una serie de mecanismos represivos destinados a mantener el control social sobre la población que se mantuvo durante todo el régimen. En la consecución de ese objetivo no le importó, en materia de ordenamiento penal, mantener la coexistencia de dos jurisdicciones diferentes: la militar y la ordinaria, con preeminencia de la primera sobre la segunda.

Y no sólo durante la contienda armada sino también en los años cuarenta continuaron practicándose ejecuciones, meros asesinatos, que se conocieron en la jerga popular como *paseos*, ajenos a cualquier incoación de causa o regulación jurídica. Y si bien durante el conflicto armado los practicaron ambos bandos, lo cierto es que con posterioridad fueron materializados por el bando vencedor. Y también en la posguerra, como consecuencia del protagonismo de la justicia castrense, los consejos de guerra contra republicanos se siguieron celebrando a buen ritmo –posteriormente disminuyeron aunque no desaparecieron–, de ellos un número significativo con condenas a pena capital. Un balance de defunciones se sitúa en torno a 150.000 fallecidos a causa de la represión franquista, de ellas 113.000 durante la guerra[2] y el resto con posterioridad; y 48.000 por los republicanos.

Y si bien las muertes constituyeron el capítulo represivo más importante, no por ello cabe olvidar los efectos perversos que la dictadura tuvo sobre capítulos como las depuraciones de funcionarios no afines, incautaciones de bienes a desafectos, los miles de exiliados y, especialmente, la elevada nómina de españoles que se vieron privados de libertad, encarcelados en centros penitenciarios hacinados e insalubres que originaron numerosas muertes[3]. Improvisados edificios, prisiones provinciales, campos de concentración y colonias penitenciarias albergaron a una ingente población reclusa[4], que en plena posguerra se vio beneficiada por medidas como la redención de penas por el trabajo, que el franquismo consideraba una muestra de "su generosidad y humanismo", aunque realmente era otra cuestión bien distinta: una actividad destinada a alcanzar la invalidación y completa subordinación del recluso, que con unos sueldos ínfimos trabajaba en la reconstrucción de España.

Y antes de concluir el conflicto armado y con posterioridad, el régimen continuó aprobando normas penales marcadamente represivas con un doble objetivo: limpieza ideológica y sistemática eliminación de la memoria republicana. Así cabe enjuiciar el contenido de leyes como la de Responsabilidades Políticas de nueve de febrero de 1939; Ley contra la Masonería y el Comunismo del uno de marzo de 1940; o Ley de veintinueve de marzo de 1941 sobre la Seguridad del Estado. Corpus jurídico que junto al Código Penal aprobado en 1944 ponían de manifiesto el carácter fuertemente represivo de la dictadura, y el protagonismo en esa materia de los militares, como

---

[2] Sánchez Marroyo, F., "Represión franquista y represión republicana en la Guerra Civil", en Chaves, J., *Memoria Histórica y Guerra Civil: represión en Extremadura*, Badajoz, Diputación Provincial, 2004, pp. 39-60 (p. 60 para esta cita).

[3] Rodrigo, J., "Castigo, reeducación y vigilancia. El sistema concentracionario franquista y la «falsa memoria» de la Guerra Civil", en Chaves, J., *Memoria e investigación en torno a la Guerra Civil en su setenta aniversario*, Badajoz, Diputación Provincial, 2009.

[4] Molinero, C., Sala, M. y Sobrequés, S. (Eds.), *Una inmensa prisión. Los campos de concentración y las prisiones durante la guerra civil y el franquismo*, Barcelona, Crítica, 2003.

lo demuestra que hasta los años sesenta que se creó el Tribunal de Orden Público, la mayor parte de las iniciativas punitivas de orden político y social fueron competencia de la justicia castrense.

Medidas represivas ligadas con el franquismo, régimen que lamentablemente se convirtió en un referente en dictaduras latinoamericanas como la protagonizada en Chile por Augusto Pinochet. Un general que no tenía empacho en hacer pública admiración por Francisco Franco y su régimen, en el que encontró no sólo inspiración sino también un modelo de praxis política. Y es que Chile vio truncada la experiencia democrática liderada por Salvador Allende[5], tras el golpe de Estado del 11 de septiembre de 1973 que puso al frente del gobierno a una Junta Militar dirigida por Pinochet[6], que dio paso a una dictadura que prolongó su existencia hasta 1990.

Y al igual que sucedió con el franquismo, conscientes de que su permanencia en el poder pasaba por eliminar cualquier atisbo de disidencia, no dudaron en ejercer medidas represivas para controlar a la población. De esa forma, fusilamientos, desapariciones, encarcelamientos, exilio… afectaron a la población desde inicios de la insurrección y se prolongaron con posterioridad, con un balance represivo verdaderamente conmovedor[7].

Por otro lado, las detenciones afectaron a decenas de miles de chilenos a partir de 1973, encarcelamientos masivos que muestran el grave quebranto que la dictadura militar introdujo en la vida cotidiana de una población que sufrió, además, diversos estados de sitio. Detenciones que a mediados de los años ochenta, como consecuencia de la movilización ciudadana contra el régimen militar, van a registrar un notable incremento.

Prisiones y prisioneros al que cabe añadir otro capítulo no menos lacerante: las desapariciones de personas, que en los tres primeros años de dictadura se aproximó en su número a los dos millares de afectados. Actuaciones sobre la libertad de las personas de infausto recuerdo, que en no pocos casos se vieron acompañadas de torturas, método que a tenor de los testimonios facilitados

---

[5] Sobre la trayectoria de Allende y la Unidad Popular hasta el golpe de Estado del 11 de septiembre, véase; Amorós, M, *Compañero Presidente. Salvador Allende, una vida por la democracia y el socialismo*, Valencia, Universidad de Valencia, 2008.

[6] Magasich, J., *Los que dijeron "No". Historia del movimiento de los marinos antigolpistas de 1973* (2 vols.), Santiago, LOM Ediciones, 2008.

[7] Véase las cifras de la represión en María Eugenia Rojas: *La represión política en Chile. Los hechos*, Instituto de Estudios Políticos para América Latina, 1988.

por supervivientes y las denuncias efectuadas por colectivos de Derechos Humanos estuvieron bastante generalizados en todos los chilenos que se vieron afectados por actos represivos, y se prolongaron, con menor intensidad a medida que transcurría el tiempo, durante toda la dictadura de Pinochet.

Y estrechamente relacionado con estas prácticas se sitúa el ingente número de chilenos que decidieron salir del país y marcharse al exilio, en unos casos por motivos políticos y ante el fundado temor a sufrir represalias, en otros por razones económicas, pero sobre todo para seguir viviendo en libertad[8]. Al parecer, entre 1973 y 1975 esta diáspora afectó a unas veinte mil personas, y en los años siguientes el éxodo continuó a buen ritmo, en una prueba inequívoca de la incidencia que el régimen militar tuvo en esta variable, con los trastornos inherentes al cambio forzoso de país y la siempre difícil adaptación al lugar de destino.

La Argentina fue otro país latinoamericano que sufrió las consecuencias de una dictadura militar, en este caso entre los años 1976 y 1983[9]. En concreto, el 24 de marzo de 1976 tuvo lugar un golpe de Estado que acabó con el gobierno de María Estela Martínez de Perón. Una Junta de Comandantes se hizo cargo del país, siendo elegido su presidente el general Jorge Rafael Videla. Se iniciaba el denominado proceso de "reorganización nacional", que para los militares que protagonizaron el golpe tenía un diagnóstico claro: "no sólo se debían aniquilar los movimientos subversivos armados, sino que para evitar repetir la experiencia, había que reordenar la sociedad con puño firme, siendo la represión el eje de los consensos"[10].

Y, evidentemente, dentro de esa lógica entendían que era el ejército la única institución argentina capaz de "liderar la regeneración social". En ese convencimiento, la represión se convirtió en la principal arma para imponer el "orden social", prácticas que los llevaron a protagonizar la desaparición de miles de argentinos[11]. Desapariciones forzadas de personas que se vieron

---

[8] Deseos de libertad que se prolongaron hasta 1990 con fugas de presos políticos como la descrita en la siguiente publicación: Montanyà, X., *La gran evasión. Historia de la fuga de prisión de los últimos exiliados de Pinochet*, Pepitas de Calabazas Editores&Llaut, 2009.

[9] Véase; Novaro, M. y Palermo, V., *La Dictadura Militar (1976-1983). Del golpe de Estado a la restauración democrática*, Buenos Aires, Paidós, 2003.

[10] Privitellio, L. de, "A un paso del precipicio. La política argentina entre 1976 y 2008", en Saborido, J. (edit.), *Historia reciente de la Argentina*, Ayer, 73, (2009), pp. 47-72 (p. 52 para esta cita).

[11] Los organismos de derechos humanos han consensuado una cifra simbólica de 30.000 desaparecidos, aunque los registros y las denuncias existentes llevan la cifra a algo menos de la mitad. Ibídem, p. 53.

acompañadas por escenas que ponen de manifiesto el grado de degeneración al que pudieron llegar los represores en sus actuaciones, como las protagonizadas por los vuelos de aviones sobre el océano que acababan arrojando a sus aguas a los detenidos.

Actividades represivas en las que destacaron, junto a las ejecuciones, el secuestro y la detención en centros clandestinos repartidos por la geografía nacional, entre los que sobresalió por su simbolismo y entidad la bonaerense Escuela de Mecánica de la Armada (ESMA). Cárceles en las que las violaciones y torturas a los detenidos se convirtieron en una imagen cotidiana según se ha podido conocer a través de los diversos testimonios ofrecidos por los afectados que lograron sobrevivir[12]. Como sucedió en Chile o España, el exilio fue la salida que buscaron miles de argentinos para evitar represalias. Y aunque la actividad represiva fue remitiendo con el paso de los años, lo cierto es que dejó una huella indeleble entre una población que, pese a las dificultades, desde los primeros años del régimen militar exigió justicia y dignidad ante tanto atropello de los más elementales principios en derechos humanos.

2. Memoria y movimiento ciudadano por la dignidad

Reivindicaciones que lejos de cesar siguen muy presentes en la Argentina. Y es que los movimientos de derechos humanos en este país comenzaron a funcionar con anterioridad al golpe de militar de marzo de 1976, para denunciar los atropellos cometidos en la experiencia política precedente[13], Aunque fue durante la dictadura cuando alcanzaron un mayor protagonismo. En 1976 se creó la Comisión de Familiares de Desaparecidos y Presos por Razones Políticas, y a partir de entonces se fueron creando otras organi-

---

[12] Citamos como ejemplo a Nilda Eloy, de La Plata, que fue una de las represaliadas por la dictadura argentina, que la hizo pasar como detenida por seis centros clandestinos en los que sufrió torturas y vejaciones. Ha sido testigo en el juicio contra el represor Miguel Etchecolatz en 2006, según expuso en su testimonio "Desaparición de Jorge Julio López y procesos judiciales contra los autores de la represión en Argentina", expuesto en el Curso de Verano Internacional de la Universidad de Extremadura: *Memoria silenciada: Dictaduras militares y represión en Argentina, Chile y España durante el siglo XX*, celebrado en Castuera en 2008.

[13] Véase sobre la etapa anterior; Riz, L., *La política en suspenso, 1966-1976*, Buenos Aires, Paidós, 2000; Gillespie, R., *Soldados de Perón. Los Montoneros*, Buenos Aires, Sudamericana, 1988; Ollier, M. M., *Golpe o Revolución. La violencia legitimada en la Argentina 1966-1973*, Caseros, Eduntref, 2005.

zaciones[14], aunque cabe señalar que estos movimientos adquirieron verdadera carta de naturaleza en 1977. Ese año surgieron las Madres de Plaza de Mayo y Abuelas de Plaza de Mayo, que tendrán gran relevancia tanto en el interior como en el exterior del país, hasta el punto de convertirse en auténtico símbolo de la movilización ciudadana contra el régimen militar.

Actividades que iban más allá de la mera denuncia contra los represores para reclamar mayores espacios de libertad. Como señala Gabriela Delamata:

"Durante el gobierno militar, las declaraciones, marchas y denuncias efectuadas ante instituciones nacionales e internacionales por violaciones de los derechos humanos fueron organizando la reivindicación del movimiento alrededor de la exigencia de *verdad* y *justicia*. A su vez, la posibilidad de reclamar en estos términos suponía el restablecimiento del Estado de Derecho y la protección de las libertades civiles. Es decir, invocaba la democratización de la vida política desde una óptica que asociaba la democracia con la vigencia del orden jurídico"[15].

Y, efectivamente, tras la caída de la dictadura, esta demanda ciudadana traspasó las meras movilizaciones para convertirse en un instrumento significativo dentro del nuevo orden democrático[16]. La exigencia de responsabilidades a los protagonistas de la represión se convirtió en una de las cuestiones pendientes, de forma que durante el gobierno del radical Raúl Alfonsín la justicia civil decidió juzgar a los miembros de las juntas militares. Pero la soliviantada reacción castrense ante los primeros juicios determinó un pacto con el gobierno que se tradujo en la aprobación, antes de terminar el año 1986, de la Ley de Punto Final, y ya en 1987 la complementaria Ley de Obediencia Debida, que supusieron un freno a los juicios contra militares y la puesta en libertad de miembros del ejército ya condenados.

Esta decisión detuvo las demandas de los organismos de derechos humanos en la Argentina, hasta el punto que este enojoso asunto dejó de ser un tema nuclear en el debate político para pasar a un segundo plano. Hubo que

---

[14] Ese mismo año vio la luz el Movimiento Ecuménico por los Derechos Humanos y tres después el Centro de Estudios Legales y Sociales (CELS).

[15] Delamata, G., "Movilización colectiva y transformaciones de la ciudadanía en la Argentina reciente (1980-2007)", en Saborido, J. (edit.), *op. cit.*, pp. 73-102 (p. 77 para esta cita).

[16] Pereyra, S., *¿La lucha es una sola? La movilización social entre la democratización y el neoliberalismo*, Buenos Aires, Biblioteca Nacional y Universidad Nacional General Sarmiento, 2008.

esperar a los inicios del siglo XXI, concretamente al año 2003, para que el Congreso de la Nación las declarara nulas, y dos años después la Corte Suprema de Justicia ratificara la inconstitucionalidad de ambas leyes. Derogaciones que abrieron un nuevo escenario en relación con las demandas de las organizaciones de derechos humanos que se han visto traducidas, gracias al apoyo gubernamental, en nuevos reconocimientos e iniciativas, entre las que destaca la celebración de juicios, en determinados casos tramitados en el extranjero[17], contra los protagonistas de la represión durante la dictadura.

Y del mismo modo, esa dinámica de reivindicación y rescate de la memoria ha tenido una significativa representatividad en Chile, donde los organismos de derechos humanos comenzaron a denunciar, desde inicios de la dictadura, las graves acciones represivas cometidas en el país. El texto que exponemos a continuación, procedente de la pionera Agrupación de Familiares de Detenidos Desaparecidos, es bastante esclarecedor a ese respecto:

"Después del 11 de septiembre de 1973, los familiares de las víctimas iniciamos la búsqueda de nuestros seres queridos individualmente, recorriendo todos los lugares donde pudiesen estar o pudiesen saber de sus paraderos. En esa larga y penosa tarea nos encontramos con otras familias en idéntica situación. Surgió entonces la necesidad de organizarnos para iniciar una búsqueda conjunta, intercambiando experiencias y coordinando acciones. Así nació la Agrupación de Detenidos Desaparecidos. Fue el dolor, la impotencia y la necesidad de saber el paradero de los nuestros lo que nos unió. En un comienzo, el objetivo perseguido fue salvar con vida a nuestros familiares. Era imposible creer que los hubiesen matado. Al calor de la consigna del *"Dónde Están"* nos fuimos haciendo conocidos en el país y en el mundo entero. Fuimos los primeros en salir a la calle, no nos venció ni la brutal represión ejercida en contra nuestra por las fuerzas policiales, ni las constantes amenazas de los organismos de seguridad que llegaban a allanar nuestras casas en la impunidad de la noche. Hoy nadie puede negar que nuestra lucha no sólo ayudó al esclarecimiento de la verdad, plasmada posteriormente en el Informe Rettig, sino que también contribuyó decisivamente a la instauración de la democracia en Chile"[18].

---

[17] Fue el caso del juez de la Audiencia Nacional de España, Baltasar Garzón, que desde Madrid solicitó "con carácter urgente" al gobierno de España que reclamara al de la Argentina la extradición de 26 ex militares, detenidos en el mes de julio de 2003 y procesados por el magistrado español por delitos de terrorismo, genocidio y torturas, que cometieron presuntamente durante la etapa de la dictadura argentina, entre 1976 y 1983.

[18] Texto publicado en el manifiesto relacionado con el proyecto de construcción de la Casa de la Memoria, firmado por Agrupación de Familiares de Detenidos Desaparecidos.

Concluye el texto anterior haciendo referencia a la importancia que estos colectivos tuvieron para la implantación de un sistema democrático en el país, y haciendo alusión al informe Rettig, que lleva ese nombre por ser el del jurista que presidió la Comisión Nacional de Verdad y Reconciliación, creada en el mismo año 1990, pero ya con un gobierno democrático presidido por Patricio Aylwin. Esta Comisión tuvo como principal objetivo esclarecer la verdad sobre las graves violaciones de derechos humanos cometidas en Chile durante la dictadura. En su informe final se señala que:

"De las 2.920 personas cuya muerte o desaparecimiento se sometió a su conocimiento, 2.115 fueron víctimas de violaciones de derechos humanos, 164 murieron a consecuencia de actos de violencia política y en 641 casos no logró formarse convicción. De las 2.115 personas que fueron víctimas de violaciones de derechos humanos, 1.068 fueron muertas –en ejecuciones, torturas, por decisión de Consejos de Guerra, alegando la llamada ley de fuga en represión a protestas–, 90 murieron por acciones de particulares actuando bajo pretextos políticos y 957 son detenidos desaparecidos"[19].

Este informe tuvo importante repercusión tanto en el interior como fuera del país, al dar a conocer de forma "oficial", el alcance de las acciones represivas sobre los chilenos durante la dictadura de Pinochet. Fruto de ese informe, el siguiente paso fue arbitrar medidas de reparación a las víctimas, labor que mediante ley de febrero de 1992 coordinó la denominada Corporación Nacional de Reparación y Conciliación, que estableció pensiones y otras ayudas a familiares directos de las víctimas. Iniciativas que años más tarde se vieron acompañadas por demandas judiciales contra el mismo Pinochet, como el Auto procesal tramitado desde España por el juez Garzón en octubre de 1998, que originó su detención en Londres y posterior demanda de extradición[20].

---

[19] Este texto corresponde a la clase magistral dictada por D. Patricio Aylwin el 4 de junio de 2007, en la inauguración del año académico en la Facultad de Ciencias Jurídicas y Sociales de la Universidad de Talca, con el título: *La Comisión chilena sobre verdad y reconciliación*. Revista Ius et Praxis, 13 (1), (2007), pp. 425-434.
[20] El Auto fue emitido por el Juzgado Central de Instrucción Nº 5 de la Audiencia Nacional de España y estaba fechado en Madrid el 18-X-1998, correspondiendo al "procedimiento sumario 19/97 P.S. por Genocidio y Terrorismo". Diario *El País*, 19-X-1998.

Y ya en 2003, destacar el decreto sobre creación de la Comisión Nacional sobre Prisión Política y Tortura para establecer quiénes sufrieron privación de libertad y tortura "por razones políticas por agentes del Estado o personas a su servicio durante la dictadura de 1973-1990", y proponer medidas de reparación. Iniciativas políticas que han coadyuvado de manera inequívoca al restablecimiento de la verdad y la justicia en Chile, frente a las flagrantes violaciones de los derechos humanos registradas durante el régimen militar.

En España, el proceso de recuperación de la memoria de la represión franquista se vio inmerso durante los años de dictadura en un forzado olvido[21]. Comportamiento que obedece a una lógica que hunde sus raíces en los mismos orígenes de la dictadura franquista, con la instrumentalización que los vencedores de la guerra civil de 1936-1939 hicieron de la historia y la memoria de ese conflicto armado, a través de una implacable política de olvido de la tragedia que se vivió en esos años, de justificación del golpe de Estado de julio de 1936 que acabó con la República y de recuerdo de los muertos provocados por los republicanos mediante homenajes y reconocimientos.

Con la muerte del dictador y el inicio de la transición en España, dos conceptos tan recurrentes como memoria y olvido van a protagonizar el recuerdo de las consecuencias del conflicto de los años treinta. Se impuso una memoria oficial, alejada de cualquier atisbo de enfrentamiento, y un pacto de olvido. En suma, era necesario no adentrarse en ese pasado tan lejano en el tiempo pero tan presente en el sentimiento, pues la prioridad era establecer vías de entendimiento entre los españoles independientemente de su ideología con vistas a conseguir la necesaria reconciliación. Anhelo que se cumplió con evidente acierto, o al menos así lo ponen de manifiesto las tres décadas de existencia de la Constitución actual y la consolidación de un sistema de libertades en España.

Esa evolución política no ha evitado que el recuerdo de la guerra civil forme parte de la memoria colectiva de mucha gente, especialmente de aquellos que todavía buscan, afanosamente, a sus desaparecidos. Demanda a la que han sido receptivas determinadas asociaciones creadas, en su mayor parte, hace tan sólo unos años, que conscientes de la necesidad de dar respuesta a esa reivindicación, supieron unir a los familiares e iniciar un proceso de recuperación del victimario que lo llevó a abanderar no sólo su identifica-

---

[21] Aguilar, P., *Memoria y olvido de la guerra civil*, Madrid, Alianza, 1996.

ción, sino también la exhumación de fosas[22]. Exhumaciones que ya se iniciaron en plena Transición, pese a no contar ni tan siquiera con permiso "oficial" para hacerlo, pero que ha tenido su eclosión desde que todo este proceso ha tomado verdadera carta de naturaleza, en pleno siglo XXI[23].

A las demandas de las asociaciones han sido receptivas las instituciones políticas españolas, que ya en 2002 aprobaron en el Parlamento, mediante consenso de todos los grupos parlamentarios, condenar el golpe de Estado de julio de 1936, y, sobre todo, con la publicación de la conocida como Ley de la Memoria Histórica, aprobada en el Congreso Nacional, en este caso sin unanimidad de los partidos, el 26 de diciembre de 2007[24]. Ley que fue criticada tanto por determinadas organizaciones de izquierdas al no contemplar la anulación de los juicios franquistas (consejos de guerra) contra los republicanos; como por los partidos conservadores al entender que "reabre heridas del pasado".

Pero disquisiciones aparte, la realidad es que trata de dar respuesta a las demandas ciudadanas a través de reconocimientos, eliminación de símbolos o exhumaciones de fosas, entre otros aspectos. Contenidos, pues, novedosos, y lo más importante: que por fin familias y asociaciones cuentan con un instrumento legal para acometer determinadas iniciativas que antes no se veían respaldadas. Un paso, por tanto, en la buena dirección, que ha abierto fundadas esperanzas para que esta asignatura pendiente de la democracia española entre en vías de solución.

Y en esa misma línea cabe ubicar la decisión del juez de la Audiencia Nacional, Baltasar Garzón, de promulgar un Auto, fechado el 16 de octubre de 2008, por el que se declaraba competente en casos de crímenes contra la humanidad cometidos por el franquismo. Incoaba esta causa a propuesta de las asociaciones y familiares y entre sus objetivos destacaba el esclarecimiento de la desaparición de 114.000 personas a causa de la represión practicada por el bando franquista durante la guerra y régimen posterior. Sin embargo, este Auto no prosperó ante la oposición al mismo del Pleno de la Sala de lo Penal de la Audiencia, que lo declaró nulo.

---

[22] Silva, E. y Macías, S., *Las fosas de Franco. Los republicanos que el dictador dejó en las cunetas*, Madrid, Temas de Hoy, 2003

[23] Armengou, M. y Belis, R., *Las fosas del silencio*, Barcelona, Plaza&Janés, 2004.

[24] Su denominación exacta es Ley 52/2007 por la que se "reconocen y amplían derechos y se establecen medidas en favor de quienes padecieron persecución o violencia durante la guerra civil y la dictadura". *Boletín Oficial del Estado*, 27-XII-2007.

Pero independientemente de esta frustrada iniciativa judicial, consideramos que la paulatina aplicación de la Ley de Memoria Histórica permitirá ir conociendo el siempre complicado *puzzle* de la represión franquista y, por otro, dar debida respuesta las demandas de unas familias necesitadas de que sus familiares desaparecidos sean identificados, exhumados sus cuerpos en aquellos casos en que todavía permanezcan en fosas comunes y, sobre todo, que se les dé la dignidad que perdieron de forma tan impune hace tantos años.

Por tanto, España, Chile y la Argentina comparten experiencias traumáticas relacionadas con la existencia de un régimen militar que vulneró sistemáticamente los derechos humanos. Pasado que es preciso conocer en toda su dimensión histórica, con atención especial a su vertiente más funesta: la represión practicada contra los disidentes. Igualmente son países que a través de las familias afectadas y colectivos que las representan, han visto atendidas sus reivindicaciones por el poder político, que ha aprobado mecanismos legales para que sus demandas sean tenidas en cuenta y se proceda a la recuperación de la memoria histórica de esos años, en el convencimiento de que un proceso de esas características fortalece la democracia y evita silencios deliberados y excluyentes.

3. Dictaduras y publicación

Y en esa misma línea de trabajo cabe ubicar el contenido de la presente publicación, producto del desarrollo de un proyecto de investigación realizado por un equipo de profesores pertenecientes a universidades argentinas, chilenas y españolas, que ha analizado los sistemas dictatoriales recientes en esos países y ha llegado a una serie de conclusiones que se vierten en estas páginas. Son estudios que recogen aspectos diversos de estos regímenes en los que se pretende exponer una serie de reflexiones que faciliten el establecimiento de coordenadas comparativas en sus comportamientos, con vistas a un mejor conocimiento de las dictaduras a uno y otro lado del Atlántico.

Libro que lejos de ofrecer visiones globales y concluyentes, pretende ofrecer una serie de variables relacionadas con esos sistemas coercitivos, que aparte de dar información pueden servir de base para profundizar sobre estos contenidos en un futuro. Con esa finalidad se ha vertebrado en torno a tres ejes que consideramos acordes con lo que se pretende exponer. Por un lado ponencias que vierten ideas de conjunto que ayudan a entender mejor el contexto y desarrollo de los sistemas dictatoriales, por otro las que abordan cuestiones específicas de cada uno de los tres países objeto de análisis, y, finalmente, las dedicadas a análisis comparados.

Y dentro del primero de los apartados cabe ubicar las aportaciones de Fernando Sánchez, José Luis Bernal y María Eugenia Horvitz, con enfoques diferentes: histórico, literario y cinematográfico, aunque convergentes en sus fines: las trágicas consecuencias de vivir una experiencia dictatorial. Así, el profesor Sánchez abunda en aspectos tan pertinentes como el surgimiento de regímenes autoritarios de corte militar en la etapa contemporánea y las diferentes variables que conforman su comportamiento desde un enfoque actual. Igualmente se profundiza en el concepto de memoria y la necesidad de abordar el pasado sin ira y buscando la verdad, sin incurrir en la tergiversación y el unilateralismo interpretativo.

La literatura, siempre tan recurrente cuando se trata de analizar nuestro pasado sin el rigor de la ciencia histórica pero con la claridad de la recreación y precisión del lenguaje, ha acaparado un merecido protagonismo en el proceso de recuperación de la memoria sobre hechos traumáticos. El caso español es analizado con profusión y detalle en el trabajo de José Luis Bernal, en lo relacionado con la novela histórica dedicada a la contienda armada de 1936 y posguerra, que en los últimos años ha generado importantes aportaciones al imaginario sobre tan doloroso período de la historia reciente de España. Y María Eugenia Horvitz profundiza en la importancia de la imagen como fuente de la historia reciente, como una herramienta de primer orden que permite visualizar la realidad y trasladarla al espectador sin interpretación de otros. El caso de la dictadura de Pinochet y la suerte de imágenes y películas existentes sobre ese régimen son bastante ilustrativos al respecto.

Y dentro de los contenidos específicos relacionados con cada uno de los países objeto de estudio cabe destacar los tres trabajos dedicados al exilio. El primero de ellos, obra de César Chaparro, se detiene en el obligado exilio interior en la España franquista de un prestigioso académico, que perteneció al bando sublevado y con posterioridad lo cuestionó hasta el punto de optar por la ruptura y oposición, pese a las consecuencias que esa conducta contraria a la dictadura podía tener en lo personal y familiar. Y quien escribe estas líneas estudia también el exilio español por la misma causa, aunque en este caso el que marchó al exterior, exactamente a Iberoamérica. Diáspora que afectó a miles de españoles, entre ellos a destacados políticos republicanos en los que su ausencia de España no será óbice para que sean juzgados y sancionados, con penas tan concluyentes como la pérdida de todos sus bienes.

Y el éxodo chileno es analizado por Carmen Norambuena a través de la peripecia vital de una serie de mujeres que sufrieron extrañamiento tras la caída del gobierno de Salvador Allende a cusa del golpe de Estado de Pinochet. Experiencia de vida marcada por el destierro que se vio acompañada por el recuerdo y la necesidad de adaptarse a las nuevas condiciones que imponía un destino impuesto. Y sobre ese mismo sistema dictatorial chileno versa el trabajo de Isabel Torres, dedicado al papel que tuvo la derecha chilena durante los años 1973 a 1990. Con ese fin se analiza su identificación con la política del dictador, con especial hincapié en sus contradicciones y evolución de su discurso a lo largo de la dictadura hasta llegar a la democracia.

Y en esa misma vertiente cabe ubicar, en lo concerniente a la Argentina, los trabajos de María Susana Bonetto y María Teresa Piñero. El primero de ellos expone la existencia de una serie de principios incardinados en las clases dominantes de la etapa dictatorial de 1976-1983, que van a trascender a la población y la van a influir en la interpretación de los acontecimientos, con las consecuencias que ello tiene en materia de legitimación y perpetuación del régimen. Y el otro hace referencia al sistema educativo y su utilización por el régimen militar argentino en función de sus propias conveniencias. Así cabe interpretar determinados contenidos en los que se trata de ensalzar su labor frente a la "amenaza de la subversión", en la que jugarían el papel del salvadores del orden ante una patria amenazada.

Y en el caso español, Javier García trata la siempre recurrente cuestión de los cuerpos de seguridad y la utilización que de ellos se hace en tiempos de dictadura. Una institución tan representativa en la España contemporánea como la Guardia Civil, creada a mediados del siglo XIX con marcado destino rural, se va a identificar, salvo honrosas excepciones, con el régimen franquista desde sus primeros momentos, y se prestó a acatar sus órdenes con diligencia aunque éstas tuvieran un fuerte componente represivo. Y fruto de esa lealtad hacia Franco, surgieron determinados mandos que llevaron hasta las últimas consecuencias un comportamiento excluyente y violento contra todo atisbo de disidencia.

Y en relación con los estudios comparados, si bien en la mayoría de las ponencias se apuntan influencias y divergencias entre los sistemas dictatoriales de los tres países estudiados, dos de ellos hacen referencia directa a este contenido. Se trata del trabajo de Isabel Jara, que abunda en los puntos de coincidencia entre el imaginario político-cultural franquista y pinochetista, y lo realiza a través de textos e imágenes que ayudan a entender de forma adecuada las concomitancias existentes entre uno y otro régimen. Y Sergio Aedo, que incide en la génesis del poder militar representado por el golpe militar de Franco y Pinochet, y desarrolla con ese fin aspectos tan pertinentes como la matriz del pensamiento antidemocrático representado por una parte de las fuerzas armadas de ambas naciones.

Por tanto, se exponen en las siguientes páginas un abanico de trabajos que se ocupan de los procesos dictatoriales en los tres países indicados desde diferentes perspectivas y enfoques. Publicación heterogénea aunque unida por un mismo nexo: conocer las consecuencias de dictaduras recientes en determinadas naciones de Iberoamérica y tratar de establecer puntos de encuentros y de divergencia en su estudio. Planteamiento que debe conducir a un acercamiento a esa realidad alejada de los estereotipos al uso, capaz de ofrecer visiones contrapuestas que indefectiblemente enriquecen su conocimiento.

La percepción del otro en tiempos de dictadura y de democracia. Hacia una memoria democrática

Fernando Sánchez Marroyo
(Universidad de Extremadura)

1. El significado de la imagen en la percepción del otro

España y el mundo hispanoamericano tienen una cultura común. Siglos de convivencia, resultado, eso sí, de una dominación colonial, con un balance obviamente desequilibrado, han posibilitado la creación y el mantenimiento de pautas de comportamiento muy similares. Elementos básicos estarían en la lengua y la religión. Pero también han compartido España y las múltiples unidades estatales en que se fragmentaron a partir del XIX aquellos grandes territorios algunas tradiciones políticas comunes, ciertas prácticas convivenciales de problemático encaje en una realidad que terminaría siendo, a lo largo del siglo XX, monopolizada por los modelos democráticos.

Nos referimos al surgimiento de regímenes autoritarios de corte militar, objeto de muy diferentes conceptualizaciones. Mientras en el caso ultramarino las coincidencias en la caracterización del militarismo son grandes, rondando casi la práctica unanimidad, en el caso español las discrepancias son intensas, sobre todo por el excepcional significado del último modelo no democrático, el de Franco. En el caso americano el papel de la casta militar que con frecuencia ha sojuzgado el continente no ha dejado de ser un permanente tema de consideración. En los años de la dinámica de bloques, cuando el intervencionismo militar estaba en pleno auge, las monografías dominaban el mercado[1]. Desde el ámbito europeo, a fines del siglo XX la prestigiosa

---

[1] Carranza, M. A., *Fuerzas armadas y estado de excepción en América Latina,* Madrid, Siglo XXI, 1978; Rouquié, A., *El estado militar en América Latina,* Madrid, Siglo XXI, 1978.

Cambridge History of Latin América abordó el tema sin concesiones[2]. El caudillismo aparece como el eje del análisis, bien como modelo general[3], bien bajo la tipificación de pautas nacionales, México[4], la Argentina[5], Perú[6].

Lo sucedido en Chile, el último capítulo y el más sangriento en esta trayectoria de intervencionismo militar, ha merecido una especial atención[7]. El derrumbamiento del sistema soviético, con el fin de la dinámica de bloques y el triunfo de la democracia liberal como modelo político, llevó a un replanteamiento de la cuestión[8]. La biografía, un género historiográfico en auge a medida que entraba en crisis la historia estructural, ha ofrecido un campo abonado para presentar a algunos de los más destacados protagonistas del reciente militarismo hispanoamericano[9].

Si la irrupción del protagonismo militar en la España del siglo XIX logró una interpretación historiográfica que podemos considerar de aceptación universal, como se ha demostrado con el hecho de que tras la aparición hace décadas de obras ya clásicas[10], no han surgido planteamientos especialmente críticos. Por el contrario, lo sucedido con el régimen de Franco ha sido diferente. Su larga duración, el hecho de que el Dictador muriese en la cama de un padecimiento común característico de la edad, los fracasos a la hora de removerlo del poder, la paulatina aceptación internacional del régimen terminaron generando un acusado sentimiento de impotencia en los círculos de la oposición, sobre todo de izquierda. Todo ello se ha reflejado no sólo en el tratamiento histórico de la figura de Franco, sino también en la interpretación de su obra.

---

[2] Bethell, L. (Ed.), *Historia de la América Latina*, Barcelona, Crítica, 15 tomos desde 1991.

[3] Lynch, J., *Caudillos en Hispanoamérica*, Madrid, Mapfre, 1993. Krauze, E., *Siglo de Caudillos*, Barcelona, Tusquets, 1994.

[4] Krauze, E., *Biografía del poder. Caudillos de la Revolución mexicana (1910-1940)*, Barcelona, Tusquets, 1997;

[5] García, P., *El drama de la autonomía militar*, Madrid, Alianza, 1995.

[6] Bullick, Lucie, *Pouvoir militaire et société au Pérou au XIXe et XXe siècle*, Paris, Publications de la Sorbonne, 1999; Degregorí, C. I., *Perú 1980-1993: Fuerzas armadas, subversión y democracia*, Lima, I.E.P., 1993.

[7] García, P., *Las Fuerza Armadas y el golpe de Estado en Chile*, Madrid, Siglo XXI, 1981.

[8] Goodman, L; Mendelson, J. y Rial, J. (Ed.), *Los militares y la democracia: el futuro de las relaciones cívico-militares en América Latina*, Montevideo, Peitho, 1990.

[9] Seoane, M. y Muleiro, V., *El dictador. La historia secreta y pública de Jorge Rafael Videla*, Buenos Aires, Sudamericana, 2001.

[10] Payne, Stanley G., *Los militares y la política en la España contemporánea*, París, Ruedo Ibérico, 1968.

Las circunstancias en las que surgió el régimen, en una Europa dominada por los modelos totalitarios, hicieron que en los primeros momentos se fuera improvisando un discurso y adoptando símbolos de claras concomitancias con el fascismo. Más si se tiene en cuenta que en la victoria de Franco desempeñaron un papel clave los suministros facilitados por Alemania e Italia. Cada vez de forma más intensa, las modernas interpretaciones del triunfo del Ejército Nacional tienden a primar el papel de la superioridad militar lograda gracias a la ayuda conseguida de las potencias fascistas[11]. Según esta percepción, la inhibición de las dos grandes democracias europeas, apegadas a la No Intervención para apaciguar a Alemania[12], impediría que la importante ayuda soviética alterase el desequilibrado balance generado por la llegada masiva de los suministros alemanes e italianos.

Pero pronto, una vez que el desarrollo de la Segunda Guerra Mundial determinó el declive de las potencias fascistas, la capacidad de supervivencia de Franco lo llevó a romper amarras, sin ningún tipo de escrúpulos, con los perdedores. De esta forma aquellas prácticas y símbolos se irían progresivamente abandonando y, en todo caso, fueron vaciados de contenido. Sin embargo quedaron algunas supervivencias del pasado, cada vez con menos significado. Porque aquel régimen de dominio personal, de fundamentación esencialmente militar, buscó en una amalgama de ideas y prácticas sociales, de clara procedencia tradicional, tanto un discurso legitimador como una base de masas. El papel del catolicismo y de la Iglesia Católica sería el realmente fundamental a la hora de crear una amplia red social de apoyo al régimen.

Sobre el papel de la Iglesia en la España de Franco se ha escrito mucho y con muy contradictorias valoraciones. Por razones obvias, tras la muerte del Dictador se dispararon los estudios[13]. Entre las últimas aportaciones se puede destacar la de Botti. Interpretó que el nacionalcatolicismo, más que un fenómeno rancio incompatible con el desarrollo, sería una ideología que intentó garantizar un marco social en el que fuese posible el avance económico, que podía traer el proceso de modernización capitalista, evitando aquellos

---

[11] Howson, G., *Armas para España. La Historia no contada de la guerra civil española*, Barcelona, Península, 2000.

[12] Moradiellos García, Enrique, *La perfidia de Albión. El gobierno británico y la guerra civil española*, Madrid, Siglo XXI, 1996.

[13] Álvarez Bolado, A., *El experimento del nacionalcatolicismo*, Madrid, Edersa, 1976; Ruiz Rico, J. J., *El papel político de la Iglesia Católica en la España de Franco*, Madrid, Tecnos, 1977.

elementos que podían resultar más dañinos para los valores del ordenamiento tradicional, como la revolución y la secularización[14]. De acuerdo con esto se trataría, por tanto, de una ideología que no podría calificarse de arcaizante o antimoderna, sino excesivamente precautoria, obsesionada por atajar los peligros implícitos en una modernidad que se consideraba inevitable.

Desde la historiografía frentepopulista no se ha dudado en calificar de fascismo al régimen de Franco. Pero no ha habido unanimidad en esta caracterización política y han surgido opiniones discrepantes de peso. El sociólogo Juan J. Linz llevó a cabo desde fuera de España una definición de aquel sistema en el que negaba su carácter de totalitario. Se trataría de una fórmula autoritaria que hundía sus raíces en el tradicionalismo decimonónico que incorporaba, con un excesivo sentido conservador, un elevado tono paternalista[15]. Se admite que en el modelo autoritario la existencia de una ideología sólo tenía como objetivo defender y justificar la estructura política existente, basándose en la tradición o porque se la consideraba esencial para el bien de la comunidad. No se daba por tanto la total integración política de la sociedad en el Estado, que fue la característica más acusada del totalitarismo. Pero las técnicas de gobierno en los dos modelos fueron idénticas: el pueblo quedaba excluido de la formación de la voluntad política.

La tesis de Linz, gestada no se olvide fuera de la España de Franco, ha sido considerada versión demasiado benévola de aquella dictadura y objeto tanto de firmes adhesiones como de fuertes descalificaciones. Porque en el ámbito geopolítico esos planteamientos se desarrollaron en un contexto internacional caracterizado por el esplendor de la dinámica de bloques y coincidiendo con el envejecimiento del régimen. En el plano historiográfico se iniciaba el despliegue de las nuevas formulaciones de la sociología política española, fuertemente influidas por el pensamiento marxista. Rasgo diferencial básico del régimen español con aquellos modelos europeos fue el protagonismo de la Iglesia Católica, que desde el principio le otorgó una sólida legitimidad, considerando a la Guerra Civil como Cruzada.

Sin embargo, al margen de polémicas esencialistas, de un acusado contenido ideológico de sesgo izquierdista, en el fondo simplemente nominalis-

---

[14] Botti, Alfonso, *Cielo y dinero. El nacionalcatolicismo en España, 1881-1975*, Madrid, Alianza, 1992.
[15] Linz, Juan J., *Obras escogidas. I. Fascismo: perspectivas históricas y comparadas*, Madrid, Centro de Estudios Políticos y Constitucionales, 2008.

tas, lo básico es centrar el análisis en el funcionamiento de estos sistemas no democráticos. Su característica más destacada es la proscripción de cualquier tipo de discrepancia, la no consideración de aquellos que no aceptan la adhesión inquebrantable a las decisiones y persona del dictador. Para los defensores de la libre concurrencia de criterios la persecución inmisericorde era el único destino. Y junto a esta destrucción sin contemplaciones, la humillación de un ocultamiento y manipulación de las actuaciones represivas, con el daño moral para las víctimas del olvido como horizonte.

España y la mayoría de los países hispanoamericanos tienen en su pasado reciente abundantes muestras de estas dolorosas experiencias, doblemente traumáticas, de persecución y de olvido de los Otros. La Memoria oficial de aquellos episodios los ignoró o tergiversó. De los factores que inciden en la construcción de la Memoria del sufrimiento, pues, se trata aquí. Pero es necesario introducir dos precisiones. Por un lado que no es un proceso que se refiera únicamente a lo contemporáneo, afecta a toda la realidad histórica, y, por otro, que, incluso en sociedades abiertas, las minorías pueden ser objeto de un tratamiento excluyente, con su reflejo discriminatorio en el discurso de la Memoria. La sociedad española, por su condición de pertenencia al entorno europeo más avanzado, tiene el riesgo de verse en una situación de este tipo, tras siglos en los que fue la víctima propiciatoria en la Memoria de nuestros ricos y poderosos vecinos.

Efectivamente, es necesario tener en cuenta una realidad de indudable calado sociológico e histórico. A pesar de lo terrible que resultan ciertas experiencias vividas, por su contenido traumático, no dejan de ser situaciones episódicas, efímeras coyunturas casi todas ya superadas. Mas no se trata de minimizar aquellos cuadros de sufrimiento, sino señalar que pueden terminar significando poco frente a situaciones de carácter estructural. Aparentemente sin relevancia, resultan de mayor trascendencia social, con rasgos de permanencia intemporal y, sobre todo, con inquietantes proyecciones de futuro.

Porque incluso en los sistemas más libres, en las sociedades mas abiertas, aparece la figura de elementos caracterizados como extraños, que merecen una consideración diferencial. De esta forma, el hablar de Otro exige conocer primero quiénes somos, cómo cada comunidad se ve a sí misma y a los demás. Y se sabe que la línea que separa la percepción del Otro como simplemente diferente a radical adversario es frágil y quebradiza, el paso de una situación a otra puede ser fulminante en función de la evolución de las cambiantes circunstancias socioeconómicas y, por ende, políticas. Se trata, en definitiva, de analizar fenómenos cuya presencia en el seno de las sociedades resulta estadísticamente irrelevante y, sin embargo, su impacto emocional y mediático es fundamental.

La imagen que se tiene de los demás es consecuencia de una determinada percepción. Los españoles sabemos mucho de ciertas imágenes trasmitidas en la Europa culta y poderosa del siglo XIX, que fueron gestando el mito de la *excepcionalidad* hispánica. Es decir, caracterizar el país como un fracaso histórico, en el que se habían frustrado las grandes transformaciones que habían conocido durante la modernidad los Estados europeos más avanzados de aquel siglo. Porque desde esta óptica pesimista, en España ni había habido revolución burguesa, ni revolución industrial ni la ciencia había logrado desarrollarse adecuadamente. Era una especie de anomalía.

En este sentido el protagonismo de los viajeros extranjeros fue notable, especialmente el de los románticos franceses, aunque no faltaron los inevitables ingleses[16]. Reflejaron una visión tópica, llena de simplismos, con acusadas luces y sombras, pintando una sociedad fanática, primitiva, generosa y alegre. Un gran pueblo inculto y sumido en la miseria por la incapacidad de malos gobernantes. Aquella España de charanga aparecía llena de bandoleros generosos y de hipnóticas mujeres de ojos negros, en la que los ideales de libertad procedentes de las Cortes de Cádiz se abrían paso penosamente.

En suma, difundieron por el continente la idea *tópica* y *simplista* de un pueblo *extraño* que habitaba una tierra *bárbara* y *pintoresca*. Mostraron una permanente atracción por el *exotismo* de sus habitantes. Este atractivo derivaba de que si España en el primer tercio del siglo XIX había entrado en un profundo declive, pasando de Imperio a Nación[17], en un pasado no muy lejano, siglos XVI y XVII, había sido uno de los más destacados protagonistas de la historia de Europa y del mundo.

---

[16] Burns Marañón, T., *Hispanomanía*, Barcelona, Plaza & Janés, 2000.

[17] Esta contraposición quedó documentada en su fundamentación económica y en el contexto de la pérdida de las colonias americanas en un clásico trabajo, Prados de la Escosura, L., *De Imperio a Nación. Crecimiento y atraso económico de España (1780-1930)*, Madrid, Alianza, 1988. Desde una perspectiva doblemente contraria, porque se centra en los aspectos políticos y aborda el análisis desde la óptica no de la metrópoli sino de las colonias, resulta de interés una obra colectiva, Annino, A.; Castro Leiva. L. y Guerra, F. X, (Eds.), *De los Imperios a las naciones: Iberoamérica*, Zaragoza, Ibercaja, 1994.

Entre estos escritores el protagonismo de Dumas, por citar un ejemplo, es significativo[18]. Refleja en las cartas que envió, como consecuencia de un viaje a España en 1846 para asistir a la boda del hijo de Luis Felipe con la hermana de Isabel II, un pueblo de hombres morenos, indolentes y un poco salvajes. A los tópicos de siempre (orgullo y andrajos, toros, mantillas, bandoleros, peinetas y ojos negros) se unían nuevas pinceladas. Pésimos caminos, atraso, cachaza o pereza, viandas incomibles, en suma una visión poco europea (turcos, cristianos).

Lo más trascendente del asunto es que muchos españoles terminaron asumiendo esos prejuicios en un contexto de crisis colectiva. Julián Juderías, un regeneracionista español[19] con grandes inquietudes y preocupaciones sociales, de sólida formación cultural, concretaría todo ello en 1914 en una categoría historiográfica propia, la *Leyenda Negra*, muestra de un discurso esencialista, lleno de victimismo y fatalismo. Sistematizaba la presunta animadversión estructural que España suscitaba en algunos países europeos. Se recogían las críticas negativas hechas desde Europa y América contra España.

Su obra fue instrumentalizada políticamente, en especial dentro del marco del aislamiento del franquismo. La Leyenda Negra hizo surgir, como reacción, una literatura apologética. La idea de Hispanidad aparece entendida como proyección generosa de las esencias nacionales hacia América. Pero el tiempo y el estudio han mostrado que las cosas nunca fueron tan simples, que las influencias entre las sociedades han sido constantes, determinando el sentido del flujo las relaciones de poder existentes en cada momento[20]. Se han dejado de lado las consideradas razones antropológicas y los determinismos estructurales, poniendo de manifiesto por el contrario que en la mayoría de los casos la raíz estaba en factores coyunturales, políticos y aleatorios.

Sin embargo, aún sigue manteniéndose una versión actualizada del tradicional patriotismo doliente, lleno de desesperanza. La obra de Eduardo Subirats, profesor en la Universidad de Nueva York, es una muestra representativa de esta actitud. Un negro pesimismo recorre su percepción de España. La

---

[18] Dumas, Alexandre, *De París a Cádiz. Impresiones de viaje*, Valencia, Pre-Textos, 2002.

[19] Español Bouché, Luis, *Leyendas negras. Vida y obra de Julián Juderías*, Salamanca, Junta de Castilla y León, 2007.

[20] Schaub, Jean-Frédéric, *La Francia española. Las raíces hispanas del absolutismo francés*, Madrid. Marcial Pons, 2004.

idea de fracaso multisecular está continuamente presente[21]. El proceso se iniciaría con el inicio, en 1492, del fin de la convivencia de los tres pueblos y las tres religiones en España. Desde esta perspectiva de intolerancia, cualquier proyecto de modernidad resultaría imposible, como distintos hitos históricos se encargarían de poner de manifiesto.

2. Los nuevos otros en el mundo del bienestar

El Otro ha sido percibido tradicionalmente como adversario y como tal se ha reflejado en la Memoria del poder. Resulta de suma trascendencia la imagen negativa por su incidencia en las mentalidades colectivas, generando elementos de gran poder seductor, capaces de ocasionar repugnancia hacia los otros, manipulando las conciencias y propulsando con ello odios seculares. La responsabilidad de tantos en la creación de estas situaciones ha sido grande[22].

El sentido del Otro ha tomado una nueva dimensión en los países ricos, los del ámbito occidental, tanto por la incidencia de una realidad material, la inmigración masiva producida en la última década, como por el despliegue de nuevas realidades históricas, de gran incidencia en el imaginario colectivo. Efectivamente, la llegada de los extraños se ha producido además en el contexto de profundos cambios ideológicos y mentales. En este marco se han creado, pues, condiciones adecuadas, de muy diversa índole, para el desarrollo de movimientos excluyentes y xenófobos.

Las sociedades occidentales, especialmente las europeas, tradicionalmente homogéneas, han visto el surgimiento de un fenómeno demográfico de dimensiones excepcionales, la llegada de millones de inmigrantes procedentes de países de bajo nivel de renta. La percepción de los otros ha cambiado como consecuencia de la modificación del ángulo de enfoque. Antes había realidades que resultaban alejadas, extrañas al ámbito territorial occidental, episodios de exotismo con claros componentes colonialistas que ocasionalmente se vislumbraban. Ahora con esta llegada masiva de inmigrantes el otro se ha metido en casa, pone a prueba los retos de la convivencia y puede comenzar a ser percibido como potencial amenaza.

---

[21] Subirats, Eduardo, *Memoria y exilio. Revisiones de las culturas hispánicas*, Madrid, Losada, 2004.
[22] Gubern, Román, *Patologías de la imagen*, Barcelona, Anagrama, 2004

Porque una percepción negativa del otro conlleva el riesgo de producir efectos socialmente indeseados, cuyo rasgo esencial es, como consecuencia de la marginación, el resentimiento. La procedencia de los recién llegados, con rasgos culturales no siempre afines a los mayoritarios en las sociedades de acogida, introduce un factor de inestabilidad, potencialmente conflictivo. Porque no todos aparecen dispuestos a asumir las conquistas de la modernidad que han permitido, junto a terribles desviaciones totalitarias, el establecimiento de los regímenes democráticos y con ello el reino de la libertad.

Surge así la cuestión del multiculturalismo. El gran maestro Sartori advirtió ya hace unos años en un breve opúsculo de los riesgos de ciertos planteamientos[23]. El impacto de aquellos planteamientos y la reconocida autoridad del profesor italiano moverían a volver a publicarlo al año siguiente acompañado de un apéndice[24]. Llama la atención sobre la dificultad de expresar el pluralismo en las sociedades abiertas, como son las occidentales, por el riesgo de autodestrucción. Para evitar este peligro ha de desterrarse el dogmatismo político y religioso, limitar el ejercicio de la libertad hasta allí donde pueda ocasionar daño a los demás y, por último, es necesario introducir la reciprocidad en los intercambios.

Pero el eje de la reflexión está en las dificultades de materializar la comunidad multiétnica, que puede destruir a la sociedad pluralista. Convertido en proyecto ideológico en el que todas las culturas valen igual y merecen el mismo respeto se puede llegar a la idea de que "si todo vale, nada vale". El relativismo es la consecuencia más terrible. No dejan de cuestionarse en los planteamientos del politólogo italiano tanto el significado como los límites de la tolerancia. Porque ésta no puede ser exigida sólo a una parte, es un compromiso mutuo que obliga a todos y plantea graves contradicciones a la hora de su materialización. La tolerancia, en una situación extrema, deja de serlo para convertirse en mera claudicación.

Todo arranca de la llegada a Europa de masas de inmigrantes, sobre todo del ámbito musulmán, para los que resultan extraños los valores básicos de las sociedades que los acogen. Para Sartori la cultura islámica no separa el

---

[23] Sartori, Giovanni, *La sociedad multiétnica. Pluralismo, multiculturalismo y extranjeros*, Madrid, Taurus, 2001.

[24] Sartori, Giovanni, *La sociedad multiétnica. Extranjeros e islámicos. Apéndice actualizado*, Madrid, Taurus, 2002.

poder civil del poder religioso e iguala, por tanto, al ciudadano con el creyente, muy lejos, pues, de las concepciones vigentes en Europa desde el triunfo de la Modernidad. Dos siglos de secularización en el mundo occidental quedan cuestionados. Surge así un grave problema de integración que puede poner en riesgo a la sociedad abierta.

Estos procesos sociológicos se han desarrollado, además, en un contexto intelectual muy preciso. La Historia ha sido siempre escrita desde el punto de vista de los vencedores, que han tendido a explicar su comportamiento menos edificante con un discurso autojustificativo. Se basaba en principios que tendían a mostrar la necesidad histórica de aquella forma de actuación. Su fundamento iba desde considerarla como la respuesta racional a un peligro que amenazaba a la comunidad a entender la tarea realizada como manifestación de una función civilizadora. Este planteamiento servía para tranquilizar las conciencias. Hoy ya no todo aparece tan claro.

Porque en nuestros días se han roto muchos de los viejos condicionantes del pasado. Vivimos en una sociedad mediática, en la que la realidad histórica tiende a ser entendida como mera representación. Lo esencial resulta, por tanto, el proceso de construcción. El nuevo paradigma cultural es la corrección política que siendo de procedencia americana ha terminado colonizando a toda Europa. Sus fundamentos metodológicos son sólidos (arrancan de la marginación secular de amplios segmentos de la población) y tienen importantes consecuencias a la hora de percibir al Otro. Se actualizan ancestrales sentimientos de culpa presentes en la tradición occidental (cultura de blancos) y tiene una indudable repercusión en la nueva concepción de lo que son los diferentes.

La cuestión étnica adquiere así un excepcional protagonismo. Ya no es posible soportar aquellas viejas películas de Tarzán y similares en las que el blanco llevaba el fusil (símbolo de la fuerza y del poder) y los negros (hoy subsaharianos) portaban los fardos de provisiones o los colmillos de elefantes (símbolo de la depredación imperialista). Pero, además, el replanteamiento de las relaciones metrópoli-colonias exige a las sociedades europeas una dura expiación por los errores del pasado. No se puede olvidar que una parte considerable de los nuevos inmigrantes procede de aquellos territorios que el imperialismo europeo controló y tienden a considerarse víctimas de la explotación colonial. Perdida la confianza, característica de hace cuatro o cinco décadas, en conseguir salir del subdesarrollo, los más decididos huyen y a través de múltiples peripecias tratan de llegar al paraíso, que para ellos supone el ámbito de los países ricos.

Sin embargo no solo África es fuente de inmigrantes. América Latina aparece como otro foco de procedencia. Buena parte de ellos encuentra en el poderoso vecino del Norte su destino predilecto, aunque la frontera surge como foco de graves tensiones[25]. Pero también Europa, y sobre todo España, son destinos importantes. Se trata de ámbitos con encontradas situaciones políticas y sociales. Europa es símbolo de riqueza y bienestar y, consiguientemente, de moderación política. América Latina presenta agudos niveles de desigualdad social, lo que lleva a una potenciación de la izquierda y de equívocos discursos populistas, cada día más intensos. De esta forma, nunca antes había habido tantos gobiernos de izquierda en la región.

Las grandes diferencias socioeconómicas pueden suponer dificultades de comprensión entre ambas orillas del Atlántico, al situar los fundamentos del análisis en bases muy diferentes. Aunque los regímenes dictatoriales persisten en numerosos países del mundo, incluidas China, Corea del Norte y algún otro en Asia o Cuba en América Latina, hay motivos para creer que la democracia está en camino de convertirse en la norma universal de legitimidad. Por eso el nuevo discurso de la izquierda en América Latina combina cierto grado de anticapitalismo con la renuncia al modelo leninista de partido y a la lucha armada.

Parece difícil que puedan repetirse episodios como los desarrollados en 1979 en Nicaragua, cuya revolución fue la última que contó con un abrumador apoyo popular. Pero la presión exterior obligo a los revolucionarios a compartir democráticamente el poder. Los recuerdos de alguno de sus más destacados protagonistas han dejado constancia tanto de las ilusiones y esperanzas que movían a aquellos intelectuales, como de los errores cometidos en lo que se percibió como una "utopía compartida"[26]. Al final los idealistas revolucionarios no pudieron sustraerse a la tendencia, inherente al ejercicio del poder, de patrimonialización de los bienes públicos. Paradójicamente,

---

[25] Navalón, Antonio (Dir.), *La tercera nación*, México, Santillana, 2006; Armada, Alfonso, *El rumor de la frontera. Viaje por el borde entre Estados Unidos y México*, Barcelona, Península, 2006; Anzaldúa, Gloria, B*orderlands/La frontera*, San Francisco, Aunt Lute Books, 1999.

[26] Ramírez, Sergio, *Adiós muchachos. Una memoria de la revolución sandinista*, Madrid, Aguilar, 1999; Cardenal, Ernesto, *Las ínsulas extrañas*, Madrid, Trotta, 2002 y *La revolución perdida*, Madrid, Trotta, 2004.

los sandinistas, que no pudieron concretar su objetivo, la transformación revolucionaria, muy inspirada en el marxismo-leninismo, dejaron en herencia, a la fuerza, algo no buscado, la democracia en Nicaragua.

Este giro estratégico dio lugar, en algunos casos, a novedosas y, desde luego, pintorescas experiencias[27] que llevaron a intentar improvisar un nuevo discurso político que pretendía convertirse en basamento de la lucha contra el neoliberalismo, la globalización y el imperialismo estadounidense[28]. Con valoraciones muy contrapuestas, que han hecho que se califique a su líder tanto de "genial impostor"[29] como de dinamizador de la primera revolución posmoderna[30], aquel episodio, muy mediático, se agotó en poco tiempo, a pesar de que pretendía ser el símbolo de la solidaridad y los derechos humanos y encarnar la preocupación ecológica, la multiculturalidad y la multietnicidad.

El hundimiento del comunismo a nivel mundial y el fin del espejismo guerrillero en América Latina afectó radicalmente a la concepción de la izquierda en aquel continente, que ha sufrido un intenso proceso de cambio. Pero la vía de la nueva izquierda reconciliada con la democracia representativa y la economía de mercado ha tenido sin embargo poco éxito, salvo entre los socialistas chilenos[31]. Porque la desesperación de los pueblos da alas a líderes con equívocos planteamientos populistas y acusados comportamientos histriónicos. El "delirio bolivariano" constituye el modelo más característico[32], al que el petróleo le permite financiar una indudable voluntad de expansionismo.

Pero no se puede olvidar que hay nuevos elementos geopolíticos que interfieren este proceso de normalización de la percepción del otro. Porque dos grandes conmociones condicionan la visión del presente: la caída del Muro y los atentados del 11 de septiembre de 2001. La primera derrumbó certezas

---

[27] Víctor, Ríos y Maestro, Ángeles (selección de textos), *Del dolor a la esperanza. Ejército Zapatista de Liberación Nacional. Subcomandante Marcos*, Madrid, Los Libros de la Catarata, 1995.

[28] Guillén, Rafael S. (subcomandante Marcos), *Desde las montañas del Sureste mexicano*, Madrid, Plaza&Janés, 1999.

[29] Granje, Bertrand de la y Rico, Maite, *Subcomandante Marcos. La genial impostura*, Madrid, El País/Aguilar, 1998.

[30] Vázquez Montalbán, Manuel, *Marcos el señor de los espejos*, Madrid, Aguilar, 1999.

[31] Vázquez, D.; Rodríguez Garavito, César y Barret, P., *La nueva izquierda en América Latina*, Madrid, La Catarata, 2008.

[32] Krauze, Enrique, *El poder y el delirio*, Barcelona, Tusquets, 2008.

que parecían inmutables y obligó a una precipitada reconversión de los planteamientos de la izquierda. Aunque algunos habían intuido la crisis del modelo soviético, la repentina catástrofe dejó en una profunda orfandad intelectual tanto a los contados militantes como, sobre todo, a innumerables simpatizantes.

Los efectos de la caída del muro fueron, en primer lugar, una profunda desorientación y luego una búsqueda acelerada de nuevas salidas al pensamiento crítico. El libro de Peter Glotz es un ejemplo destacado del inicio de esta recuperación[33]. Frente a los nuevos peligros del nacionalismo y del fundamentalismo reivindicó el legado de la Ilustración proponiendo nuevas tareas para la izquierda: la lucha por la justicia social y la paz (pacifismo), la modernización ecológica (ecologismo) o la equiparación de la mujer (feminismo). Se trataba, pues, de renovar el bagaje conceptual de la izquierda europea, sin renunciar de forma total al importante legado de Marx.

Tarea de la nueva izquierda será, pues, la ampliación de derechos para terminar con marginaciones seculares que han pesado tradicionalmente sobre las minorías oprimidas, bien por razón de sexo o prácticas sexuales (mujeres, homosexuales), como étnicas (sobre todo negros, ahora denominados subsaharianos). Todo ello acompañado por la cultura de la paz y las preocupaciones medioambientales. En definitiva, de lo que se trata es de gestar una política comprometida con la colaboración internacional, el desarrollo sostenible, el reconocimiento de los derechos de las minorías y colectivos marginados, el multilateralismo y la paz. Todo ello hay que concretarlo en una acción política coherente y, sobre todo, eficaz.

Los acontecimientos de septiembre de 2001, el brutal atentado terrorista, generaron una dinámica de imprevisibles consecuencias. Actualizó una realidad que ya parecía superada, la influencia de la religión en los asuntos internacionales y en la génesis de los conflictos. Además de sus efectos internos (obsesión por la seguridad en detrimento de la libertad), originó una dinámica bélica que trastocó la vida política internacional. Asia Central pasó a convertirse en una zona caliente en la que está en juego el futuro de la seguridad mundial y donde puede originarse un nuevo conflicto de dimensiones imprevisibles. De esta forma, controlar el ascenso talibán e impedir su dominio de Afganistán aparece como una necesidad esencial para evitar que aquel

---

[33] Glotz, Peter, *La izquierda tras el triunfo de Occidente*, Valencia, I. Alfons el Magnanim, 1992.

país se convierta en una base del terrorismo islámico. La trascendencia del reto es grande, porque como mantiene el analista pakistaní Ahmed Rashid el futuro de Europa, o incluso el de los Estados Unidos, se juega en esa zona de Asia Central[34].

Los atentados incrementaron la mala imagen de los musulmanes en el mundo occidental y dieron lugar al surgimiento de peligrosas generalizaciones, fruto de una simplificación acrítica de la realidad. Las consecuencias resultaron altamente perniciosas. Muchos occidentales terminaron llegando a la conclusión de que el Islam es una religión de fanáticos que resulta incompatible con cualquier idea de modernidad. El resultado final ha sido un retroceso en la consideración del otro, si éste pertenece a la cultura islámica.

En definitiva, la cuestión del otro adquiere hoy una permanente actualidad porque el protagonismo de estos movimientos migratorios ha metido en nuestra propia casa situaciones antes alejadas y, con ello, los problemas de "diversidad cultural" que ha generado. Pero como reconoció Gabilondo, la proliferación de discursos sobre el otro que se viene produciendo en los últimos tiempos no siempre coincide con una auténtica atención a ese otro[35].

El gran periodista Kapuscinski, recientemente fallecido, señalaba en 1990 en una conferencia titulada Mi Otro, que la causa de sus trabajos periodísticos era su intento de ser traductor de culturas. Esta tarea se encontró siempre con dos obstáculos, el etnocentrismo y la otredad excluyente[36]. El rasgo más peligroso del nacionalismo, subrayaba, "es el que a él va indisolublemente unido el odio hacia el Otro. La dosis de ese odio puede variar, pero su concurrencia es segura". Porque la xenofobia es componente esencial de esos planteamientos.

3. El modelo social europeo y el sentido de lo occidental

Si el llamado mundo occidental es hoy el emporio del bienestar material y social, el marco de convivencia ideal hacia el que deberían confluir todas las

---

[34] Rashid, Ahmed, *Descenso al caos. EE. UU. y el fracaso de la construcción nacional en Pakistán, Afganistán y Asia Central*, Barcelona, Península, 2009.

[35] Gabilondo, Ángel, *La vuelta del otro. Diferencia, identidad, alteridad*, Madrid, Trotta, 2001

[36] Kapuscinski, Ryszard, *Encuentro con el otro*, Barcelona, Anagrama, 2007

sociedades, quedan al margen, en diferentes niveles, otros ámbitos territoriales. El modelo social europeo representa una de las manifestaciones más características de este ámbito, en el que la consideración del individuo y la plenitud de sus derechos alcanzan las mayores cotas. Pero incluso dentro de Europa, en el seno de comunidades socialmente muy bien estructuradas, pueden convivir sectores marginales, no integrados, en grave riesgo de exclusión

Occidente no es una simple referencia espacial, porque Marruecos o Japón rompen con esta consideración meramente geográfica. Pero dentro de Occidente, un amplio espacio que comparte una misma visión del mundo y del ser humano, se dan dos concepciones diferenciadas acerca de cuál es el papel del individuo y del Estado. No es una cuestión banal, sino un aspecto de profundo calado que habrá que aclarar en el futuro de incertidumbre que se abre en la sociedad hipermoderna. En suma, la aparente coincidencia monolítica entre los modelos sociales vigentes en una y otra orilla del Atlántico, idénticos en lo sustancial y en permanente mimetismo, presenta alguna notable discrepancia.

Todo ello al margen del peculiar antiamericanismo de que hacen gala amplios sectores de la sociedad europea. Si parece comprensible que tras la "guerra fría" la izquierda europea se hiciera antinorteamericana (crítica al imperialismo en el contexto de la dinámica de bloques), no lo es tanto que este sentimiento tenga raíces en otros sectores sociales e ideológicos. Porque la gran paradoja es que lo que viene del otro lado del Atlántico resulta dominante, se imita con pasión. Un mimetismo compulsivo se extiende por doquier.

Las sociedades europeas a partir de la Segunda Guerra Mundial lograron crear una amplia clase media, que ha terminado limitando la vieja confrontación de la lucha de clases. Tradicionalmente el llamado sueño americano estaría orientado a la afirmación del individuo y de su autonomía[37]. Por el contrario en el modelo social europeo a la afirmación del papel del individuo como tal se le concede mucha menor importancia. Lo que más preocupa es la idea y la práctica de la igualdad en la que las necesidades básicas del individuo aparecen sólidamente cubiertas. El resultado ha sido la generalización

---

[37] Rifkin, Jimmy, *El sueño europeo. Cómo la visión europea del futuro esta eclipsando el sueño americano*, Barcelona, Paidós, 2004.

del bienestar en una sociedad que garantiza a todos, o a casi todos, unas condiciones de vida aceptables. Desde este punto de vista estaríamos en presencia de un incipiente sueño europeo, una forma global de ver la realidad llamada a sustituir la vieja visión utópica del marxismo.

Aunque la corrección política, que conlleva una nueva percepción de los adversarios, hace aconsejable no mencionar estas cuestiones, tampoco se puede obviar una indudable realidad histórica. El nuevo paradigma del encuentro de culturas no puede dejar de lado la existencia de un evidente liderazgo mundial. La supremacía de Occidente se basa en mecanismos económicos (lo que se teorizó bajo la expresión "el milagro europeo"[38]), como la expansión de una ortodoxia de gestión, pública y privada, que garantiza su permanencia, y en prácticas sociales de respeto y tolerancia que se concretan políticamente en la democracia.

A lo largo del siglo XX la llamada civilización comercial aristocrática-burguesa del viejo mundo (Europa) fue poco a poco sustituida por una democracia de masas consumista inspirada por el modelo norteamericano. En un reciente trabajo se argumenta que la nueva situación está fundamentada sobre la base de varios principios. Éstos son la soberanía limitada de las naciones sobre su espacio público; la creación de instituciones que conforman la sociedad civil, la introducción de códigos de comportamiento pragmático, la generalización del espíritu democrático y el carácter pacífico de la actuación pública y privada[39].

También las sociedades europeas, como la americana, deben hacer frente a un duro proceso de ajuste de cuentas con un pasado lleno de episodios tenebrosos. Si en el caso del otro lado del Atlántico la raíz del problema estaría sobre todo en la economía esclavista, no faltan en Europa también siniestros episodios, cuyo recuerdo actualiza el sentido expiatorio del que, con frecuencia, hace gala el Viejo Continente. Se desarrollan así intensos procesos de autocrítica en Occidente, actualizados permanentemente por la imagen terrible de las "pateras" que arriban a nuestras costas y sus consecuencias, que alcanzan altos niveles de sufrimiento interior.

---

[38] Jones, E. L., *El milagro europeo. Entorno, economía y geopolítica en la Historia de Europa y Asia*, Madrid, Alianza, 1991.

[39] Grazia, Victoria de, *El imperialismo irresistible*, Barcelona, Belacqva, 2007

Efectivamente, la mala conciencia de los europeos por su pasado imperial genera acusados sentimientos de culpa. No sólo, como se ha visto, España arrastra un recuerdo lleno de remordimientos que condicionan nuestra actitud ante acuciantes realidades del presente. Durante el Antiguo Régimen, antes de la llegada de la Modernidad, el trato dado, en un contexto de intolerancia, a judíos (por los Reyes Católicos), a los moriscos (por Felipe III), a los indígenas americanos (por Austrias y Borbones), a los afrancesados (por los liberales) o a los liberales (por Fernando VII) no fue desde luego ejemplar. Pero España no es el único país europeo al que afectan estos problemas.

La lectura de algunas obras literarias, verdaderas joyas de la escritura contemporánea, puede servir para ayudar a recuperar terribles episodios del pasado, como obligada iniciación a la vía de la terapia[40]. Es una forma de aproximación, posiblemente menos traumática por su carácter de ficción, a brutales cuadros de violencia en los que se vieron implicados pueblos europeos considerados hoy en la cima de la cultura y el respeto a los derechos humanos, como Bélgica. La colonización del Congo, tarea particular de su rey Leopoldo II, puede figurar entre las páginas más negras de la historia de la humanidad[41]. La insaciable codicia del hombre blanco ocasionó verdaderas catástrofes demográficas, incluso se ha hablado de genocidio, eso sí todo camuflado bajo el manto de la tarea civilizadora. Hoy es un proceso suficientemente conocido gracias a la autocrítica de los propios europeos[42]. Otra cuestión es la de encontrar fórmulas reparadoras, difícilmente viables en la mayoría de los casos.

Diversos autores han realizado una descripción fiel y cada día más completa de la oscura trastienda de nuestra rica y feliz sociedad postmoderna europea, aparentemente satisfecha. Ese retrato de los aspectos obsesivos de nuestra cultura se puede conocer en una reciente obra de Bruckner[43]. Analiza el proceso de autoinculpación que Occidente en general, y Europa en particular, se inflige a sí misma. Es una realidad colectiva, de contenido moral, que, en última instancia, deriva en una verdadera patología. Esta cultura de

---

[40] Conrad, Joseph, *El corazón de las tinieblas*, Madrid, Cátedra, 2005.

[41] Hochschild, Adam, *El fantasma del rey Leopoldo*, Barcelona, Península, 2002.

[42] Ferro, Marc (Dir.), *El libro negro del colonialismo. Siglos XVI al XXI: del exterminio al arrepentimiento*, Madrid, La Esfera de los Libros, 2005.

[43] Bruckner, Pascal, *La tiranía de la penitencia. Ensayo sobre el masoquismo occidental*. Barcelona, Ariel, 2008

autoinculpación europea funciona, utilizando el símil médico, a base de reabrir las cicatrices históricas, realizando una intensa labor de autocrítica de los valores tradicionales propios, denigrando el comportamiento pasado.

Para Bruckner, la civilización europea actual en su obsesivo autoanálisis de aspectos sangrantes del pasado (la barbarie de la explotación colonial) llega hasta límites que tergiversan la realidad. Sin embargo, es preciso valorar, muy en la línea de su tradición religiosa, que Europa reconoce sus males y trata de reaccionar contra todo ello. El remordimiento sin límites consecuencia de la introspección y su correspondiente penitencia no puede llevar a un autodesprecio paralizante, sino a hacer frente a las responsabilidades que a cada uno corresponden. Por otro lado, las antiguas colonias europeas deben encarar sus problemas, pues el victimismo no puede ser ya la coartada permanente para justificar su incapacidad y obtener beneficios de manera permanente. La introspección de Occidente no puede considerar sólo sus aspectos negativos, sino también autoafirmar sin complejos sus grandes realizaciones. En este sentido el sociólogo polaco Bauman, una de las referencias intelectuales de esta sociedad hipermoderna, no duda de la legitimidad que asistió a Europa en su proceso de "europeización del mundo"[44].

Hoy cualquier referencia al otro, el No Occidente, se encuentra con el Islam como eje central. La contraposición fundamental es pues Occidente-Oriente (Islam). En este terreno se hace necesario mencionar la figura del ya desaparecido palestino-norteamericano Edward Said, que en 1973 publicó una clásica obra, traducida muy tarde en España[45]. En ella analizó la raíz de los prejuicios europeos sobre Oriente, que arrancaban ya desde los griegos. Sus planteamientos pueden ser contrastados con los de Bernard Lewis, que en sus obras realiza un diagnóstico inmisericorde sobre la situación de decadencia del mundo árabe (pobreza en lo económico, debilidad en lo político e ignorancia en lo cultural)[46], del que sólo el espejismo del petróleo permite generar una falsa impresión de poder. Fue, además, el creador de un concepto de gran predicamento en nuestros días: "choque de civilizaciones".

Se emiten constantemente nuevos diagnósticos sobre el problema, no ya sólo desde el ámbito europeo, sino también desde el otro lado, como es el

---

[44] Bauman, Zygmunt, *Europa: una aventura inacabada*, Madrid, Losada, 2006

[45] Said, Edward W., *Orientalismo*, Barcelona, Libertarias, 1992

[46] Lewis, Bernard, *¿Qué ha fallado?: El impacto de Occidente y la respuesta de Oriente Próximo*, Madrid, Siglo XXI, 2002.

caso del economista libanés Corm[47]. Realiza un agudo análisis que tiene como objetivo rebajar la soberbia europea. Según este planteamiento, el choque de civilizaciones no responde a la realidad, es simplemente el resultado de un conjunto de imágenes elaboradas a lo largo de los siglos por Occidente y que, obviamente, han merecido la respuesta de Oriente. Occidente, desde el Renacimiento, habría creado una ideología que considera narcisista y excluyente, que lo convertiría en el motor de toda racionalidad, de todo progreso. Paralelamente, al mismo tiempo que extendía por todo el mundo de manera violenta su dominación, se reservaba para sí el papel de único elemento motriz de la modernidad.

Se trata de poner en cuestión las clásicas interpretaciones pretendidamente de raíz antropológica, de clara procedencia europea, que atribuyen a Oriente el patrimonio de la irracionalidad y a Occidente la cima de la racionalidad. De ello se derivarían las virtudes positivas que justificarían el ascenso de Occidente y los vicios y lacras que hundirían a Oriente en el atraso. Desde este punto de vista crítico, la valoración del legado de la Ilustración no es especialmente brillante. El radicalismo fundamentalista daría la coartada a los argumentos occidentalistas, arrinconando cualquier atisbo de islamismo moderado. La valoración del mundo occidental resulta pues exageradamente unilateral y demasiado negativa. Todo hay que enmarcarlo en la reacción a los sucesos del 11 S, que conmovió tantos principios que parecían sólidamente cimentados.

Han sido muchos los autores que se han ocupado de caracterizar los rasgos básicos de nuestra civilización. Barzun realiza un balance muy pesimista, mostrando el deterioro que ha sufrido en el siglo XX la cultura occidental. Llega, con argumentos diferentes, a las mismas conclusiones que Spengler. La considera como un bloque escasamente homogéneo. Define a Occidente, que reconoce término polisémico, como "una interminable secuencia de opuestos", mezcla de lo latino y anglosajón y en la que la originalidad y la disconformidad se superponen. Barzun traza, pues, un cuadro híbrido y mestizo, conformado por múltiples fuerzas, de la cultura occidental, distinguiendo los variados elementos característicos de cada etapa[48]. En la que ahora vivimos,

---

[47] Corm, Georges, *La fractura imaginaria. Las falsas raíces del enfrentamiento entre Oriente y Occidente*, Barcelona, Tusquets, 2004.

[48] Barzun, Jacques, *Del amanecer a la decadencia. Quinientos años de vida cultural en Occidente. (De 1500 a nuestros días)*, Madrid, Taurus, 2001.

todo estaría configurado por la emergencia de lo popular. No deja de ser llamativa su idea de que son aquellas fuerzas centrífugas las que están causando la desaparición de su cultura.

Su visión negativa arranca de considerar la confusión reinante hoy en el pensamiento, con un dominio del relativismo ético, trufado por el hedonismo, y del pragmatismo escasamente eficaz, con un carácter efímero de las supuestas creaciones en un contexto altamente mediático y tecnológico, rasgos que en última instancia llevan al aburrimiento y la indiferencia. Prima la idea de continuidad, admitiendo que los sentimientos contemporáneos de culpa colectiva o individual, tan característicos de nuestra época, resultarían similares a la angustia de Lutero por el pecado. En última instancia su diagnóstico es inmisericorde, hoy ha muerto "la gran ilusión" con la que comenzaba el siglo XX.

Otra autora, la tunecina Sophie Bessis, desde el ámbito islámico, ha insistido recientemente en la cuestión. Por un lado cuestiona la entidad de los límites geográficos y culturales atribuidos al mundo musulmán. Por otro, y en sentido contrario, denuncia las mixtificaciones en que se basa la idea de Occidente, construida a lo largo de los siglos reinterpretando la realidad. Para ella los humanistas fabricaron un pasado en gran medida imaginario. El "mito de Occidente" se levantó, así, a través de un doble procedimiento pleno de contradicciones. Primero mediante la negación de los orígenes orientales y no cristianos de la civilización europea; segundo haciendo coincidir el Imperio Romano y la Europa contemporánea, lo que obligó a realizar forzados ajustes territoriales. Por un lado se debió incluir a las regiones del norte de Europa dentro del pasado grecolatino y, por otro, hubo que dejar fuera de él a los territorios de África y el Oriente Próximo[49]. Como no podía ser de otra forma, trata la autora de librar al mundo musulmán del estigma que lo identifica con el fundamentalismo terrorista. Para ella el extremismo religioso es hoy común a todas las culturas y tiene idénticos objetivos y similares mecanismos de actuación.

Las incertidumbres del futuro generan pesimismo. Hay miedo a que la globalización y en estos momentos la crisis económica terminen liquidando el Estado social de derecho, considerado por muchos como la máxima aportación europea a la defensa de la dignidad humana, el que ha permitido faci-

---

[49] Bessis, Sophie, *Occidente y los otros. Historia de una supremacía*, Madrid, Alianza, 2002.

litar altas cotas de bienestar a la mayor parte de la población. Hay miedo a que el problema identitario pueda generar tensiones. Y por último hay miedo a que el multiculturalismo posibilite la existencia de prácticas culturales incompatibles con el marco legal vigente. El reto es lograr una ciudadanía europea con carácter general, una ciudadanía supranacional, capaz de garantizar a cada individuo la igualdad y la protección de sus derechos, independientemente de su origen, idioma o creencias. Por eso los países en vías de desarrollo reclaman un papel más relevante de la Unión Europea[50] frente a la visión demasiado pesimista, por apocalíptica, de los conservadores americanos.

Europa al mismo tiempo que aparece como proyecto en construcción[51] ve surgir inquietudes esencialistas que cuestionan su futuro. En este sentido se ha llegado a hablar de suicidio de Europa. Éste se produciría por su renuncia a reproducirse, es decir, por la profunda crisis demográfica que la afecta. El cambio de modelo familiar, la incorporación masiva de la mujer europea a la actividad profesional con la consiguiente renuncia a la maternidad es contrarrestada por la actitud de los nuevos emigrantes, que mantienen sus pautas natalistas tradicionales. De esta forma mientras el porcentaje de los autóctonos sobre la población europea total disminuye, el de los nuevos inmigrantes musulmanes, ni asimilados ni integrados, se acrecienta lo que pondrá en peligro la identidad europea.

Sin embargo este cuadro tan pesimista ha sido recientemente cuestionado por una obra que dibuja un atrevido panorama de futuro totalmente diferente[52]. El eje del razonamiento es la caída de la natalidad en los países islámicos. Porque las sociedades musulmanas, en un proceso lento pero inexorable, están copiando pautas de conducta características de las occidentales. Con estadísticas demográficas tomadas de varios países se muestra la realidad de esta fuerte caída de la fecundidad, en definitiva de la irrupción de un indudable proceso de modernización, con una mayor alfabetización, en estos ámbitos considerados tradicionalmente arcaicos. De acuerdo con este planteamiento no hay, pues, peligro de que los inmigrantes musulmanes terminen por dominar Europa debido a su alta capacidad reproductiva.

No falta, pues, el optimismo de algunos frente a las constantes referencias a la crisis europea. Tiene en ocasiones como eje la exaltación de las virtudes

---

[50] Ortega Carcelén, Martín, *Cosmocracia. Política global para el siglo XXI*, Madrid, Síntesis, 2006
[51] Habermas, Jürgen, *El Occidente escindido*, Madrid, Trotta, 2006.
[52] Courbage, Y. y Todd, E., *Encuentro de civilizaciones*, Madrid, Foca, 2009.

de la construcción del gran paraíso en el que todos quieren entrar, la Unión Europea y un pronóstico muy optimista sobre su porvenir[53]. Desde este punto de vista se la considera como un experimento político único en la historia, pleno de virtualidades prácticas, tales como la erradicación de la guerra entre los países del continente y el logro de altos niveles de desarrollo. Al mismo tiempo que permitirá superar una de las grandes limitaciones de Europa, fruto de su secular división, permitiendo gestar una política exterior común, capaz de proyectar al mundo una voz uniforme. En el aspecto económico, el alto contenido social del modelo europeo limita los efectos más perniciosos característicos del excesivo individualismo americano.

La conceptualización territorial de Occidente presenta, en ocasiones, situaciones de inquietante final. Un reciente libro de Nemo[54] analiza los rasgos fundamentales de la identidad occidental. De las civilizaciones que hoy existen, es aquélla en la que nacieron históricamente algunas ideas que forman parte del patrimonio común de toda la humanidad. Los derechos humanos, la democracia o la economía de mercado tienen un origen claramente occidental, aunque se han convertido en referente universal de legitimidad política, eficacia económica y bienestar social.

En Atenas, Roma y Jerusalén estarían los orígenes de Occidente. En las polis griegas se sentaron las bases del concepto de Estado de derecho. Roma aportó fundamentalmente su sistema jurídico, que consagró un principio que resultaría básico: el de la propiedad privada. Por último, la tradición judeocristiana aportó principios morales, como la insatisfacción ante la realidad existente y la aspiración a un mundo mejor. Esta caracterización de lo occidental, como ámbito de la libertad intelectual, de la democracia política y del liberalismo económico, no supone, pues, aportación nueva. Lo realmente original está en que pretende establecer las fronteras de Occidente. Para él el mundo occidental queda circunscrito a Europa occidental y a las antiguas colonias anglosajonas, Estados Unidos, Canadá, Australia y Nueva Zelanda. Quedan excluidos países como Israel, Japón y algunos otros asiáticos, los restantes de Europa, y todos los de América Latina. Desde luego esta rigidez territorial resulta muy discutible.

---

[53] Leonard, Mark, *Por que Europa liderará el siglo XXI*, Madrid, Taurus, 2005.
[54] Nemo, Philippe, *¿Qué es Occidente?*, Madrid, Gota a Gota, 2006.

El filósofo Louis Rougier escribió hace cuarenta años un ensayo en el que realizaba una caracterización clásica de Occidente[55]. La obra ha envejecido en algunos aspectos, pero mantiene su plena capacidad heurística en otros. El rasgo básico constituyente estaría en el dominio de la razón, que permitió dar vida tanto a las innovaciones científicas como a las políticas. Éstas permitirían llegar al gobierno de las leyes, limitando la discrecionalidad del hombre, establecer la igualdad ante la ley y secularizar el poder. La idea de libertad resulta, pues, consustancial a Occidente, con su doble tradición, la anglosajona, centrada en los derechos individuales, y la francesa, que tendió a primar los derechos colectivos. La revalorización del progreso material, consecuencia natural del trabajo, genera una visión optimista del mundo, en el que es posible alcanzar la felicidad. Establecida la libertad de pensamiento se consigue también la de religión. Una percepción, pues, ilustrada y altamente positiva de Occidente.

La percepción de que Occidente está en crisis es antigua. No se puede dejar de lado que el objetivo último de la monumental obra de Oswald Spengler, *La decadencia de Occidente* (1918) no era en realidad otro que el de explicar algo que para él resultaba un hecho innegable: la decadencia de la cultura occidental. A partir de una profunda crítica a la racionalidad científica se adscribía a las corrientes de la filosofía de la vida. Esta tradición filosófica pervive, pues, en nuestros días, actualizada en las coyunturas críticas como las que hoy se viven.

4. Caracterización de la memoria democrática

Los oscuros episodios que han jalonado nuestra historia requieren hoy, alcanzado un marco estable de madura convivencia democrática, someter a revisión aquellas realidades que en el pasado fueron consideradas a la luz de los sistemas de poder vigentes. Ocultadas, manipuladas, tergiversadas, el unilateralismo interpretativo fue su rasgo más característico. Ahora se trata, sin ira pero con ansia de verdad, de reinterpretar aquella parte de nuestra historia más traumática. En suma, reconstruir la memoria como parte de un profundo compromiso ético.

---

[55] Rougier, Louis, *El genio de Occidente*, Madrid, Unión Editorial, 2001.

Aunque no es el momento ni el lugar de entrar en más detalles, debe quedar clara una distinción, para evitar confusiones, entre memoria (como recuerdo personal propio o asumido) y memoria histórica (discurso historiográfico, reconstrucción del pasado). Tanto una como otra realidad han sido en todas las sociedades alteradas artificialmente por el sistema de poder vigente en cada ocasión, que las ha instrumentalizado para crear discursos de legitimación.

En todo caso, el punto de partida es la defensa de la Modernidad reflexiva o crítica (líquida, en palabras de Bauman), que tiene como elementos centrales las ideas de incertidumbre y de riesgo. Quiere decir esto que ya no podremos contar con las certidumbres, claramente dogmáticas, del pasado. Pero no significa que nos debamos mover en un esencial relativismo, ni tampoco que renunciemos al reto de la construcción de un mundo mejor para todos.

En el caso español existe la necesidad de reconstruir un consenso básico tras el trauma nacional que supuso la Guerra Civil y la perpetuación de sus consecuencias con el régimen de Franco. No se trata de sustituir la Memoria Azul, la de los vencedores, por la Memoria Roja, la de los vencidos. El objetivo a conseguir es la Memoria académica, la fundamentada en valores democráticos de convivencia y respeto. La expresión Memoria Democrática puede resultar equívoca, pues ha dado lugar, incluso, a algún libro, centrado en un episodio concreto de la historia española, íntimamente relacionado con la creación de un nuevo paradigma político[56].

La tarea a realizar no es fácil, porque hoy los historiadores vivimos bajo el síndrome que nos abruma de una mitificación, de una imagen del pasado construida por el franquismo (fantasma que nos obsesiona) con un carácter excluyente y maniqueo. En el plano historiográfico, al margen de delicadas cuestiones epistemológicas y metodológicas, se puede caer en un revisionismo ahistórico de consecuencias tan perniciosas como las que se tratan de superar. En el ámbito social el riesgo es hundirse en un victimismo mendicante, escasamente eficaz a estas alturas.

Todas las sociedades han vivido experiencias traumáticas que han generado discontinuidades históricas de muy diferente contenido. En algunos casos de ellas se han derivado situaciones políticas que han llevado a la creación de sistemas de dominación social cuya perpetuación exigió la construcción de un determinado tipo de memoria, de contenido autojustificativo y

---

[56] Vidal-Beneyto, José, *Memoria democrática*, Madrid, Foca, 2007

excluyente. Superar estas experiencias históricas caracterizadas, generalmente, por la imposición de una percepción del pasado monolítica y unilateral plantea duros retos a la convivencia cívica.

Como se ha apuntado, España y el mundo hispanoamericano han compartido en el pasado dolorosas y traumáticas experiencias político-sociales. Hay, pues, un paralelismo, pero también profundas diferencias que han de ser tenidas en cuenta a la hora de llevar a cabo análisis comparativos, siempre útiles, pero en ocasiones arriesgados por falta de contextualización.

La cuestión es determinar si todos comulgamos en los mismos valores. La necesaria autocrítica requiere la aceptación de un marco común. Porque los riesgos son grandes y las tentaciones constantes. Si en los años 80 cuando se iniciaba la crisis de los metarrelatos hizo fortuna el concepto de pensamiento débil, ahora está desarrollándose otra categoría, el pensamiento vacío, que tiene diversas caracterizaciones[57]. Y no se puede dejar de lado otra discutible formulación, la del pensamiento único, de muy equívocos significados.

Aunque la preocupación por la Memoria Histórica es de procedencia norteamericana, la historiografía francesa, que no hace muchos años ejercía una hegemonía indiscutida en el mundo académico, intenta encontrar ahora su lugar participando en la construcción de un nuevo discurso, que tiene a la Memoria como eje central. No deja de ser una forma de sobrevivir en estos tiempos de indefinición e incertidumbre. Da la impresión, pues, que la Historia, que parecía haber alcanzado hace tres décadas la plenitud del estatus científico, se ha integrado hoy, como un elemento más, en la Sociedad del Espectáculo donde todo se manipula, se trivializa, resulta efímero y se mimetiza compulsivamente.

Así pues, la reflexión sobre la Memoria se ha convertido en un paradigma cada día de mayor presencia en el ámbito historiográfico. A partir de mediados de la última década del siglo xx comenzaron a aparecer en España trabajos específicos sobre la Memoria todos los cuales tenían como eje las consecuencias de la Guerra Civil y el régimen de Franco sobre la sociedad española[58]. Este proceso no se ha detenido, pues en nuestros días siguen apareciendo trabajos sobre la cuestión.

---

[57] Bueno, Gustavo, *Zapatero y el pensamiento Alicia. Un presidente en el País de las Maravillas*, Madrid, Temas de hoy, 2006.

[58] Alted Vigil, Alicia (Coord.), *Entre el pasado y el presente. Historia y memoria*, Madrid, UNED, 1995; Aguilar Fernández, Paloma, *Memoria y olvido de la Guerra Civil española*, Madrid, Alianza, 1996.

Dos grandes ámbitos centran el interés de los investigadores. Los que pretenden lograr una aproximación teórica y aquellos otros que simplemente buscan, con un carácter empírico, mostrar aspectos concretos, relacionados específicamente con los instrumentos represivos que sobrevivieron al final del conflicto. La posguerra ofrece una inagotable cantera, con tantas vidas rotas por el hambre, la represión, el exilio. Aquella implacable maquinaria represiva continuaría actuando a sus anchas en un mundo cerrado sobre sí mismo.

En el ámbito de la teorización destacan trabajos generales de contenido filosófico[59] que conviven con otros que pretenden ser verdaderas aproximaciones sociológicas. Se trata de obras colectivas en las que se recogen breves artículos de muy diverso contenido. Acaban de aparecer dos de estas obras, que tienen un editor común, Josefina Cuesta, que ya a fines del pasado siglo coordinó la primera aproximación general a la cuestión[60]. Su estructura es muy similar y permiten obtener una panorámica muy ajustada del estado actual de la cuestión, de cuáles son las preocupaciones dominantes en este terreno en España.

El primero de ellos[61] aparece dividido en seis partes. La primera pretende ser una aproximación a los aspectos teóricos. Su nombre, "Introducción problemática", es claramente significativo. Comprende, además de una introducción de la directora de la obra, dos trabajos, de Julio Aróstegui (*Memorias, historias y confrontaciones. Los conceptos y el debate*) y de Walther L. Bernecker (*Luchas de memorias en la España del siglo XX*). A partir de aquí el grueso del volumen se dedica a analizar aspectos concretos, todos los cuales tienen como eje el gran trauma nacional del siglo XX, el fracaso de la Segunda República, la Guerra Civil y su consecuencia política, el régimen de Franco. Da la impresión que el tema, en el campo teórico, no da para más.

El resto de los trabajos abordan aspectos concretos acerca de cómo se construyó la Memoria. Así esta temática está presente en la segunda parte, "La Segunda República, entre recuerdo y olvido", la tercera con sus dos secciones, "Recuerdos incruentos de la Guerra Civil" y "Cine y recuerdo de la

---

[59] Ricoeur, Paul, *La memoria, la historia, el olvido*, Madrid, Trotta, 2003.
[60] Cuesta Bustillo, Josefina (Ed.), *Memoria e Historia*, monográfico de la revista *Ayer*, 32 (1998).
[61] Cuesta, Josefina (Dir.), *Memorias históricas de España (siglo XX)*, Madrid, Fundación Francisco Largo Caballero, 2007.

Guerra Civil", la cuarta "Memorias del franquismo y de la represión" y también, desde otra perspectiva, de la quinta, "Memorias en el nuevo siglo". La última parte, la sexta, incluye un solo trabajo en el que se introduce un cambio de perspectiva espacial, trasladando el enfoque a lo sucedido en Chile.

El segundo libro es de autoría individual, pero presenta una estructura muy similar[62]. Se divide en tres partes y un epílogo que partiendo de unas precisiones teóricas se centra también el gran trauma nacional, el fracaso de la experiencia republicana. La primera analiza el concepto de Memoria y sus relaciones con la Historia en general y la Historia oral como fuente de la Memoria, aspectos en los que la autora es una reconocida experta. La segunda estudia la construcción de la Memoria sobre la Segunda República y la Guerra Civil durante la Dictadura de Franco. La tercera presenta la reconstrucción de la Memoria del pasado republicano y de la Guerra Civil desde la Transición y la Democracia. Cierra la obra un epílogo, que es una síntesis de los cambios experimentados en la percepción del pasado, incluyendo un análisis de la Ley de la Memoria Histórica de 2007.

Como se puede observar el eje de la preocupación es el proceso de reconstrucción del pasado por el régimen, de manera que los conceptos de Memoria y Guerra Civil quedan indisolublemente unidos, como algunos libros muestran directamente en el título[63]. Obviamente, el unilateralismo agresivo que caracterizó la interpretación que hicieron los vencedores de la guerra civil requiere una tarea de desmontaje radical de aquellos discursos, lo que introduce un sesgo claramente frentepopulista, propio de lo que se puede llamar Memoria Roja. Esta realidad, presente por razones obvias en todos, alcanza en algunos autores un nivel de agresividad panfletaria, claramente reconocible. En este sentido Reig Tapia, como viene mostrando desde hace tiempo, sobresale por su furor inquisitorial. El resultado final, posiblemente involuntario, es el surgimiento de un nuevo unilateralismo del discurso.

A fin de cuentas, como se ha reconocido, la Historia se convirtió, tras su institucionalización como discurso académico a partir del siglo XIX, en un proceso dinámico de transferencia de símbolos mitificables. En ocasiones el ajustar cuentas con el pasado deriva simplemente en intentar ganar incruen-

---

[62] Cuesta, Josefina, *La odisea de la Memoria. Historia de la Memoria en España. Siglo XX*, Madrid, Alianza, 2008.

[63] Aróstegui, Julio y Godicheau, François (Eds.), *Guerra civil. Mito y memoria*, Madrid, Marcial Pons, 2006.

tas batallas, afortunadamente, contra los muertos. Tal vez una lectura psico-analítica ayudaría a comprender mejor ciertas actitudes historiográficas. No deja de ser la consecuencia natural de la pérdida del paradigma. Surgiría de la necesidad de superar los nuevos retos más que surgidos, resucitados tras el fin traumático de experiencias consideradas irreversibles. De esta forma, con la crisis de los discursos emancipatorios, ha surgido una nueva amenaza como consecuencia de la emergencia de los fundamentalismos políticos y religiosos. Componente básico de su discurso y de su praxis pública es la xenofobia.

Nuestra propuesta es precisa: ni Memoria Roja ni Memoria Azul, sino Memoria Histórica (académica) que conlleva, eso sí, discriminación positiva, atención preferente a las víctimas. Se trata de que la muerte civil del silencio no entierre otra vez a los que ya fueron muertos físicamente. En este sentido el 20 de noviembre de 2002 se aprobó por unanimidad en la Comisión Constitucional del Congreso una moción conjunta de todas las fuerzas políticas sobre el deber de proceder al reconocimiento moral de todas las víctimas de la Guerra Civil, de los exiliados y de los perseguidos por la dictadura, como forma de cerrar el proceso de transición desde el pasado autoritario. El proceso ha culminado con la Ley de la Memoria Histórica.

En el *Boletín Oficial del Estado* del 27 de diciembre de 2007 apareció publicada la Ley 52/2007, del 26 de diciembre, por la que se reconocen y amplían derechos y se establecen medidas a favor de quienes padecieron persecución o violencia durante la Guerra Civil y la dictadura. Es decir se trata de la nueva ley de Memoria Histórica. Aunque para determinados colectivos la ley abre heridas ya cerradas, de lo que se trata es de compensar moralmente a las víctimas. En este sentido se considera el carácter radicalmente injusto de todas las condenas producidas por razones políticas, ideológicas o de creencia religiosa. Además se declara la ilegitimidad de los tribunales (franquistas) y jurados (republicanos) que impusieron las condenas. Algunas víctimas ya recibieron reconocimiento material y moral, pero otras no. No obstante la norma es prudente. No se trata de ofender a unos para defender a otros.

Difícilmente la norma satisfaga a todo el mundo. De hecho fue rechazada en el Parlamento por fuerzas muy distintas. Para unas era mucho, para otras resultaba claramente insuficiente. Resulta de una gran complejidad remover toda la estructura legal, ningún sistema puede anular lo que ocurrió. Lo razonable es que todo, al margen de ayudas materiales concretas que aún puedan entregarse y de la recuperación de fosas comunes, que ya se hacía en el franquismo, quede en algo puramente simbólico.

Resulta éticamente inadmisible que a estas alturas, setenta años después de finalizado el conflicto, haya cuerpos de asesinados perdidos en el campo. Es moralmente lícito y a nadie le puede parecer mal que se recuperen cuerpos; es legítimo y conveniente socialmente. La Ley afecta sobre todo a los republicanos, pero también se ocupa, por presiones de los nacionalistas catalanes de derechas, de los asesinados, de forma incontrolada, por las milicias del Frente Popular, que fueron en Cataluña mucho más numerosos que las víctimas del bando nacional. Porque de lo que se trata es de reencontrar la concordia, no de recrear los enfrentamientos.

En América Latina se asiste al desarrollo de un proceso similar que tiene como rasgo esencial, y no banal, frente a lo que ocurre en España, la inmediatez de los sucesos. En aquellos países en los que se ha restablecido la democracia se ha vivido un intenso proceso intentando abordar los rasgos más sombríos del pasado, todavía abierto, porque aún subsiste, ya con evidentes signos de esclerosis, alguna experiencia autoritaria. Se ha optado por abrir informes oficiales para tratar de evaluar las dimensiones que alcanzó la terrible persecución de la que fueron objeto miles de ciudadanos por parte de las dictaduras militares. En la Argentina, durante el mandato de Alfonsín, que patrocinó una comisión de notables presidida por Sábato, en 1984 se publicó el *Informe Nunca Más*. Algo similar sucedió en Chile, aunque con menor fortuna oficial, con el *Informe Rettig*, llamado así por el abogado que presidió la Comisión Nacional de Verdad y Reconciliación, dado a conocer en 1991.

Se han publicado en España, en varios libros, los resultados de una amplia investigación, que contó con amplia financiación, sobre las huellas que han dejado esas etapas dictatoriales en la Argentina, Brasil, Chile, Paraguay y Uruguay. Los autores han tratado de examinar las formas y contenidos de las "memorias de la represión". En uno de estos libros[64] se incluye un importante ensayo teórico sobre el significado de las "memorias" entendidas como "procesos subjetivos, anclados en experiencias y en marcas simbólicas y materiales". Considera como "contenidos de la memoria" aspectos como "saberes, creencias, patrones de comportamiento, sentimientos y emociones que son transmitidos y recibidos en la interacción social".

---

[64] Jelin, Elizabeth, *Los trabajos de la memoria*, Madrid, Siglo XXI, 2002

En las democracias restablecidas en el Cono Sur las conmemoraciones oficiales de las efemérides que marcaron el nacimiento de violentos modelos autoritarios en los años sesenta y setenta[65] han generado polémicas. Es una muestra de que las cuentas del pasado no están saldadas, ni las heridas cerradas. El dolor sigue presente. Porque esas fechas no tienen el mismo significado para todos los ciudadanos. Para unos son fechas felices, para otros desgraciadas.

En 1985 en la Argentina, con un sentido ejemplarizante y terapéutico, se retransmitió por televisión el juicio celebrado contra las Juntas Militares que gobernaron el país entre 1976 y 1982. Los ciudadanos supieron así de manera directa lo que hasta entonces se desconocía o se conocía de manera parcial: las dimensiones que alcanzó aquel terrible sistema represivo clandestino organizado y mantenido por el alto mando militar argentino. Fue una actualización de la memoria con tintes dramáticos. El volumen de desaparecidos nunca se llegaría a establecer con exactitud. Las cifras de víctimas oscilan entre 10.000 y 80.000 personas.

Pero la cuestión no dejó de estar llena de peripecias que ilustran bien sobre las dificultades que se presentan en las sociedades a la hora de superar estas traumáticas experiencias[66]. La memoria, en tanto actualiza el sufrimiento, inquieta, genera tensiones de muy distinto sentido. La retrasmisión por televisión se realizó sin sonido directo, para no molestar al Ejército. Además la necesidad de facilitar la "reconciliación nacional" hizo que durante un tiempo, hasta 1995, esta documentación audiovisual fuera relegada al olvido. En última instancia las imágenes serían rehabilitadas como "prueba" y "advertencia" en el combate contra el "olvido y la impunidad".

En suma, la tarea a realizar por los investigadores sociales es intensa, con su trascendental función de trasmitir a las nuevas generaciones un pasado en peligro permanente de ser sofocado por la irrupción de las realidades cotidianas. España y América Latina presentan elementos comunes, con experiencias traumáticas de doloroso recuerdo, pero también es necesario resaltar un rasgo diferencial básico, los tiempos históricos fueron diferentes y, por ello,

---

[65] Jelin, Elizabeth (Comp.), *Las conmemoraciones: Las disputas en las fechas "infelices"*, Madrid, Siglo XXI, 2002.

[66] Feld, Claudia, *Del estrado a la pantalla: Las imágenes del juicio a los ex comandantes en Argentina*, Madrid, Siglo XXI, 2002.

el abordaje de la cuestión de la Memoria Histórica obliga a delicados ajustes metodológicos. En última instancia, como antigua potencia colonial y hoy país avanzado de Europa, en España se están actualizando aquellas vivencias que son comunes al mundo occidental y que pueden terminar planteando inquietantes miradas hacia los Otros. Se trata, en definitiva, de revisar otros registros de la Memoria.

La novela de la memoria. Guerra Civil, posguerra y memoria en la novela española contemporánea

José Luis Bernal Salgado
(Universidad de Extremadura)

En el presente trabajo trataremos de novelas estrictamente contemporáneas, catalogadas dentro de lo que se denomina "novela histórica", que se ocupan argumentalmente de la Guerra Civil o de la posguerra española y que han protagonizado en los últimos años uno de los más decididos aportes a la recuperación de la memoria histórica sobre ese tiempo, así como a la modificación del imaginario sobre tan doloroso período de la historia reciente de España. Este fértil y creciente corpus narrativo ha contribuido decisivamente en la última década al rescate de la "voz dormida", por utilizar el título emblemático de la novela de Dulce Chacón[1]; o lo que es lo mismo a la recuperación de la voz "silenciada" de una de las dos Españas, como narra otro de los textos más notables de los últimos años, a la manera de un "episodio nacional" del siglo XX, la novela de Almudena Grandes *El corazón helado*[2].

En una historia contada como una novela, *La noche de los cuatro caminos*[3], su autor, Andrés Trapiello, declara:

> Durante muchos años la historia de la guerra civil y de la posguerra ha sido escrita por gentes que no encontraban motivos para arrepentirse ni razones para olvidarse, y sin embargo no sé si la historia, pero sí desde luego, la literatura que uno quiere escribir, la de la estirpe de Cervantes y de Galdós, sólo puede ser concebida con algo de piedad y mucho de perdón, por utilizar dos palabras que Azaña, gran cervantista, hizo célebres.

---

[1] Madrid, Alfaguara, 2002.

[2] Madrid, Alfaguara, 2007.

[3] *La noche de los cuatro caminos. Una historia del Maquis. Madrid, 1945*, Madrid, Aguilar, 2001.

En la narrativa española contemporánea, desde la etapa democrática y más concretamente desde los años noventa hasta principios de este siglo, la Guerra Civil se ha convertido en un tema predilecto para jóvenes narradores y en un tema necesario para narradores maduros crecidos en la posguerra. No es tanto un arsenal temático en épocas de escasez, sino una revisión y deseo y necesidad de repensar el pasado, despertando la memoria, y empleando la ficción narrativa como bálsamo contra la barbarie y como un instrumento eficaz de denuncia. Toda esta producción narrativa en torno de la Guerra Civil y a la posguerra franquista ha sido uno de los indicadores principales de la modernidad española, de la superación definitiva de viejos fantasmas y complejos, de tabúes y territorios intocables, silenciados de generación en generación.

No nos extraña, por ello, que abunden los procedimientos narrativos que unen en sus historias el presente más vivo con el pasado rescatado, como si el autor quisiera dejar claro el grado de implicación emocional y de compromiso cívico e histórico que le afecta en la elección del tema.

Podríamos trazar un cuadro explicativo que establecería las siguientes conexiones:

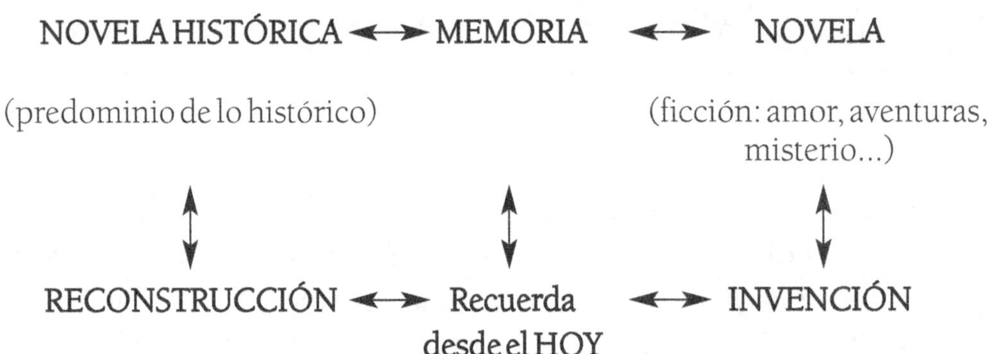

En el prólogo de su *General e Grand Estoria*, el Rey Sabio, Alfonso X, escribió hace más de siete siglos algo que continúa sirviéndonos hoy para esta reflexión sobre la historia y la literatura de nuestro pasado inmediato. Apoyándose en la famosa sentencia de Aristóteles, decía: "Natural cosa es de cobdiciar los omnes saber los fechos que acescen en todos los tiempos", precisando que sólo de los fechos acaecidos en el pasado puede el hombre "seer cierto". De esos fechos el hombre puede saber "los comienzos y los acabamientos" y ahí radica la razón de ser de la historia, pues los sabios "metieron en escrito los hechos que son pasados por aver remembranza dellos"[4] (y aparece aquí una palabra clave para nuestro concepto de "memoria histórica"). Ése fue el origen de las Estorias y Gestas medievales, cuyo lindero con la literatura era bien difuso y cuyo objetivo principal era el de ejemplarizar y "castigar" (aconsejar) a su público, además, por supuesto, de entretener.

Es asombroso que en nuestros días y en la materia que nos interesa, de la mano del concepto de "novela histórica", podamos decir que siete siglos apenas si son nada.

Recientemente, en un ensayo sobre la cuestión, el profesor Santos Sanz Villanueva, analiza "La novela histórica española 1975-2000", rescatando y actualizando un artículo anterior publicado en el año 2000, con el título "Contribución al estudio del género histórico en la novela actual"[5], y ofreciendo un catálogo comentado de novelas, dentro de las que están las referidas a nuestra Guerra Civil y posguerra. Ése parece ser el marco preciso en la taxonomía crítica actual para abordar nuestros textos[6].

Sanz Villanueva, uno de los más reputados críticos españoles sobre la narrativa contemporánea, se lamenta de la "moda" de la novela histórica, pasto de consumo de las editoriales y verdadero *tsunami* editorial. Incluso Sanz Villanueva alude a los peligros de esa subliteratura y a la necesidad que parece imponerse de un nuevo Don Quijote que, como el de Cervantes, venga a poner las cosas en su sitio sobre los devastadores efectos para el lector incauto de esta epidemia de libros.

Como Sanz Villanueva señala: "La fabulación histórica tiende a monopolizar, al menos de puertas afuera, la categoría total de lo novelesco"[7]. El corpus es avasallador. En su catálogo toma la Guerra Civil española como frontera de lo histórico, basándose, y esto nos interesa, en que el tiempo transcurrido "la convierte en materia del pasado y no de la actualidad, por lo menos para las generaciones que no contendieron activamente en el conflicto"[8]. Más adelante

---

[4] Cito por la antología del Rey Sabio *Prosa histórica*, ed. de Benito Brancaforte, Madrid, Cátedra, 1984, p. 103.

[5] *Príncipe de Viana*, Anejo 18, año LXI, 2000.

[6] En José Jurado Morales (Ed.), *Reflexiones sobre la novela histórica*, Cádiz, Universidad de Cádiz-Fundación Fernando Quiñones, 2006.

[7] *Ibidem*, p. 222.

[8] *Ibidem*, p. 227.

veremos cómo en muchos casos, y desde luego en los más meritorios, las novelas sobre la Guerra Civil, tantas veces confundidas sin solución de continuidad con las novelas sobre la posguerra, no se ajustan cómodamente al corsé de "novela histórica"; piénsese, por ejemplo, en la famosa novela *Soldados de Salamina* de Javier Cercas[9].

Sanz Villanueva se plantea las indefiniciones genéricas y las dificultades al establecer líneas divisorias entre novela e historia en muchos casos, y cómo, según la intención del autor, se cargan las tintas en la documentación y apoyo bibliográfico (no son escasas las novelas actuales que rinden homenaje a las fuentes bibliográficas o documentales que les han servido de apoyo), o bien ficcionan la historia por otros intereses. Sanz llega a decir que lo que en último término puede distinguir en los casos dudosos la novela de la historia sea: "Acaso nada más la actitud que adopta el receptor ante el libro"[10]. El crítico explica que actualmente ha sido el éxito del género (novela histórica) el que ha condicionado al autor en su criterio narrativo básico al abordar este tipo de obras. A veces es cosa del editor, de vestir un mismo texto con el ropaje de éxito de novela histórica (como en el caso de las biografías de encargo de personajes ilustres).

En el otro extremo están los relatos ahistóricos, despreocupados de la fidelidad a la historia y escritos sin haberse documentado minuciosamente. Lo histórico sirve de marco o pátina para narrar otra cosa (muchas veces porque este ropaje pone el relato *à la page* y asegura el éxito editorial). Entre ambos extremos hay un amplio catálogo de posibilidades, donde varía la fidelidad e infidelidad a lo histórico.

Al referirse a las épocas de la novela histórica, el autor alude a la Guerra Civil con estas acertadas palabras:

La guerra civil del 36 ha tenido un curioso proceso. La narrativa del medio siglo rompió con la recreación de este tema, abandonó su tratamiento directo y lo sustituyó por la visión, el recuerdo o vivencias infantiles de aquella lucha cainita. Luego, cuando parecía que esta materia había quedado superada por reiteración o falta de interés tanto de lectores como de autores, se produce un resurgimiento

---

[9] Madrid, Alfaguara, 2001.

[10] "Novela histórica española (1975-2000): catálogo comentado", en José Jurado Morales (Ed.), *Reflexiones sobre la novela histórica*, ed. cit. p. 251.

protagonizado, salvo excepciones notables, como las de Delibes o Benet, por narradores jóvenes (...). Además, hay un fenómeno singular, el cambio producido en su tratamiento, un vaivén curioso: la novela de la guerra en esta etapa más reciente en un primer momento se distancia del enjuiciamiento político o social y la considera como experiencia que se trasciende a un ámbito mítico o universalizador...; avanzados ya los 90, se vuelve a la concreta dimensión ideológica de aquella contienda cainita y al alcanzar el nuevo siglo se convierte en un modo de reivindicar una memoria histórica suspendida por el pacto colectivo que dio lugar a la transición política hacia la democracia[11].

A propósito del éxito de la novela histórica en los últimos lustros, Sanz Villanueva aporta no sólo consideraciones de oportunismo editorial y marketing librero, como decíamos antes, sino que sopesa causas sociales, y en este sentido comenta cómo "la sociedad española no ha querido hurgar en el pasado inmediato ni cuestionar el presente debido al peculiar proceso de la transición política y el decenio de los ochenta se abre bajo sospecha. Se extiende un sentimiento de 'desencanto' que lleva a desentenderse del hoy y, en consecuencia, a volver la vista al ayer"[12]. Ello, claro está, reporta unas propiedades "evasivas" para quien quiere huir del presente. Sanz Villanueva también señala otra óptica posible: la de buscar frente al presente en crisis el modelo ejemplar y estímulo en tiempos pretéritos. El pasado puede ayudar a entender el presente. Es curioso, y serviría para deslindar de la "novela histórica" a la novela actual de la Guerra Civil y posguerra, a la que llamamos mejor "novela de la memoria próxima", el hecho de que esta narrativa que nos interesa no obedece estrictamente a ninguna de estas dos ópticas, o no obedece de manera absoluta: La "evasión"; y la búsqueda de "estímulo" o "ejemplo".

Sanz, asimismo, aclara que, pese al dominio de la literatura evasiva, comercial y fungible en las filas de la llamada "novela histórica", algunas obras se salvan de la quema, y "contribuyen al conocimiento de la naturaleza humana proyectando su ejemplaridad moral hacia el presente y el futuro", y especifica:

---

[11] *Ibidem*, p. 255.
[12] *Ibidem*, p. 260.

A este propósito responde un sorprendente y múltiple rescate de un episodio ominoso de nuestra historia que yacía en la ignorancia de las jóvenes generaciones españolas, y que ayuda tanto a entender un pasado nacional como a visualizar la suma de egoísmos que dirige el curso de la historia. Me refiero a la recuperación de los terribles sucesos del Rif en los años 20[13].

Es interesante que las obras de autores como Lorenzo Silva (*El nombre de los nuestros*[14]) o Ignacio Martínez de Pisón encuentren su continuidad en relatos que históricamente suceden a esos hechos en la Guerra Civil[15]. Sanz Villanueva establece también esta ilación con la Guerra Civil: "Algo semejante ocurre en el papel de vehículo para la recuperación de la memoria histórica de la guerra y de la represión franquista de otros títulos", títulos que engrosan una larga lista, aunque el autor sólo menciona por su singular fuerza conmovedora *Las trece rosas* (2003) de Jesús Ferrero[16].

Sin embargo, en lo que ahora nos interesa, cuando hablamos de "novela histórica", recordando al citado Rey Sabio, estamos hablando de "novela de la memoria", que no es exactamente lo mismo que "memoria histórica", aunque obviamente se entrelace y nutra de ella. Uno de los más grandes escritores españoles vivos, José Manuel Caballero Bonald, subtituló sus memorias autobiográficas como *La novela de la memoria*[17], con una clara voluntad de primar la novela frente a la autobiografía; la verosimilitud, frente a la verdad biográfica, ya que el novelista, incluso cuando cuenta su vida, no puede hacer otra cosa que contar una novela.

Por ello no ha de extrañarnos que las referencias a la "Memoria" o a sus representaciones o signos, como la "voz" y su contrario el "silencio", sean continuas en estas novelas que nos ocupan. Nótese el título emblemático de

---

[13] *Ibidem*, pp. 260-1.

[14] Novela finalista del premio Ciudad de Cartagena de novela histórica, Madrid, Destino, 2001. Nótese que Silva es autor también del libro de viajes *Del Rif al Yebala. Viaje al sueño y la pesadilla de Marruecos*, Madrid, Destino, 2001.

[15] Nos referimos a la novela *Carta blanca*, de Silva, Madrid, Espasa, 2004 (Premio Primavera de Novela); y a los textos de Martínez de Pisón *Enterrar a los muertos* y *Dientes de leche*, Barcelona, Seix Barral, 2005 y 2007, respectivamente.

[16] "Novela histórica española (1975-2000): catálogo comentado", *op. cit.* p. 261. La novela de Ferrero, cuya historia ha cobrado nueva actualidad por la reciente versión cinematográfica de Emilio Martínez Lázaro (2007), se publicó en Madrid, Siruela, 2003.

[17] Los dos tomos aparecidos con el citado subtítulo común son: *Tiempo de guerras perdidas* y *La costumbre de vivir*, Madrid, Alfaguara, 1995 y 2001, respectivamente.

Isaac Rosa, *La malamemoria*[18], novela a la que nos referiremos por motivos bien diferentes, a propósito de su contrafacta en *Otra maldita novela sobre la Guerra Civil*, o repárese en las reflexiones constantes que en la ficción narrativa salen a nuestro encuentro, como sucede en el caso de la novela de Daniel Arenas, *Bajo los árboles azules*, en la que el protagonista, que en la Guerra Civil es trasladado al campo de concentración de Castuera para esperar su muerte, devana unas reflexiones sobre el significado y sentido de la "memoria":

> Los vencedores sembrando el odio cada día en este campo de concentración, sembrando la semilla del recuerdo. Mientras haya memoria en un descendiente de los que aquí sufrimos alguien podrá encender de nuevo la mecha de la guerra. La memoria es el mal y el bien. La memoria hará que el odio por esta represión se traslade a otras generaciones que vendrán detrás de nosotros y querrá que alguien pague por lo que nos han hecho, una luz incrustada en el fondo del cerebro de alguien permanecerá encendida para que nada de esto se olvide. ... La memoria sólo se justifica para no repetir los errores, no para perpetuarlos[19].

Andrés Trapiello en su novela-testimonio *Días y noches*, en la que supuestamente transcribe el diario de un exiliado español del *Sinaia* en su exilio a México, escribe en su "Epílogo", tras finalizar la transcripción del Diario de Justo García Valle, el citado exiliado, comentando cómo el autor-transcriptor va a ver a la hija de García Valle a México y allí recaba más noticias de su protagonista:

> Los propósitos que Justo García declaraba en su diario de emprender una nueva vida y no volver sobre el pasado, no se cumplieron, *y se entregó, como tantos, al doloroso ejercicio de la memoria*, como prueba el hecho de que durante todos esos años acopiara un número ingente de libros sobre la guerra civil, periódicos y revistas del exilio, así como diversas publicaciones y documentación relacionada con la UGT...[20] [Las cursivas son nuestras.]

---

[18] Badajoz, Del Oeste ediciones, 1999.
[19] Valencia, Editorial Brosquil, 2005, pp. 280-81.
[20] Madrid, Espasa, 2000, p. 284.

Sin embargo, no es menos cierto que en la novela actual española sobre el tema, sin menoscabo del papel que la "Memoria", la "remembranza" desempeñan, como veremos abundantemente, se ha iniciado una progresión o liberación, un poco en la senda mencionada de don Quijote, que consiste en la parodia o tratamiento metaliterario de esa novela histórica, en virtud de la defensa del principio de ficción narrativa que debe gobernar a la novela, y como claro síntoma de superación, cuando no agotamiento en algunos casos, del tema tratado. Nos referimos a dos ejemplos muy significativos, el de Antonio Rabinad y su novela *El hacedor de páginas*[21], ejemplo espléndido de las posibilidades transgresoras e inspiradoras de la novela, entre las fronteras de lo ficcional y lo histórico, y del papel del novelista en esa contienda; y el ejemplo, ya mencionado, de Isaac Rosa y su novela *Otra maldita novela sobre la Guerra Civil*[22]. Estos ejemplos no implican, claro está, que vayan a desaparecer estas novelas de un plumazo, pues asistiremos sin duda a los frutos del éxito en la forma de epígonos y secuelas más o menos claras[23].

Las implicaciones sociológicas e históricas del éxito de la novela histórica sobre la Guerra Civil y la posguerra en España en los últimos veinte años son dignas de tenerse en cuenta. El éxito y despegue definitivo de esta narrativa ha venido de la mano de autores ahora en su plenitud, nacidos mayoritariamente a partir de 1950, que no han vivido ni la Guerra Civil ni siquiera la más estricta posguerra de los años cuarenta. Es verdad que buena parte de estos escritores de éxito tienen una declarada militancia o compromiso ideológico con la izquierda (Justo Vila, Benjamín Prado, Almudena Grandes, Javier Cercas, Dulce Chacón, etc.), pero éste no es un requisito indispensable, pues sus textos no adolecen de un corsé ideológico limitador, sino que todos ellos parten del hecho contundente de relatar verosímilmente los hechos "acaecidos"

---

[21] Barcelona, Editorial Lumen, 2005.

[22] Barcelona, Seix Barral, 2007.

[23] Sirva como ejemplo, que en el mes de junio de 2008 el Premio de Novela Carolina Coronado de Almendralejo (Badajoz), en cuyo jurado figuran nombres como los de Benjamín Prado y Almudena Grandes, ha sido concedido a una novela cuyas trazas delataban la huella de *Soldados de Salamina,* de *Dientes de leche* de Martínez de Pisón, o de *El corazón helado* de la propia Almudena Grandes, que era la presidenta del jurado. La novela se titula *El canadiense*, de Juan Fernández Sánchez, autor de origen extremeño que vive en Madrid, y que publicó la editorial Pre-Textos en la primavera de este año 2009. *El canadiense* narra las indagaciones de un joven universitario durante una estancia en Dundee, Escocia, para recuperar la historia de su abuelo, apodado "El Canadiense", un anarquista que tras la muerte de Dato y en la dictadura de Primo de Rivera recibió la encomienda de sacar del país a un inglés para evitar su muerte.

que inevitablemente conculcan y denuncian la brutalidad e iniquidad del régimen franquista en la posguerra (es significativo el ejemplo de Benjamín Prado, autor militante, en su novela *Mala gente que camina*[24], donde nos cuenta el tráfico de niños en la posguerra, tras quitárselos a sus madres en las cárceles).

El caso de Martínez de Pisón con su historia novelada *Enterrar a los muertos* es también muy significativo por cuanto enaltece la búsqueda de la verdad, aunque ésta desemboque en la condena de figuras intocables o en el desenmascaramiento de las prácticas comunistas durante la Guerra Civil. Esta voluntad de esclarecer, de no dejar títere con cabeza, es uno de los signos más claros, cuanto menos en el terreno de la literatura actual, de superación de esa ominosa "memoria silenciada" sobre nuestro pasado inmediato. Estos autores escriben decididamente "novelas", esto es, cargan las tintas en el eje ficcional del relato, y apelan a una memoria colectiva o ajena, normalmente heredada, que no habla de "su" pasado o experiencia, sino que la ficciona y por eso hace hincapié en el distanciamiento y extrañamiento, que singularmente mejora los resultados estéticos y las estadísticas del éxito. Sorprendentemente muchos de estos relatos basan buena parte de su esencia en la conmoción "emocional" que suscitan (es el caso de *La voz dormida*, de *El corazón helado* o de *Un largo silencio*[25], por poner sólo ejemplos de escritoras), aunque esta emoción es hija de la reconstrucción más o menos fiel de los "nietos" de quienes vivieron la experiencia traumática.

De ahí que entre las técnicas narrativas más empleadas encontremos, como anticipábamos, la del relato que "regresa" al pasado desde el presente para clarificar, explicar, zanjar cuentas o iluminar el mismo presente, normalmente empleando el recurso del personaje o narrador que "investiga" (usurpando las tareas del historiador), o que da a la luz una documentación encontrada, como cartas, memorias, testimonios, etc. Pensemos en *Soldados de Salamina*, *La voz dormida* o *Lunas de agosto*[26], por citar ahora sólo a autores extremeños.

---

[24] Madrid, Alfaguara, 2006.

[25] Ángeles Caso, *Un largo silencio*, Premio de novela Fernando Lara, Madrid, Planeta, 2000.

[26] Justo Vila, *Lunas de agosto,* Badajoz, Del Oeste ediciones, 2006. Nótese que este autor ha publicado, entre otros libros, *La Guerra Civil en Extremadura*, Badajoz, Universitas editorial, 1983, y *La memoria del gallo*, Badajoz, Del Oeste ediciones, 2001.

Otras veces el novelista se instala en el pasado, recreándolo, es decir, lo novela con la historia a sus espaldas; eso ocurre, por ejemplo, con Lorenzo Silva, quien en su novela *Carta blanca* se enfrenta a la Guerra Civil y alude a la batalla de Badajoz, pero está reconstruyendo una historia que en su anterior novela se había ocupado ya de la Guerra de Marruecos, como señalábamos. O bien el caso de Manuel Rivas, el escritor gallego, quien en relatos muy conocidos y de gran éxito, como "La lengua de las mariposas", llevado al cine, narra la veraz y terrible historia de un maestro republicano hasta el momento en que estalla la Guerra Civil y el dramático cambio que su vida sufre, o de novelas suyas como *El lápiz del carpintero*, una historia de guerra de la mano de personajes anónimos, o de su última novela *Los libros arden mal*, verdadero alegato, en clave cervantina, contra la barbarie de la Guerra Civil tomando como motivo la quema sistemática de libros "peligrosos" en La Coruña[27].

En efecto, como prueba de la actualidad del tema que nos ocupa y del papel importantísimo que la literatura ha ejercido en los últimos lustros en la llamada "recuperación de la memoria", hay un caso, que ya hemos citado, en la novela española última, emblemático y muy clarificador: el de Isaac Rosa Camacho, autor joven que residió en Badajoz durante muchos años y donde publicó su primera novela, ya citada, *La malamemoria*. En esta novela su autor dispuso una cita inicial de Montaigne muy interesante: "Nada graba tan fijamente en nuestra memoria alguna cosa como el deseo de olvidarla", cita pertinentísima para calibrar el éxito de esta memoria sobre la Guerra y la posguerra novelada en España con contumacia en los últimos años.

Como se indica en la contracubierta de la mencionada novela:

Dos historias entrelazadas conducen esta novela: la de Gonzalo Mariñas, un hábil político que ha mantenido ocultos ciertos episodios de su pasado, y la de Julián Santos, un escritor a sueldo que recibe un inusual encargo que lo enfrentará a su propia zona de sombra. Entre ambos, un misterio: el de un pueblo que ha desaparecido de los mapas, sepultado por décadas de mala memoria. La búsqueda de este pueblo, y lo que él mismo significa, nos guía por una geografía desolada. La de unas gentes y un país que apenas despiertan tras una gran mentira de cuarenta años.

---

[27] Vid. *¿Qué me quieres amor?*, Madrid, Alfaguara, 1996, pp. 21-41; *El lápiz del carpintero*, Madrid, Alfaguara, 1998; y *Los libros arden mal*, Madrid, Alfaguara, 2006.

La novela se acerca a la práctica del olvido, como instrumento y arma de las sociedades frente a un ayer doloroso. En tanto que instrumento, se presta a manipulaciones. En tanto que arma, su uso implica grandes riesgos: cuando la desmemoria se agrieta, el pasado se desborda, incontrolable.

En efecto, la novela se divide en cinco partes más un prólogo y un epílogo. La estructura está muy meditada, pues la primera parte tiene un "Apéndice" y es la más extensa, a ella se añaden una segunda y tercera partes, esta última titulada como el libro "La malamemoria"; las dos partes finales son dos breves añadidos de naturaleza diferente. Cronológicamente la novela se encierra en un lapso cortísimo de tiempo: apenas cinco días de abril de 1977, el tiempo presente del fingido narrador que viaja a ese pueblo andaluz en busca de un pasado perdido en la memoria. Hasta aquí todo más o menos normal: Rosa en su primera y prometedora novela y en una fecha significativa, 1999, narraba la historia de un escritor a sueldo, Julián Santos, encargado de reconstruir, falseando todo lo necesario, la biografía de un político de la posguerra con un pasado tenebroso de crímenes y latrocinios en el marco de la Guerra Civil, llamado Gonzalo Mariñas, y en un pueblo del sur andaluz, olvidado, Alcahaz.

El momento era propicio dado el aluvión de novelas sobre el asunto que se precipitaban en el mercado nacional. Basta cotejar las fechas de publicación de las más importantes novelas en los últimos diez años. Sin embargo, nada que ver tiene el eco o resonancia que tuvo esta novela con el que protagonizó dos años después, en 2001, *Soldados de Salamina*, novela a la que sigue, en 2002, *La voz dormida*.

En su "A modo de prólogo" a *La malamemoria*, Rosa venía a justificar su atención a este tema como autor jovencísimo, augurando la avalancha de textos que se publicarían poco después. Escribía él: "Nadie sabe nada, nadie conoce o recuerda nada: en el balance de los que sabemos la ignorancia se iguala con el olvido, el que no conoce es como el que no recuerda, el que no pregunta como el que no quiere recordar. Nadie conoce o recuerda nada porque en realidad... nadie hace preguntas o intenta recordar". Rosa denunciaba ese desconocimiento u olvido de lo elemental, de lo más cercano, de lo que atañe a lo que nos rodea y a nosotros mismos. La clave está en indagar lo que ocurrió realmente en nuestra vida ya olvidada, en nuestro pasado más vergonzoso, en nuestra infancia de la que no conservamos más que "imágenes falseadas de enormes pasillos y gritos en la noche". En saber, por ejemplo, "dónde estuvieron nuestros padres en la última guerra…, cómo vivieron el hambre o la represión de los años duros", si "fueron vencedores o vencidos, héroes o polvo del tiempo ajeno a la historia". Rosa plantea una gigantesca pregunta que toda la sociedad española en el momento de la transición podía hacerse, pero que casi nadie se hizo, quizá por miedo a la respuesta. La literatura, y especialísimamente la novela, o cierta novela española de los últimos años, ha cumplido precisamente ese papel, ha hecho contumazmente esas preguntas, ha indagado en el olvido y ha intentado rescatar la "malamemoria" de toda una sociedad anestesiada. Rosa señala con rotundidad: "La memoria es un esfuerzo no siempre agradable, de qué sirve si podemos elegir el olvido…lo fácil, lo cómodo es no preguntar, no saber, ignorarlo todo para evitar las heridas". Para concluir su prólogo con una contundencia terrible: "Nadie sabe nada, nadie conoce o recuerda nada, y la ignorancia y el olvido permiten y fomentan la desidia de los válidos, la impunidad de los más callados criminales, el insulto de las víctimas, la muerte discreta de los notables, la ignominia de los héroes y el anonimato de los humildes, la gloria de los falsarios, la corrupción de los amantes y la muerte del sentimiento". No está mal para un joven novelista de apenas 25 años, nacido en 1974, un año antes de la muerte de Franco.

Aquel joven de 1999, tras publicar *El ruido del mundo (Extremadura 1936). El gabinete de moscas de la mierda*, en otra editorial extremeña, Universitas editorial, también en 1999, cosecharía su primer gran éxito con la novela *El vano ayer*[28]. Con todo, la novela del autor que ahora nos interesa, y que provocó un considerable revuelo en el reciente panorama literario español, es *Otra maldita novela sobre la Guerra Civil*[29]. En realidad, esta nueva novela se trata de una nueva edición de aquella primitiva novela *La malamemoria*; sin embargo, como el autor explica en la advertencia preliminar, fechada en Madrid, en octubre de 2006, todo se complicó de manera sorprendente. Según el autor, su "intención, honesta y confesable, era volver a publicar la que fue mi primera novela, *La malamemoria*", ahora que ya es un autor de cierto éxito tras su citada novela *El vano ayer*, teniendo en cuenta que *La malamemoria* se publicó, dice él, en una pequeña editorial con poca circulación y menos lectores. Así acuerda con su editora publicarla de nuevo, pues aunque es una novela primeriza no exenta

---

[28] Barcelona, Seix Barral, 2004.
[29] Barcelona, Seix Barral, 2007.

de defectos y vicios, no estaba falta de "calidad y dignidad"[30]. Afirma que su primitiva novela no lo avergüenza y que puede ser leída con interés y gusto. Pero en el proceso de edición se ha colado un "impertinente lector" (claro eco cervantino) que ha intentado boicotear la publicación, con fastidiosas notas añadidas según su capricho. Rosa presenta la broma y advierte qué puede ocurrir si cunde el ejemplo y los lectores se dedican a cuestionar las novelas, con lecturas desaforadamente críticas, saboteando los textos al denunciar sus flaquezas. Es decir, el resultado: *Otra maldita novela sobre la guerra civil* es la suma del texto de *La malamemoria*, que se reproduce tal cual, seguido de las anotaciones, copiadas en letra cursiva, que comentan críticamente dicho texto. Claro está, Rosa lo que hace es un monumental ejercicio de autocrítica, de relectura feraz de su propia obra poniendo en evidencia los defectos, las flaquezas y debilidades del relato originario, al tiempo que descubre los detalles de la fábrica de la novela, la cocina del escritor. Hasta el punto que, como la crítica ha destacado, lo ahora relevante es el relato metaliterario, la relectura crítica del primer texto por el propio autor, que nos permite distanciarnos de aquél y tomar postura sobre el problema de la ficcionalidad en esta tarea ingente de recobrar la memoria. El hecho no es nada desdeñable y se suma a un ejemplo anterior ya citado, el de Antonio Rabinad y su novela *El hacedor de páginas*. Ambos casos de mirada crítica y distanciada a este tipo de novelas más o menos históricas sobre nuestro pasado inmediato marcarán un antes y un después en la narrativa española actualísima.

Pero volvamos a la novela de Isaac Rosa. La primera intromisión de ese descarado y saboteador lector la encontramos tras del título mismo, de ahí su importancia como aviso al lector en la lectura que comienza. Leemos en ella:

¡Otra maldita novela sobre la guerra civil! (...) Una más, y además con título bien explícito. *La malamemoria*. La memoria mala. ¿Cuántas novelas de la memoria en los últimos años? Según el ISBN, en los últimos cinco años se han publicado 419 obras literarias (novelas, relatos y poesía) que incluían en su título la palabra 'memoria'. En toda la década anterior, entre 1990 y 1999, sólo 289 títulos con 'memoria'. Inflación de memoria, es evidente. Sumemos otros 162 títulos con la categoría 'Historia de España' que evocan, de una u otra manera, la memoria[31].

---

[30] *Ibidem*, p. 9.

[31] *Ibidem*, p. 11-12. El lector-autor, zumbón, cita a continuación una panoplia de títulos reales, donde aparece, por ejemplo, el de la novela de Justo Vila, *La memoria del gallo*.

Sin embargo, ese mismo lector crítico y saboteador escribe en su última anotación a manera de *conclusión*:

Y a todo esto, ¿qué queda de esa mala memoria contra la que se alzaban las armas de la literatura? ¿Y qué queda de las víctimas? ¿Y de la guerra? ¿Qué queda de las intenciones vindicativas del autor? Nos tememos que, una vez más, la guerra, la memoria, las víctimas, se convierten en pretexto narrativo, y lo que se pretendía una novela revulsiva se conforma con una historia entretenida, un ejercicio de estilo, una convencional trama de autoconocimiento y, por supuesto, de amor. *Eso sí, con la guerra civil al fondo, actuando de referente atractivo, reconocible, donde el lector se siente cómodo y se muestra curioso. Novelas como ésta pueden hacer más daño que bien en la construcción del discurso sobre el pasado, por muy buenas intenciones que se declaren. Debido a las peculiaridades del caso español, a la defectuosa relación que tenemos con nuestro pasado reciente, la ficción viene ocupando, en la fijación de ese discurso, un lugar central que tal vez no debiera corresponderle, al menos no en esa medida. Y sin embargo lo ocupa, lo quiera o no el autor, que tiene que estar a la altura de esa responsabilidad añadida. Vale*[32]. [Las cursivas son nuestras.]

Esta reflexión final es muy interesante y creemos que plantea un debate abierto y suculento en las letras españolas actuales, sobre todo porque está formulado por un novelista muy joven, de apenas treinta años, prácticamente nacido ya en la democracia española, que por razones puramente biográficas y de experiencia vivida opina sin complejos sobre la necesidad de que no sea la novela la que fundamentalmente desempeñe el papel que corresponde a otras disciplinas e instancias[33].

El otro caso citado, emparejable al de Isaac Rosa, aunque de naturaleza muy distinta, primero porque se trata de un caso ligeramente anterior y segundo porque estamos ante un autor en su más granada madurez, para el que la Guerra Civil fue una experiencia terrible de su infancia, se encuentra en el otro extremo del amplio abanico de generaciones de narradores españoles vivos que se han ocupado del tema de la memoria sobre la Guerra Civil y la posguerra. Nos referimos a Antonio Rabinad, autor y librero barcelonés, no

---

[32] *Ibidem*, pp. 444-45.

[33] Cabe destacar, no obstante, la existencia de títulos significativos, como el de Francisco Espinosa, *Contra el olvido: Historia y memoria de la Guerra Civil*, Barcelona, Editorial Crítica, 2006. Alberto Oliart titularía años antes sus memorias, *Contra el olvido*, (Tusquets, 1998, Premio Comillas 1997).

demasiado conocido fuera de los círculos literarios entendidos, pero que ha obtenido un cierto éxito con sus últimas y extraordinarias novelas: *Memento mori* y *El hacedor de páginas*[34].

Rabinad, de familia aragonesa, nació en Clot (Barcelona) en 1927. Es pues un autor de posguerra, que vivió aquellos años terribles y, en su infancia, la propia Guerra Civil. Con *Los contactos furtivos*[35], su primera novela, escrita a los 22 años, pero publicada mucho después, inicia su pentalogía "Un reino de ladrillo" (con las siguientes novelas: *A veces, A esta hora, El niño asombrado* (premio Ciudad de Barcelona), *Memento mori* y *La luz de las estrellas*). Rabinad ha escrito también guiones para adaptaciones al cine de *Tiempo de silencio* o de *Libertarias* (a partir de su novela *La monja libertaria*), de Vicente Aranda.

En *El hacedor de páginas* (cuya cubierta se ilustra con las teclas de una máquina de escribir antigua) el autor nos narra varias historias entrelazadas: Un lector-escritor, traductor, adaptador, que en cierto modo es trasunto del propio Rabinad, llamado Héctor Tortolero –hijo de un anarquista–, debe evaluar en 1989 para un reputado Premio (lo llama Satélite, y se refiere obviamente al Planeta) una novela titulada *El tesoro escondido*, con cuyo mecanoscrito se obsesionará –por cierto el libro no le gusta mucho–; y se hospeda para este trabajo en un caserón de la parte alta de la ciudad preolímpica (es curiosa la relación, quizá nada casual, con la última novela de Ruiz Zafón, *El juego del ángel*), cuyas caseras, dos viejecitas, guardan unos secretos que él desconoce. Ese caserón fue un antiguo burdel de los comunistas en la Barcelona de la Guerra Civil. En medio de una atmósfera onírica y víctima de su propio afán fabulador, sobrelleva el cautiverio a que lo somete el manuscrito que debe enjuiciar ideando una trama paralela que va a borrar las fronteras entre lo leído y lo vivido, en un juego muy interesante de literatura dentro de la literatura, de realidad y ficción, de verosimilitud y verdad. El argumento del manuscrito es una historia situada en la Barcelona de 1936 donde dos hombres tratan de redimir su pasado burgués en medio del imperante revanchismo anarquista, mientras sortean las trampas que se tienden el uno al otro, perversa continuación de los pasatiempos que tenían cuando aún compartían pupitre; entre burlas y veras de carácter cada vez más sádico, en una ciudad

---

[34] Barcelona, Editorial Argos Vergara, 1983 y Barcelona, Editorial Lumen, 2005, respectivamente.
[35] Barcelona, Seix Barral, 1971.

que respira una violencia creciente. Rabinad en realidad construye una novela compleja y múltiple en la que denuncia la mala literatura, los ataques inmobiliarios contra el patrimonio urbano, las atrocidades de un bando y del otro en la Guerra Civil, la explotación sexual, etc. La novela es así un ejercicio narrativo en el que el autor es capaz de acordar multitud de resortes, propios de un fabulador nato, en el más puro estilo borgiano; aunque la clave está en "fabular el pasado".

En una entrevista con Carme Riera, el autor declara a propósito de la figura de su padre muerto en la Guerra:

> Mi padre era un hombre honrado, un campesino pobre de Aragón que estuvo en la guerra de África, allí ganó medallas y aprendió a leer. Vino a Barcelona como tantos otros para buscarse la vida. Era una persona de orden, pertenecía al somatén y a Unión Patriótica. Una noche del año 1937 vinieron a buscarlo los milicianos de la FAI [Federación Anarquista Ibérica] y nunca volvió, lo asesinaron en una cuneta. Él no había hecho nada malo. Era el encargado de la empresa de lonas en la que trabajaba y a veces tenía que escoger peones para que lo ayudaran... Lo mataron aquellos a los que nunca escogió y no los escogió porque trabajaban peor que los otros. Mi madre sabía quiénes habían sido los asesinos pero murió sin querer decírmelo... tenía miedo de que yo, luego, de mayor, les ajustara las cuentas... La guerra fue un horror y la posguerra una continuación de ese horror, era como estar en una cárcel, el país era eso, una inmensa cárcel, peor que una cárcel, porque en la cárcel tienes esperanza...[36].

Asimismo, y a propósito de la importancia de la literatura en la posguerra, confiesa nuestro autor en la mencionada entrevista:

> La literatura es mi particular madera de náufrago, si mi padre no hubiera muerto, mi vida hubiera sido distinta, también la de mi madre... mi madre lo pasó muy mal. Las mujeres sufrieron mucho en la posguerra. La mía estaba preocupadísima por mí, porque me pasaba el día leyendo. Te voy a quemar todos los libros, me dijo un día, después de soñar que me había muerto, y sin embargo yo le debía la vida a la literatura. La literatura fue mi salvación, ya te lo he dicho... Con el primer sueldo de oficinista me compré una Hispano Olivetti y con ella escribí: "Ser escritor es lo más importante que se puede ser". José Antonio había dicho que ser español es lo más importante que se puede ser, y yo lo remedaba.

---

[36] Diario *El País*, Suplemento *Babelia*, N° 691, del 19 de febrero de 2005.

Rabinad, con el resorte del manuscrito sobre una historia de guerra que se presenta al planeta, está jugando con el éxito o moda narrativa de los últimos años, para superarlo en un ejercicio riguroso y exigente.

Jordi Gracia, en una reseña de esta novela en *El País*, tras elogiar al autor, un clásico ya indiscutido, aunque quizá no muy bien conocido por el público mayoritario, como decía anteriormente, escribe con acierto a propósito del empleo del "material de guerra y posguerra" en la novela: "El basta ya le llegará a la guerra y la posguerra, no hay duda, y será saludable que arrumben con ella, pero mientras tanto, mientras viven quienes recuerdan y saben, y saben escribir, podrán leerse novelas de la originalidad y brillantez de la que ha escrito ahora Rabinad"[37].

Entre estos dos polos extremos, el de un escritor con más de 80 años, nacido antes de la Guerra Civil, Antonio Rabinad, y otro escritor jovencísimo, nacido casi al morir Franco, Isaac Rosa, cabe un elenco excelente de narradores, en torno ahora de la cincuentena, que han producido notables textos narrativos sobre la Guerra Civil y la posguerra, buena parte de ellos merecedores de importantes premios literarios (repárese en lo mencionado a propósito de la novela de Rabinad). Baste recordar, por ejemplo, ciñéndonos sólo a los últimos años y omitiendo los nombres y títulos ya citados, los casos de Carme Riera con *La mitad del alma*[38], de Pedro Zarraluki con *Un encargo difícil*[39], de Ernesto Pérez Zúñiga con *Santo diablo*[40], de Juan Eduardo Zúñiga con *Capital de la gloria*, rescatando el memorable título de Rafael Alberti[41], de Juana Salabert con *La noche ciega*[42], de Juan Carlos Arce con *Los colores de la guerra*[43], de Juan Eslava con su paródica *La mula*[44], de Fernando Sánchez Dragó con *Muertes paralelas*[45], o de Juan Manuel de Prada con *Las esquinas del aire: en busca de Ana María Martínez Sagi*[46].

---

[37] *Ibidem*.

[38] Madrid, Alfaguara, 2005.

[39] Barcelona, Destino, 2005.

[40] Aravaca (Madrid), Kailas Editorial, 2005.

[41] Madrid, Alfaguara, 2003.

[42] Barcelona, Seix Barral, 2004.

[43] Barcelona, Planeta, 2002 (Premio Fernando Lara). Esta novela traba la historia íntima de amor e intrigas ambientada en Cataluña en los finales de la Guerra Civil con el hecho histórico del salvamento por el gobierno republicano de los cuadros del Prado.

[44] Barcelona, Planeta, 2003.

[45] Barcelona, Planeta (Premio Fernando Lara de novela), 2006.

[46] Novela que cabría relacionar con la citada de Martínez de Pisón, *Enterrar a los muertos*, por cuanto aúna al novelista con el cronista-investigador; Barcelona, Planeta, 2000.

Andrés Trapiello, en su citada novela *Noches y días*, termina su epílogo escribiendo unas bellas palabras que podemos hacer nuestras y que, en el fondo, hace suyas la novela española contemporánea que ha recobrado la memoria de la Guerra Civil y de la dura posguerra; en dichas palabras el autor afirma que nuestras vidas de ahora, "menos heroicas, se elevan en contacto con las de aquellos otros que lucharon por ideales que siguen siendo, en medio de todo, justos y hermosos".

Y es verdad, o al menos sería deseable que lo fuera: no otro es el sentido último de esta literatura al despertar la voz dormida, al recobrar la memoria olvidada de un pasado recientísimo pero imprescindible para construir nuestro futuro y hacer habitable nuestro presente.

Entre la memoria y el cine.
Re-visitando la historia reciente de Chile

María Eugenia Horvitz Vásquez
(Universidad de Chile)

1. Introducción

En las sociedades actuales se ha perfilado con creciente interés la demanda de conocer con transparencia las memorias del pasado. Las historias oficiales parecen haber perdido la capacidad que tuvieron para explicar los hechos traumáticos o aquellas identidades felices que, al parecer, no tenían fisuras y, cuando existían, los estados se encargaban de vaciar los conflictos para reiniciar, sin grandes contradicciones, el camino de la unidad, incluso integrando a las partes antagónicas, minimizando heridas y agravios.

En la historia presente "la amnesia obligada", al decir de Paul Ricoeur refiriéndose a las leyes de amnistía, ha dejado de ser una fórmula posible de utilizar: "La amnistía sólo puede responder a un deseo de terapia social de urgencia, bajo el signo de la utilidad, no de la verdad"[1]. Las sociedades aparecen menos aptas para aceptar las divisiones ocasionales entre vencedores y vencidos, y las interrogantes se encaminan más bien a investigar cómo se produjeron los acontecimientos y a escuchar, leer o ver a los protagonistas de las rupturas.

El *uso público de la historia*, según la propuesta de Habermas, aparece más vigilado que en el pasado, y la relación ética y política más cuestionada, cuando los gobiernos al encarar lo que es posible en las relaciones sociales, al emprender una transición hacia el funcionamiento "normalizado" de la nación, acuden a "la ética de la responsabilidad", en la conceptualización de Weber.

---

[1] Ricoeur, P., *La memoria, la historia, el olvido*. Fondo de Cultura Económica de Argentina, p. 581.

En la historiografía, tanto por las exigencias sociales como por los aportes de la filosofía, la psicología o la sociología, se ha ido abriendo paso la necesidad de abordar la subjetividad de que es portadora la memoria. Las cláusulas del historicismo de privilegiar los archivos resguardados nacionalmente, en su mayor parte provenientes de los documentos estatales o de la prensa escrita, han ido perdiendo su total credibilidad.

Desde la experiencia social, "las catástrofes del siglo xx", como presenta Hobsbawm, las tragedias de las dos grandes guerras y la crisis del capitalismo en la década de 1930, han marcado las búsquedas de rescate, no sólo de las víctimas o combatientes de esos acontecimientos sino también de otros y otras que no rozaban los manuales de historia: las mujeres, los pueblos discriminados, los herejes a las religiones establecidas; es decir, a los que había que historiar reportando sus propias narraciones o escucharlos para comprender la permanencia de sus memorias comunes.

Entre muchos de los cambios teóricos y metodológicos la memoria pasó a formar parte de los archivos históricos. Se comprendía que desde la uniformidad aparente existían imaginarios colectivos de mayor o menor extensión que sustentaban los trasfondos sociales y su ocultamiento por parte de los vencedores; correspondía, casi siempre, a encubrir la pugna constante de la apropiación del pasado para lograr el proyecto de futuro. Como lo han planteado Paul Ricoeur y Elizabeth Jelin, desde aproximaciones teóricas distintas, el pasado pone en juego el futuro; para el primero, la memoria pasada está siempre presente en el espacio vivo de la cultura. En los propósitos de Jelin, "cuando se trata de pasados de represión o de situaciones límite, pueden existir intentos políticos de cierre, de solución o sutura final de las cuentas con ese pasado. Sin embargo, estos intentos serán siempre cuestionados y contestados por otros/otras. Los procesos de construcción de memoria son siempre abiertos y nunca acabados"[2].

"El ansia por la memoria", según la expresión de Henry Rousso, para referirse a las necesidades presentes, requiere ciertas explicaciones que puedan dar cuenta de ese "pasado que no quiere pasar". Lo que Enzo Traverso resume diciendo: "La obsesión memorialista de nuestros días es el producto

---

[2] Jelin, E., "La conflictividad y nunca acabada mirada sobre el pasado". En Franco, Marina y Florencia Levin (ed.) *Historia reciente. Perspectivas y desafíos para un campo en construcción*. Buenos Aires. Paidós.

del declive de la experiencia transmitida, en un mundo que ha perdido sus referentes, ha sido desfigurado por la violencia y atomizado por un sistema social que borra las tradiciones y fragmenta las existencias"[3].

En los estudios de historia reciente son numerosos los investigadores que están rescatando esos relatos para interpretar los sentidos de lo que Hanna Arendt llamara "la banalidad del mal". Del mismo modo se han multiplicado las obras que re-visitan la historia de los indígenas o aparecen constantemente las historias de las mujeres, a las que se unen los análisis de las conmemoraciones o los cambios en los espacios comunitarios. No siempre es posible en los estudios históricos, no tan sólo por el peso de la tradición heurística y metodológica, considerar la importancia de la subjetividad de la memoria para lograr una síntesis e interpretación de los acontecimientos cuando éstos hacen parte del espacio público e inciden en el presente.

En este sentido, se ha dificultado teórica y metodológicamente la aceptación de las imágenes como fuente de la historia reciente. Se trata de otro reservorio de la cultura contemporánea transformado, a veces sin ninguna crítica, como un elemento necesario y de verdad irrecusable, que permite presenciar como testigo y transparentar sin interpretación de otros/as lo que ha ocurrido. Además, como ha esbozado Jacques Rancière, "el cine es el modo estético de una comunidad pensante, lo que ella siente y lo que ella piensa,… no viene después de las otras artes por razones sólo objetivas. Pertenece a un tiempo específico determinado por una cierta idea de la historia como categoría del destino humano. Pertenece a una idea del arte ligado a esta idea de la historia y que enlaza en una conexión especifica un cierto número de posibilidades que pertenecen a la técnica, al arte, al pensamiento y a la política. Por ejemplo, conecta una idea de agente histórico, al tipo de imagen del hombre que producen sus técnicas y registran sus proyecciones"[4].

Desde la historia, las propuestas de Marc Ferro (1974) mostraron un camino diferente para la investigación. La fotografía y las imágenes en movimiento no eran meras ilustraciones; por el contrario, eran fuentes de la historia y de la contrahistoria. En esta segunda acepción, los grupos subalternos encontraban en la producción cinematográfica la presencia que no tenían en los libros de historia o en el espacio público.

---

[3] Traverso, E., *El pasado, instrucciones de uso. Historia, memoria, política*. Madrid. Marcial Pons. 2007, p. 16.

[4] De Baecque, A. y Delage, C., *De L'histoire au cinéma*. Paris. Editions Complexe. 1998, p. 35.

Miguel Rojas Mix, refiriéndose a la construcción de los imaginarios individuales y colectivos, ha demostrado que se ha producido "una revolución epistemológica" en las sociedades actuales, sus signos, íconos y emblemas expresan ideas y sentido. "En las últimas décadas del siglo XX, se ha verificado en forma radical la transición epistemológica que representa el paso de una forma de conocimiento a otra. Transitamos de la civilización del texto leído a la civilización del texto visto"[5].

Las imágenes en movimiento, ya sean documentales o de ficción, *dejan ver* narraciones de espacios físicos o culturales presentes o distantes en el tiempo. En la ficción con una marca del autor sobre qué tratan sus historias; en el documental, la autoría se expresa en forma siempre presente para mostrar la naturaleza o las acciones humanas como ocurren, develando entornos y registrando prácticas sociales. En un caso y otro la mimesis con la realidad produce certezas en la medida de que correspondan las imágenes a las representaciones culturales colectivas o sean capaces los cineastas de sustentarlas en explicaciones sobre el pasado, expectativas de futuro o rechazo de ideas o proyectos sociales.

Ese poder de las imágenes fílmicas, que ya tenía la fotografía, se basa en la verosimilitud, alguien ya vivo, y transforma al espectador en testigos de acontecimientos, discursos, naturalezas. La emoción juega un rol de importancia en el cine para juzgar, aceptar o impugnar el relato, nunca es inocuo, y este carácter de las filmaciones es cuidado por sus autores y preocupa a los poderes de la sociedad, sea para producir sensibilidades y comportamientos –especialmente políticos–, sea por la revelación de la contrahistoria. Los ejemplos históricos sobre el control social de las imágenes o su potencia subversiva son innumerables, y a cada periodo histórico le corresponden las suyas.

El cine controlado del nazismo produjo *El triunfo de la voluntad* y los cineastas alemanes de las décadas de 1960 y 1970 crearon otros films mostrando las heridas del nazismo que vemos en las obras de Fassbinder, Wenders, Schlöndorf. Por su parte, Claude Lanzman expresando "la radicalidad de la muerte en los campos de concentración" en *Shoá*, presenta en *Un mortal que pasa* (1997) la imposibilidad de reportar lo que está ocurriendo, sin dejar de ren-

---

[5] Rojas Mix, M., *El Imaginario. Civilización y cultura del siglo XXI*. Buenos Aires. Prometeo Libros. 2006, p. 19.

dir homenaje a la rebelión de los prisioneros en *Sobibor* (2001). A contracorriente de las películas del "teléfono rosa" de la época de Mussolini, el neorrealismo italiano mostró las imágenes del sufrimiento de la guerra y la resistencia de los demócratas en *Roma Ciudad Abierta* (Rossellini) o *Dos mujeres* y *El jardín de Finzi Contini* (De Sica) hasta *Saló* (Passolini). En España, José María Caparrós ha trazado el itinerario del cine desde su cerco por la censura franquista hasta la filmografía de la memoria que se ha mantenido en el tiempo.

En América Latina se ha desarrollado el documental como expresión de rebeldía a lo ocultado por las dictaduras y en los procesos de transición a la democracia. Particularmente en la Argentina y Chile han sido un medio de expresión para avanzar con mayor rapidez que la historiografía en la constatación de los horrores pasados y recientes, despreocupándose de las temáticas relativas a los paisajes o la naturaleza[6].

En este trabajo pretendo abordar los intersticios que se han ido produciendo entre la memoria y sus imágenes fílmicas y la interpretación de la historia reciente de Chile. Se trata de acumular interrogantes más que propuestas definitivas para mostrar que los imaginarios y prácticas sociales de la época de Allende, los recuerdos de entonces y del tiempo de la Dictadura transportados por el cine, conllevan una producción narrativa que incita a re-visitar los sentidos y proyecciones de los discursos políticos e ideológicos, que basados en la lógica afirmativa no alcanzan a dar cuenta de la experiencia social o sus expectativas expresadas en signos, íconos y emblemas.

La historia contemporánea de Chile esta marcada desde el 11 de setiembre de 1973 por la imagen del bombardeo del Palacio de La Moneda, sede del Gobierno, a las 12 horas según marcó el reloj del edificio de la Intendencia de Santiago. Imagen de guerra que no es habitual en el comienzo de los actos bélicos, que conocemos por registros fotográficos; también era inédito que las bombas fueran lanzadas sobre el Presidente de la República y de los civiles que lo acompañaban. Algunas horas después el fotógrafo Ches Garresten inmortalizaba las imágenes de la Junta de Gobierno que presidía el golpe de Estado, centrando el objetivo sobre Augusto Pinochet, impávido con sus gafas oscuras que no dejaban ver ni pensamiento ni designio.

---

[6] En Chile, "entre 2000 y 2004 se produjeron 97 documentales. En tanto en todo el siglo XX se produjeron 259". Mouesca, J., *El documental en Chile*. Santiago. LOM. 2005.

La iconografía de la Dictadura adquirió sus símbolos y emblemas, nacional e internacionalmente. Desde ese mismo instante fueron los íconos de advertencia de que las democracias podían ser frágiles y, por lo tanto, se podía esperar otras imágenes demostrativas de que la fuerza imperaría sin límites sobre la sociedad civil. Los campos de concentración, los cadáveres en el río Mapocho, las hogueras de libros, los tanques y las patrullas militares apropiándose del territorio fueron parte del mismo escenario que se quería mostrar, recordando los tiempos del nazismo cuando Himmler convocaba a la prensa al campo de concentración de Dachau o los partidarios del régimen protagonizaban la "noche de los cristales rotos". Se trataba de aterrorizar mostrando el terror, que se acompañaba con la voces de las radios o los escritos en los periódicos intervenidos portando las órdenes de los Bandos de la Junta Militar para amenazar, disuadir a la población y reorganizar de facto la ocupación y la administración del Estado.

2. Política, cine y memoria en la postdictadura

Bastante se ha escrito desde la historia, la sociología y la ciencia política sobre el gobierno de Salvador Allende y el golpe de Estado, tratando de explicar la extrema brutalidad de los hechos acaecidos en un país que parecía sostenerse sobre una democracia que se había ido desarrollando institucionalmente sin graves rupturas durante el siglo XX, a pesar de la Guerra Fría y en una América Latina en que lo regímenes de excepción eran más numerosos que los basados en el estado de derecho.

En la misma medida, a comienzos del decenio de los setenta, la experiencia del gobierno de la Unidad Popular había creado las confianzas de que las sociedades podían independizarse del dominio directo de los EE.UU. y realizar cambios en un país subdesarrollado para lograr la inclusión social y política de las mayorías desposeídas sin acudir al uso de la fuerza, a través de lo que entonces se conceptualizó como "la vía pacífica al socialismo", que Allende, que no gustaba de la internacionalización de sus propósitos, llamaba *la vía chilena*, por la que había caminado desde los años 30 cuando una coalición de centroizquierda conformó un Frente Popular y gobernó durante 9 años para llevar a puerto las bases de un *estado de bienestar*, que se quebró en el comienzo de las políticas de guerra fría en el continente, al ser excluidos los comunistas no sólo del Gobierno sino colocados fuera de la ley, lo que ya había ocurrido en Francia e Italia por imposición de los EE.UU. para el desarrollo del Plan Marshall. Como lo plantea Hobsbawm: "Un Frente de este tipo ya había ganado las elecciones en Chile en los años 30, cuando Washington estaba menos nervioso y Chile era el paradigma del constitucionalismo civil"[7].

El fracaso de *la vía chilena* repercutió en otros países, como en Francia, Italia y de algún modo en España, que estaba al final de la larga Dictadura de Franco. En esas sociedades la izquierda estaba forjando frentes amplios tanto política como socialmente para caminar hacia el socialismo. Las lecturas críticas de la experiencia chilena y de los "socialismos reales" llevaron a forjar una tendencia distinta en el seno de los partidos comunistas, el *Eurocomunismo*, que en los años 70 y 80 los distanciaron de la Unión Soviética y revivieron debates teóricos y políticos comenzados en las décadas de 1930 y 40, que pusieron en el tapete las propuestas de Gramsci y de la Escuela de Frankfurt.

El sentido mayor de los proyectos estaba centrado en la construcción del "abanico histórico", contribución de Gramsci con el fin de ampliar las bases sociales, políticas y culturales para lograr tanto la democratización de la sociedad como la expansión de los derechos económicos, sociales y culturales. Los escritos de Santiago Carrillo y de Enrico Berlinguer, secretarios generales del Partido Comunista de España y del de Italia, respectivamente, demuestran estas ideas. Berlinguer desde fines de septiembre de 1973 escribe tres artículos en la revista *Rinascità*, cuya temática son *Las reflexiones sobre Italia después de los hechos de Chile*, que en lo esencial conllevan la necesidad de crear una mayoría cultural y política, *el compromiso histórico*, que posibilitara una alianza con la Democracia Cristiana, el partido representativo de las capas medias, para lograr un proyecto inédito de desarrollo democrático anticapitalista y de redistribución socioeconómica[8].

En las interpretaciones históricas que se han dado a la situación creada en los tres años del gobierno de Allende, estas aproximaciones han estado presentes y se ha puesto énfasis en las tensiones y desencuentros para realizar *la vía chilena,* que en lo esencial apuestan a las transgresiones en la acción y propósitos de los partidos políticos al interior del Gobierno y de la izquierda, que

---

[7] Hobsbawm, E., *Historia del siglo XX*. Barcelona. Crítica-Grijalbo-Mondadori. 1995, p. 441.

[8] Berlinguer, E., *Reflexiones sobre Italia tras los hechos de Chile*. Barcelona. Ed. Fontaram. 1977.

desde fuera pretendían avanzar más allá de los compromisos que habían sido garantizados en los acuerdos suscritos por Allende y los partidos de la Unidad Popular con la Democracia Cristiana. El lema de esos actores políticos de "avanzar sin transar" ha servido de base para las tesis que se han elaborado, acentuando aquellas diferencias como elementos fundamentales de la derrota.

Desde la historia política, como lo plantea recientemente Tomás Moulián: "Los problemas de dirección que afectaron a la Unidad Popular estaban relacionados con un desajuste político de la alianza, la cual era originaria pero fue sobre todo progresiva. Esta crisis tuvo dos aspectos principales: 1) la existencia de una contradicción de líneas estratégicas que, a partir de un momento, se empieza a reflejar en el análisis de cada coyuntura, y 2) la incapacidad de cada una de las tendencias de establecer su predominio o su hegemonía"[9].

A lo que el mismo autor agrega que quienes habían sido los propulsores del Proyecto y del Programa de *la vía chilena*, el Partido Comunista y el presidente Allende, le dieron a la unidad de la alianza comprometida una importancia decisiva para imponer otras prácticas políticas y lograr una hegemonía que sustentara el Proyecto. La ampliación social hacia las capas medias y hacia el Partido Demócrata Cristiano, que las representaba en gran medida, se rompió definitivamente hacia mediados de 1972, lo que se habría demostrado en octubre de ese año en un "paro" que unió un amplio espectro de ese sector social –gremios profesionales, estudiantes gremialistas, transportistas, segmentos de los obreros de las explotaciones cupríferas– que se movilizaron mostrando claramente afanes de ruptura con el sistema democrático institucional bajo la égida de las agrupaciones de derecha.

La contrapartida para sostener al Gobierno vino de las clases populares –obreros, pobladores, campesinos recientemente sindicalizados– y desde los intelectuales, que lograron mantener el país en marcha y, en el plano político, Allende logra el apoyo de las Fuerzas Armadas, particularmente del Ejército, a través del general Prats, su comandante en jefe, que contribuyó a estabilizar la situación política, económica y social del país hasta agosto de 1973.

Sin embargo, la contribución mayor de Moulián está en poner el acento en las "fracturas" que se fueron operando en Chile entre 1970 y 1973, que lle-

---

[9] Moulián, T., *Fracturas. De Pedro Aguirre Cerda a Salvador Allende (1938-1973)*. Santiago. LOM Ediciones. 2005, p. 241.

varon a la ruptura del "estado compromiso" (1938-1970), caracterizado por "una dominación sin hegemonía, en que las clases dominantes se acomodaron a los problemas de representación y usaron diferentes estrategias de contención (defensiva, represiva e integrativa)[10]. Lo que a mi modo de ver ocurría en el momento en que se sintieron amenazadas por el establecimiento de una inclusión social que habría llevado a poner en dudas las formas de reproducción capitalista.

Algunos historiadores han puesto el acento en que la entrada de los campesinos y los "pobladores" –emigrantes trasladados a las ciudades–, buscando la realización de las promesas de inclusión social, producían una tensión creciente y no esperada. En el primer caso, se trataba de la realización definitiva de la Reforma Agraria comenzada en el gobierno anterior, presidido por el demócrata cristiano Eduardo Frei Montalba, cuya novedad no era el diseño, si no que su puesta en práctica, que llevaba a los antiguos propietarios a resistirse y buscar los apoyos políticos para impedirla, a pesar de las indemnizaciones que otorgaba el Estado[11].

En cuanto a "los pobladores", ejercieron una presión constante para establecerse y construir viviendas en lugares que, siendo eriazos, tenían propietarios vigentes, situación que venía desarrollándose en Chile desde la década de 1950. Presentado de esta manera, podría llevarnos a dos conclusiones contradictorias. La primera justificaría las demandas y las acciones; y la segunda plantearía que estas presiones causaron, en primera instancia, el miedo a estos cambios particularmente en los sectores de capas medias y, en segundo lugar, posibilitaron el acercamiento político entre los partidos más representativos de esos sectores y la derecha. Lo que en la práctica ocurrió, pero si consideramos los imaginarios que subyacían, esos miedos se radicaron más bien en la movilización constante y participativa de sectores que, de un modo u otro, percibían que sus derechos y expectativas podían ejercerse[12].

---

[10] *Ibid.* p. 271.

[11] Véase: Chonchol, J., *Poder y Reforma Agraria. En Chile hoy.* Santiago. Editorial Universitaria. 1970. Además, como es sabido, la Dictadura no devolvió esas tierras a los propietarios que habían sido uno de sus principales sostenedores, pero disolvió los asentamientos, lo que posibilitó "una modernización y explotación capitalista", que fue una de las bases de la política neoliberal que se impuso.

[12] Me he centrado en el trabajo de Tomás Moulián por ser uno de los últimos en referirse desde este enfoque a la temática que nos interesa. Hay que recordar en el extenso debate ocurrido, entre otros, a: Valenzuela, A., *The Breakdown of Democratic Regime: Chile.* Baltimore. John Hopkins University Press. 1978; Garretón, M. A., *El proceso político chileno.* Santiago. FLACSO. 1983; Drake, P., *Socia-*

Si me he referido a estos hechos es porque la literatura crítica les da especial relevancia, pero la intervención estatal sobre el capital financiero y la gran industria fue otro de los elementos decisivos en esa "batalla", que si bien no podía extrañar porque era parte del Programa de la Unidad Popular para avanzar en el desarrollo sustentado desde dentro, tampoco era una novedad en la historia de Chile o de otros países, ya que había sido empleada después de la crisis mundial de 1929 y tenía ejemplos representativos en Francia, Italia o Inglaterra.

Sin embargo, la nacionalización sin indemnización de las cupríferas en manos de empresas norteamericanas, siendo aprobada por la mayoría del Parlamento, produjo la explicación más contundente en los EE.UU. para justificar "las acciones encubiertas", que se venían desarrollando desde fines de los años cincuenta, y que pasaron del temor "al ejemplo chileno", por sus repercusiones políticas e ideológicas en otras latitudes, a una pugna fundamentada para cercar al gobierno de Salvador Allende, quien en la Asamblea General de las Naciones Unidas declaraba: "Estamos ante un verdadero conflicto frontal entre las grandes corporaciones y los Estados. Éstos aparecen interferidos en sus decisiones fundamentales –políticas, económicas y militares– por organizaciones globales que no dependen de ningún Estado y que en la suma de sus actividades no responden ni están fiscalizadas por ningún Parlamento, por ninguna institución representativa del interés colectivo. En una palabra, es toda la estructura política del mundo la que está siendo socavada"[13].

Sin embargo, en la mayor parte de las obras explicativas de la derrota del Proyecto de la Unidad Popular, se ha puesto poco el acento en la intervención de los EE.UU., no solo en los tiempos de Allende, sino en el plazo mayor en que se produjo, a pesar de la documentación con que se cuenta, ya sean los Informes del Senado norteamericano –Comisión Church[14] (1975)

---

lismo y Populismo. Chile 1936-1973. Valparaíso. Ediciones Universitarias de Valparaíso. 1992; Valdivia, V., Álvarez, R., y Pinto, J., *Su revolución contra nuestra revolución (1973-1981)*. Santiago. LOM Ediciones. 1992; Stabili, M. R., *El sentimiento aristocrático. Elites chilenas frente al espejo (1860-1960)*. Santiago. Andrés Bello-Centro de Investigaciones Barros Arana. 2003; Correa, S., *Con las riendas del poder. La derecha chilena en el siglo XX*. Santiago. Sudamericana. 2001; Angell, A., "La izquierda en América Latina desde 1920", en Bethel, L. (Ed.) *Historia de América Latina*, Vol. 12. Barcelona. Crítica. 2001; Moulián, T.,: *Chile Actual: Anatomía de un mito*, LOM- Arcis, Santiago, 1997.

[13] 4 de diciembre de 1972. Como también se sabe la Dictadura no dio marcha atrás y estas cupríferas continúan en manos del Estado, reviviendo el lema de la época del "sueldo de Chile", especialmente en los periodos de crisis económica mundial

[14] "El modelo de acción encubierta de los Estados Unidos en Chile es impresionante pero no único.

y Comisión Hinchey (2000)–, los archivos desclasificados de la CIA y de la correspondencia diplomática, que muestran los objetivos y estrategias de esas políticas.

Durante un largo tiempo, otra vertiente crítica a la política de Allende se basó en la incomprensión del rol de las Fuerzas Armadas como tutelas del orden burgués establecido y disponible para desatar una guerra civil o un golpe militar. En una primera lectura, y en el contexto de los años 60, parecía un hecho establecido cuando la única revolución triunfante en América Latina, a través de una guerra civil, había ocurrido en Cuba. El final del Gobierno parecía dar razón a la imposibilidad de realizar cambios estructurales sin el uso de las armas, lo que ha sido refutado desde el análisis histórico considerando lo que habían sido los comportamientos, particularmente del Ejército como garante constitucionalista, desde 1891[15]. En lo central esta tesis contradecía en su esencia el Proyecto allendista, pero también en la práctica, los intentos de crear acciones guerrilleras durante la Dictadura, no encontraron eco en la sociedad, que mayoritariamente prefirió, a pesar de los riesgos, "las protestas" civiles, lo que posibilitó la represión del régimen[16].

Más recientemente, quizá por los distanciamientos de las propósitos de los partidos políticos –los rechazos a la clase política–, la derrota del Proyecto se la sitúa más bien en una crisis de legitimidad creada por la separación entre la propuesta y la práctica de las cúpulas políticas y las potencialidades de participación y creación de los sectores sociales nuevos, que trataban de sobrepasar a los sindicatos y partidos de izquierda. Aunque hay que tener presente que la creación de "los cordones industriales" fue un hecho inédito de la mo-

---

No sólo se alzó en un contexto de política exterior americana, sino que también se involucraron secretamente en otros países dentro y fuera de Latinoamérica. La escala de implicación de la CIA en Chile fue inusual pero no quiere decir sin precedentes".

Los proyectos fueron dirigidos hacia: arrebatar a los comunistas el control de las organizaciones estudiantiles en las universidades chilenas; apoyar a grupos de mujeres activas en política chilena y vida intelectual; combatir el predominio comunista en la Central Única de Trabajadores Chilenos (CUTCH) y apoyar grupos obreros democráticos; y explotar un frente de acción cívica para combatir la influencia comunista dentro de los círculos culturales e intelectuales.

[15] Hay que recordar que, en la Guerra Civil de 1891, el Ejército estuvo de parte del presidente José Manuel Balmaceda y fue diezmado por la Marina. La paradoja es que en 1973, también la Marina inició las acciones golpistas.

[16] Entre otras publicaciones es necesario tener presentes: Debray, R., *La revolución en la Revolución*, Ed. Punto Final, Santiago, 1967; Garcés, J.: *Allende y la experiencia chilena. Las armas de la política*; Ariel, Barcelona, 1976; Prats, C.: *Testimonio de un soldado*, Ed. Pehuén, Santiago, 1987.

vilización y el intento de contraponerse a la acción del golpismo a partir de 1972[17].

En la mayor parte los análisis historiográficos y de las ciencias políticas no se ha dejado de subrayar la importancia que tuvo en el desenlace del proyecto de *la vía chilena*, el desprecio de la derecha por la democracia y el miedo siempre latente a los sectores de izquierda, particularmente a los comunistas y al propio Allende, cultivando una ideología que del miedo pasaba al resentimiento y a la acción conspirativa cada vez que sentían que arreciaba la posibilidad del ascenso al Gobierno de las alianzas conformadas para realizar un programa democrático –nacional o como gustaba decir el presidente Allende– y establecer "una democracia auténtica". Posibilidad que efectivamente ocurrió en 1958, cuando Allende estuvo a punto de obtener el triunfo electoral; o en 1964, cuando las fuerzas de la derecha apoyaron, a pesar de sus reticencias, al candidato de la Democracia Cristiana[18]. A estos análisis sólo se contraponen los historiadores representativos de la derecha que consideran que los motivos del golpe militar se centraron en una crisis institucional producida por la Unidad Popular, y por tanto justificatoria de lo ocurrido en 1973 y durante la Dictadura[19].

No pretendemos agotar esta problemática que todavía dará para nuevas indagaciones. Lo que nos interesa es sugerir otros archivos que, cargados de subjetividades, pero también de la certeza que otorgan las imágenes y los testimonios, entregan nuevas posibilidades al historiador para salir de los discursos oficiales y de las claves de interpretación de distinta naturaleza que, desde la teoría o la práctica política, han tratado de extraer lecciones de *la vía chilena*, explicar las incertidumbres actuales o aplicar en política la ética de la responsabilidad.

---

[17] Drake, P., *Socialismo y Populismo*, Chile 1936-1973. Ediciones Universitarias de Valparaíso, Valparaíso, 1992; Garcés Durán, M., *Tomando su sitio. El Movimiento de pobladores de Santiago, 1957-1970*; Salazar, G. "Transición ciudadana: de la autojusticia estatal al tribunal de la Historia (Chile siglo XXI)". En *Cuadernos de Historia*, N° 25, Universidad de Chile, Santiago, 2006, pp. 145-169.

[18] Este tema ha sido estudiado por Isabel Torres Dujisin y Tomás Moulián, en diversos trabajos, principalmente en "Discusiones entre honorables. Las candidaturas presidenciales de la derecha, 1936-1946", el artículo de Isabel Torres Dujisin en esta publicación y el libro ya citado de Tomás Moulián.

[19] Veáse Vial, G., *Salvador Allende. El fracaso de una ilusión*, Santiago, Ediciones Centro de Estudios Bicentenario, 2005. y *Pinochet. La Biografía*. El Mercurio-Aguilar, Santiago, 2002.

Estos estudios se hacen necesarios para interpretar aquello que fue posible y, particularmente, aquello que en la memoria colectiva permanece como un período de grandes esperanzas sociales y culturales, y que también podrían dar luces para comprender cómo el gobierno de Allende, que se establece con un 36,2 % del electorado en 1970, alcanzara el 50% en 1971 y en el período más difícil de pugna desencadenada en marzo de 1973, llegara al 43, 4 % de los votantes. Más aún, se trata de comprender la inevitabilidad del golpe de Estado, sus formas reales y simbólicas y la premura de su realización para impedir el plebiscito que plantearía ese mismo once de septiembre el Presidente a fin de derivar el conflicto hacia un desenlace político-institucional. Y después de todo análisis: ¿La derrota del Proyecto de lograr "una democracia auténtica" era inevitable o ha quedado abierto en otras circunstancias, no sólo en la memoria sino como posibilidad social, política y cultural?.

El propósito es presentar los archivos de imágenes en movimiento de ese tiempo y los recorridos que otros autores han hecho significando sus memorias en Chile reciente. Siguiendo algunos planteamientos de Roger Chartier, se hace necesaria "una pregunta fundamental": ¿cómo pensar las relaciones que mantienen las producciones discursivas y las prácticas sociales? Hacer inteligible las prácticas que las leyes de formación de los discursos no gobiernan es una empresa difícil, inestable, situada al "borde del acantilado", como escribe de Certeau a propósito de *Vigilar y castigar*. Siempre la amenaza, la tentación de olvidar toda diferencia entre lógicas heterónomas pero, sin embargo, articuladas: la que organiza la producción e interpretación de los enunciados, la que rige los gestos y las conductas[20].

3. Actores sociales y sus memorias en las imágenes fílmicas

Patricio Guzmán tituló su saga sobre los últimos meses del gobierno de Allende *La Batalla de Chile, la lucha de un pueblo sin armas*. Como lo ha explicado, nunca pensó que estaba filmando el final de una historia, su objetivo era registrar una experiencia inédita, en lo posible diariamente, para dejar a los

---

[20] Chartier, R., *Escribir las prácticas. Foucault, de Certeau, Marin*. Argentina. Manantial. 2006.

protagonistas verse en acción. Ese objetivo, más allá de lo que en la subjetividad del autor haya podido pesar, entrega las vivencias y sensibilidades de los actores sociales y políticos encarnando a la vez los conflictos, sensibilidades y prácticas de los empoderados por las expectativas de los cambios propuestos[21].

Como lo ha explicitado Guzmán, ni él ni su equipo[22] habían hecho estudios particulares sobre las técnicas y sentidos del documental, entonces desconocían a Vertog, habían visto algunas obras como *Calcutta,* de Louis Malle, y leído algunos artículos de la revista *Cine Cubano*. Se trataba de "un trabajo hecho sobre bases absolutamente pragmáticas", según sus palabras. Además, cuando comienzan la filmación, el bloqueo económico impedía contar con los materiales necesarios, y entre los lugares a los que acudió buscándolos, sólo tuvo la respuesta solidaria del cineasta francés Cris Marker, que le envió la película virgen que necesitaba, lo que Guzmán no olvidaría agradeciéndolo en la dedicatoria de *La Batalla de Chile*.

La filmación del tercer año se realizó en la emergencia que se vivía, y cualitativamente tuvo un giro en sus registros, puesto que se trataba de representar el conflicto social y político, y los protagonistas pasaron a ser lo variopinto del espacio público: los opositores, los militares, los debates políticos y las clases populares sostenedoras del Gobierno. Los rostros, los discursos y las acciones *narran* el momento final que se transforma en una fuente histórica imprescindible. Como el autor ha aclarado, el 95% de las imágenes presentadas son las filmaciones de entonces, a las que sólo agregó la toma de la muerte del cineasta argentino Leonardo Henricksen, producida mientras filmaba el "tanquetazo" de junio de 1973, que es contenida entonces por el Ejército; el bombardeo de La Moneda, realizada por los cineastas alemanes Walter Heynowski y Gerhard Scheumann, y las tomas de los aviones que había realizado Pedro Chaskel desde las oficinas del Cine Experimental de la Universidad de Chile.

La película es una trilogía estrenada cada parte en distintos años: *La insurrección de la burguesía* (1975); *El golpe de Estado* (1976); *El poder popular* (1979). El trabajo de edición estuvo sometido a repensar en el exilio lo que quedaba de *la vía chilena*, cuyo sentido era tratar de utilizar los materiales que

---

[21] El autor y su equipo ya habían filmado en el mismo estilo directo: *El primer año* y *La respuesta de octubre* con los mismos fines; se trataba de registrar y devolver a los actores sociales sus imágenes.
[22] Jorge Müller, Federico Elton, Bernardo Menz, José Pino y Angelina Vásquez.

el cineasta sabía que eran únicos y así dejar ver e interpretar históricamente los hechos. La salida de los autores tuvo las dificultades propias de los opositores a la Dictadura: Patricio Guzmán estuvo prisionero algunas semanas en el Estadio Nacional y Jorge Müller, el fotógrafo de *La Batalla…*, forma parte de la lista de prisioneros desaparecidos. Luego se trató de recuperar el material –que el autor recuerda en su film *Chile la memoria obstinada*, de 1998– con la ayuda de su único familiar que sobrevive, el tío Ignacio, que guardó los rollos de la película y con la ayuda de la Embajada de Suecia pudo sacarlos de Chile.

La edición definitiva se llevó a cabo en Cuba, donde recibió la ayuda material necesaria y se sumó al equipo la socióloga chilena Marta Harnecker y el cineasta, también exiliado, Pedro Chaskel. Se trataba de una de las primeras películas del exilio, mostrada para otros espectadores y, probablemente por estas circunstancias, Guzmán acude a la voz en off del narrador que va guiando las circunstancias de las imágenes, como también el orden de la trilogía pudo deberse a la necesidad de dar cuenta de cómo se consumó el final de la experiencia histórica, pero que da al relato de *La Batalla…* un sentido general para reflexionar e interpretar las fuerzas sociales y políticas que se iban acumulando contra el gobierno y el clima de la tentación autoritaria –antidemocrática– que avanzaba en el discurso y la práctica social.

La *Insurrección de la burguesía* comienza con el bombardeo de La Moneda y el sonido de los aviones, pero como señala Jorge Ruffinelli sólo "para indicar su índole de relato de significación retrospectiva"[23]. En el comienzo están los reportajes a la elección de marzo de 1973 y van apareciendo en las entrevistas de los opuestos/as en conflicto; es notable la participación de las mujeres, no sólo porque el cineasta lo quiso mostrar de ese modo, sino porque desde la década de 1960 se trató desde los distintos sectores políticos de apelar a la participación femenina, siendo uno de los segmentos sociales en disputa. Las representantes de esos grupos intermedios expresan la ideología del miedo-odio[24], y otras afirman su confianza en el Gobierno. De estos contrastes, las imágenes van produciendo nuevas entrevistas, las manifestaciones en las calles, los de-

---

[23] *El cine de Patricio Guzmán. En busca de las imágenes verdaderas*, Uqbar editores, Santiago de Chile, 2008, Pág.97

[24] Una de ellas exclama: *¡Que se acuse constitucionalmente al Presidente y lo saquen el 21 de mayo! ¡Gobierno degenerado y corrompido! ¡Comunistas asquerosos, tienen que salir todos de Chile!*

bates públicos, las circunstancias creadas por el acaparamiento y el mercado negro. Esperanzas y resentimientos transcurren por las vías del discurso y de la acción, que podrían ser resignificados históricamente.

El desenlace electoral es favorable al Gobierno, y si el clima del comienzo de la película es de cautela por las dificultades que están en juego, lo interesante es que la exposición del narrador no deja ver el epílogo. Este éxito anuncia la desesperación de las fuerzas opositoras: partidos y grupos de la derecha y la Democracia Cristiana. La situación adquiere una mayor tensión: se multiplican los atentados del grupo de derecha Patria y Libertad, que luego será uno de los pilares de la represión en Dictadura, cuando varios de sus miembros formaron parte de la Dirección de Inteligencia Nacional. La actuación del Parlamento se endurece y son acusados constitucionalmente ministros e intendentes.

Lo mismo ocurre con "el mercado negro" y su contrapartida, las organizaciones comunales de base –JAP–, que controlaban en la medida de lo posible el desabastecimiento. La huelga de los mineros del cobre de El Teniente, la aristocracia obrera como se la llamaba en la época, la huelga y las manifestaciones de los estudiantes gremialistas de la Universidad Católica van completando el cuadro de los actores que dirigen y participan en la insurrección. En junio de 1973 entran en la escena los golpistas militares a través del levantamiento del regimiento Blindado N° 2 –el Tanquetazo– que trata de sorprender a la guardia presidencial y que son contenidos por los militares que acompañaban al Presidente en este período[25].

En la segunda parte, *El golpe de Estado* retoma la escena del "Tanquetazo" filmada por el periodista argentino Henricksen, asesinado en ese momento, que le da la secuencia dramática para presentar los preparativos del golpe militar. Sin embargo, una de las escenas que ha sido subrayada, al dejar ver con

---

[25] La Dictadura no lo perdonaría y el comandante en jefe del Ejército, el general Carlos Prats y su esposa, serían asesinados por la DINA en la Argentina en 1974.

claridad el momento final, es cuando los coaligados han logrado un cambio definitivo en las Fuerzas Armadas, se presenta en los funerales del edecán naval del Presidente, Arturo Araya, asesinado por Patria y Libertad en agosto de 1973. Mientras es enterrado en Valparaíso con honores militares, la cámara va mostrando a los asistentes, civiles y militares, y "los rostros de estos últimos, nos producen viéndolos ahora, un inmediato sobresalto: sus ojos muestran de modo inequívoco el signo de la traición. El cineasta no tenía conciencia de que estaba en ese instante recogiendo en sus imágenes una prueba testimonial del golpe de Estado que ya estaba en marcha", en las palabras de la historiadora del cine Jacqueline Mouesca[26].

Las secuencias continúan para revelarnos al Gobierno cercado por intimidaciones de los otros poderes del Estado, hasta la declaración de inconstitucionalidad del Gobierno; así como el aumento de los actos terrorista de la derecha y la búsqueda constante de la desestabilización, que repercute en las Fuerzas Armadas, lo que será evidente en agosto de 1973.

El Poder Popular finaliza la trilogía, siendo la parte de *La Batalla…* que con la mirada de ahora nos entrega las fuentes históricas, que la necesidad de denuncia a la Dictadura había dejado en un plano secundario. Muestra, en primeros planos, a los sujetos sociales protagonistas, dispuestos a crear organizaciones populares para defenderse de la agresión de los poderes económicos más allá, o dejando de lado, lo que la prudencia política podía aconsejar para evitar, o a lo menos limitar, el golpe de Estado. Lo que interesa es la capacidad, particularmente de los obreros, para re-organizar la producción, resaltar la creatividad, empoderándose para reforzar la inclusión social.

Los primeros planos sirven para subrayar la seguridad y dignidad de estos sujetos históricos desde un discurso propio, carente de la violencia de sus contendores para llamar a resistir, no sólo a través de lo que se llamó *la batalla de la producción*, sino también participando en la Juntas de Vecinos, las Juntas de Abastecimiento Popular y, finalmente, con la creación de los cordones industriales. Guzmán explicaba esta parte de la película: "La verdadera relevancia radica en el descubrimiento de un hecho fundamental: se descubrió que el cordón industrial es como un ente invisible… no es un desfile. No es una inauguración, no es un discurso, no es una manifestación. Éste fue el

---

[26] Mouesca, Jacqueline. *Plano secuencia de la memoria en Chile. Veinticinco años del cine chileno (1960-1985)*, Madrid, Ediciones del Litoral, 1988, p.73.

principal descubrimiento: aprender a ver los hechos invisibles que contiene la realidad"[27]. Las entrevistas de esta tercera parte demuestran lo que pensaban, lo que decían y lo que hacían estos actores sociales que, más o menos críticos de la marcha política del país, querían permanecer[28].

Si me he detenido en la presentación de *La Batalla de Chile*, ha tenido el sentido de mostrar que más allá de lo que se ha escrito y de las fuentes habitualmente utilizadas por la historia política, estas imágenes de primera mano complejizan la realidad. Ahora son parte de la memoria, como otros reservorios históricos, pero tienen la diferencia de ser registros de entonces, que más allá de la subjetividad del autor, nos traen las presencias, los deseos, las justificaciones de algunos, así como también el poder desplegado por los contendores que, con todo, no pudieron por la vía de la intimidación arrasar al gobierno de Allende, tuvieron que caminar, incluso los que no quisieran, desde la política a la fuerza representada en el golpe de Estado.

Tampoco estos registros fílmicos esconden lo que antes mencionábamos como las dificultades en el poder para establecer una hegemonía política entre los dirigentes del Proyecto; pero lo que las imágenes también trasuntan es que la energía desplegada, la participación social, buscaba una salida más cercana de lo que los análisis de los discursos podrían indicar, para lograr una "democracia auténtica" basada en la inclusión social, que era lo que sostenía el presidente Allende. Estas imágenes podrán ser mejor analizadas a la hora de totalizar las conclusiones sobre las razones del golpe de Estado si buscamos "las relaciones entre las producciones discursivas y las prácticas sociales", a lo que hacíamos referencia citando a Chartier, que podrían ayudar a matizar las interpretaciones.

Suficientemente se han analizado las prácticas fascistas, pero se ha hecho menos hincapié en sus vinculaciones con la producción discursiva que lleva al miedo y a la tentación autoritaria de vastos sectores, en particular de las capas medias. El miedo a un "enemigo" omnipresente, que pretendía desarticular lo existente, es decir, conservar las discriminaciones, las desigualdades, las limitaciones a la democracia. Estas ideas y prácticas las mantuvo la derecha en Chile con el concurso de "las acciones encubiertas" en el marco

---

[27] Guzmán, Patricio y Pedro Sempere. *Chile: el cine contra el fascismo*. Valencia. Fernando Torres. 1977; p. 72.

[28] Véase Touraine, A., *Vida y muerte del Chile Popular*. México. Siglo XXI. 1974.

de la Guerra Fría y permanecieron desde los años cincuenta, siendo la matriz ideológica de la Dictadura. Los sujetos históricos de *La Batalla de Chile* lo sabían y, con todo, se atrevían. Incluso estaban ciertos de que podían sobrepasar la amenaza, situación muy distinta a los ciudadanos actuales que desconocen cómo se construían y realizaban los hostigamientos de esa época, a pesar de que las temáticas no han cambiado a la hora de cómo crear las incertidumbres actuales.

La Batalla de Chile todavía no ha sido proyectada en la televisión chilena, se quisiera que estos encuentros con la memoria no produzcan una revelación de los modos de ser y estar de esa época que contrasten con las limitaciones políticas del Proyecto, las formas de la participación social creativa y pacífica de sus sostenedores con los llamados y acciones violentas de los opositores para realizar una contrarrevolución capitalista, que necesitaba de la represión tanto a las personas como a sus libertades y derechos. Situación que se plantea por otros medios en los tiempos recientes y que una prolífica industria cultural sostiene para contener las expectativas democráticas. ¿Enseñanzas de la memoria a la historia?

En la misma época de producción de *La Batalla de Chile* aparecen otras películas que tratan de aproximarse de modo distinto al golpe de Estado, como es el caso de *El Espiral* de Armand Mattelart, Jacqueline Meppiel y Valerie Mayoul, producida en 1976, que es importante considerar para el análisis de los principios y objetivos de la conspiración y el establecimiento de la Dictadura. También se hace necesario recorrer las imágenes del golpe, los campos de concentración –Estadio Nacional y Pisagua–, que realizaron Walter Heynowski y Gerhard Scheumann, cineastas alemanes que convencieron con su nacionalidad a las autoridades del régimen para posibilitar la filmación de *Yo he sido, yo soy, yo seré* (1974), que sigue siendo de los pocos registros existentes de lo que ocurría y de las prácticas represivas de la Dictadura.

Las obras que he mencionado, como otras que a través de la ficción –*Llueve sobre Santiago* de Helvio Soto en 1974– se crearon al calor de lo acontecido, rastreando e interpretando. En el tiempo reciente, sobre la memoria de lo ocultado por la Dictadura surgen otras filmaciones que, por las vías del documental o de la ficción, tratan de devolver las ausencias y poner de relieve lo que en el discurso público o en la historiografía se ha dejado sin responder sobre los orígenes del golpe de Estado o sobre las emociones y sensibilidades de los actores sociales.

En 1996, Patricio Henríquez presentó el documental *El último combate de Salvador Allende,* que entre muchas de sus virtudes trata de seguir, a través de los testigos-sobrevivientes, los últimos momentos del Presidente y sus colaboradores. A la vez devela la participación de los agentes de la CIA en la desestabilización del Gobierno, y a través de las declaraciones del embajador Korry, de servicio en Chile entre 1967 y 1971, demuestra que la instigación al golpe también dependió de las sumas de dinero que se aportaba a distintos actores opositores: al diario *El Mercurio* que lideraba la propaganda de la derecha; la ayuda en armas a los grupos paramilitares ultraderechistas; a los transportistas, a los partidos políticos, a algunos militares.

En estos aportes financieros habrían participado, según Korry, el Vaticano, las casas reales de Holanda y Bélgica, los partidos Demócrata Cristianos de Italia y Alemania. La fuerza de estas denuncias proviene de los testigos, cuyos relatos se pueden comprobar en los informes norteamericanos ya mencionados. Sin embargo, es necesario resaltar en este documental que los entrevistados recuerdan sus esperanzas, los riesgos corridos para salvar vidas, en definitiva la solidaridad que marcó la entereza de quienes sin temor a los riesgos no vacilaban ante el terror desencadenado.

En otra búsqueda, pero tocando temáticas similares, Juan Emilio Pacull produce en 2006 *Héroes Frágiles. La guerra secreta de EE.UU. contra Chile: De la*

Utopía Socialista al Paraíso neoliberal, como homenaje a su padrastro Augusto Olivares, tratando de mostrar a esa generación, la de Salvador Allende, que luchó por largo tiempo para alcanzar la democratización del país. El acento lo coloca en la soledad del grupo que acompañaba al Presidente el 11 de septiembre y la épica que rodea el momento, que algunos de los sobrevivientes relatan con contención y modestia. A la vez, trata de volver sobre los enemigos del Proyecto Socialista y entrevista a Peter Kornbluth, dedicado al análisis de documentos que acreditan la acciones encubiertas de la CIA en Chile, sin dejar de preguntar a sus corresponsales chilenos para constatar si ha habido cambios en sus concepciones y actitudes. Por otra parte, logra conversar con uno de los exponentes más importantes del neoliberalismo, Milton Friedman, que si bien toma distancia de sus relaciones con la Dictadura, continúa asegurando que las políticas de libre mercado han sido las que están transformando positivamente el mundo contemporáneo. Sin embargo, la pregunta mayor del cineasta la hace a los sobrevivientes del 11 de septiembre, sobre el valor y la necesidad del sacrificio por la utopía que había defendido ese día el Presidente y que fue también la actitud de la resistencia contra la Dictadura. Las respuestas son diversas, entre quienes volverían a enfrentarse y otros que sienten que el sacrificio fue en vano.

El diario de Agustín (2008), dirigida por Ignacio Agüero sobre la base de la investigación llevada a cabo por estudiantes de periodismo de la Universidad de Chile, que exploraron el rol de el diario *El Mercurio* –uno de los más antiguos y expresión de la derecha política– en la preparación del golpe y en el ocultamiento de las violaciones de los derechos humanos durante la Dictadura. El nombre del film alude al propietario actual del periódico, Agustín Edwards, cuya familia lo fundara para Santiago en 1900, y antes lo mantuviera para Valparaíso desde 1827.

Los Informes del Senado norteamericano (de 1974 y de 2000), así como los documentos desclasificados sobre las acciones de la CIA en Chile demuestran que desde 1957 el diario recibió aportes monetarios del Gobierno de los EE.UU. para desarrollar una campaña anticomunista[29]. En la época del gobierno de Allende, Agustín Edwards se autoexilia en EE.UU. y por la estrecha amistad que mantenía con Henry Kissinger, participa activamente en las "acciones encubiertas". El diario, sostenedor de la política de la Dictadura, se

---

[29] Según el Informe Church, "con mucho, el mayor –y probablemente el más significativo– caso de apoyo a medios de comunicación fue el dinero entregado a *El Mercurio,* el principal diario de Santiago, que se encontraba bajo presión durante el régimen de Allende.
El apoyo tuvo su origen en un proyecto de propaganda existente. En 1971 la CIA juzgó que *El Mercurio*, la más importante publicación de la oposición, no podría aguantar la presión del Gobierno, incluyendo la intervención en el mercado del papel y la retirada de publicidad del Gobierno.
La Comisión 40 autorizó $700.000 para *El Mercurio* el 9 de septiembre de 1971, y añadió otros $965.000 a esa autorización el 11 de abril de 1972.
Un memorándum del renovado proyecto de la CIA concluyó que *El Mercurio,* y otros medios de comunicación apoyados por la Agencia, habían jugado un papel importante en la puesta en marcha del golpe militar del 11 de septiembre de 1973".

hace eco desde el primer instante de las justificaciones creadas para legitimar la acción violenta, publicando el *Plan Z*, que uno de sus columnistas, el historiador Gonzalo Vial, edita sobre los documentos apócrifos creados por los organismos de inteligencia.

Con el tiempo en la medida que no era posible ocultar los asesinatos masivos, destina sus páginas a elaborar versiones destinadas a enmascarar lo ocurrido, como en los casos de los 119 detenidos-desaparecidos producto de la Operación Cóndor, realizada por las Direcciones de Inteligencia de Chile, Argentina, Uruguay y Paraguay; el asesinato de Marta Ugarte, dirigente comunista cuyo cuerpo aparece en una playa cercana a Valparaíso; la persecución de participantes en manifestaciones, utilizando las fotografías de sus reporteros gráficos. Éstos son algunos de los ejemplos investigados, y lo que causa mayor interés son los entrevistados: miembros de la redacción de *El Mercurio*, los sobrevivientes, los abogados defensores de los derechos humanos, los partidarios de la Dictadura. El relato en cada momento adquiere la potencia de mostrar lo que pasaba, pero aún más la impunidad que permanece y se oculta tras la libertad de prensa[30].

Desde la ficción, Andrés Wood realiza la película *Machuca* (2004) basada, como lo ha expresado su autor, en la memoria subjetiva, pretendiendo llevar al espectador que conoció lo ocurrido en 1973 a reconocer sensiblemente la fractura producida en la sociedad chilena por la fuerza del terror. A los más jóvenes a conocer una historia sobre el abrupto final de la amistad y la solidaridad entre niños de distintas clases sociales. El relato se basa en la experiencia llevada a cabo en el Liceo Saint George, destinado a la formación de las élites en que se incluye a niños de escasos recursos provenientes de los campamentos de "pobladores" aledaños, así conoce Gonzalo Infante a Pedro Machuca, el poblador.

Se trataba de la amistad, Infante es llevado a conocer la vida de "los de abajo", participa en las manifestaciones que sostienen al Gobierno, todo lo cual contrasta con su mundo familiar presionado por los miedos para aceptar los cambios que están ocurriendo y decididos opositores. Los niños no están

---

[30] Sobre la actuación de *El Mercurio* hay denuncias tempranas, el poeta Armando Uribe escribe en 1974 el *Libro Negro de la intervención norteamericana en Chile* (México, Siglo XXI), demostrando la participación activa de su propietario en el golpe de Estado. El *Informe de Prisión Política y Tortura* realizado durante la presidencia de Ricardo Lagos hace referencia a la complicidad de los medios de prensa aceptados por la Dictadura con las violaciones de los derechos humanos en esa época.

preparados para el final del 11 de septiembre e Infante mira el terror desencadenado en la vivienda-campamento de Machuca. La película tuvo gran éxito al correr el velo de la inocencia de una sociedad que pudo ser más inclusiva y menos violenta. El film recuerda, para el caso de Francia, *Adiós a los niños* de Louis Malle, o en España, *La Lengua de las mariposas* de José Luis Cuerda, en que se pone el acento sobre esas infancias perdidas que representan las memorias violentas y las identidades democráticas lesionadas por sus sociedades.

Los relatos cinematográficos que presentamos dejan al descubierto no sólo las falencias políticas y culturales de la sociedad chilena en este período de transición, sino que también las necesidades demandadas a las interpretaciones históricas para pasar de visiones retrospectivas de la derrota de la vía chilena al socialismo en sus símbolos y prácticas políticas, hacia el peso de las circunstancias de entonces y a los residuos de lo que queda para lograr la democracia. Desde la memoria las interrogantes están más abiertas y en las expresiones de las imágenes se buscan otras pruebas que puedan dar un enfoque distinto a lo ocurrido. No se trata sólo de los discursos interpretativos marcados por el presente; es un llamado a encarar la totalidad, desenmascarar al conjunto de actores políticos y sociales, valorando sensibilidades y expectativas no logradas.

Estas observaciones pueden servir de advertencia para repensar que lo que acarrea la memoria colectiva es un malestar, en el caso que nos interesa, exige más investigación y nuevas interpretaciones.

4. Hegemonía y designios de la Dictadura

La Dictadura estuvo durante 17 años bajo la impronta de Pinochet, lo que ha llevado a historiadores y analistas políticos a conceptuarla como un régimen militar. Lo mismo le ha interesado a la derecha política, sobre todo después de la detención de Pinochet en Londres y el hallazgo de las cuentas bancarias secretas que mantenía en el Banco Riggs y las sociedades creadas en "los paraísos fiscales" que demostraban los desfalcos al Estado chileno. Las pruebas desoladoras de los efectos del terrorismo de Estado sobre sus opositores habían podido menos para que "su gobierno" fuera activa o silenciosamente descalificado por sus sostenedores de la actual derecha política.

Parecía difícil desentrañar la hegemonía política y cultural que había logrado la Dictadura. Todo parecía centrado en la persona del Dictador, lo que los análisis comprueban, pero no aparecían quienes elaboraron la legitimación del régimen y produjeron las ideas-fuerza que le dieron sentido a la concepción matriz y a su práctica política que conceptualmente fue la de establecer una *democracia autoritaria y protegida*.

La derecha política, incluyendo diversos sectores que desde muy temprano fueron los pilares que sostuvieron el proceso de legitimación y que dejaron en manos de las FF.AA. la represión para destruir a los enemigos designados por la Doctrina de Seguridad Nacional, que los manuales elaborados por la CIA y estudiados en la Escuela de las Américas, que había servido para atizar odios y revanchas. El marxismo, los comunistas, las izquierdas, los partidarios de la democracia liberal, los sindicatos formaban la larga lista de los enemigos(as) de la paz social. Éstas eran las bases de la represión y habían sido las imágenes que los opositores a la *vía chilena* habían propalado sin cesar. Las ideas y las acciones del terror trasladaron los miedos y a una parte importante de la sociedad la convencieron de que la "salvación" de sus vidas y su peculio, cuando lo poseían, había quedado a salvo de esos enemigos. Este imaginario se fortalecía con el nacionalismo y las ideas de los opositores pasaron a ser "foráneas" o habían producido "la decadencia" constante del país.

Sin embargo, ante las denuncias contra el gobierno de Allende, contra el marxismo internacional, las democracias no podían mantenerse por demasiado tiempo, más aún había grupos de la derecha política que buscaban refundar el Estado en lo político-institucional como también asentar el capitalismo sobre otras bases, limitando la intervención estatal y el estado de bienestar. Como lo ha planteado Moulián, "la Dictadura militar chilena es una demostración de la brutal violencia que necesita la reinstalación y simultánea reestructuración del capitalismo chileno, inconciliable con una política liberal o una vía pacífica. Reestructurar ese capitalismo requirió de una gran flexibilidad en el uso de la represión. No basta que exista un proyecto que se aplique durante un periodo largo de tiempo si no existe lo fundamental: un grupo social que asuma la inhumanidad, que se ensucie las manos creando las condiciones políticas"[31].

---

[31] Moulián, T., *op. cit.*, p. 270.

Esos grupos sociales y políticos estaban. No habrían podido acceder al poder o a lo menos al Gobierno sin el golpe de Estado. Las fuerzas coaligadas que habían actuado en oposición a Allende, particularmente la Democracia Cristiana, que pensaba en un breve período de régimen militar, se sorprendieron muy temprano, cuando Pinochet anunció que se trataba de un dominio sin precisión de término para establecer la democracia autoritaria y protegida que no admitía partidos políticos, Parlamento y otras expresiones del pasado léase sindicatos, universidades autónomas, etcétera.

Al leer la Declaración de Principios de las Fuerzas Armadas y de Orden (11 de marzo de 1974) se llega a la fácil conclusión de que se trata de una refundación: "Las Fuerzas Armadas y de Orden no fijan plazo a la gestión de Gobierno, la tarea de reconstruir moral e institucional y materialmente al país, requiere de una acción profunda y prolongada. En definitiva resulta imperioso cambiar la mentalidad de los chilenos… El Gobierno de las Fuerzas Armadas y de Orden, aspira a iniciar una nueva etapa en el destino nacional, abriendo paso a nuevas generaciones de chilenos formados en una escuela de sanos hábitos cívicos… Las Fuerzas Armadas y de Orden asumirán, entonces, el papel de participación específicamente institucional que la nueva constitución les asigne, y que será el que debe corresponder a los encargados de velar por la Seguridad Nacional, en el amplio significado que dicho concepto tiene en la época actual".

El inspirador de las ideas de la Declaración de Principios había sido Jaime Guzmán, líder del movimiento gremialista, originado en la Pontificia Universidad Católica de Chile y que se había acercado desde los primeros días del golpe a la Junta, particularmente a los cercanos a Pinochet[32].

El movimiento gremialista había sido la respuesta de "una nueva derecha" –se habían ido desprendiendo de la antigua oligarquía– que se inclinaba por el autoritarismo, uniendo "la decadencia" de Chile a la democracia liberal y a las políticas del *estado de bienestar*, afincaban estas ideas-fuerza en la separación temprana y constante de la cultura occidental cristiana. Admiraban el franquismo, y en el caso de Guzmán, se sentía más próximo a las ideas de la Falange de Primo de Rivera. A fines de los años cincuenta ese grupo de intelectuales se agrupaban en la revistas *Estanquero* y después *Portada* y habían

---

[32] Carlos Huneeus entrega los antecedentes de los memorándum en que Guzmán fija las ideas matrices. En *El régimen de Pinochet*. Santiago. Editorial Sudamericana. 2005, p. 216.

tenido entre sus principales exponentes al historiador Jaime Eyzaquirre, y desde un neofascismo a Jorge Prat, fundador de la primera revista mencionada. Sus concepciones los llevaban en el contexto de la "guerra fría" a militar en actitudes anticomunistas, y el Concilio Vaticano II había producido nuevas fisuras en su catolicismo extremo, alejándolos de los cambios en los que caminó la Iglesia chilena, especialmente cuando fue nombrado como cardenal Raúl Siva Enríquez[33].

Estos sectores ultramontanos en el período del gobierno de Allende tomaron actitudes de franca oposición, participando activamente en las acciones sediciosas como se comprobó durante los momentos más álgidos de tensión política y social como fue "el paro de octubre" de 1972, cuando gran parte de las reuniones de los coaligados se realizaban en la Pontificia Universidad Católica; además el propio Jaime Guzmán apareció en el espacio público político a través de los medios de comunicación. No obstante, el liderazgo de estos sectores en la derecha todavía no se perfilaba con precisión, todavía parecían representando a un movimiento de intelectuales surgidos de las aulas universitarias. La oportunidad se las ofreció el golpe de Estado y sus apariciones públicas demoraron en visualizarse, pero desde la primera hora, como lo mencionábamos, ofrecieron los enfoques de que carecían gran parte de los conjurados.

Las concepciones e itinerario del rol de las FF.AA. que se estamparon en la Declaración de Principios eran, así como el proceso de legitimación histórica, producto del ideario de los grupos más conservadores. El diagnóstico ya había sido hecho con anterioridad cuyos principales eslabones se cruzaban para denunciar la inestabilidad del país, simbolizada en la existencia de múltiples partidos; el desorden social y el copamiento del espacio público, produciéndose una crisis de autoridad; el abandono del nacionalismo y la proliferación de ideas foráneas; la crisis moral por el abandono de los verdaderos valores cristianos; la falta de un líder único capaz de conducir y refundar la Nación[34].

---

[33] El cardenal que colocó a la Iglesia chilena en la defensa de los derechos humanos durante la Dictadura de modo militante a través de la participación primero en El Comité Pro Paz fundado, junto a otras Iglesias a fines de septiembre de 1973, y luego estableciendo para los mismos fines la Vicaría de la Solidaridad. También, la Iglesia se esforzó en radicarse y hacer una política de cercanía y ayuda entre los sectores más desfavorecidos de la sociedad

[34] Esas ideas han sido estudiadas por Miguel Rojas Mix en *El Dios de Pinochet*. Buenos Aires. Prome-

En los textos fundamentales de la Dictadura de una u otra forma están presentes estas ideas-fuerza, y más aún se plasmaron en la Constitución de 1980, plebiscitada como se debía a la comunicación directa sin mediaciones políticas para legitimarla. Históricamente se subrayaba al mejor período de la historia de Chile, cuando Diego Portales (1830-1860) había creado la República, cuidando el orden a fin de establecer la estabilidad y el equilibrio entre los poderes gobernantes. Los héroes patrios, comenzando por O'Higgins y todas las espadas que habían forjado la expansión y asentamiento territorial debían volver a ser honorados. Las medidas de control y vigilancia para inculcar este ideario fueron en parte puestas en marcha después del golpe, interviniendo todos los niveles de la educación, particularmente las universidades. Se agregaron la absoluta observancia de los símbolos y emblemas patrios en torno de las gestas militares pasadas y, sin duda, el valor que tenían para "extirpar el cáncer marxista", en las palabras del general Gustavo Leigh a pocas horas de ocurrido el bombardeo de La Moneda.

El 9 de julio de 1977 el gobierno de Pinochet había perdido su alianza estratégica con los EE.UU. debido al atentado en Washington que costó la vida al ex canciller del presidente Allende, Orlando Letelier; serán justamente los gremialistas, que habían creado el Frente Juvenil de Unidad Nacional, los que urdirán el denominado Plan de Chacarillas para mostrar la adhesión a Pinochet y ungirlo como el líder indiscutido de la refundación nacional en marcha. Cuando re-visitamos las imágenes de entonces y miramos los rostros de los jóvenes gremialistas de la época, premunidos de antorchas subiendo el Cerro Chacarillas de Santiago, nos encontramos con los dirigentes de la actual derecha. El discurso de Pinochet redactado por Jaime Guzmán expresa con claridad los principios, concepciones y objetivos: "Nuestro deber es dar forma a una nueva democracia que sea autoritaria, protegida, integradora, tecnificada y de auténtica participación social, características que se comprenden mejor cuando el individuo se despoja de su egolatría, ambición y egoísmo". Demás está decir que las concepciones que daban pie a los propósitos eran las ya enunciadas, lo más significativo estuvo en la fijación de un cronograma de la transición hacia la "democracia protegida", que pa-

---

teo. 2007; Ruiz, Carlos y Renato Cristi. *El pensamiento conservador en Chile*. Santiago. Editorial Universitaria. 1992 y Cristi, Renato. *El pensamiento político de Jaime Guzmán*. Santiago. LOM Ediciones. 2000.

saba por la nueva Constitución, dándose por fenecida la Constitución de 1925 por lo que había representado como estímulo a la decadencia, y los tres plebiscitos que irían legitimando el proceso de transición, siendo el de 1988 el que perdiera Pinochet cuando pretendía permanecer como Presidente por ocho año más.

El segundo grupo sostenedor de Pinochet fueron los tecnócratas, llamados popularmente *Chicago boys*, puesto que habían realizado sus posgrados en esa Universidad de los EE.UU. y recibido las enseñanzas de Arnold Haberger y Milton Friedman. En la Declaración de Chacarillas también son aludidos; al decir de Pinochet, se hacía necesario incorporar "la voz de los que saben al estudio de las decisiones. Sólo ello permitirá colocar la discusión en el grado y nivel adecuados…, aprovechar el aporte de los más capaces y dar estabilidad al sistema"[35].

Este grupo se desarrolló en la Pontificia Universidad Católica. Ya en 1965 se habían amparado en la Facultad de Economía de esa Universidad, siendo su líder Sergio de Castro, luego ministro de Economía de la Dictadura que puso en funcionamiento los pilares de la "nueva economía" que, como lo testimonia últimamente, consistió en una primera etapa, en la liberación de precios y aranceles, la devaluación del peso y la venta de las empresas del Estado. La segunda etapa desde comienzos de 1980 consistió en la privatización de los sistemas de previsión y salud –AFP e Isapres–, el autofinanciamiento de las universidades del Estado; la apertura de la Educación Superior a los privados y el cambio del Código del Trabajo.

Siguiendo el testimonio de De Castro, este grupo prestó servicios en la campaña presidencial de 1970 al candidato derrotado de la derecha, Jorge Alessandri, realizaron cursos para el empresariado reunido en la sociedad de Fomento Fabril; pero el golpe definitivo lo dieron cuando fueron contactados por un representante de la Marina en 1971 –Patricio Kelly– y por Emilio Sanfuentes representante del *El Mercurio*. El producto de ese trabajo se conoce como "El ladrillo" que ya a fines de 1974 se transformaría en el Programa Económico del gobierno de Pinochet[36]. La mayoría de este grupo, que

---

[35] *El Mercurio*, 10 de Julio de 1977
[36] Acción encubierta en Chile: 1963-1973. Informe Church, del Senado de los Estados Unidos. 18-12- 1975. Después de 1973. Actividades de la CIA posteriores al golpe.
Otro objetivo, conseguido en parte a través del trabajo hecho en la organización de la oposición

todavía pasa sólo como economistas, provenía del mundo católico, que había decidido un cambio radical para el modelo de crecimiento y de redistribución de la renta[37].

A la vez habían integrado al gremialismo en la época de la reforma de su Universidad, y los más jóvenes después del golpe, se habían sucedido en la presidencia de esa Federación de Estudiantes (aunque hay que recordar que perdieron la primera elección competitiva que se realizó en 1984). Sus nombres también se repiten en la directiva del partido mayoritario de la derecha actual, la UDI. Durante la Dictadura, desde el Ministerio de Economía y ODEPLAN, no sólo dirigieron la política económica sino que fueron creando una red social a través de municipalidades, organizaciones de la juventud y femeninas que los ha dejado hasta hoy instalados en los sectores populares.

Carlos Huneeus presenta este apoyo sistemático y decisivo para la hegemonía y legitimación de la Dictadura, más allá de la impronta de Pinochet, escribiendo que "la interpretación de la personalización del poder prescinde de considerar el impacto del apoyo proporcionado por los grupos civiles que respaldaron a los militares. Ellos fueron los tecnócratas y los 'gremialistas', que tuvieron un papel decisivo en las movilizaciones a favor de Pinochet. También cumplieron un papel destacado algunos políticos provenientes del Partido Nacional y diversas personalidades que habían participado en el gobierno de Jorge Alessandri (1958-1964)"[38].

La política comunicacional de la Dictadura actuó por el ejemplo y la coerción en los primeros años, como lo atestiguan algunos informes que contenían propuestas para continuar con la propaganda de los primeros meses después del golpe destinados a oscurecer la figura de Allende y los designios de la Unidad Popular[39], representados en el apócrifo *Plan Z*, las denotaciones

---

antes del golpe, era ayudar al nuevo gobierno a organizar y llevar a cabo las nuevas políticas. Archivos del proyecto registran que colaboradores de la CIA estuvieron implicados en la preparación de un inicial plan económico que ha servido como base para las decisiones económicas más importantes de la Junta.

[37] Arancibia Clavel, P., *El arquitecto del modelo económico chileno. Sergio de Castro*. Santiago. Editorial Biblioteca Americana. 2007.

[38] Hunneeus, C., *op. cit.*, p. 136.

[39] Campaña de Penetración masiva. Dirección de Relaciones Humanas, Secretaría General de Gobierno. Octubre de 1973 a marzo de 1974 firmado por el psicólogo Hernán Tuane En *La Nación*, Santiago, 30 de agosto 2004. Este informe reservado consideraba continuar las formas de propaganda propuesta por la CIA, llamada "Operación Ruina".

del *Libro Blanco del cambio de gobierno en Chile*, la repetición de las imágenes de las dificultades económicas por los efectos del acaparamiento y el mercado negro, el silencio y el secreto de Estado sobre las violaciones de los derechos humanos. Sin embargo, pasando el tiempo, los sostenedores del régimen trataron de centrar los objetivos re-fundacionales en la eficiencia económica, el orden, la paz interna.

Disminuida la solidaridad comunitaria y perseguidos los militantes políticos y sindicales, la represión abrió el espacio para otros imaginarios cuyos portadores debían ser las élites y las capas medias "salvadas" de los enemigos de los valores nacionales y, por otra parte, aunque fuera formal, obligados al conservadurismo en las costumbres. Se quería una identidad dividida sobre la base de relatos distintos del pasado y, sobre todo, de los principios democráticos, que sólo se rompió cuando el modelo económico fracasó a comienzos de los años ochenta y las capas medias se unieron a las clases populares configurándose nuevamente el dilema entre democracia y dictadura. Aunque no se puede dejar de subrayar que la derecha continúa obteniendo cerca del 40 % del electorado, y cuando las campañas del miedo arrecian, ha podido sobrepasar esa cifra.

5. Lo que queda de la tentación autoritaria y de los modelos conservadores

Las cifras enunciadas sobre el electorado no pueden explicar los residuos de la Dictadura y no parece certero analizarlos desde los discursos generales o las encuestas de opinión. Desde el cine se ha hecho un aporte que permite responder sobre algunas claves de la tentación autoritaria que se han asentado en distintos sectores de la sociedad, en gran medida en los defensores del autoritarismo, pero también entre los que aspiran al orden y la seguridad. El caso de Chile no es exclusivo y las crisis de identidad democrática se desarrollan en diversas sociedades ante los cambios culturales y/o las crisis económicas. Norbert Lechner señalaba que "la densidad simbólica" de la política y la democracia se ha debilitado y "no logran encarnar una comunidad que cristalice las necesidades de pertenencia y arraigo social. La gente tiene dificultades para reconocerse en el régimen democrático", y agrega el autor que existe "una angustiante orfandad de códigos interpretativos"[40].

A lo que habría que agregar que la fractura identitaria de 1973 ha sido más permanente de lo esperado, basta un pretexto como fue la detención de Pinochet en Londres para que sus partidarios no sólo salgan a las calles para reinterpretar las consignas nacionalistas sino que cierren sus filas y la memoria ocupe el espacio en este caso de las justificaciones de los odios al enemigo interno, que fundamenta las violaciones a los derechos humanos. En 2002 la cineasta Marcela Said realizó el documental *I love Pinochet*, que comienza con la fiesta de sus simpatizantes por la vuelta a Chile del Dictador.

Las entrevistas se acumulan y van apareciendo los protagonistas de esa época, los miembros de las clases altas no sólo rindiendo homenaje al "vencedor del comunismo" sino planteando su aceptación al uso de la tortura, la prisión y el asesinato de esos otros y otros enemigos del bien común, comunistas, rojos, opulentos y Allende, el destructor. Se vuelven a recitar las consignas del *Libro Blanco*, nada ha cambiado. En el mundo popular se muestra a los que veneran a Pinochet porque les ofreció el orden y la seguridad. Unos y otros alaban la política económica, comprensible en los que han mejorado aún más su superioridad económica, difícil de entender en lo que poco han logrado. Además, aparecen los grupos de mujeres que sostienen la obra conservadora del antiguo régimen ante la crisis valórica que trae una sociedad democrática y pluralista.

En el mismo registro, la autora junto a Jean de Certeau en 2006 produce *Opus Dei una cruzada silenciosa*. El documental tiene el mérito de mostrar lo cotidiano y el sentido militante de un grupo de la Iglesia ultraconservador en

---

[40] Lechner, N., *Obras escogidas I*. Santiago. LOM Editores. 2006, p. 496.

lo valórico y ultraliberal en lo económico. Los autores sólo dejan ver a sus protagonistas sin comentarios detractores.

En el recorrido aparecen los fieles: empresarios-tecnócratas, políticos renombrados, miembros de las directivas de los partidos de derecha, entre éstos Joaquín Lavín, dos veces candidato a la presidencia de la República. Los directores de la Universidad de Los Andes, fundada por la Orden, que consideran necesaria la censura para evitar el dolor de la falta de fe a sus fieles estudiantes. Las empleadas de casas particulares, que en su devoción sólo aspiran a servir bien y entregarse a la Orden. Niños y adolescentes que aspiran a la santidad. Cada cual quisiera hacer en la tierra "las cosas bien" desde el lugar en que Dios los ha situado para hacer Su voluntad. Hay que recordar que parte del grupo que secundó a Pinochet pertenece a la Orden.

En ambos documentales el espectador percibe que la memoria escindida del país continúa y que hay grupos significativos de la sociedad que esperan acechantes una vuelta atrás para cambiar el estado de las cosas, es decir el régimen democrático.

6. La resistencia a la Dictadura y el espacio ético social[41]

Pero el miedo y la oscuridad no lograron desarmar el tejido político social del país. La resistencia comenzó de inmediato, quizá la primera oportunidad fueron los funerales de Pablo Neruda el 23 de septiembre de 1973. El exilio político tomó el relevo durante los años 70 ofreciendo un alero para la reor-

---

[41] Algunos documentos y estudios para consulta sobre la Dictadura. Documentos Oficiales: Comisión Verdad y Reconciliación. Gobierno de Chile. Santiago. 1991; Informe sobre Prisión Política y Tortura. Gobierno de Chile. Santiago. 2004. Publicaciones: Ahumada, J. *et al. Chile la Memoria Prohibida*. Santiago. Pehuén. 1998; Amorós, M., *Después de la lluvia*. Santiago. Editorial Cuarto Propio. 2004; Garcés, M. y Leiva, S., *El 11 de septiembre en La Legua*. Santiago. LOM Ediciones. 2005; Garcés, M. y Nicholls, N. *Para una historia de los Derechos Humanos en Chile*. Santiago. LOM Ediciones. 2004; Lira, E. y Loveman, B., *Las ardientes cenizas del olvido. Vía chilena de reconciliación*. Santiago. LOM Ediciones. 1999-2000; Lira, E., *Psicología de la amenaza política y el miedo*. Santiago. CESOC. 1999; Lira, E. e Piper, I., *Voces y ecos de la violencia: Chile, Ecuador, El Salvador, México y Nicaragua*. Santiago. CESOC. 1998; Magasich, J., *Los que dijeron "No"*. Santiago. LOM Ediciones. 2007; Moulián, T., *Chile actual: Anatomía de un mito*. Santiago. LOM Ediciones. 1997; Kaiser, E., *Yo Augusto*. Aguilar. 2003; Nelly, R., *Políticas y estéticas de la Memoria*. Santiago. Editorial Cuarto Propio. 2000; Nelly, R. y Moulián, T., (comp.). *Utopías*. Santiago. LOM - Universidad Arcis. 2005; Rolle, C. (coord.). 1973, *La vida cotidiana*. Santiago. Planeta. 2007.

ganización de los movimientos sociales y mostrando al mundo lo que había sido la producción cultural y política, no sólo de los años del Gobierno Popular sino de la larga caminata por la emancipación social que había tenido un soporte entre la mayoría de los intelectuales y en la creación popular. Si Neruda, Violeta Parra, Víctor Jara, Matta ya eran conocidos, también las brigadas de pintores populares, un estilo y su estética, tal como había sido en Chile, se pudo incorporar al acervo cultural mundial.

En el exilio se depusieron las diferencias políticas e ideológicas para encauzar la solidaridad internacional a la defensa de los derechos humanos tanto para Chile como para los otros países del Cono Sur; cuyo resultado, como dijera el Alto Comisionado de Naciones Unidas Louis Joinet, "la lucha contra el flagelo de la impunidad tiene su origen en Latino América desde los años 70". Sin embargo esta escena quedaría incompleta si no mencionáramos la enorme solidaridad internacional que acompañó a los chilenos y que continúa. En el país las primeras manifestaciones públicas estuvieran destinadas a salvaguardar a los detenidos, sus familiares, a la denuncia de los crímenes. Desde el Comité Pro Paz, luego la Vicaría de la Solidaridad, el FASIC, CODEPU y las Agrupaciones de Familiares de Detenidos Desaparecidos y la de Ejecutados Políticos, no cejaron en un solo instante para lograr los objetivos de obtener la verdad y hacer justicia, creando *un espacio ético político* que permanece hasta ahora.

A estos objetivos se fueron uniendo diversos movimientos sociales, aportando otras reivindicaciones. Ya a comienzos de los años 80, los sindicatos y los partidos políticos lograron rearmarse, y a pesar de la represión, la ciudadanía tomó el espacio público, hasta llegar en 1988 a ganar un Plebiscito que echó por tierra las expectativas del Dictador de eternizarse en el poder. Se abría así el largo período que estamos viviendo de transición a la democracia que lentamente ha ido terminando los enclaves autoritarios, pero que no ha colmado las esperanzas de una mayoría de chilenos en cuanto a sus deseos de avanzar con mayor rapidez hacia políticas públicas que posibiliten un mejoramiento en la redistribución de la renta y la calidad de vida, así como en el esclarecimiento de las violaciones a los derechos humanos y la obtención de la debida justicia.

No se puede olvidar que la transición en sus comienzos estuvo enmarcada en lo esencial de la Constitución de 1980: la tutela de las FF.AA. sobre la sociedad civil y "las correcciones" a la voluntad popular a través de un grupo de senadores institucionales, designados, como había sido el deseo de los poderes hegemónicos que hemos descrito. Expresión directa y simbólica de la tutela la constituía Pinochet como comandante en jefe del Ejército. La situación cambió cualitativamente con la detención de Pinochet en Londres por demanda del juez español Baltasar Garzón.

Desde 2000 hasta ahora se han podido suprimir las condiciones de la tutela y se han desarrollado políticas públicas de derechos humanos que han favorecido, por una parte, el reconocimiento de los daños a los sobrevivientes de la represión, y por otra, el análisis de los roles jugado por el Poder Judicial y los medios de comunicación aceptados por la Dictadura en el encubrimiento de los resultados del terror, que se plasmaron en el *Informe sobre Prisión Política y Tortura*, emitido por una comisión nombrada por el gobierno del presidente Ricardo Lagos. Por otra parte, el nombramiento de jueces especiales para la investigación de los crímenes de lesa humanidad que ha permitido conocer las circunstancias de esos crímenes y condenar judicialmente a los culpables, multiplicándose en este periodo los procesos, que con anterioridad sólo se refirieron a algunos casos que habían ocurrido después de la Ley de Amnistía (1978), con la excepción del proceso por el asesinato en Washington de Orlando Letelier[42].

Estas temáticas que he tratado en otros artículos y ponencias[43], en este caso interesa mirarlas desde la contribución de la cinematografía a "estas an-

---

[42] En los últimos siete años se ha avanzado más que en todo el tiempo transcurrido en la investigación de los crímenes y el enjuiciamiento a los culpables. En un balance realizado en junio de 2007 de un total de 3.195 víctimas, existían procesos judiciales por 1.132. Habían finalizado 390 de estos procesos, en los cuales se había condenado a 320 agentes, y en los juicios en curso , más de 700 causas, se ha sometido a proceso a 2.160 agentes militares y civiles. La mayor parte de los condenados corresponden al Ejército y Carabineros, y una centena de entre ellos son altos oficiales –generales y coroneles–, sin duda la mayoría de condenados y procesados son suboficiales de alguna rama de las Fuerzas Armadas, Carabineros o Investigaciones. En el total de condenados y procesados hay 52 civiles.

[43] "A treinta años del golpe en Chile: Memoria y Ciudadanía", en Richards, N. (Ed.): *Utopía(s) 1973-2003; revisar el pasado, criticar el presente e imaginar el futuro*, pp. 67-70. "La solidaridad perdida entre historiografía y sociedad". En *Revista de Crítica Cultural*. Santiago. Editorial Cuarto Propio. 2001, pp. 30-36; "Entre lo privado y lo público: la vocación femenina de preservar la memoria. Recordando a Sola Sierra". En: *Actas del seminario, La memoria de las mujeres, un conocimiento excluido de la historia*, primera versión en libro electrónico, www.uchile.cl, *Cyber Humanitatis* N° 19; "Historia y Cine: Relatos de memorias" En: *Imago Americae. Revista de Estudios del Imaginario*, CEXECI, Universidad de Guadalajara, Universidad de Florencia, Universidad Nacional de La Plata, año I, N° 1-primer semestre 2006, pp. 181-195; "Documentales chilenos de los años 60: Memorias, Miradas y Rostros". En: *Documentos fílmicos*. Departamento de Ciencias Históricas, Universidad de Chile, duración 40 minutos, Santiago, 2000; "Del uso público de la historia: relatos de memoria en el cine", en Rojas Mix, M., *Educación y sociedad en Iberoamérica*. CEXECI. 2009, pp. 371-383.

sias de memoria" y la constatación del terrorismo de Estado, que atraviesan el espacio público. De modo somero se puede, sin considerar la cronología, establecer las temáticas que han sido abordadas por estas obras que investigan y *dejan ver* las ausencias, los rastros de los detenidos desaparecidos, los ambientes represivos, la resistencia y en contrapartida, los grupos comprometidos con la Dictadura. Se han tomado la libertad de mostrar, a pesar de las dificultades económicas para la producción cinematográfica, aunque han contado con fondos concursables dispuestos por las instituciones estatales.

Una de las exploraciones más significativas la ha constituido la respuesta a ¿Dónde están los detenidos desaparecidos?, que era el reclamo constante durante el período de la Dictadura y hasta el presente. En el mismo registro, se trataba de mostrar los campos de concentración y lo que queda de esos lugares en su uso actual o en el silencio. *Imagen latente* de Pablo Perelman (1987) fue la primera película entre la ficción y el documental que a fines de la Dictadura, entonces censurada, puso en la escena pública la búsqueda de las huellas de su hermano desaparecido. *Fernando ha vuelto* (1998) de Silvio Caiozzi muestra el reconocimiento de los despojos de un detenido desaparecido, el duelo de los familiares y el poder de la búsqueda de las huellas para sustraer del ocultamiento a que las habían sometido los represores, las pruebas de la tortura y la muerte.

En *Estadio Nacional* (2001), Carmen Luz Parot recorre con los sobrevivientes el recinto deportivo y centro de votación en las elecciones, y les pregunta cómo y dónde sufrieron la prisión y tortura; a quiénes recuerdan que ahí desaparecieron, registrando las múltiples historias personales que podían ser las de otros detenidos en otros campos o casas de torturas y las trazas grabadas en los muros. De modo distinto, Patricio Guzmán en *El caso Pinochet* (2001), busca un pretexto histórico, la detención del Dictador y su juicio en Londres para re-descubrir los métodos empleados por la Dictadura recordados por los sobrevivientes de las torturas; las búsquedas de los detenidos desaparecidos relatadas por sus familiares y las investigaciones de los jueces.

He agregado estas películas en carácter de ejemplos a las menciones ya expuestas sobre la memoria del golpe de Estado y podríamos continuar presentando otras obras, sólo las señalo para dar a conocer la importancia del cine en el dar su ritmo y sentido a la memoria omnipresente de un trauma que no tiene una curación sólo política, tampoco se trata del "trabajo de duelo" o del "deber de memoria" ante el sufrimiento, más bien son contribuciones demostrativas de que la democracia, para fortalecerse, necesita no sólo que los sujetos históricos rememoren o establezcan fechas conmemorativas sino que conozcan las pugnas sociales siempre latentes para estar vigilantes antes los quiebres de los espacios éticos basados en los derechos y libertades de las personas y los ciudadanos.

En otra línea de investigación, las imágenes fílmicas han traído los bullicios y la capacidad de asumir riesgos para resistir a la Dictadura, agregándose la denuncia a los poderes cómplices de la represión. En 2001 Paula Rodríguez en *Volver a vernos* presentó las protestas universitarias que contribuyeron en los años ochenta a la pérdida de poder de la Dictadura. Se volvió a ver a los jóvenes que se arriesgaban a la represión para pedir la vuelta a la Democracia. El tono del film es nostálgico, echando de menos la participación ciudadana; basa la narración en entrevistas a tres dirigentes estudiantiles de ese tiempo cuyas vidas y las de sus familias han estado marcadas directamente por la Dictadura, y los lleva a responder por sus expectativas actuales y el valor de la actuación política. *Actores secundarios* (2004) realizada por un colectivo –Mireya Leighton, Jorge Leiva, Patricia Bustos– coloca en escena a los liceanos de los últimos años del Régimen que a través de diversos medios (tomas de liceos, desfiles) protestan contra la privatización de la educación y la magra subsidiariedad del Estado para otorgar los estudios mínimos a la mayoría desprotegida social y económicamente. La película se estrenó dos años antes de que comenzara la "revolución de los pingüinos"[44], que congregó a los liceanos actuales que hacían las mismas peticiones y utilizaban los mismos métodos.

La ciudad de los fotógrafos (2006), de Sebastián Moreno, cuenta las historias vividas en las protestas, expone las pruebas de un archivo de las Fotografías que diariamente registraban los miembros de la AFI (Asociación de Fotógrafos Independientes) con el fin de evitar las desapariciones de los detenidos. Cada registro va acompañado de los hallazgos de los restos de detenidos desaparecidos en los hornos de las minas de la localidad de Lonquén en 1978, las primeras pruebas del destino inhumano de los opositores; las multitudes encarando directamente a las fuerzas represivas; la acción constante de los miembros de la Agrupación de Familiares de Detenidos Desapa-

---

[44] Apelativo en razón de los uniformes escolares, azules, blancos y zapatos negros. Estas protestas también han sido objeto de un documental.

recidos, y también la memoria de los que se habían arriesgado a representar lo que estaba ocurriendo.

Como lo hemos manifestado en otros trabajos sobre este documental, se une la búsqueda de esa ciudad –Santiago– que recorría y fotografiaba su padre a transportar la historia de los movimientos sociales que lograron el final de la Dictadura. Este documental, como lo plantea Barthes a propósito del noema de la fotografía, *es subversivo porque es pensativo*. Lo mismo podríamos pensar de varias de las películas mencionadas en otros acápites que

ponen a disposición del espectador-testigo las pruebas del terrorismo de Estado, las memorias de los resistentes, como también de quienes permanecen apegados a sus imaginarios autoritarios, despreciando la democracia.

7. A modo de conclusión

Las memorias trasportadas en los relatos cinematográficos con su fidelidad a lo vivido, pero inmersos en las identidades colectivas, son fuentes que vinculan discursos y prácticas sociales. Como lo ha expresado Louis Marín a propósito de las imágenes, "así se asignan a la representación un doble sentido, una doble función: hacer presente una ausencia, pero también exhibir su propia presencia como imagen, y constituir con ello a quien la mira como sujeto que mira"[45]. Este valor del cine abre a la investigación histórica nuevas posibilidades que entrecruzadas con las fuentes canónicas pueden llevar a re-significar de otro modo la historia reciente de Chile.

Además, nos debemos preguntar si en "las ansias de memoria" que se expresan en la sociedad no se trataría sólo de develar lo ocultado sino que es un problema teórico e histórico para explicar los grandes interrogantes y las ne-

---

[45] Chartier, R., *op. cit.*, p.78.

cesarias interpretaciones para comprender las fisuras que permanecen y los proyectos futuros que son esquivos.

Los cineastas se han tomado la acción y la palabra para mostrar y decir, si bien es cierto desde la subjetividad, lo que está en las demandas sociales de transparencia y que la educación formal y los libros de historia no han podido satisfacer. Probablemente las imágenes en movimiento ofrezcan otras posibilidades que, como lo concluye Marc Ferro en una de sus últimas obras sobre cine e historia, "el cine nos ayuda a comprender si el cineasta utiliza su ojo y su arte para mirar alrededor, y discernir aquello que los políticos y las iglesias que dirigen la sociedad no quieren saber"[46].

Aún más la re-visita a los registros fílmicos y fotográficos desde el golpe de Estado hasta ahora podrían ayudar a matizar muchas de las interpretaciones históricas, que por lo demás han demostrado ser menos explicativas para el testigo-espectador de la sociedad que el texto visto. Pero no basta la convicción, como siempre el historiador/a debe ratificar su compromiso con la búsqueda de la verdad y de explicaciones globales de las sociedades en estudio para evitar "la invención de tradiciones", genealogías mitológicas o emblemas, la más de las veces creados por los poderes que se quieren y deben sobrepasar. Los dilemas están abiertos.

---

[46] *Cinéma, une vision de l'histoire*, Edition du Chène, Paris, 2003, p. 203.

Universidad y exilio interior:
Antonio Tovar, "el rector de las mil lenguas"[1]

César Chaparro Gómez
(Universidad de Extremadura)

1. Introducción

El año pasado, en una ocasión similar a ésta y con ciertas dosis de entrometimiento, me aventuré a tratar el tema *Universidad y exilio: el éxodo de los "clásicos"*, tratando de escudriñar las peripecias y proyectos vitales de tres importantes catedráticos de latín, que bien pudieron ser paradigmas de lo que les sucedió a un buen número de docentes e investigadores, universitarios al fin y al cabo, para quienes la Guerra Civil española, su inicio y desenlace, fue un doloroso y estremecedor despropósito vital, una ruptura y desarraigo sin límites: Joaquín Balcells, Pedro Urbano González de la Calle y Agustín Millares Carlo. Cada uno encarnaba una faz del poliédrico desastre[2]. En la introducción a dicha contribución, en un a modo de justificación, decía lo siguiente:

En el oficio de filólogo –en mi caso, clásico– hay que tener claras algunas ideas. En primer lugar, que detrás de los textos –transmitidos a veces caprichosamente a través de generaciones y espacios muy distintos– laten los pensamientos y sentimientos de los hombres que los escribieron: el texto no interesa tanto en sí, sino en tanto en cuanto por su lectura y comprensión se llega a conocer mejor cómo vivían, pensaban, amaban, cocinaban, guerreaban o se divertían los miembros de esas sociedades. En segundo lugar, que los conocimientos adquiridos sobre di-

---

[1] Este artículo es básicamente la conferencia pronunciada con ocasión del Curso "Violencia, Política y Dictaduras: el exilio español a Iberoamérica", dirigido por el profesor Julián Chaves Palacios, de la Universidad de Extremadura.

[2] Dicha intervención se vio plasmada en el artículo "Universidad y exilio: el éxodo de los "clásicos", en la obra *Educación y sociedad en Iberoamérica*, M. Rojas Mix (ed.), CEXECI, Badajoz, 2009, pp. 105-120.

chos textos, su comprensión y alcance en el tiempo, no terminan en la mesa de trabajo, sino que tienen su extensión natural en las aulas; de ahí la importancia del transmisor, del enseñante que entre explicación y explicación vierte gotas de su propia existencia o de su manera de ver y encarar la vida. Por eso siempre resultan interesantes las biografías de los maestros, las "microhistorias" de quienes han sido y se han sentido eslabones de una cadena de transmisión de saberes a cualquier nivel educativo. Saber sus vidas es empezar a comprender mejor los avatares de tal o cual ámbito del conocimiento. Hoy que se habla tanto de metodología y propedéutica, resulta imprescindible fijar la vista en los agentes de la transmisión de esos conocimientos, en sus vidas y condicionantes, en los avatares y vicisitudes vitales, en sus presencias y sus ausencias, en sus exilios y sus nostalgias...

En este artículo voy a analizar el revés de la moneda, constituido por la vida y obra de un catedrático de latín –él es paradigma de otros coetáneos suyos más famosos– que formó parte del núcleo de jóvenes falangistas del 36, católicos y patriotas, llenos de espíritu imperial, dispuestos al ascetismo y a la mística, que abandonaron uno a uno y poco a poco el barco del régimen. Me refiero a Antonio Tovar, "el rector de las mil lenguas", como reza el título de estas líneas, ya que fue rector de la Universidad de Salamanca y conocedor de un sinfín de lenguas antiguas y modernas, humanista incansable en la forma y en el fondo[3]. Es uno de estos personajes a los que J. Ángel Ascunce Arrieta encuadra en "El exilio del desencanto vencedor":

Mi intención –dice Ascunce– es tratar el tema de otro exilio muy distinto, pero igualmente dramático en sus planteamientos y decisiones... Me refiero al exilio de aquellas personas que, pertenecientes en algún momento y por circunstancias diversas al bando sublevado, toman en un momento dado plena conciencia de la equivocación, optando como respuesta compensatoria por la ruptura y la oposición. Son figuras muy discutibles por su militancia inicial en el bando franquista, pero nadie les puede negar la valentía y el arrojo de haber roto con una línea personal triunfalista y con un futuro política y socialmente muy prometedor... La verdadera diáspora política del 36-39, tanto por el número como por la calidad de sus protagonistas, fue el exilio republicano en su sentido más lato. Sin embargo, desde el primer momento de la guerra, ciertos sectores minoritarios, y

---

[3] Espero que el hecho de que quien esto escribe sea, como Antonio Tovar, profesor de latín y haya sido rector de Universidad (en este caso de la de Extremadura, 1991-1999) no sea un obstáculo para enjuiciar su trayectoria *sine ira aut studio*, como dirían los clásicos.

actuando en la mayoría de los casos a título personal, no sólo se fueron distanciando de los principios básicos del sistema franquista, sino que asumieron posturas de clara beligerancia ideológica...La evolución política e ideológica del grupo vencedor fue generando un descontento cada vez más profundo en elementos individuales, representantes de todas las familias del franquismo, hasta llevarlos a la ruptura, a la oposición y al exilio final[4].

La primera duda que me asaltó al iniciar este trabajo, –o mejor, el primer problema con el que me topé– fue la utilización en el título del sintagma *exilio interior*. ¿Qué significado darle? ¿Era adecuado emplearlo en este contexto? Tenía una vaga idea de haberme encontrado con este título en algún artículo periodístico y, desde luego haber sido pronunciado en los diferentes ámbitos políticos de la transición española. En mis indagaciones, he llegado a la conclusión de que *exilio interior*, en principio, fue el título ("L'exil intérieur") de un artículo de Miguel Salabert, publicado en *L'Express* en 1958, que, después, pasó al de una novela del mismo autor aparecida en París en 1961 y que fue traducida al castellano y publicada bastantes años después[5]. En la introducción de esta versión castellana decía Salabert:

Lo curioso es que el título se despegó de la novela y empezó a navegar con propulsión autónoma... Fue Haro Tecglen quien me pidió un par de capítulos y una introducción explicativa de *El exilio interior* y de su conversión de nombre propio en nombre común. Esa introducción es la que voy siguiendo aquí, en sus grandes líneas. Escribía entonces, y lo repito ahora, que al llegar a este punto me asaltó la escandalizada sospecha, y con ella el egocéntrico rubor, de andar desencaminado. Porque el exilio interior no es ni una vaina literaria ni una ya ajetreada muletilla para uso de políticos o periodistas. Decía entonces, y digo ahora, que el exilio interior es, fue, una realidad histórica. Una realidad que, en sentido lato y como contrapunto a la España descuajada y peregrina del exilio, incluía y expresaba a la España aherrojada, cautiva y marginada en sus propias entrañas físicas. En sentido más restringido, el exilio interior era el repliegue individual de la conciencia a la impura subjetividad, una conciencia inconsciente de que "los hombres no son impotentes más que cuando admiten serlo", cuando, precisamente, éramos millones los que nos sentíamos, uno a uno y uno por uno, impotentes[6].

[4] J. Ángel Ascunce Arrieta, "El exilio del desencanto vencedor", *Escritores, editoriales y revistas del exilio republicano del 36*, M. Aznar Soler (Ed.), UAB, Sevilla, 2006, p. 17 y ss.

[5] M. Salabert, *El exilio interior*, Anthropos, Barcelona, 1988.

[6] Y en una descripción sociológica muy interesante continuaba Salabert: "Exilio interior era: cons-

Al menos, en una de las acepciones dadas por Miguel Salabert, la que tiene que ver con el repliegue individual de la conciencia, que desemboca en la más absoluta sensación de impotencia ("El secreto fue aceptar sin discusión la vida vegetativa del viejo sistema", dirá posteriormente el propio Tovar) o en el negro pesimismo (del que pronto hablará Dionisio Ridruejo), sí que podríamos en cierta medida aplicar al profesor Tovar la expresión de "exiliado en su interior". Aunque también, como veremos, pasado el tiempo, hubo de marcharse al extranjero. Muchos intelectuales tuvieron que salir con el estallido de la guerra civil y... algunos volvieron. Otros se quedaron como triunfadores de la contienda y... tuvieron que salir después. El camino al revés.

Otra consideración más. Ésta tiene que ver con la sensación[7] de que esta "generación", llamada del 36, y en la que se incluyen el propio Laín y Tovar entre otros, ha sufrido un doble silencio: de una parte, el de los franquistas que los acusaban de "nuevos liberales" y de tránsfugas que querían abandonar el barco y borrar su pasado, y, de otra, el de las fuerzas democráticas, de izquierdas sobre todo, que no quieren dar a estos personajes ningún ápice de responsabilidad en la constitución –desde dentro– del antifranquismo, recordándoles machaconamente a estas figuras emblemáticas de la cultura española del siglo XX su pasado fascista y sin valorar justamente sus actitudes de ruptura en unos años en los que "abandonar el barco" era difícil y arriesgado, cuando se podía perder la cátedra, acabar en la cárcel o marchar al exilio[8]. Por todo ello me ha parecido interesante escribir sobre:

---

tituirse en islotes dispersos; coger el petate y 'acampar a extramuros' de la polis [la misma expresión que utilizará Dionisio Ridruejo en una de sus cartas, añadimos nosotros]; sumirse en la fascinante contemplación del propio ombligo o deleitarse cultivando en él margaritas; reducir el futuro a un curso de radio por correspondencia de la muy acreditada Escuela Maymó; desinfectarse con acicalados sonetos o con blasfematorios exabruptos; beber hasta caerse porque si no era vicio; comprarse un biombo y aislarse del mundo; responder con una fuga hacia adentro a la agresión que se nos infligía desde muros y periódicos con 'esa inmunda imagen que querían darnos de nosotros mismos'. El exilio interior era, en dos palabras, el autismo social. Todas estas actitudes subjetivas de náufrago, de sálvese quien pueda, eran, claro es, formas objetivas de colaboración, por omisión e inhibición".

[7] La misma sensación que tuvimos hace unos años cuando concedimos el Doctorado honoris causa por la Universidad de Extremadura a D. Pedro Laín y tuvimos que leer algo de su vida y obra para elaborar el discurso de bienvenida al Claustro de nuestra Academia.

[8] Esto es lo que dice al respecto, entre otros muchos, César Alonso de los Ríos (*Yo tenía un camarada. El pasado franquista de los maestros de la izquierda*, Áltera, Barcelona, 2007, p. 11 y ss.): "La verdad

2. D. Antonio Tovar Llorente (1911-1985)

Antonio Tovar nació en Valladolid el 17 de mayo de 1911, en el seno de una familia de labradores: su abuelo era de Ciguñuela y de Corcos su padre (pueblos de la provincia pucelana). En 1922 se traslada con su familia a Villena (Alicante), donde prosigue los estudios de bachillerato. Estudia Derecho en el Colegio "María Cristina" de El Escorial, donde conoce a su inseparable amigo Dionisio Ridruejo y a Miguel de la Pinta Llorente. Se licencia en la Universidad de Valladolid, primero en Derecho (1930) y luego en Historia (1931); en Filología Clásica, carrera que estudia durante los años republicanos, logra la licenciatura en la Universidad Central madrileña (1935), donde se doctorará años más tarde, en 1941. Será el historiador Cayetano de Mergelina quien lo animará a ir al *Centro de Estudios Históricos*, a conocer a Ramón Menéndez Pidal, integrarse en la Sección de Filología Clásica, y seguir las enseñanzas del italiano Bonfante, que, huido de la Italia del Fascio, buscó refugio, como profesor contratado, en la capital de España. En esos años se celebran, además, los actos preparatorios –conferencias de Unamuno y Ortega– del famoso *Crucero del Mediterráneo*, organizado por M. García Morente como "viaje de estudios" de la Facultad de Filosofía y Letras

---

es que no se había llegado a hacer nunca una revisión de la obra de la Generación del 36 en condiciones de libertad y con la amplitud y profundidad suficientes... Era realmente una generación: todos sus componentes nacieron por las mismas fechas (en torno de 1910), todos habían sido concernidos vitalmente por los hechos decisivos del 36, todos se habían comprometido en una misma evolución frente a la dictadura después de la Segunda Guerra mundial... Por cierto, jamás ninguno de ellos llegó a arrepentirse de su adhesión al Levantamiento del 18 de julio y ninguno de ellos dejó de ver necesario históricamente el papel de Franco porque tampoco ninguno de ellos habría dejado de considerar que la II República había sido un inmenso desastre... Los propios protagonistas quisieron siempre rebajar el perfil de su compromiso político. Les resultaba muy duro tener que reconocer que habían sido fascistas o nazis. La mayoría, igualmente, se resistió durante un tiempo a la autocrítica. Algunos nunca escribieron sus memorias. Dionisio fue el primero en hacerlo (*Escrito en España*). Laín tardó más (*Descargo de conciencia*). Tovar nos ha privado de su autorretrato. Igual que Ruiz-Jiménez. Al desdibujamiento del papel de esta generación contribuyó en gran medida la censura: la norma durante el franquismo era el silencio y la desmemoria, más en este caso (los interesados estaban agradecidos de que así fuese). Ese silencio favoreció los tópicos: "paso fugaz por el franquismo", "errores de juventud". Tampoco a la oposición democrática le interesó reconocer la evolución y protagonismo de muchos de estos miembros de la generación del 36, ya que eran discípulos suyos: interesaba demostrar que el franquismo había sido un bloque monolítico sin evolución, que la democracia había venido de fuera y que no se había visto alimentada por gentes de dentro del sistema".

y en el que Tovar conocerá, entre otros, al poeta Salvador Espríu[9]. También en esos años (1931) se alista en la republicana organización estudiantil *Federación Universitaria Escolar* (FUE).

De Madrid marcha Antonio Tovar en 1935, becado por la Junta de Ampliación de Estudios que preside Castillejo, a París, donde sigue los cursos de grandes maestros franceses (Benveniste, Chantraine, Bloch, Baruzzi, Dain) en la *École des Hautes Études*. Estudia lingüística indoeuropea, aprende paleografía griega y crítica textual, y cultiva la amistad de, entre otros estudiosos, Alejandro Cioranescu, a quien, en los años difíciles de la guerra europea, ayudará. De París –y tras un interludio, en Madrid, donde, por recomendación de Federico García Lorca, presenta a Bergamín un proyecto de traducción de diversas tragedias griegas para *Cruz y Raya*– marchó, becado también por la Junta de Ampliación de Estudios y con recomendaciones muy elogiosas de Menéndez Pidal y de Ortega y Gasset, a Berlín. Asiste allí a los cursos de Werner Jaeger y conoce a Gerhard Radke. El sistema de las bibliotecas alemanas, el funcionamiento de los Seminarios, y el rigor y disciplina metodológicos, seguidos en la Universidad, lo seducen y lo marcarán de por vida. Pero no sólo seducen a Tovar los aspectos académicos, también el político; esto nos dirá muchos años después:

> En la primavera de 1936, después de un viaje a Madrid en época de agitación y huelgas que impedían la vida normal y no permitieron que yo leyera mi tesis doctoral en la facultad de Madrid, llegué a Alemania. La hábil propaganda de Hitler sabía presentar como obra taumatúrgica el desarrollo industrial de Alemania... El contraste con España o con Francia misma mostraba el evidente adelanto de Alemania, que nos era presentada como sacada del caos por aquel político genial. Si se suma a esto el sentimentalismo irracional que mueve una guerra, y una guerra civil, se puede comprender que un joven de 25 años, desengañado de bienios y de frentes populares, opuesto a la política confesional de nuestros cedistas, tan reaccionarios, y buen conocedor de la derecha tradicionalista y monárquica de entonces, optara por lo que parecía una solución nueva...[10].

---

[9] Sobre dicho Crucero en el *Ciudad de Cádiz*, los participantes en el mismo y sus implicaciones políticas puede verse la contribución de Pilar Saquero y Julia Mendoza, "El crucero universitario por el Mediterráneo", *La Facultad de Filosofía y Letras de Madrid en la Segunda República*, Madrid, 2008, pp. 531-547.

[10] El texto está sacado del artículo "De Berlín a Valladolid", del propio Tovar, publicado en el diario *El País* el 18.07.1986 (D. Antonio murió unos meses antes), con ocasión del 50º aniversario de la Guerra Civil y junto a los de otros testigos de la contienda (Joseph Tarradellas, Federica Montseny y Pedro Laín).

Y en su libro, que constituye casi unas Memorias, *Universidad y educación de masas,* apostilla:

Yo no sabía, por ejemplo, que lo que me admiraba en Berlín, en 1936, era que por primera vez me encontraba con una sociedad industrial avanzada, desarrollada antes de Hitler, por supuesto, pero que la propaganda sabía presentar como una especie de creación sacada del caos. Al llegar a la España nacional me encontré con que, en aquel mundo de *detentes,* lo único que parecía hablar un lenguaje del siglo XX era la Falange. Y ese lenguaje, cada vez más desligado de la realidad, es lo que quedó en nuestras manos[11].

Y, en esa seducción, lo sorprendió la guerra civil[12]. Tovar –junto con Martín Almagro y otros estudiantes españoles que se reunían, en Berlín, en torno de la tertulia en el café *Wien,* capitaneada por el corresponsal de *ABC,* Eugenio Montes, hombre de temperamento liberal, al que García Lorca dedicó el "Gráfico de la Petenera"– se decide a regresar a España, a la que se llamaba "nacional", en un barco turístico alemán, que partiendo de Hamburgo atracó en Lisboa ("Volvía a España vestido con una camisa azul y con un correaje que nos habían dado los nazis... con ramos de rosas rojas y gualdas regaladas por unas señoras alemanas importantes que viajaban en el barco"). Comienzan lo que Pedro Laín llamó "los años cuestionables". Durante ellos, Tovar reencuentra a su antiguo condiscípulo del Colegio de los Agustinos de El Escorial, Dionisio Ridruejo, que entonces ocupaba el cargo de jefe provincial de Falange, y que, sabedor de su sentido común y de sus conocimientos de alemán, lo pone al frente de la delegación de Prensa y Propaganda (1936) para, en 1938, ponerlo al frente de la dirección de Radio Nacional de España, en Burgos. Antes de eso lo había asaltado la tragedia: en el café vallisoletano

---

[11] A. Tovar, *Universidad y educación de masas (Ensayo sobre el porvenir de España),* Ariel, Barcelona, 1968, p. 19.

[12] Tovar (en el artículo citado en la nota 10) describe con todo lujo de detalles –a pesar de haber perdido el diario en el que anotaba todos estos avatares– su estancia en Berlín en los días del Alzamiento: el viaje hecho el 17 de julio, en compañía de Ismael Roso de Luna, a un campamento de la Hitler-Jugen en Francfort del Oder; los días angustiosos en la Hegelhaus; su mala situación económica, etc., así como su afiliación a la Falange en Berlín, los primeros meses de regreso en Valladolid a las órdenes de su amigo Villanueva de la Rosa, el viaje a San Sebastián ("quizá me habían incluido en su expedición para sellar con mi participación en una ejecución [cosa que no se produjo, añadimos nosotros] mi conversión falangista"), etcétera.

El Norte, un militante energúmeno apellidado Sabugo le pagó con plomo no haberle dejado publicar artículos pro-falangistas de pésima gramática; fueron varios disparos que a punto estuvieron de dejarlo sin vida. En esos años inicia Tovar su amistad con Pedro Laín Entralgo y trata, entre otros, a los poetas Luis Rosales, Leopoldo Panero, Luis Felipe Vivanco, al novelista Torrente Ballester y a todos los hombres que, después de la guerra, formarán el grupo de la revista *Escorial*.

En octubre de 1936 –siendo Hedilla jefe de la Junta de Mando– fue publicado anónimamente, con el título de *El imperio de España*, un folleto de Tovar, por el Servicio de Prensa y Propaganda de FE de las JONS. Era una de las primeras publicaciones falangistas de la época de la guerra civil. Fue reimpreso en Cuba y Méjico, y quizás en otros lugares. Se puede leer en él:

> Porque nuestra idea imperial, esencialmente española y atenta a nuestras fronteras y límites actuales, no puede olvidarse de las dimensiones de la gran España que –todavía– nunca dejan de estar alumbradas por el sol... España quiere hacer sentir su unidad al mundo hispánico, hacerle recobrar su conciencia de destino universal, su alma... Nos sentimos unidos a Portugal por su historia gloriosa... Del imperio del mundo hispánico que tendrá su alma nuclear en España, pero que alentará, con conciencia de Unidad, en el mundo todo. Y que sabrá hablar al mundo por la boca unánime de 200 millones de hombres[13].

Tovar vio en el futuro destino de España "algo que la nueva catolicidad está a punto de cubrir, con el fascismo italiano, el nacionalsocialismo alemán y el nuevo Estado en España y Portugal, el suelo todo del Imperio de Carlos V, en el cual supo España tomar su puesto. Como sabrá tomarlo ahora de nuevo, en el mundo de hoy. La Falange Española de las JONS se encarga de ello"[14].

Este folleto provocó cierto escándalo en 1938 cuando *The Times* de Londres y *La Tribune des Nations* de París, señalaron las ambiciones falangistas sobre Portugal que descubrían los escritos de Tovar. El folleto en cuestión forma parte de un libro que fue publicado con el mismo titulo en 1941. Tovar felicitándose por el éxito de su folleto en tiempo de guerra escribía: "Ahora me temo que el libro no tenga la misma fortuna. Quizás haya pasado ese momento de los hados fa-

---

[13] A. Tovar, *El Imperio de España*, Ed. Libertad, Valladolid, 1936, pp. 11-14.
[14] Ibid., p. 73.

vorables, que para algunos libros sin duda no son permanentes. Pero quiero que conste que mi intención sí que es ahora la misma".

Tovar estuvo presente como intérprete oficial de Serrano Súñer y de Franco, durante sus negociaciones con los alemanes y los italianos. Acompañó al primero en sus viajes a Roma y a Berlín en septiembre de 1940, y a Franco en la entrevista de Hendaya[15]. Después del viaje a Berlín, participando de la euforia falangista que producía la proximidad de la conquista del imperio, Tovar escribió que en Berlín se discutió "el planteamiento de una política mundial de grandes rasgos" y el intérprete pensó que presenciaba momentos "en que se hablaba de las cosas del presente con la sencillez con que entre historiadores se podría discutir sobre una empresa cesariana o napoleónica". Antonio Tovar se consideraba en el umbral del nuevo imperio, del Nuevo Orden, y escribiría:

> Ha trascurrido un año largo de posguerra: un año que nos ha hecho a todos maduros; que nos ha envejecido casi; que nos ha hecho sentir de cerca los sufrimientos del pueblo, de los ex combatientes y de los rojos, de los huérfanos y de los presos, de unos y de otros. Hemos pasado ya un año rodeados de guerra exterior, sintiendo el bloqueo en nosotros mismos, faltos de víveres y de materias primas indispensables. Como representante de todas esas angustias, y a la vez como exponente de las ambiciones nacionales, Serrano Súñer ha hecho oír en Berlín y en Roma la voz de España[16].

Como todos sus compañeros, Tovar toma la Generación del 98 como referencia que hay que superar, como se supera la derrota, en este caso la pérdida del Imperio, imperio que es preciso volver a conquistar en forma de la España eterna, arraigada "en todo lo antiguo y provista de toda la crítica nueva". Para Tovar no fueron las pérdidas materiales las que provocaron la derrota de España en 1700. Como explica en la *Conferencia impartida en la Sección Femenina de Barcelona en 1941*, la causa de la muerte de España se debió a la derrota de los ideales contrarreformistas. Fueron las minorías dirigentes las que traicionaron al pueblo y, a partir de ahí, surgen la picaresca, la degradación moral, la dege-

---

[15] C. Alonso de los Ríos, en el libro citado, titula el capítulo V, dedicado a Antonio Tovar, de manera muy significativa a este respecto: "Tovar sabía alemán", en alusión a su papel de intérprete en estos encuentros.

[16] En la revista *Vértice*, septiembre de 1940, p. 3.

neración de la mística cuya evidencia es la literatura nihilista de Miguel de Molinos: ya no se aspira a ciudades interiores bien amuralladas sino a un misticismo abismal, de la mística de acción a la mística de quietud. La empresa a la que convoca Tovar tiene que ver con los sentimientos más elementales:

…El sentido nacional está en la esfera de los instintos [y] sus mártires –testigos– en esta España sangrienta de 1936, que se salva, sólo por la fe en sí misma, de la ruina trágica de abandonar su alma, de olvidarse, de hundirse, en la negrura del suicidio nacional…Nunca una nación ha entrado en guerra con más aguda conciencia de sí que ahora Alemania o Francia o Inglaterra… La guerra nuestra no terminó el 1 de abril… Comienza.

En esta misma conferencia reafirma Antonio Tovar el papel imperial de España:

Los españoles tenemos la fortuna de pertenecer a un pueblo hecho para mandar… Y nuestro deber es, entonces, potenciar en lo actual toda nuestra historia, actualizarla, movilizarla agresivamente, con estilo ofensivo y de acción directa. Sólo de esa manera España llegará a ser una de las cuatro, cinco a seis grandes unidades que –José Antonio presintió esto– están llamadas a gobernar el mundo en este siglo…
Estamos como al principio del reinado de los Reyes Católicos y todo ha de ser hecho de nuevo. El mundo está en un momento difícil. Un cerrado horizonte de unidades nacionales, angustiada cada una con lo suyo, nos rodea. Y nunca han sido las circunstancias tan favorables y a la vez tan difíciles… La guerra nuestra no terminó el 1º de abril, y si ahora nos hundiéramos en la paz creyendo que iba a ser perpetua, traicionaríamos a los que cayeron en la guerra por una España grande y libre. La empresa que comenzó el 18 de julio no debe detenerse nunca. Y nosotros, los falangistas, tenemos la obligación de mantenerla en heroica tensión.

En 1942, Tovar veía todavía inminente la hora de la decisión española y escribió en el prefacio al libro de Juan del Álamo, *Gibraltar ante la historia de España* (Madrid, 1942):

Con toda claridad vemos que al final del ciclo iniciado en 1700, del ciclo que nos sometía a la política extraña, se va a decidir ahora. Gibraltar español, violenta y totalmente español, sería señal de que efectivamente habíamos entrado en una era política nueva…

Y como sentimos cercana la hora de esta decisión, la hora de pruebas, la hora de angustia apocalíptica, no podemos menos de estremecernos y sentir las tremendas inquietudes de la víspera. ¡Víspera de todo o resignación a la nada! España no admite lo mediocre.

En 1952, a diez años vista, en un *postscriptum* que añade a este prólogo, pedirá con cierta nostalgia al autor que mantenga el mismo "como documento de las esperanzas que nos sacudieron a unos pocos en los días lejanísimos de hace diez años":

He vacilado entre modificar el precedente prólogo o dejarlo tal cual. Al fin pensando también a ratos que lo mejor sería suprimirlo, me he resuelto a dejarlo sin más que añadir esta breve nota. Está lejano el tiempo en que fue escrito aquel prólogo. A los tiempos de locura y esperanza han sucedido días más vulgares en que todo lo vemos posible a condición de luchar y trabajar cada día. El lector podrá preguntarse: ¿Estábamos locos entonces? ¿Es ahora cuando somos unos ilusos? Me he permitido, dejando sin responder estas preguntas, pedir a Don Juan del Álamo que publique integro el precedente prólogo. Al menos, como documento de las esperanzas que nos sacudieron a unos pocos en los días lejanísimos de hace diez años. Con ello tranquilizo mi conciencia y dejo descubierto y sin disimular el antiguo juego[17].

Antonio Tovar ocupó en esos años importantes puestos y responsabilidades políticas: fue director general de Enseñanza Profesional Técnica (1940), subsecretario del Ministerio de Gobernación para la Prensa y Propaganda (1941) y consejero nacional de FET-JONS (1939-1957). Colaborador de las *Revistas de Estudios Políticos* y de *Escorial*. Pero Tovar no se sustrajo, como es lógico, al descontento latente en la Falange por el papel que le habían hecho jugar en la conformación del régimen franquista. Dicho descontento acabó estallando en mayo de 1941. La crisis se precipitó el 5 de mayo, ante el nombramiento del coronel Valentín Galarza para sustituir a Serrano Súñer como ministro de la Gobernación. Galarza, uno de los antiguos dirigentes de la UME, era un intrigante que se había dedicado últimamente a deshacer lo poco que quedaba de las milicias falangistas. Este militar arribista, muy imbuido del espíritu de cuerpo, sentía una profunda aversión hacia la Falange.

---

[17] Post-scriptum al prólogo de *Gibraltar ante la historia de España*, 1952, pp. 14-15.

Su nombramiento provocó tal descontento entre los "camisas viejas" que en pocos días dimitieron diez jefes provinciales de FET, entre los cuales se contaba el de Madrid, Miguel Primo de Rivera.

La reacción contra Galarza fue aumentando durante los días siguientes al de su nombramiento y alcanzó su punto culminante con la publicación en *Arriba* de un artículo sin firma titulado "El hombre y el currinche". Aunque no se lo citaba, fácilmente se comprendía que el currinche aludido no podía ser otro que Galarza. Los militares pidieron la cabeza del falangista autor del artículo insultante (que se atribuía a Dionisio Ridruejo), pero Antonio Tovar, como jefe de prensa de Falange, tuvo la elegancia de asumir la responsabilidad de su publicación. Para aplacar a los militares, Franco destituyó a Tovar y a Ridruejo, a pesar de ser los jóvenes protegidos de Serrano. Éste protestó que ni siquiera hubiera sido consultado para estas destituciones, que consideraba "como una manifestación de la peligrosa tendencia a poner las riendas del poder en manos de un grupito de militares políticos, en detrimento del complejo sistema falangista-conservador-cívico-militar que había conseguido montar a costa de tantos esfuerzos..."[18].

Los años posteriores iban a traer a este grupo de falangistas el desgaste, la desilusión y el desencanto político, que se traducirán muy pronto en posturas críticas y disidentes que, a la larga, los enfrentará con el reaccionarismo oscurantista de las instancias mismas del poder. La fundación de la revista *Escorial* supone el primer intento, hecho por intelectuales procedentes todos del bando nacional, para normalizar una situación cultural que, por los efectos de la guerra aparece desmembrada y rota, esparcida y sin continuidad. Recuperar la tradición perdida, aunar la antigua con la nueva, conectar a las gentes de los dos exilios (el exterior y el interior), replantear el problema de España y sentar las bases de una futura convivencia, serán los puntos prioritarios del programa que *Escorial* y sus hombres –ya en los primeros años de la posguerra– desarrollarán. Pero esa labor –hoy contemplada con admiración y reverencia– fue, entonces, mal comprendida y, al punto, tachada de heterodoxa y considerada por los vencedores casi como una traición. Por otra parte, el desarrollo mismo de los acontecimientos hizo que muchos de los intelectuales falangistas que procedían de la antigua FUE –y, entre ellos, Tovar– fueran repelidos como "espurios", acusados de "desafectos" y relevados y/o

---

[18] Cf. Stanley G. Payne, *Falange. Historia del Fascismo español*, Ruedo Ibérico, Madrid, 1985.

destituidos de los cargos que desempeñaban en el nuevo –pero bastante esclerótico y viejo– poder[19].

En realidad, el proceso de desengaño de los intelectuales falangistas empezó con la defección de Dionisio Ridruejo. Muy al principio de la década de los años cuarenta, Ridruejo comenzó a dudar de su actuación en la guerra civil y su participación en la División azul –la única que Franco mandó para apoyar a Hitler en la Segunda Guerra Mundial– en Rusia en 1941. En 1942, escribió una carta a Franco en la que expresaba su "desafección de la causa en la que hasta entonces había estado implicado" y entre otras cosas le decía: "la Falange gasta estérilmente sus fuerzas en llevar a cabo una política en la que ella "no ocupa los resortes vitales del mando" y sí, "en cambio, los ocupan en buena proporción sus enemigos manifiestos y otros disfrazados de amigos, amén de buena cantidad de reaccionarios y de ineptos". Su actitud crítica no fue –no podía ser– bien recibida, por lo que se lo confinó en Ronda y en otros lugares de España durante un cierto tiempo, mientras todos sus amigos y compañeros permanecían en sus domicilios y en sus habituales quehaceres por haber aceptado –de buena o mala gana– la decisión de Franco. Todos ellos tenían algo que no poseía Ridruejo: una profesión que ejercer fuera de la política. Por eso pudieron alejarse, al menos en apariencia, de ese mundo y dedicarse al privado: la abogacía (caso de Serrano Súñer), la docencia (Laín Entralgo, Tovar, Torrente Ballester), etc. Éstos son algunos párrafos entresacados de alguna de las cartas enviadas a su amigo Antonio Tovar:

Llavaneras, 20 mayo 1943

Querido Antonio [Tovar]: Aquí estoy, a 20 kms. de Barcelona y junto al Mediterráneo. Me he retrasado en contestarte para poder hacerlo enviándote ya mis nuevas señas. Hice gestiones para venir aquí porque me habían ofrecido una casa y la situación oficial de mendigo en la que me han puesto no me aconsejaba desaprovechar el ofrecimiento pero también porque viviendo tan a expensas del paisaje, y casi sólo de su compañía, estaba ya necesitado de un cambio. No he salido ganando estéticamente porque Ronda es del todo incomparable pero me encuentro contento con mis pequeñas montañas de aquí y la tremenda luz que se levanta de este mar...

---

[19] Cf. Juan F. Marsal, *Pensar bajo el Franquismo*, Península, Barcelona, 1979; en especial la introducción y más en concreto el capítulo "Evolución y ruptura".

He pasado por Madrid pero mis entrevistas han sido demasiado precipitadas. En general he salido con un sabor de desencanto. Creo que las cosas van definitivamente mal y que a España no le queda más que su peligro involuntario. Unos viven en un optimismo [lelo] con problemas que ya nos parecían poca cosa hace tres años y otros en un negro pesimismo sin gana ni esperanza. Pero ahora ya creo que hasta el ámbito de la vida privada está puesto en la cuesta general. Claro es que seguiremos andando en lo nuestro pero ya es difícil hacerlo cuando el porvenir es tan poco visible.

Y luego hasta quienes como Ernesto [Giménez Caballero] parecían ver claro se nos dedican al coreo de lo peor, de los más frívolos y disparatados juegos florales. Es una pérdida general de cabeza que no entiendo. Bien. Nos quedaremos con el poema y la novela. No sé cuánto soportaré –desde un punto de vista puramente económico– esta situación. Si se me hace dura pediré que se me destierre extramuros [*sic*], como corresponsal de prensa en cualquier sitio remoto. Pero desconfío de conseguirlo y por otra parte no quiero estar lejos ahora que temo que no sucedan las mejores cosas...[20].

Sin embargo, aún intentó Ridruejo cambiar la situación desde dentro del sistema. No fue hasta febrero de 1947 cuando expuso al Caudillo su "quijotesco" plan para "licenciar" a la Falange con respecto a sus obligaciones dentro del "partido único" creado en 1937. El desdén (lógico, por otra parte) con que Franco recibió las ideas de Ridruejo para un sistema aparentemente más democrático provocó la definitiva ruptura de éste con el régimen y marcó el principio de su carrera de activista en la oposición. Ridruejo fue un ejemplo perfecto del hombre ideal de los tiempos antaños que los intelectuales de *Escorial* exaltaban; era como el Doncel de Sigüenza –ese mitificado soldado– literato de la historia medieval[21].

Pero volvamos a Antonio Tovar. No todo era política y desencanto político, más o menos encubierto. Tovar llegaba a la Universidad de Salamanca en 1942 como catedrático de latín y ello en contra de sus deseos, que hubieran sido desempeñar una cátedra de griego, siguiendo la estela de don Miguel de Unamuno. A sus treinta años Tovar presentaba ya un *curriculum* acadé-

---

[20] De la correspondencia y otros textos inéditos de Dionisio Ridruejo, recuperados por la Fundación Santander Central Hispano en "Materiales para una biografía" (http://www.elcultural.es/version_papel/LETRAS/11932/Dionisio_Ridruejo_cartas_a_Tovar/).

[21] Cf. Shirley Mangini, *Rojos y rebeldes. La cultura de la disidencia durante el franquismo*, Anthropos, Barcelona, 1987, p. 34 y ss.

mico perfectamente respetable, a pesar de la interrupción que supuso la guerra civil. Éste es el testimonio de uno de sus primeros alumnos salmantinos, Martín Sánchez Ruipérez[22]:

En Salamanca, el colectivo estudiantil era por aquellos años ciertamente abigarrado. Entre los varones contrastaban los uniformes militares con los ternos no siempre impecables, acompañados de la imprescindible corbata e incluso del cuello duro almidonado, que permitía hacer espaciar más el lavado de la camisa. Se habían desmovilizado ya algunos reemplazos de la guerra civil, pero subsistía la amenaza de nuevas movilizaciones por la situación de la Guerra Mundial. Tovar me confesó más de una vez que este material humano que se le ofrecía, con una actitud tremendamente seria ante la vida, dura y difícil, convencido de que la Universidad y el estudio habían de tomarse sin frivolidad alguna, fue para él un estímulo para su quehacer profesional y para sus planes de futuro. Jamás hizo Tovar, en su trato con los alumnos, acepción de personas ni de ideologías, actitud ciertamente meritoria en la España de la posguerra...

Una de las primeras iniciativas suyas en Salamanca, otoño de 1942, fue la creación de un Seminario de Filología Clásica... El Seminario era para trabajar *in situ* y en esto Tovar era siempre riguroso y nos daba ejemplo... No me cabe duda de que la manera de ser y de actuar de Tovar tenían para él un sentido misional, adquirido en sus tiempos madrileños en el Centro de Estudios Históricos, hijo al fin y al cabo de la Institución Libre de Enseñanza...

Resulta claro que en su quehacer salmantino Tovar aplicó a la labor científica el sentido misional unamuniano, de despertar modorras intelectuales, sustituyendo "el que inventen ellos" por un "inventemos nosotros"... En la escala de valores éticos profesionales de Tovar el cumplir con el deber de impartir las clases ocupaba el peldaño más alto (...no sólo sus clases de Latín, sino también cursos monográficos y seminarios de griego y otras lenguas indoeuropeas...). De entonces data también su preocupación por las lenguas prelatinas de Hispania (celtibérico e ibérico) y del vasco, y de otras escrituras mediterráneas, como la tartesia y a crear la revista *Minos* en 1951, en colaboración con el profesor Emilio Peruzzi, de Florencia...

---

[22] M. Sánchez Ruipérez, *Dos figuras señeras de la Universidad de Salamanca en el siglo XX: Ramos Loscertales y Tovar*, Asociación de Antiguos Alumnos de la Universidad de Salamanca, Salamanca, 1995, pp. 25-38.

Pero no todo era producir trabajos científicos, tan importante era su difusión. Así, en 1944 Tovar asumió el Secretariado de Publicaciones e Intercambio de la Universidad que él organizó. Y entre los años 1951 y 1956, de la mano del ministro Joaquín Ruiz Jiménez, Tovar fue rector de la Universidad de la ciudad del Tormes, al mismo tiempo que su amigo Pedro Laín lo era de la Complutense madrileña. En su etapa rectoral tuvo lugar la celebración del VII Centenario de la Universidad, que Tovar organizó para conmemorar –con un desfase de diez años impuesto por la guerra mundial– la carta real de Alfonso X el Sabio de 1243 que fundaba los Estudios Salmantinos. Gracias a los fondos obtenidos con ese motivo, se acometió la restauración del viejo edificio de la Universidad y de otras dependencias. Salamanca fue escenario de solemnidades académicas impresionantes y llenas de color por las muchas representaciones de Universidades de todo el mundo que acudieron a la llamada de la salmantina. Lo que intentaba Tovar no era ofrecer un espectáculo sino dar un doble aldabonazo: a los universitarios salmantinos para hacerles cobrar conciencia de la grave responsabilidad que tenían contraída por el hecho de pertenecer a esta Universidad; a los gobernantes para sentar el principio de que todas las Universidades no eran lo mismo y que la de Salamanca merecía un trato especial en atención a su importancia histórica.

Asimismo, durante su mandato creó la cátedra Manuel de Larramendi de Estudios Vascos (1951), recuperó para la Universidad de Salamanca el derecho a conferir el grado de Doctor, y para ser fiel a una figura reciente de esa historia, organizó la Casa-Museo Unamuno, donde instaló los fondos bibliográficos del legado del ilustre vasco; pero no pudo realizar su solemne inauguración, prevista precisamente como parte de las celebraciones del centenario en 1954. A Tovar –que impuso el birrete de *Doctor honoris causa* a Franco, cumpliendo un acuerdo tomado en el rectorado de su antecesor[23]– le vemos además animando otras actividades, entonces no bien vistas por la oficialidad. Éste es el testimonio, por ejemplo, del cineasta Basilio Martín Pa-

---

[23] El discurso de bienvenida al Claustro salmantino, tal y como lo recogen las crónicas del día (9-V-1954) entra dentro del más estricto estilo protocolario y en él Tovar hizo hincapié en la relación de la Universidad salmantina con las Academias iberoamericanas y en el papel que la lengua ha desempeñado siempre "como compañera del Imperio" (en alusión a la expresión de Antonio de Nebrija). Tan sólo, al final del discurso, el rector Tovar, parafraseando el lema que, escrito en griego, relaciona a los Reyes Católicos con la Universidad de Salamanca, dijo: "El Caudillo a la Universidad y ésta a su Caudillo".

tino con motivo de la creación y puesta en marcha de un cineclub en la Academia salmantina:

Hacia 1953, durante un curso que realizábamos en el cineclub que habíamos fundado y me correspondió dirigir, una de nuestras ingenuas hazañas consistió en conseguir proyectar cine, ¡por primera vez!, en este mismo Paraninfo: películas del desarraigado y bonachón Chaplin que venían siendo prohibidas desde la guerra. Fue todo un éxito. Habíamos tenido que retirar para ello un pesadísimo busto en mármol de Franco. Al bajarlo, con gran esfuerzo, nos entró tal risa que a punto estuvo de hacerse añicos. No quiero ni imaginar las consecuencias. El rector, Antonio Tovar, con motivo de la clausura, subió a esta misma tribuna y leyó una carta abierta alentándonos: "No creemos que haya ninguna contradicción entre los términos 'Universidad' y 'Cinematografía' […]. Creo sinceramente que vamos hacia una etapa visual y que, como decía el profesor Tierno Galván, será el sello esencial en Occidente […]. La cultura se vuelve toda cultura de los ojos. La Universidad ante las novedades puede hacer dos cosas: cerrar los ojos o abrirlos; excluir o abrir las puertas de par en par. La Universidad de Salamanca, ante la empresa que el cineclub representa, ha optado por lo segundo. Es posible que dentro de unos siglos se extrañen de que en éstos nuestros planes universitarios no esté el cine". Fue una admonición que me dio alas para volar[24].

Los textos conservados de su etapa de rector salmantino son realmente audaces y proféticos en muchos casos. Así se expresa, por ejemplo, refiriéndose a la autonomía universitaria y al marco de su puesta en práctica (en su obra *Universidad y educación de masas*):

La autonomía universitaria y la personalidad de cada uno de los demás centros de enseñanza es absolutamente necesaria. Naturalmente que esa autonomía no significa el abandono de la universidad y demás centros al albedrío de su profesorado, sino que las fuerzas sociales que económicamente los sostienen habrán de tener una parte en su gobierno.

O estos párrafos del *Discurso de inauguración del Curso 1954-1955*, dirigidos especialmente a los estudiantes y profesores jóvenes:

---

[24] Este párrafo pertenece a un artículo de B. Martín Patino, titulado "Mi cine, mi ciudad". (http://cinehistoria.lacoctelera.net/post/2009/02/14/mi-cine-mi-ciudad-basilio-martin-patino-2-3-4).

Nada os da la Universidad si no os da más que un título; os engañamos si con facilidad y en medio de la confusión de unos exámenes multitudinarios por enseñanza libre os vamos dejando pasar asignaturas y cursos. Os exponéis a quedar en la antesala de esas profesiones burguesas de entrada cerrada, corréis el peligro de fracasar como universitarios. Es pensando en vosotros, los estudiantes, como nos hemos de imponer la obligación de salir de la rutina y de la cansada explicación de conocimientos muertos, y hemos de hacer que no estén abandonadas las clases, los laboratorios y los seminarios y las clínicas……
Dos maneras hay de vivir. La primera consiste en entontecerse y creer que todo está muy bien, o lo que es lo mismo, en desesperarse y creer que nada tiene remedio. La segunda manera, que sin duda es la que os corresponde a vosotros, los estudiantes, los jóvenes adjuntos, los que habéis de sucedemos y de venir mañana, es la de partir de que muchas cosas están mal y de que empresa de nuestras vidas es reformarlas y arreglarlas en todo lo que esté de nuestra mano. Ésta es nuestra batalla, para eso os llamamos a todos. Cada vez que sentimos desaliento y ganas de abandonar la pelea, donde nada personal entra en juego por nuestra parte, nos sostiene la idea de que luchamos por vosotros, los jóvenes, quienes como el españolito de Machado *que quiere*

vivir y a vivir empieza.

Quizá por ocupar el cargo de rector y hacerlo de una Universidad ya secular, Antonio Tovar saltó de nuevo –aunque con mucha menor implicación– a la palestra pública. En 1953 escribió un texto contundente y muy comentado. Se trata de una conferencia que pronunció en la inauguración de la "Tribuna José Antonio" en la sede de la Guardia de Franco en Madrid, el 28 de febrero. La tituló "Lo que a Falange debe el Estado". En ella el rector Tovar hace un canto a gentes que, como los miembros de la Guardia de Franco, fueron capaces de salvar al Estado a pesar de la persecución que sufrieron después de la guerra mundial:

A más de uno de vosotros –a mí me ocurrió–, en los días de 1945, se os negaría tal vez el saludo por mucha gente tímida……
Yo soy un camarada de filas [...]. Mi vocación no me pide más. No necesito nada. No necesito hacer méritos. [...] Ahora [después de la que él califica como la horrorosa experiencia de las democracias europeas y americana] reaparecemos cargados de razón. [...] La Falange no conquistó el Estado sino que fue llamada por él. He aquí una diferencia importante entre nuestro Movimiento y los otros movimientos totalitarios. [...] Fue, no lo olvidemos, un acto personal del Caudillo lo que convirtió a Falange en instrumento político del gobierno. [...] Nosotros hubiéramos querido una Revolución más radical, sin pactos ni compromisos.

Y en la lista de los débitos del Estado a Falange Tovar cita: el montaje de la prensa y propaganda durante la guerra, la planificación económica, la utilización de los valores intelectuales, la política social y las críticas a la España alicorta, encogida…:

Seguimos orgullosos –escribe– de que para ir a los Estados Unidos se exija el juramento de no ser falangistas [...]. Vivimos en una época de restauración democrática, de vuelta al pasado [...]. Se sueña con la eficacia de los Parlamentos como si estuviéramos en 1830.

Esta conferencia puso al descubierto el "sacrificio" hecho por la Falange en la constitución del régimen imperante, sin que se hubiera vista satisfecha tal generosidad. En la revista *Alcalá*[25], apoyada desde el Ministerio de Ruiz Jiménez, se puede leer un largo e interesante editorial sobre la conferencia mencionada, del que extractamos algunos párrafos:

La lección de Tovar ha sido una lección de realismo. Él se ha limitado a explicar, que es su vocación y profesión. Nosotros, a aprender, que es la nuestra. Lástima que la lección llegue un poco tarde. Porque a la juventud se le ha dicho que es lo mismo Régimen, Movimiento Nacional y Falange. Por eso no entiende qué cosa pueda ser eso de la *"Revolución todavía pendiente"*, radical, tajante, total, alzada como bandera por el Movimiento. Por ello, la confusión de la gente joven es total, pero sincera. A nadie extrañe que, despertados, hablen de ocasión perdida… Tovar ha sido sincero. Mucho. Su sinceridad hace posible la nuestra. Digamos, pues, que nuestro afán creció sobre el supuesto del punto 27, de la intransigencia, del extremismo revolucionario, y que no nos asusten las palabras. Nadie habló entonces con el realismo de Antonio Tovar. Pero si alguien lo hubiera hecho y nos hubiera dicho: *"Nosotros no creemos que haya nada que pueda hacer cambiar súbitamente la faz de la Patria. Creemos en nuestro trabajo, en nuestro esfuerzo, en nuestro perfeccionamiento personal. Sabemos que si en lo nuestro hacemos las cosas bien, contribuimos a que, como decimos vulgarmente, "esto se arregle un poco".* ¡Ay, si esto se hubiera dicho antes, nos habríamos ahorrado muchos afanes desmedidos! Y no nos habríamos descarriado –perdido el camino– por el sueño de la utopía revolucionaria, por el sueño de una revolución que nadie piensa hacer…

---

[25] Para más detalle de las revistas y editoriales (en su mayor parte, universitarias) que surgían y desaparecían en esos años, puede verse J. Gracia, *Crónica de una deserción. Ideología y literatura en la prensa universitaria del franquismo (1940-1960)*, Universitas, Barcelona, 1994, p. 22 y ss.

Los sucesos universitarios de febrero de 1956 mostraron la contradicción interna, el callejón sin salida del "falangismo liberal" y la necesidad de una nueva opción más radical. Ruiz Jiménez es apartado del Ministerio de Educación y los rectores Laín y Tovar abandonaron sus respectivos rectorados. Cuatro años más tarde, su nombre figuraba junto al de Ridruejo, Laín Entralgo, Aranguren, Maravall y Santiago Montero en el famoso panfleto *Los nuevos liberales*. En la comida que un grupo de amigos dio a Tovar con ocasión de su marcha a Madrid, éste les expuso las *razones de su dimisión*:

...Falta que corresponda a vuestra amistad y que os explique algunas causas y motivos de mi dimisión del Rectorado de la Universidad... La etapa ministerial a que correspondió mi rectorado fue, todos lo sabéis, la del Dr. Ruiz Giménez, hoy honra y prestigio del Claustro de nuestra Universidad. Ruiz Giménez aplicó su entusiasmo y su celo a conquistar para la Universidad el prestigio que no debe perder nunca... En España en muchas ocasiones se ha creído que para la Universidad era bastante conceder algunos títulos, y como "oficina expendedora" ha vivido durante largos años....

La etapa universitaria en que yo he actuado representó un intento de revitalizar la Universidad. Ruiz Giménez, con gran lealtad, supo acercar la Universidad a la más alta magistratura del Estado, y por otra parte, al iniciar una mejora en la atención económica a la Universidad y a los universitarios, permitió se levantara en los claustros el interés y se reanimara la vida... Llegó la crisis ministerial de febrero pasado, y ella acreditó recelos y desconfianzas frente a un resurgir de las universidades. Algunos de sus defensores fuimos objeto de comentarios poco amables, como por ejemplo me los dedicó a mí el general Vigón en una conferencia pública del Ateneo de Madrid, llamándome, no sé por cuenta de quién, afrancesado. No pedí explicaciones, pero como no las recibí, no quise poner al Sr. Ministro de Educación, mi entonces jefe inmediato, en el trance de solicitarlas, y por ello dimití, arrancando no sin dolor los lazos que todavía me unían a la Universidad y teniendo que resolverme a soltar ese barrote de la reja a que con tanta fe me había asido casi cinco años.....

Los años posteriores a 1956 trajeron a Antonio Tovar buenas dosis de frustración en las ilusiones puestas en la institución salmantina. A partir de esta fecha, concluida prácticamente la parte más significativa de su etapa de Salamanca, Tovar se concentra en el trabajo universitario y científico sin renunciar a una vertiente más pública como es la representada por sus artículos de crítica literaria; son los años de su estancia en la Universidad de Tucumán (Argentina)[26] como profesor de Lingüística (1958-59) y en la Universidad de Illinois (Estados Unidos) como profesor visitante de Lenguas Clásicas (1960-67). Y enseguida de su incorporación a la Central madrileña, en 1965, como consecuencia de los sucesos universitarios que terminaron con la expulsión de sus colegas Aranguren, García Calvo y Tierno Galván, Tovar pide su excedencia definitiva y vuelve, en un exilio voluntario, a Illinois como *Professor of the Classics* y de allí, como *Ordentlicher Professor der Vergleichenden Sprachwissenschaft*, a Tübingen, donde sustituye nada menos que a H. Krahe (1967-79). No se reincorporó a la cátedra madrileña hasta 1980; dos años más tarde se jubiló.

En esos años, Antonio Tovar –que es un filólogo, pero que, como heredero de Ortega y Unamuno, no puede dejar de ser, también, un intelectual, y un intelectual protagonista– escribe, pensando tal vez que las cosas cambiarán y que hay que disponer de un *sistema*, con el que y a partir del cual construir y edificar, escribe –repito– un libro, anteriormente citado, que leerá (y marcará a) toda una generación: *Universidad y educación de masas*, subtitulado *Ensayo sobre el porvenir de España* (Barcelona, 1968); en él, además de exponer sus críticas explícitas a la Universidad y, también e implícitamente, lo que hay que cambiar, habla del pasado y de las razones que lo llevaron a adoptar la actitud que *en su momento adoptó*, cosa que se había resistido a hacer hasta entonces, como lo demuestra el prólogo a su libro *Ensayos y peregrinaciones* (Guadarrama, Madrid, 1960), en el que dice:

Al escogerlos (escritos) para formar este libro, he dejado resueltamente fuera todo lo que se refería a la inmediata actualidad. Quede para otro momento explicar mi paso por la arena de las luchas de nuestra época......
En este libro hay largos desvelos… y el reflejo de una existencia personal cada día más errabunda y menos centrada, en la que pesan las incómodas circunstancias del siglo… De la sabiduría de los antiguos he extraído para mi uso personal una modesta filosofía que me explica la historia e intenta una consolación y una guía moral del humano perdido en este mundo y siglo…Viajes y largas estadías en

---

[26] Ya había estado Tovar en Buenos Aires en el curso 1948-49 como profesor de griego. En Buenos Aires volvió a retomar el trato y la amistad con algunos intelectuales del exilio vasco, con quienes compartía aficiones comunes sobre la cultura y la lengua vascas.

América han convencido al autor de que la conciencia de esta dimensión es esencial en nuestra cultura…Para el autor es este libro *como la cara exterior de unas memorias* con clave, donde bajo unos títulos de interés general se ocultan experiencias íntimas, más de una vez amargas. Las especiales circunstancias de una vida y el retiro en que ha vivido la mayor parte de los años en que se ha ido escribiendo el libro, dan a éste el sentido de un ciclo cerrado… Los montículos que hasta ahora han servido de horizonte quedan atrás. El autor sale de un valle triste y largo. No mira ya atrás, y siente en el rostro el aire frío y áspero del alba, mientras emprende el descenso.

Para quien desee entender la personalidad de Antonio Tovar y, sobre todo, comprender las razones de su militancia falangista y de su posterior abandono y ruptura con el régimen franquista, es necesario leer "en clave" el prólogo de *Universidad y educación de masas*; de él son estos aclaradores párrafos:

Cuando en 1956 rompí los últimos hilos de un pasado político de veinte años, desvanecidas las ilusas esperanzas de que en la política española pudieran pesar de otro modo que como consecuencias fatales e impuestas los nuevos hechos de la segunda mitad del siglo XX, intenté buscar para el trabajo personal un clima que no podía hallar en las aulas españolas.

Después de varios años de recorrer nuevos caminos, habiendo renunciado a muchas ilusiones docentes que para mí estaban casi indisolublemente ligadas a enseñar lo que he aprendido a las nuevas generaciones de mis compatriotas, o de gentes de nuestra lengua, intento cumplir ahora con esta obligación escribiendo un libro que contribuya a abrir los ojos de los españoles…

Cuando, combatido por las presiones del ambiente, y ya iniciada nuestra guerra civil, me inscribí en un grupo falangista, en Berlín, adonde había ido como estudiante pensionado por la Junta para Ampliación de Estudios, me dejé llevar por la imposible combinación de extremos que habían construido José Antonio Primo de Rivera y Ramiro Ledesma Ramos. Me apresuré a dar forma a esta utopía, tal cual yo la entendía después de estudiar los escritos fundamentales, incluidos los libros de Ernesto Jiménez Caballero, en una serie de breves artículos que empezaron a aparecer anónimos en la prensa de Valladolid y otras ciudades de aquella "Jefatura Territorial" en los días amargos de septiembre de 1936. Combinar un nacionalismo fanático y estatista con una preocupación social que en mí no se ha debilitado nunca, me parecía posible, como a otros muchos jóvenes de mi edad, en aquella Falange de los primeros meses de la guerra civil…

Me había sentido perdedor en el juego de los partidos republicanos, desilusionado por el resultado de las elecciones del 33, horrorizado por el ensayo general de revolución y represión de 1934, y así la guerra civil me sorprendió desconectado y escéptico.

Con unos pocos años más, nos hubiéramos visto envueltos en la política de un modo más efectivo, tal vez hasta el exilio, o hubiéramos tomado la posición senatorial y escéptica de muchos hombres de la generación que precedió a la nuestra. Pero fuimos atraídos por el "Estado vertical", que decía un crítico extranjero....

Mi consuelo es que no me he vendido...

Me encuentro así fuera del juego y viendo las cosas con perspectiva lejana. Durante años se mantuvo en mí, como en mucha gente de mi edad, la mutilación de la guerra. Creíamos que la guerra civil era un hecho irreversible. Nos dominaba el miedo a que el pueblo español se encontrara a solas consigo. Nos daba pereza volver a empezar. Tolerábamos los inconvenientes, y personas y modos que nos repugnaban, porque teníamos la vana esperanza de que los defectos fueran corregibles. Incluso trabajábamos a veces en puestos de gobierno y responsabilidad con la ilusión de corregir, mejorar, abrir. Pero el contradictorio intento de síntesis fascistas no era el ideal del 18 de Julio. Era, sí, un arma de defensa cuando la política adquirió caracteres de violencia en la calle, o una apariencia para presentarse al mundo en 1936 ó 1939.

El secreto fue aceptar sin discusión la vida vegetativa del viejo sistema. No hay misterioso acuerdo, ni conspiración intencional, ni pacto articulado...

Su experiencia al frente del rectorado salmantino y su estancia en distintas universidades españolas y extranjeras, así como su contacto con otros intelectuales no sólo de Madrid, sino también de Cataluña –sobre todo, desde el *Congreso de Poesía* celebrado en Segovia– y con otros, más jóvenes, habían mantenido en Antonio Tovar su conciencia vigilante y, aunque sin demasiado optimismo, sabía que el cambio no tardaría mucho –aunque sí algo– en llegar.

Filólogo, ensayista, periodista, Antonio Tovar ha sido considerado el fundador de los estudios de lingüística indoeuropea en España; especializado en idiomas indoeuropeos, americanos[27], vasco y lenguas primitivas, aplicó la

---

[27] Resalta la preocupación de Tovar por las lenguas indígenas de América; desde el año 1949, en el que publicó su primer artículo al respecto, hasta 1985 publicó veinticinco contribuciones sobre el tema. Fruto de su estancia en Sudamérica es el Catálogo de las lenguas de América del Sur, en el que

lingüística al estudio de la historia, la toponimia y el vocabulario histórico. Traductor y comentarista de autores griegos y latinos (Virgilio, Sófocles, Eurípides, Pausanias, Aristóteles, Platón, Propercio, Cicerón), colaboró en numerosas revistas científicas, españolas y extranjeras, participó activamente en reuniones y simposios internacionales de su especialidad, y cultivó la publicística y el ensayo político con numerosos trabajos como *Donoso Cortés* (1940), *España y el Derecho Internacional* (1948) y *Universidad y educación de masas* (1968). Colaborador literario de la *Gaceta Ilustrada* y colaborador habitual de otras revistas y periódicos; algunos de sus numerosos artículos literarios han sido publicados en los libros *Ensayos y peregrinaciones* (1960), *Tendido al sol*, crónica literaria de 1963-1964 (1968), *Tendido al sol, II*, crónica literaria de 1965-1966 (1969), *El telar de Penélope* (1971), *Novela española e hispanoamericana* (1973) y *Ancha es Castilla* (1983). También colaboró en *Cuadernos del Ruedo Ibérico* y en *El País*. Antonio Tovar es autor del *Catalogus codicum Graecorum Vniuersitatis Salmantinae*, director del *Manual de Lingüística Indoeuropea* y autor de numerosos libros de texto y obras de divulgación como *Primer libro del latín* (1944), *Gramática histórica latina* (1946), *Lengua gótica* (1946), y *Antiguo eslavo* (1960).

Antonio Tovar fue investido Doctor *honoris causa* por las Universidades de Munich (1954), Buenos Aires (1956), Dublín y Sevilla (1980); asimismo, fue correspondiente de la Academia de la Lengua Vasca (1947) y del Instituto Arqueológico Alemán (1950), además de miembro de numerosas sociedades científicas internacionales y Académico de la Real Academia Española de la Lengua (1968). En 1981 obtuvo el Premio *Goethe* de la República Federal Alemana (el segundo español, tras Salvador de Madariaga) "por su labor a favor del acercamiento entre los pueblos" y "por haber defendido la libertad de investigación".

---

clasificó 2.000 lenguas y dialectos del continente. Colaboró, además, muy estrechamente con el Instituto Caro y Cuervo de Colombia, institución que visitó varias veces, dirigiendo seminarios y pronunciando conferencias. Saludó con agradecimiento y fervor la aparición del Atlas lingüístico-etnográfico de Colombia. Sobre él decía al respecto: "En cada lengua que se ha extinguido y se extingue, desaparece un alma única, una entidad cultural que es individual e insustituible, pero, además, con ella se va un documento necesario para conocer el pasado de América... Cada lengua que desaparece es una pieza cuyos valores en sí misma y en relación con otras quedan irremediablemente anulados".

Su discípulo Martín Sánchez Ruipérez, antes mencionado, nos dice de él: "Tantos campos abarcó y tal fue su curiosidad científica y portentosa actividad que, como colofón de ésta mi intervención, quiero repetir la frase que tantas veces le oí y que explicita el sentido misional y pionero que él mismo daba a su vida: *En nuestra España, lo que yo he hecho ha sido sobre todo explorar y roturar nuevos campos científicos, que otros se han encargado de labrar*". O más recientemente, otro de sus destacados discípulos, Jaime Siles, nos ha dejado el testimonio siguiente:

Tovar nos ha enseñado el modo y la manera de hacer, de la vida y de la obra, una articulada creación. Todo tiempo contiene en sí una angustia, y esa angustia es el principio que hace a cada hombre decir *yo*... Tovar nos ha enseñado lo que, a partir de la angustia, puede hacerse, si se combinan, como antídoto, ilusión y trabajo, sistema y rigor. La trayectoria que su obra nos describe es la del hombre que decide hacerse uno y el mismo con su tiempo; uno y el mismo con su yo. En esa decisión están Delfos y Píndaro, Sócrates y Platón, Unamuno y Ortega, y el lema indio que le gustaba a Deussen: *tat tuam asi* ("Esto eres tú"). Seamos, pues, como Tovar, nosotros; pero seámoslo –como él– con voluntad de sistema, con método y con rigor, sabiendo que una ciencia siempre puede aprenderse, y que toda ciencia supone e implica una tradición. La de Tovar creo haberla mostrado. Esa tradición es la que nos da el método, y su uso lo que nos enseña nuestro oficio. Porque método y oficio son la base de toda profesión. Pero Tovar es algo más que método y mucho más que oficio y, aunque es un destacado especialista, su obra va más allá de los estrechos límites de los especialistas e incide más allá de los ámbitos que enmarcan una profesión. Por eso he dicho, antes, que Tovar es un *estilo*. Y el *estilo* –ya se sabe– es un *ingenium* y un don: pertenece a la esfera de lo que no puede transmitirse ni aprenderse... Algunos filólogos –los más grandes– lo han tenido; los sólo especialistas, no. La filología es una *techne*, y la *techne*, con ser mucho, no lo es todo, no basta: nos enseña, sí, el oficio, pero no la voz. Aprendamos, pues, de Tovar, su método y reconozcamos su *estilo*, que es lo que, en el fondo, define y constituye su intransferible *yo*..."[28].

Antonio Tovar murió en Madrid el 14 de diciembre de 1985, a la edad de 74 años. Como ha dicho J. Ángel Ascunce en el artículo mencionado al principio de estas líneas, "desde su apasionada militancia en la Falange, su pen-

---

[28] J. Siles, "Tradición, sistema y estilo de Antonio Tovar", en *Homenaje a Antonio Tovar*, Universidad de Valladolid, Valladolid, 1977, pp. 9-32.

samiento político fue evolucionando poco a poco hasta llegar a defender un humanismo democrático y liberal que lo llevó a romper todo vínculo con el sistema de Franco. Su exilio se explica precisamente como negación a un sistema que para él ya no tenía sentido y se hallaba fuera de las coordenadas de la historia. Antonio Tovar es otro de los casos dramáticos pero reales del exilio del desencanto vencedor". La vida de Antonio Tovar fue una continua búsqueda, una permanente evolución, y una constante pregunta sobre las razones que lo llevaron denodadamente y en cada momento a tratar de encontrar –con sistema y rigor– el lugar adecuado para su *angustiado yo*. En el artículo publicado después de su muerte en *El País* y al que se ha hecho mención continuada en estas líneas, se podía aún leer:

Ya entonces [con veinticinco años, a la vuelta a España] *se me ocurría preguntarme cómo podía yo haber cambiado tanto*. Partidario de la República, espectador de los bandazos de la política de aquellos años, había vivido desde Madrid, durante el curso 1934-1935, la revolución de Barcelona y Asturias, y la represión consiguiente. El curso 1935-1936 lo había pasado en París hasta marzo, y allí había presenciado la polarización fascista-comunista en la Cité Universitaire, en un momento en que los regímenes parlamentarios y democráticos se batían en retirada ante la agresividad de los otros. Los mismos teóricos de la democracia liberal vacilaban, y todo lo que fuera transigencia, mesura, equilibrio y convivencia parecía definitivamente pasado de moda.

Dictadura franquista y exilio español a Iberoamérica. Represión contra un destacado republicano: José Giral

Julián Chaves Palacios
(Universidad de Extremadura)

1. Exilio español a América: cifras de refugiados y países de destino

Las consecuencias del exilio a causa de la derrota republicana en la guerra civil fueron considerables en la sociedad española. Sus efectos permanecieron prácticamente inalterables durante el franquismo y sólo se han ido subsanando, en parte, a medida que se ha ido consolidando la democracia. El regreso en estos años de los pocos protagonistas que permanecían vivos y los numerosos actos de homenaje y reconocimiento que han tenido lugar en toda la geografía española en las últimas décadas, han servido para recuperar su memoria, y con ellos la de esa España en la diáspora a causa de la tragedia iniciada en 1936. Aunque creemos que esas actuaciones no evitan que la abultada deuda originada por el exilio sea imposible de saldar.

Un exilio de cerca de medio millón de personas que comenzó en plena contienda y estuvo protagonizado por españoles que se marcharon del país bien para evitar medidas represivas bien para vivir en libertad. Éxodo que ha sido objeto de especial atención bibliográfica y cada vez es, afortunadamente, mejor conocido en todos sus ámbitos[1]. Las fuentes para su estudio cada vez son más

---

[1] Sería muy prolijo hacer referencia a las numerosas publicaciones sobre este tema aparecidas en el mercado editorial en los últimos años, por lo que sólo citaremos, pese a pecar de excluyentes, dos de ellas. Una referida al éxodo español en la contemporaneidad y otra relacionada con una de sus facetas; Vilar,

abundantes y accesibles. Citamos a título ilustrativo los fondos depositados en el Centro Documental de la Memoria Histórica, con sede en Salamanca, con un depósito dedicado al exilio español en Hispanoamérica que permite un acercamiento a esa realidad desde un enfoque interdisciplinar[2], que estimamos adecuado para un mejor conocimiento de todo el proceso.

Nos encontramos, por tanto, cuando se cumple el setenta aniversario del final de la guerra civil española con una extensa bibliografía y un no menos interesante repertorio documental y testimonial sobre la diáspora española de esos años. Ello permite conocer cada vez con mayor detalle la peripecia vital de sus protagonistas en un ambiente social no siempre receptivo en sus respectivos destinos, al que tuvieron que aclimatarse obligados por las circunstancias[3]. Dificultades a las que se unieron factores como la desunión entre los mismos exiliados, con unos políticos republicanos que allende sus fronteras mostraron fehacientemente que las divisiones y enfrentamientos que los caracterizaron durante la contienda de 1936-1939, lejos de acallar con su finalización continuaron, lamentablemente, en el exilio.

J. B., *La España del exilio. Las emigraciones políticas españolas en los siglos XIX y XX.*, Madrid, Síntesis, 2006; Alted, A. y Lluisia, M., *La cultura del exilio republicano español de 1939* (2 vols.), Madrid, UNED, 2003.

[2] Cuesta Bustillo, J., "Exilio de científicos españoles en Argentina (1939-2000). Aproximación", en Chaves, J. (Coord.), *Política científica y exilio en la España de Franco*, Badajoz, Diputación de Badajoz, 2002, pp. 13-38.

[3] Véase una visión completa y actualizada de los diversos escenarios geográficos de la diáspora española de 1939; Mateos, A. (Ed.), *¡Ay de los vencidos! El exilio y los países de acogida*, Madrid, Eneida, 2009.

EXILIADOS ESPAÑOLES A CAUSA DE LA GUERRA CIVIL (PERÍODO 1939-1944)	
A) Al terminar la contienda (1 de abril 1939)	Número de exiliados
FRANCIA	430.000
ÁFRICA DEL NORTE	12-000
RUSIA	4.000
OTROS PAÍSES EUROPEOS	3.000
MEXICO	1.000
TOTAL AL TERMINAR LA GUERRA CIVIL	**450.000**
B) Al 31 de diciembre de 1939	
FRANCIA	140.000
ÁFRICA DEL NORTE	17.000
RUSIA	6.000
OTROS PAISES EUROPEOS	3.000
MÉXICO	8.000
OTROS PAISES IBEROCAMERICANOS	6.000
TOTAL A FINALES DE 1939	**182.000**
C) REPATRIACIONES ENTRE LOS AÑOS 1940-1944	**20.000**
D) EXILIADOS AL FINALIZAR EL AÑO 1944	**162.000**

Fuente: Vilar, J. B., p. 333.

En cuanto a su reparto, el continente europeo y latinoamericano, sin olvidar el africano en su zona más septentrional, acapararon la diáspora de republicanos españoles, bien entendido que el primero de esos destinos tuvo en Francia al principal país de acogid[4], aunque para muchos republicanos fue provisional. Y es que a las dificultades relacionadas con el tratamiento recibido por la mayoría de ellos tras su llegada a tierras francesas, con su inter-

---

[4] El éxodo a territorio francés comenzó en plena guerra civil, y aunque muchos de ellos regresaron a España con prontitud, constituyó el principal destino de los 15.000 exiliados que se registraron tras la campaña de Guipúzcoa en el verano de 1936; los 160.000 registrados tras la campaña del Norte en 1937: los 24.000 evacuados del Alto Aragón en 1938; y los 470.000 tras el control franquista de Cataluña al iniciarse 1939. Vilar, J. B., p. 330 y ss.

namiento en campos de concentración[5], se unieron los problemas inherentes a la ocupación del territorio galo por las tropas de Hitler, que originaron en muchos exiliados la búsqueda de otro país menos problemático.

En unos casos esa decisión pasó por la repatriación, pese al tremendo riesgo de afrontar un regreso de esas características ante la implacable represión franquista contra los disidentes. Trance que no fue óbice para que muchos se embarcaran en esa aventura de recorrer el camino de vuelta a España, o al menos así lo ponen de manifiesto las cifras. En junio de 1939 se contabilizaban un total de 278.500 españoles exiliados en Francia, cantidad bastante inferior a la existente tras acabar la contienda armada, diferencia que al parecer se debió, principalmente, a las repatriaciones[6].

Pero otros españoles descartaron esa opción y tras permanecer en suelo francés emprendieron viaje a países como la Unión Soviética (unos 6.000 en total) y, sobre todo, hacia naciones hispanoamericanas que aceptaron recibirlos como México, Chile y República Dominicana. Conformidad en absoluto exenta de condiciones: los tres exigieron que los refugiados españoles fueran admitidos adecuadamente, que abonaran el desplazamiento desde su punto de partida y que al menos contaran con ahorros suficientes para afrontar las primeras semanas de estancia. Exigencias que, como señala D. Pla Brugat, pudieron cumplir:

> "Antes del final de la contienda el gobierno republicano español había colocado importantes fondos en el extranjero previendo la derrota y la asistencia a refugiados que ella traería consigo. Las desavenencias internas del bando republicano que el exilio heredó, hicieron que estos fondos fueran manejados por dos organismos de ayuda creados en 1939. El primero encabezado por Juan Negrín fue el Servicio de Evacuación de Republicanos Españoles (SERE). El segundo fue la Junta de Auxilio a los Republicanos Españoles (JARE), encabezada por Indalecio Prieto, socialista y franco opositor a Negrín. La JARE fue creada con los recursos que se generaron del cargamento del yate *Vita*, que fue enviado a México para ayudar a los refugiados españoles, cargamento que fue controlado por Prieto y con el aval de las Cortes Españolas creó esa institución de ayuda"[7].

---

[5] Rafaneau-Boj, M. C., *Los campos de concentración de los refugiados españoles en Francia, 1939-1945*, Barcelona, Omega, 1995; Chaves, J., *Guerrilla y Franquismo. Memoria viva del maquis Gerardo Antón "Pinto"*, Mérida, ERE, 2007, p. 268 y ss.

[6] Pla Brugat, D., "El exilio republicano en Hispanoamérica. Su historia e historiografía", en *Historia Social*, Nº 42, 2002, pp. 99-121 (p. 99 para esta cita).

[7] Pla Brugat, D., *El aroma del recuerdo. Narraciones de españoles republicanos refugiados en México*, México, Plaza & Valdés, 2003, p. 18.

Gracias a la puesta en funcionamiento de estos organismos se pudo afrontar el pago relativo a la llegada y primera estancia de los exiliados en sus países de destino[8]. Importante decisión por parte de las autoridades republicanas que permitió la existencia de recursos económicos para quien más los necesitaba en unos momentos de su vida especialmente complicados. Previsión digna de ser resaltada, que independientemente de la recepción, cuantía y utilización de los fondos pecuniarios por esos organismos, evitó que el drama de los refugiados se acentuara tras su obligada salida de España. Y, evidentemente, la existencia de esas ayudas económicas posibilitó el desplazamiento de españoles a Hispanoamérica.

Países que ofrecían un doble atractivo. Por un lado la lengua y cultura comunes; por otro, la posible solidaridad de aquellas familias de españoles que habían emigrado a estas tierras a lo largo de la etapa contemporánea y se prestaban a ayudarlos. Aspectos muy a tener en cuenta al tomar una decisión de esas características, pues si bien en Francia gozaban de la proximidad a los Pirineos, poco cabía esperar de su estancia en unas tierras ocupadas, al iniciarse la década de los cuarenta, por las tropas alemanas. Ejército nazi que se entendía con el régimen de Franco y no dudaba en prestarle colaboración en la búsqueda de los exiliados republicanos con orden de búsqueda y captura[9], que tras su detención eran entregados a las fuerzas del orden franquistas.

Dentro de esa dinámica cabe entender, entre otras argumentaciones, la decisión de muchos españoles de cruzar el Atlántico y buscar acomodo en Hispanoamérica[10]. Chile fue uno de ellos. Un país que vivía en esos años una experiencia política que favoreció la recepción de refugiados españoles. Y es que en 1937 se había creado el Frente Popular chileno, integrado por socialistas, comunistas, democráticos, Confederación de Trabajadores de Chile y, finalmente, el partido Radical, al que pertenecía Pedro Aguirre Cerda, que al año siguiente se presentó como candidato oficial de esa coalición a las elecciones presidenciales, en las que resultó elegido aunque con un estrecho margen respecto del candidato conservador Gustavo Ross. Ese triunfo posi-

---

[8] Matesanz, J.A., *Las raíces del exilio. México ante la guerra civil española 1936-1939*, México, UNAM/Colegio de México, 1999.

[9] La nómina de políticos y sindicalistas reclamados por el régimen franquista a la Francia ocupada por los alemanes para ser juzgados en España ascendía a la cifra de 3.617 españoles. De ellos muchos fueron detenidos y entregados a las autoridades hispanas.

[10] Pla Brugat, D. (Coord.), *Pan, trabajo y hogar. El exilio republicano español en América Latina*, México, DGE Ediciones 2007.

bilitó la llegada de los republicanos españoles, que empezaron a arribar a las costas de Valparaíso a finales del verano de 1939[11].

Cabe destacar el gesto de este gobernante, al parecer influido por Pablo Neruda[12], de acoger a estos exiliados, pues lo cierto es que su presencia originó encendidos debates entre su ciudadanía, a pesar de la insistencia del Gobierno en demostrar que tomaba esa iniciativa por razones humanitaria e interés nacional, argumentando que salvo excepciones recibían mano de obra cualificada[13]. Jus-

EXILIADOS ESPAÑOLES A AMÉRICA	
PAÍSES	TOTAL
MÉXICO	30.000
ARGENTINA	10.000
VENEZUELA	5.000
REPÚBLICA DOMINICANA	5.000
CHILE	3.500
CUBA	1.500
ESTADOS UNIDOS (CON CANADÁ)	1.000
COLOMBIA	1.000
URUGUAY	1.000
BRASIL	500
PUERTO RICO	300
PANAMÁ Y CENTROAMÉRICA	100
PERÚ Y ECUADOR	100
TOTAL	59.000
REEMIGRADOS COMPUTADOS VARIAS VECES	- 15.000
TOTAL	44.000

Fuente: J. B. Vilar, *op. cit.*, p. 388.

---

[11] En la expedición del Winnipeg llegaron 2.000 españoles, en los meses siguientes continuó la llegada de más expediciones en los barcos *Marsilia, Órbita, Formosa, Reina del Pacífico…*

[12] En el mes de mayo de 1939, Neruda fue nombrado por el presidente Aguirre Cerda Cónsul Especial para la Inmigración Española, que dependía de la Embajada de Chile en París. Véase; Carcedo, D., *Neruda y el barco de la esperanza*, Madrid, Colección Historia Viva, 2006.

[13] Vázquez Riveiro, A., *Winnipeg. Cuando la libertad tuvo nombre de barco*, Madrid, Meigas, 1989.

tificación, empero, que no evitó que este asunto de los refugiados españoles fuera fuente de división entre un sector significativo de la sociedad chilena, siendo utilizado como arma arrojadiza contra la política de asilo presidencial por parte de las organizaciones políticas y medios de comunicación conservadores[14].

A pesar de esas controversias, se acordó inicialmente conceder asilo a 1.350 españoles, previsiones que pronto se vieron incrementadas en número al superar los dos millares de refugiados. La primera y más importante expedición, financiada por el SERE, estuvo encabezada por el vapor *Winnipeg* y llegó a las costas chilenas al iniciarse el mes de septiembre, concretamente a Valparaíso en la jornada del día tres. Al parecer el número de pasajeros superaba los dos mil republicanos[15], entre los que viajaban profesionales cualificados, pero también jornaleros e industriales. Una selección, pues, guiada por criterios laborales, pero también políticos, puesto que la mayoría de ellos eran de ideología comunista, es decir, la que profesaba el principal mentor de esta expedición: Pablo Neruda[16].

Con posterioridad fueron llegando al país andino otras expediciones mucho menos importantes en cuanto a número de exiliados[17], en vapores como *Marsilia, Órbita, Formosa* y *Reina del Pacífico*, que nutrieron con más efectivos la colonia de republicanos españoles en Chile[18]. Y al igual que sucedió en otros países hispanoamericanos, frente a las dudas iniciales sobre la acogida que iban a recibir los españoles, pronto se puso de manifiesto la cordialidad y afecto de la mayoría de los chilenos que les brindaron un cálido recibimiento, y como se demostró con posterioridad, estos asilados lejos de ser una rémora para el país supusieron un beneficio recíproco[19].

---

[14] Caudet, F., "Estudio preliminar", en Narambuena, C. y Garay, C., (Coord.), *España 1939: los frutos de la memoria. Disconformes y exiliados. Artistas e intelectuales españoles en Chile 1939-2000*, Santiago de Chile, Centro Cultural de España-USACH-CEXECI, 2001, pp. 14-26.

[15] Ferrer Mir, J., *Los españoles del Winnipeg. El barco de la esperanza*, Santiago, Ediciones Cal Sogas, 1989.

[16] Ampuero, R., *El caso Neruda*, Madrid, La Otra Orilla, 2009.

[17] A título de ejemplo señalamos que en el vapor *Órbita* viajaron un total de 51 refugiados españoles.

[18] Lemus, E., "La investigación de los refugiados españoles en Chile: fuentes y hallazgos en un exilio de larga duración", en *Exiles et Migrations Iberiques a XX siécle*, Nº 5 (CERIC, París), 273-294.

[19] Lemus, E.,"identidad e identidades nacionales en los republicanos españoles de Chile", en *Los Exilios en la España Contemporánea*, AYER, 47 (2002), pp. 155-184.

La Argentina, que no había mostrado de forma oficial su predisposición a recibir refugiados españoles, sin embargo se convirtió en otro de sus destinos[20]. Las cortapisas de los gobiernos conservadores que se fueron sucediendo al frente de ese país desde la década de los treinta hasta la llegada al gobierno de Juan Domingo Perón a inicios de los cuarenta, no fueron óbice para que los "rojos" españoles arribaran en sus costas. Y pese a la negativa de las autoridades, lo cierto es que la sociedad argentina pronto pasó del rechazo inicial a la paulatina aceptación de unos trabajadores españoles que dada su cualificación eran aprovechables para el desarrollo del país.

Por tanto, la presión de los primeros meses fue cediendo a medida que pasaba el tiempo, como lo demuestra la cifra estimada de republicanos, que se situó en torno de los 2.500 exiliados inicialmente, para ir incrementándose de forma paulatina. Sobre su estancia cabe significar que un nutrido grupo de ellos, ante la indiferencia política que sufrían en tierras argentinas, buscaron acomodo en naciones como Chile, en el que se internaron sobre todo a través del conocido ferrocarril Transandino[21]. Experiencia de paso de un país a otro del continente americano, como la misma llegada de españoles a América, en absoluto exenta de dificultades ante el control de los visados de entrada por parte de los países de destino.

La República Dominicana fue otro de los Estados que aceptó recibir refugiados españoles. Sorprende esa decisión pues en esos años estaba bajo mando del dictador Rafael Leónidas Trujillo, que había accedido al poder tras secundar un golpe de Estado en 1930 y no dejó el mando hasta su asesinato en 1961. Medida por parte de un personaje que profesaba admiración al general Francisco Franco, que lejos de entenderla en clave humanitaria cabe encuadrarla en el deseo manifiesto de mejorar la imagen de su régimen ante la opinión pública internacional, escandalizada por la matanza en el país de miles de haitianos en 1937: "con objeto de eliminar un colectivo molesto y al propio tiempo blanquear la población dominicana con esos inmigrantes"[22].

---

[20] Díaz-Regañón Labajo, M.A., *Fuentes para el estudio del exilio republicano español en Argentina. Los fondos del AGC de Salamanca*, Madrid, 2005; Schwarzstein, D., *Entre Franco y Perón. Memoria e identidad del exilio republicano en Argentina*, Barcelona, Crítica, 2001.

[21] Caudet, F., p. 16.

[22] Vilar, J. B., p. 373.

Así cabe interpretar esa política permisiva hacia los refugiados españoles, que no fueron los únicos pues también se extendió a contingentes de judíos europeos perseguidos por la Gestapo. El número aproximado de republicanos hispanos que desembarcaron en las costas dominicanas superó los tres millares y se caracterizaron por su efímera presencia en estas tierras. La precariedad económica en que se desenvolvía este país, unido al régimen dictatorial que controlaba todos sus resortes sociales, constituyeron motivos suficientes para que, transcurrido cierto tiempo, la mayoría de los exiliados españoles buscaran acomodo en otros países del entorno, de forma que avanzada la década de los cuarenta su presencia era muy reducida.

Este grupo que marchaba a otro país lo hemos denominado, según puede apreciarse en el cuadro sobre "exiliados españoles a América", reemigrados y ascendió a la cantidad de unos 15.000 españoles. Y, evidentemente, esa cifra era estimativa y correspondía a exiliados contabilizados en su primer destino y con posterioridad en el siguiente, y se debe deducir del cómputo total. De ellos, una parte importante correspondió a los asentados inicialmente en la República Dominicana que tras una primera etapa en ese país decidieron abandonarlo e instalarse en otros de Hispanoamérica.

Junto a los que llegaron a Cuba[23] y Venezuela[24] procedentes de ese país, cabe destacar que esas dos naciones, a las que se añade Colombia, recibieron otros contingentes de exiliados españoles. Éste, si bien no fue relevante en cuanto a su número, destacaba por su cualificación profesional, al tratarse de personas ligadas a la intelectualidad republicana que en el caso venezolano añadía la procedencia territorial vasca de la mayoría de ellos. Y aunque hubo otras naciones hispanoamericanas que contaron con refugiados hispanos[25], la cantidad de éstos fue poco significativa según puede apreciarse en referido cuadro. En suma, unos 44.000 exiliados en el continente americano, de ellos casi un 70% ubicados en México, un país que sin duda marcó la diferencia en cuanto al número y tratamiento concedido a los españoles que atravesaron el océano Atlántico a causa de la guerra civil.

---

[23] Cuadriello, J. D., *El exilio republicano español en Cuba*, Madrid, Siglo XXI Editores, 2009.

[24] Sanz, V., *El exilio español en Venezuela*, Caracas, El Centauro, 1995.

[25] Portela Yáñez, Ch. (Coord.), *Cincuenta años de exilio español en Puerto Rico y El Caribe (1939-1989)*, A Coruña, Edicios do Castro, 1991.

2. La excepción mexicana

Lázaro Cárdenas, presidente de México entre los años 1934-1940, mostró su solidaridad con la República española desde inicios del conflicto armado. Así lo ponen de manifiesto iniciativas como la aprobada en el año 1937, en plena guerra civil, de acoger en la ciudad mexicana de Morelia a 454 niños españoles, conocidos en la jerga popular como los "Niños de Morelia"[26]; o en 1938, al autorizar la llegada de un reducido grupo de intelectuales para los que creó la Casa de España, posteriormente denominada El Colegio de México[27]. Una institución que se convirtió en lugar de referencia no sólo para la intelectualidad española en la diáspora, al pasar por allí una pléyade de destacados científicos, escritores, artistas, etc., sino también para el mismo México, que lejos de expresar ningún atisbo de actitud excluyente, supo aprovechar la presencia de tan inminentes personajes españoles para potenciar su desarrollo[28].

Pero sin duda fue en el año 1939 cuando los esfuerzos de este país en ayuda de los exiliados españoles resultaron más significativos[29], hasta el punto de convertirse en la nación hispanoamericana que recibió mayor número de refugiados: más de la mitad de los exiliados en ese continente tras la diáspora de la guerra civil[30]. El punto de partida en referido año fue el uno de junio que arribó al puerto mexicano de Veracruz, procedente de la costa francesa, el

---

[26] Véase; Pla Brugat, D., *Los Niños de Morelia. Un estudio sobre los primeros refugiados españoles en México*, México, Conaculta-INAH/Cooperación Española/Embajada de España, 1999; Rascón Banda, V.H., *Los Niños de Morelia*, México, Universidad Autónoma Metropolitana, 2009; Villaseñor, J. P., *23.296 días después: los Niños de Morelia*, México, Universidad Autónoma Metropolitana, 2009.

[27] Entre ellos estaba José Gaos, Moreno Villa, Adolfo Salazar, José Medina Echevarría, etc. Su llegada se realizó por invitación expresa del presidente Cárdenas al gobierno de la República en España con el fin de que siguieran desarrollando su trabajo en un centro fundado en 1938 con ese motivo: la Casa de España en México, que en 1940 pasó a denominarse Colegio de México. Véase; Lida, C.E. y Matesanz, J. A., *La Casa de España en México*, México, Colegio de México, 1988.

[28] En 1962, el Colegio de México fue reconocido como institución libre universitaria, dando lugar a una nueva etapa que se caracterizó por la actualización de estudios y la implicación de esta institución con la problemática del país. Lira, A., "El Colegio de México y la educación superior", en *Revista de Occidente*, N° 246 (2001), pp. 52-61.

[29] Yankelevich, P. (Coord.), *México, país refugio. La experiencia de los exilios en el siglo XX*, México, INAH-Plaza & Valdés, 2002.

[30] Matesanz, J. A., *Las raíces del exilio. México ante la guerra civil española. 1936-1939*, México, Colegio de México y Universidad Nacional Autónoma de México, 1999.

vapor *Flandre*. Dos semanas después hacía lo mismo el simbólico barco *Sinaia*[31]. A éstos siguieron otros como el *Ipanema* y *Mexique*, de forma que la cifra total de refugiados al iniciarse el verano de 1940 alcanzaba la cantidad de 8.629 refugiados.

CIFRA DE EXILIADOS ESPAÑOLES A MÉXICO HASTA JUNIO DE 1940	
PERÍODO	NÚMERO DE EXILIADOS
Año 1937 llegaron los "Niños de Morelia"	454
1938: grupo de intelectuales asignados a la Casa de España (México)	50
1 de junio de 1939 llegó el barco *Flandre*	312
13 de junio de 1939: barco *Sinaia*	1.599
7 de julio de 1939: barco *Ipanema*	900
27 de julio de 1939: barco *Mexique*	2.067
Otros barcos posteriores	3.247
Total de refugiados españoles al 1 de julio de 1940	8.629

Fuente: Llorens, V., "La emigración republicana de 1939"[32].

Y todo ello pese a la interrupción de los viajes tras el inicio de la conflagración mundial, situación coyuntural pues pronto llegó el acuerdo, concretamente en 1940, de Cárdenas con el jefe de Estado de la Francia no ocupada por los alemanes, mariscal Petain, por el que México se comprometía a admitir en su territorio a todos los refugiados españoles que quisieran establecerse en este país. Comportamiento receptivo por parte del presidente mexicano que cabe interpretar en clave de política interior, no exenta de discrepancias dentro de su mismo país, como lo demuestra que existieron voluntarios mexicanos tanto en zona franquista como republicana.

---

[31] El *Sinaia* salió de la localidad francesa de Sète el 23 de mayo con más de 1.500 pasajeros y llegó al puerto de Veracruz en México el 12 de junio de 1939. Serrano Mogollón, F., "El viaje del *Sinaia*", en *SINAIA. Diario de la primera expedición de republicanos españoles a México*, México, FCE, IMCI y Universidad de Alcalá, 1999, p. 19 y ss.

[32] En Abellán, J. L. (Dir.), *El exilio español de 1939*, Taurus, Eds. Madrid, 1976, vol. I.

Sensibilidad hacia ambos bandos que demostraba el sentimiento dividido de su sociedad hacia la cuestión española, con una oposición política a Cárdenas que manifestaba su hostilidad a la llegada de esos exiliados. Presiones que al parecer lo obligaron a establecer, con el argumento del "interés nacional", una serie de normas para aceptar refugiados. Y frente a las reticencias iniciales hacia la llegada de españoles, que los más exaltados situaban en el recuerdo peyorativo de la dominación española tras la conquista por el extremeño Hernán Cortés, lo cierto es que la experiencia distó bastante de ese presagio.

Tras las lógicas dificultades iniciales, lo cierto es que por lo general se aclimataron pronto y, lo más importante, mostraron su beneficio para la sociedad mexicana al convertirse en referencia de sus avances científicos y tecnológicos. Aportación que se vio refrendada por iniciativas como el ofrecimiento, en 1940, de la nacionalidad mexicana a todos los refugiados españoles, medida del presidente Cárdenas a la que se acogieron el 70% de los exiliados en esas tierras y que apenas encontró contestación social, sino todo lo contrario: aceptación y reconocimiento hacia la labor de modernización que estaban realizando en el país[33].

PROCEDENCIA GEOGRÁFICA DE LOS EXILIADOS QUE VIAJARON A MÉXICO EN EL BARCO *SINAIA*			
REGIÓN	Nº DE EXILIADOS	REGIÓN	Nº DE EXILIADOS
País Vasco	57	Castilla la Mancha	101
Andalucía	173	Asturias	85
Extremadura	33	Baleares	14
Canarias	4	Galicia	41
La Rioja	3	Madrid	271
Navarra	9	Valencia	119
Aragón	90	Murcia	37
Cataluña	404	Castilla León	100
Cantabria	35	Otros	23
		TOTAL	*1.599*

Fuente: Estadística de Refugiados españoles en el vapor *Sinaia*[34].

---

[33] Ojeda Revah, M., *México y la guerra civil española*, Madrid, Turner, 2005.

[34] México, Ateneo Español de México e Instituto Veracruzano de Cultura, 2009.

A México llegaron exiliados de todas las regiones españolas, siempre en mayor número de aquellas que estuvieron mayor tiempo bajo control de la República. Como ejemplo exponemos un cuadro en el que se expone la procedencia geográfica de los 1.599 refugiados españoles que viajaron en el *Sinaia* al finalizar la primavera de 1940. En el mismo se puede apreciar que Comunidades Autónomas como Madrid, Cataluña o Valencia acaparan el mayor número de tripulantes en ese barco. En cambio otras que estuvieron bajo control franquista en su práctica totalidad como Canarias, Logroño, Navarra, Extremadura o Galicia aportaron menor cantidad de viajeros. Cifras que son indicativas de la procedencia regional de esta diáspora, que a través de fondos documentales como el CTARE se puede concretar para el resto de expediciones, con datos tan ilustrativos como la localidad de procedencia española, como puede verse en el cuadro relativo a extremeños exiliados en México.

EXTREMEÑOS EXILIADOS EN MÉXICO		
Lorenzo Alcaraz Segura, de Guadalupe	Pedro Elviro Rodríguez, alias, "Pitouto" de Valencia de Alcántara	Fernando Miranda Quiñones, de Fuente del Maestre
José Aldana Carrizosa, de Azuaga	Julio Fernández de los Ronderos Terrón, de Badajoz	Marcos de la Monja Monje, de Romangordo
Ángel Aliseda Olivares, de Don Benito	Manuel Fernández-Grandizo Martínez, de Llerena	Antonio Montes Cunard, de Cáceres
Gerardo Álvarez Barrero, de Guareña	Antonio Flórez Lázaro, de Montánchez	Francisco Morlesín Guerra, de Badajoz
Emilio Álvarez Ullán, de Badajoz	Bautista García Rodríguez, de Almendralejo	José Muñoz Ropero, de Logrosán
Rafael Ángeles Lizardo, de Mérida	Celestino García Santos, de Zaza Capilla	Antonio Naranjo Cordero, de Azuaga
José Barra Pulido, de Santa Marta de los Barros	Macario Gil Díaz, de La Garrovilla	Teodoro Ortiz Rodríguez, de Valverde de Leganés
Luis Belmonte Calabria, de Cañamero	José Gómez Aldana, de Azuaga	Enrique Parrés Ramos, de Cáceres
Manuel Blanco Romero, de Azuaga	Carlos González Gallego, de Bancarrota	Manuel Rayo González, de Badajoz
José Cabrera Bravo, de Ibahernando	Manuel González Llanos, de Villafranca de los Barros	Tomás Rebosa Moreno, de Casillas de Coria
Benjamín Cáceres y de Cáceres, de Castuera	Julio González Quintana, de Don Benito	Francisco Robles Macías, de Mérida

José María Campos Sánchez, de Plasencia	Julio González Quintana, de Don Benito	Romualdo Rodríguez Bozas, de Llerena
Ramón Cardeno Barragán, de Granja de Torrehermosa	Rafael López Carmona, de Campanario	Francisco Rodríguez Salgado, de Valencia Las Torres
Pedro Carrasco Garronera, de Badajoz	Santiago López Vicente, de Navalmoral de la Mata	Prudencio Rubio Bueno, de Alburquerque
Valentín Cortijo Pacheco, de Cañamero	Francisco Martín Barquero, de Quintana de la Serena	Pedro Rubio Céspedes, de Llerena
Manuel Cosme Hidalgo, de Villanueva del Fresno	Joaquín Mascaro Neves, de Badajoz	Pedro San Román Ropero, de México
Emilio Criado Romero, de Cáceres	Agustín Mateos Muñoz, de Malpartida de Plasencia	Juan Sánchez Miguel, de Peraleda de la Mata
Fausto Chavelo Zapata, de Azuaga	Santiago Mayoral Molina, de Peñalsordo	José Sosa Hormigo, de Barcarrota
Tomás Díaz Corraliza, de Orellana la Sierra	José Luis Mayral Martínez, de Badajoz	José Triviño Triviño, de Montijo
Máximo Domínguez González, de Coria	José Luis Mayral Martínez, de Badajoz	Celestino Vega Bernal, de Garciaz
José Durán Castro, de Cañamero	Sebastián Medel Heras, de Granja de Torrehermosa	Antonio Velarde Nieto, de Don Benito
José Durán Pérez, de Villanueva de las Torres	Benjamín Merchán Atienza, de Santa Marta de los Barros	Jacinto Viqueira Landa, de Badajoz
Blanca Blanco Correa, de Badajoz	Rosa Escudero Valero, de Badajoz	Clotilde Monja Alarcón, de Cuacos de Yuste
Eloisa Cáceres y de Cáceres, de Castuera	Soledad Fernel Casado, de Badajoz	Bernarda Crescencia Moreno Nieto, de Cabeza del Buey
María Cáceres y de Cáceres, de Castuera	Carmen Gómez Rodríguez, de Cedillo	Josefa Pecellín Chavero, de Monesterio
Petra Canas Báez, de Logrosán	Fernanda Jiménez Molina, de Azuaga	Clotilde Rivera García, de Jerez de los Caballeros
Serafina Cordero Ortiz, de Azuaga	Jacinta Landa Vaz, de Badajoz	María Silva Reyes, de Barcarrota
Filomena Cortés Delgado, de Almendralejo	Otilia Maralo Azores, de Castuera	Julia Vázquez Torres, de Badajoz
Julia Dalmau Molina, de Badajoz	Encarnación Márquez Macías, de Barcarrota	Carmen Viqueira Landa, de Badajoz
María Díaz Canas, de Logrosán		

Fuente: Instituto Nacional de Antropología e Historia. Fondos CTARE (México) y Alberto Arroyo Panadero.

En otro orden cabe señalar que entre las consideraciones exigidas a las expediciones de españoles que llegaron a sus costas, destacaba que un 60% debían ser agricultores, un 30% trabajadores cualificados y el resto profesionales e intelectuales, distribución que no se cumplió[35]. Y junto a ese reparto, otra consideración no menos importante pasaba por el ya referido pago del viaje por los exiliados así como su estancia inicial. Serán los ya referidos SERE y JARE los encargados de organizar y pagar esos gastos. O para ser más precisos, en México se creó un organismo dependiente del SERE, con el nombre de Comité Técnico de Auxilio a Republicanos Españoles (CTARE) que coordinó la llegada de refugiados y abonó las preceptivas ayudas económicas.

Y cuando las reservas económicas de ese organismo finalizaron, fue la JARE, cuyos fondos procedían del tesoro trasladado en el yate *Vita* a México, quien se hizo cargo. Como es notorio, ese cargamento consistía en joyas y objetos de valor incautados por los republicanos de cajas de seguridad de bancos con sede en España. Ese material se guardó en más de un centenar de maletas que serían trasladas en ese barco hasta México. Concretamente llegó al puerto de Veracruz, ciudad en la que se depositaron con la garantía del Estado mexicano, debiendo ser controlada por el CTARE.

Ese destinatario, sin embargo, no pudo gestionarlo al anticiparse Indalecio Prieto, que con el aval de las Cortes españolas se hizo con el cargamento, y lo más significativo: su finalidad era utilizarlo como moneda de cambio ante el régimen franquista para negociar un retorno masivo de republicanos a España con la garantía de que no sufrirían represalias[36]. Propuesta que fue rechazada por el Generalísimo, lo que dio lugar a la venta de esos bienes y la creación de la JARE[37], que se nutrió de esos fondos. A medida que avanzaba la década de los cuarenta se puso de manifiesto la inviabilidad de una entidad de esas características en territorio mexicano y su gobierno decidió la disolución de JARE e incautación de sus bienes.

Ese proceso final sucedía en 1943, y lejos de dejar desamparados a los exiliados hispanos, se decidió crear un organismo estatal: CAFARE (Comisión Administradora de los Fondos de Auxilio a los Republicanos Españoles), que

---

[35] Pla Brugat, D., "El exilio…", pp. 106-107.

[36] Herrerín, Á., *El dinero del exilio. Indalecio Prieto y las pugnas de posguerra (1939-1947)*, Madrid, Siglo XXI Editores, 2009.

[37] Prieto, I., *De mi vida. Recuerdos, estampas, siluetas, sombras*, México, Ed. El Sitio, 1965; Viñas, A., *El oro español en la Guerra Civil*, Madrid, Instituto de Estudios Fiscales, 1976.

continuó las actividades de la entidad disuelta, eso sí: bajo exclusivo control del funcionariado mexicano. Y a mediados de la década, exactamente en 1945, se constituyó en ese país el gobierno republicano español en el exilio, que va a estar presidido por José Giral Pereira. Éste va a ser reconocido como único legítimo de España por el gobierno de Manuel Ávila Camacho, sucesor de Cárdenas, teniendo su sede en el inmueble de la que fuera Embajada de la República española, en la capital de México.

Con el funcionamiento de esta institución, la CAFARE dejó de ser operativa y los fondos existentes pasaron a ser controlados por el ejecutivo de Giral hasta que en 1948 se dieron por concluidos. Para entonces, el éxodo de españoles a México a causa de la guerra civil como a toda Hispanoamérica había llegado casi a su final. Un éxodo que como hemos indicado con anterioridad, dejó una profunda huella cultural y modernizadora. Y en ello tuvo mucho que ver su composición socioprofesional, con un predominio manifiesto del sector terciario.

Sector que, pese a la carencia de series estadísticas fiables, alcanzaba en México la mitad del total de refugiados españoles en ese continente. Y entre ellos destacaban un importante componente de científicos, médicos, académicos, historiadores, musicólogos, poetas, pintores, editores, sociólogos y filósofos, que se integraron en el pensamiento nacional de esa nación[38]. Como destacaba en septiembre de 2001 Andrés Lira, presidente del Colegio de México:

> "El gran aporte de los españoles fue la profesionalización de la investigación y la enseñanza, la dedicación plena. En esa época, sus conocimientos confluyeron en un ambiente abonado por el barbecho tremendo que fue la revolución mexicana (1910-1917)"[39].

Rectores, catedráticos, profesores, escritores obtuvieron puestos docentes universitarios, la mayoría en la Universidad Nacional Autónoma de México, también en el Colegio de México o Institutos de interés. Y entre esos científicos se encontraba José Giral Pereira, que además de ex ministro y presidente del gobierno republicano en el exilio, era catedrático de química, figura a la que dedicaremos las siguientes páginas.

---

[38] Sobre el contingente de exiliados del ámbito de la ciencia, véase: Sánchez Ron, J.M., "Ciencia y exilio", en Morales Moya, A. (Coord.), *Las Claves de la España del siglo XX*. Vol. VIII. *La cultura*. Madrid, España Nuevo Milenio, 2001, pp. 331-339.
[39] Lira, A, "El Colegio…", p. 53.

3. José Giral Pereira: actividad académica y política

Constituye todo un reto tratar de analizar una figura con una peripecia vital tan intensa y diversa como la de José Giral. Científico, político, pero también padre de familia, con cambios de residencia, en unos casos de provincia y en otros de país, que conoció a lo más granado de su generación y se granjeó importantes amistades pero también generó críticas y animadversión, por lo demás consustanciales a un hombre público con una singladura tan destacada en lo profesional y en lo político[40]. Un personaje nacido en el último tercio del XIX en Cuba, forjado en el siglo XX, hijo de un tiempo especialmente convulso en el que dejó una huella indeleble de su formación y defensa de una España libre y democrática.

Principios que lo acercaron a republicanos como Bernardo Giner de los Ríos, que en un homenaje tributado por el Ateneo Español en México en 1963, un año después de fallecer José Giral, señalaba:

"Tuve el honor de ser compañero suyo en el Gobierno anterior, presidido por Casares Quiroga; de haberlo sido después, como colaborador suyo, en el Gobierno por él presidido; de haber sido Ministro con él en todos los Gobiernos, hasta la terminación de la guerra; es decir: juntos desde mayo de 1936 hasta marzo de 1939, sin interrupción, lo que me da derecho y autoridad para proclamar que es difícil encontrar un hombre que con naturalidad, con modestia, con sencillez (ropajes con los que, sin proponérselo, ocultaba y envolvía una gran entereza y una evidente valentía), como el Sr. Giral, que haya puesto al servicio de la patria lo que él puso"[41].

Efectivamente, a través de los diferentes puestos que acaparó, Giral fue un servidor de la patria y un abanderado de fines tan loables como la República y la democracia en España. Así lo ponen de manifiesto sus contactos previos al 14 de abril de 1931 y su protagonismo político posterior que tuvo su pro-

---

[40] En abril de 2009, sus descendientes han tenido a bien ceder al Ministerio de Cultura de España el archivo personal de José Giral, que ha sido depositado en comodato en el Archivo Histórico Nacional de Madrid para que sea consultado por los investigadores. Una importante decisión que honra a los miembros de esta familia y una no menos apreciable gestión del Estado español, que deseamos destacar desde estas páginas por lo que va a suponer en la recuperación de la memoria y del legado político, científico y cultural de José Giral Pereira.

[41] Archivo General de la Administración, 107 CA 452, Homenaje a José Giral.

longación durante la contienda armada, para retomar la actividad en el siempre trabajoso exilio, en el que acaparó un papel de primer orden en la lucha contra el régimen de Franco y la defensa de la legitimidad republicana. Funciones de responsabilidad que muestran su integridad en la defensa de esa y otras causas relacionadas con su país.

Por ello incidiremos a continuación en esas vivencias, para dedicar después otro apartado a las consecuencias que sobre su vida familiar y patrimonial tuvo la implacable persecución franquista. Y es que, como a tantos y tantos republicanos, ésta, lejos de cesar tras su obligado exilio, se prolongó con posterioridad, en lo que constituye una muestra más del alcance de la represión de este régimen, que lejos de cesar ante la falta de presencia física de los afectados, la maquinaria continuó activa hasta depurar cualquier atisbo de responsabilidad.

Y ése fue el caso de Giral[42], que nació en Santiago de Cuba en 1879, año en que la Restauración inspirada e impulsada por el conservador Antonio Cánovas del Castillo comenzaba a tomar cuerpo en España. Un sistema político que desde sus inicios tuvo que afrontar el conflicto armado derivado del proceso independentista cubano, que concluyó en 1878 con la Paz de Zanjón que puso fin a la guerra[43]. Un acuerdo que cabe interpretar como una tregua pues esta guerra había abierto un desencuentro sin retorno entre colonia y metrópoli[44], con unos secesionistas cubanos que continuaron reivindicando la independencia de la isla, y unas autoridades españolas que lejos de apaciguar los ánimos continuaron errando en su política colonial.

La guerra iniciada en suelo cubano en 1895 no hizo sino confirmar ese presagio. De nada sirvió la ingente movilización de tropas a través del Atlántico, ni el convencimiento de Cánovas de que para combatir la insurrección cubana había que emplear: "hasta el último hombre y hasta la última peseta". Ese empeño, sin embargo, no fue suficiente, y la situación del ejército español, por circunstancias diversas[45], se fue agravando a medida que transcu-

---

[42] Agradecemos a Severiano Núñez, subdirector general de Archivos del Ministerio de Cultura del Gobierno de España, la información que nos ha facilitado sobre la biografía de José Giral y su colaboración para que este trabajo viese la luz.

[43] Martínez Campos, C., *España bélica. El siglo XIX*, Madrid, Aguilar, 1961, p. 284.

[44] Corner, Ph. S., *La guerra hispano-cubano-americana y el nacimiento del imperialismo norteamericano. 1895-1902*, Madrid, Akal, 1972, p. 17.

[45] Moreno, M., *Cuba/España, España/Cuba*, Barcelona, Crítica, 1995, p. 250 y ss.

rrían los meses, con avances de los independentistas, que culminó con la intervención norteamericana en 1898 que acabó con el dominio español en la isla, así como las colonias de Puerto Rico y Filipinas[46].

Un desastre sin paliativos que la familia Giral vivió en parte, ya que el cabeza de familia, Antonio Giral Cambronero, participó como soldado en la referida guerra de 1868, en la que ascendió a sargento. En marzo de 1877 fue nombrado responsable del Centro de Telégrafos de Santiago de Cuba, cargo que debía ocupar cuando nació José Giral, fruto de su enlace con la santiaguera Antonia Pereira González, de la que se dio la circunstancia que falleció cuando Giral apenas contaba la edad de tres años. Esa pérdida irreparable de su madre posiblemente precipitó su traslado a España en compañía de su padre. Ese viaje se produjo en 1884 tras conseguir Antonio un permiso de medio año, visitando a su hermana, que era soltera, y el también hermano Aniceto, que era telegrafista en Zaragoza. A ambos les encomendó la tutela del niño.

Al parecer su tío Aniceto era masón y persona instruida, influyendo en la personalidad que se fue forjando José Giral. Así cabe entender su traslado a Madrid para cursar estudios de bachillerato en 1889 en el Instituto Cardenal Cisneros, donde obtuvo el correspondiente grado cinco años después. Y si en un principio pretendió cursar la carrera de ingeniero, pronto abandonó ese deseo y se matriculó en la Facultad de Ciencias (Química) y Farmacia, licenciaturas en las que se doctoró en 1905 tras defender la correspondiente tesis doctoral en una y otra especialidad.

Alumno aventajado, contó con la protección del primer catedrático de la Universidad en Bioquímica que hubo en España: José Rodríguez Carracido. Proyección académica que culminó poco después con la obtención de la cátedra de Química Orgánica de la Facultad de Ciencias en Salamanca. Importante logro, cuando apenas había superado la edad de 25 años, que le abrió importantes expectativas profesionales y personales. En este último aspecto cabe destacar su amistad con el catedrático de latín, Pedro Urbano González de la Calle, hijo del conocido krausista extremeño: Urbano González Serrano.

---

[46] Chaves, J., *Deogracias González Hurtado. La pérdida de Filipinas narrada por un soldado extremeño (1896-1899)*, Mérida, ERE, 2007.

José Giral Pereira.

Fruto de esa relación pudo conocer a la cacereña María Luisa Gonzá-lez, cuñada del referido catedrático, que se convertiría en su mujer. La procedencia geográfica de su esposa marcaría con posterioridad el destino político de Giral, pues lo obligará a visitar la comarca Campo Arañuelo, en la región de Extremadura, en la que su mujer tenía una importante ha-cienda. Esa vinculación familiar se vio acompañada con posterioridad por su conocimiento y relaciones con personas de esa zona, hasta el punto que en la Segunda República se presentó a diputado a Cortes por la provincia de Cáceres.

Pero hasta que eso acontezca, su matrimonio se irá nutriendo de reto-ños: primero Francisco, después Antonio, María Luisa y, finalmente, Con-chita. Esta última nació en Madrid, donde se había trasladado Giral tras su periplo salmantino. Eso sucedía por el año 1920 y atrás quedaba una ciu-dad en la que había echado importantes raíces, no necesariamente univer-sitarias, que le abrieron una perspectiva política con claras inclinaciones republicanas. Su farmacia en la Plaza Mayor fue un conocido y frecuentado lugar de encuentros de intelectuales y personas de ideas "avanzadas" en esa época. Pero se ofreció la posibilidad de cambiar de ciudad y se trasladó a la capital de España, donde los horizontes profesionales y sociales se amplia-ban significativamente.

Así, tras instalar una farmacia en el número 35 de la calle Atocha y complementar esa actividad con la de responsable de la Sección de Química del Instituto Nacional de Oceanografía, cuatro años después dejó ese cargo para desempeñar su ofició de químico en la Dirección General del Pesca del Ministerio de Marina. Ese puesto y el anterior le permitieron conocer ese Ministerio, del que fue ministro en la Segunda República. Pero hasta que eso sucedió, Giral, al igual que en Salamanca, utilizó la rebotica de su farmacia para mantener reuniones especialmente de cariz político, y de allí saldrá la creación de *Acción Republicana,* de la que será su fundador junto a Manuel Azaña.

Desde entonces ambos iniciaron una estrecha relación de amistad, no en vano con Azaña compartió no sólo sentimientos políticos sino también afinidades, como su adscripción a la masonería. Concretamente en el año 1926, Giral se inició en la capital de España como masón en la logia "Dantón", en la que alcanzó el puesto de Maestro Masón. Igualmente, dos años después volvió a la Universidad al obtener la cátedra de Química Biológica de la Universidad Central de Madrid, que hasta entonces había desempeñado su maestro José Rodríguez Carracido. Un acto académico que alcanzó una vertiente política inequívoca, al ser aprovechado para reivindicar un régimen republicano en España y criticar sin ambages la monarquía de Alfonso XIII y su máximo exponente en aquellos momentos: el dictador Miguel Primo de Rivera.

Y lo más importante: todo apuntaba a que esa demanda lejos de cesar ante la represión gubernativa que lo llevó a pasar temporadas en prisión, se incrementaría en un futuro. Y es que sus encuentros continuaron hasta culminar en 1930 con el conocido pacto de San Sebastián, antesala del derrocamiento del sistema monárquico en España y el advenimiento de la República. Cambio que se confirmó tras las elecciones municipales de 1931, en que sus resultados, favorables a las candidaturas republicanas en las principales ciudades, originaron la marcha del rey y, en consecuencia, la proclamación de la República en España.

José Giral, segundo de pie empezando por la derecha, con otros políticos y autoridades de la Segunda República.

Nuevo escenario político en que Giral va a tener un papel importante desde sus inicios. Así, en las elecciones a Cortes del mes de Junio salió elegido diputado por la provincia de Cáceres, siendo nombrado meses después ministro de Marina, cargo que desempeñó hasta septiembre de 1933. Volvió a desempeñar ese puesto tras ganar las elecciones de febrero de 1936 el Frente Popular. Por tanto, estuvo en primera línea política hasta la insurrección de julio, asonada que trató de controlar desde su ministerio tras prohibir las maniobras navales en la zona marítima de Canarias y Marruecos, iniciativa que a la vista de lo sucedido no fue suficiente.

Su mando fue seriamente cuestionado por parte del ejército, como lo demuestra que su orden cursada a los destructores y navíos de guerra destinados en las proximidades de Ceuta y Melilla el 18 de julio, en el sentido de bombardear unidades y centros castrenses adheridos a la sublevación en el norte de África, no fue secundada por los mandos de esas fuerzas. Incumplimiento de sus órdenes que mostraba, con toda su crudeza, la gravedad de la situación política en esos momentos claves para la historia de España.

Fue entonces cuando Manuel Azaña, en calidad de presidente de la República, lo nombró jefe del gobierno tras el rechazo a ocupar ese puesto del entonces presidente de las Cortes: Diego Martínez Barrios. Su lealtad le impidió rechazar el ofrecimiento y se hizo cargo de ese puesto en tan difíciles circunstancias. Eso sucedía el 19 de julio de 1936 y a partir de entonces su actividad fue frenética, hasta el 4 de septiembre que lo relevó en el puesto Francisco Largo Caballero. No obstante, siguió en el ejecutivo como ministro sin cartera, puesto que también desempeñó en el gobierno de Juan Negrín, aunque en este caso fue alternado con el de ministro de Estado.

Cargos de máxima responsabilidad en plena guerra civil, en los que siempre procuró estar muy próximo a Manuel Azaña. Cercanía que se acentuó a medida que se acercaba el final de la contienda y la derrota republicana se hacía más evidente. Así, tras la pérdida de Barcelona a finales de enero de 1939, viendo todo perdido para la causa republicana, decidió acompañar a Azaña a su exilio en Francia. Allí consiguió trasladar a toda su familia y al parecer con la ayuda del diplomático y escritor Alfonso Reyes pudo embarcar hacia México donde llegó a bordo del *Flandre* el 1 de junio de 1939.

Su llegada a ese país se la comunicó, mediante telegrama expedido desde el vapor en que viajaban, a su amigo el doctor José Puche Álvarez, eminente fisiólogo[47], que había arribado con anterioridad a tierras mexicanas y no dudó en ponerse a disposición de Giral. Fue a él a quien le indicó, con fecha 29 de mayo de 1939, su inminente presencia en tierras mexicanas con este escueto texto: "Llegamos *Flandre* miércoles existen pasajeros indigentes. Saludos. Giral". Le ponía en aviso del estado de necesidad que atravesaban algunos viajeros, comprensible tras un viaje tan largo y las adversidades que venían arrastrando desde hacía tanto tiempo.

En la ficha de control abierta poco después de llegar a tierras aztecas como refugiado político se indicaba lo siguiente:

---

[47] Desarrolló una importante labor de investigación en México, donde se dio a conocer por sus trabajos sobre la fisiología de los reflejos vago-simpáticos y la electrocardiografía experimental. Véase para más detalles; Fernández Guardiola, A., *Las neurociencias en el exilio español en México*, México, FCE, 2003.

"José Giral Pereira, de 60 años de edad y profesión profesor de Universidad, trabaja en la Casa de España, Instituto Ruiz de Alarcón, y reside en la calle Pánuco, Nº 18, Departamento 10, Colonia Cuauthemoc (Ciudad de México). Su esposa es María Luisa González de la Calle, de 51 años. Hijos: Francisco, de 29 años; Antonio, 27; María Luisa, 22 y Concepción, 14"[48].

Iniciaba su estancia en el país azteca, donde retomó la docencia universitaria y no abandonó la actividad política, ni los contactos con españoles exiliados, hasta el punto de interceder ante las autoridades mexicanas, a través de su amigo Puche, para que se facilitaran los trámites de acogida de algunos de ellos. Es el caso, según figura en su mismo expediente de refugiado, de los siguientes:

- Julián Martín Calvo, esposa y un hijo. Solicitud fechada el 12-VI-1939.
- Antonio Sáez Cosgaya. Solicitud el 19-VI-1939.
- César Roquero Sanz, doctor en Ciencias Químicas. Solicitud el 12-VI-1939.
- Luis Pomata Orsi. Solicitud el 12-VI-1939.
- Acacio Pérez Torrea. Solicitud el 12-VI-1939.
- José Vázquez Sánchez y esposa. Solicitud el 12-VI-1939.
- Antonio Ros y esposa. Que llegó con la expedición de refugiados que arribó el lunes 27 de mayo de 1940 a New York y el jueves 30 a México.

Y pronto retomó la actividad política, como lo demuestra que en 1945 se constituyó el gobierno republicano español en el exilio (hasta entonces funcionaba una comisión gestora dirigida por Diego Martínez Barrios, en calidad de presidente de la Comisión permanente de las Cortes de la República), que fue presidido por José Giral. Tuvo su sede en el inmueble de la hasta entonces Embajada de la República en ese país, clausurada en 1939. México nunca reconoció al régimen de Franco, pese a que entre ambos países existieron intercambios económicos y culturales.

---

[48] Archivo Histórico del Instituto Nacional de Antropología de México, Expediente 1.279 José Giral.

José Giral presidente del Gobierno Español de la República en el exilio (año 1945).

Pero independientemente de esa situación, lo cierto es que el mismo año de su constitución y una vez liberada Francia de la ocupación alemana, el gobierno presidido por Giral se estableció en París. Desde entonces se vivieron unos meses de esperanza de cambio en España, ante el rechazo, en 1946, por la Organización de las Naciones Unidas (ONU) de la entrada de España y su recomendación de la retirada del país de los embajadores. Medidas que provocaron el aislamiento del régimen y fomentaron la posibilidad de su derrocamiento.

Contexto que vivió en primera persona Giral, aunque no por mucho tiempo pues como fue habitual en el mundo de los exiliados españoles tras la guerra civil, sus crónicos enfrentamientos culminaron con su destitución. Decisión en la que al parecer influyó su falta de entendimiento con el líder socialista en el exilio: Indalecio Prieto, así como con otros miembros de esa formación y los comunistas. Desencuentros que fueron agravándose a medida que pasaban los meses y culminaron con su dimisión al frente del ejecutivo al iniciarse 1947.

Ese desenlace conllevó su paulatino alejamiento de la política y la vuelta a la actividad docente e investigadora en la Universidad Nacional Autónoma de México, hasta su muerte el 23 de diciembre de 1962. Tenía cuando ocurrió ese fatal desenlace 83 años de edad, dejando atrás una vida intensa en la que vivió experiencias diversas, que en absoluto quebraron su firme apuesta por la democracia y la libertad en España. Actitud que lo hizo ser perseguido de forma implacable, no siendo obstáculo su estancia fuera del país para que fuera condenado por los tribunales franquistas.

4. Expedientes de Incautación de Bienes y Responsabilidades Políticas a la familia Giral Pereira

Ante la marcha al exilio en compañía de su familia, las actuaciones contra José Giral por parte de los vencedores de la guerra civil se centraron en sus bienes. Y es que el estricto control social que el franquismo ejerció desde sus orígenes tuvo su manifestación más clara en la creación una nueva legalidad, que desmanteló el orden establecido por los republicanos y estableció un rígido control sobre los disidentes. La represión, en sus diversas acepciones, se empleó de forma sistemática, con ejecuciones y detenciones, pero también mediante otras medidas como depuraciones, incautaciones de bienes y expedientes de responsabilidades políticas que no necesariamente exigieron la presencia física del afectado.

Ése fue el caso de José Giral y su entorno familiar más directo, que si no se vio afectado por la tragedia inherente a acciones como los fusilamientos o detenciones, sin embargo sufrió las consecuencias de la incautación de sus bienes. Iniciativa que estuvo amparada en una serie de disposiciones que van a dar cobertura "legal" a este tipo de acciones contra los desafectos. Así cabe entender la promulgación por la Presidencia de la Junta de Defensa, en septiembre de 1936, del decreto 108 con aplicación en toda la zona de retaguardia sublevada, que en su texto introductorio señalaba lo siguiente:

> "La formación del funesto Frente Popular, de cuyos males sí responsables son las agrupaciones políticas no lo son menos aquellas personas físicas que, con su actuación anterior o coetánea, han sido autores materiales de los daños sufridos por el Estado y particulares, con motivo absurda resistencia contra el Movimiento. Procede adoptar contra unos y otros, medidas encaminadas a garantizar la responsabilidad que en su día pueda alcanzarles para la indemnización procedente, en la inteligencia de que medida elemental y básica de saneamiento es declarar fuera de la ley a las agrupaciones de actividades ilícitas que siempre estuvieron al margen de ella (...)"[49].

---

[49] Véase el contenido del decreto en el Boletín Oficial de la Provincia de Cáceres, 18-IX-1936.

La propaganda del régimen ensalzó la figura de Franco.

Se ilegalizaban, pues, los partidos y organizaciones sindicales frentepopulistas, a las que se incautaban los bienes y demás enseres. Meses después, concretamente el 10 de enero de 1937, la Junta de Defensa completaba este decreto con otro que extendía las medidas relacionadas con las ocupaciones de bienes o declaraciones de responsabilidad civil a las personas consideradas contrarias a los intereses defendidos por los sublevados. En suma, organizaciones políticas y sindicales, junto a personas comprometidas o sospechosas de identificación con la República, se vieron sometidas a un proceso depurativo.

Entre esos inculpados estaba José Giral Pereira, cuyo expediente de responsabilidad civil fue incoado en la provincia de Cáceres de la que era diputado a Cortes en 1936. Una provincia que desde los primeros compases del alzamiento fue controlada, en su práctica totalidad, por los insurgentes[50], que ejercieron su dominio durante toda la guerra. Zona de retaguardia franquista, por tanto, que vivió las actuaciones de éstos desde inicios del conflicto, y sufrió, por tanto, las consecuencias de ese decreto desde su aprobación. Señalar a ese respecto que para su tramitación no constituyó obstáculo la situación del expedientado, que como Giral podía estar en la otra zona o en el exilio, o bien, como sucedió en no pocos casos, había sido fusilado con anterioridad.

---

[50] Chaves, J., *Violencia política y conflictividad social en Extremadura. Cáceres en 1936*, Badajoz, Diputaciones de Badajoz y Cáceres, 2000.

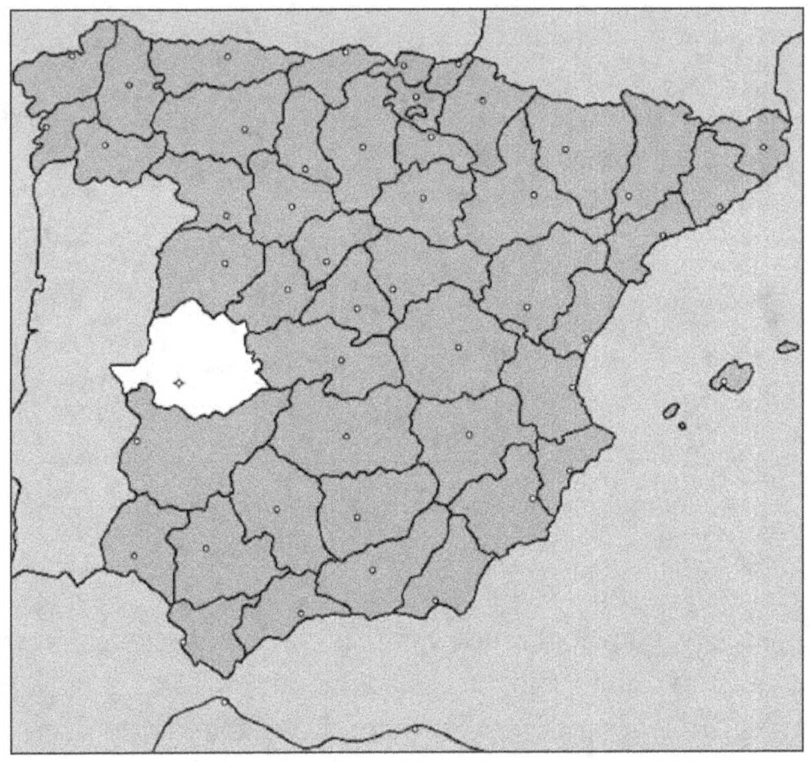

Mapa de España con indicación de la situación geográfica de la provincia de Cáceres.

Y en ese sentido es preciso añadir que poco después de finalizar la campaña de Cataluña se publicó, con fecha 9 de febrero de 1939, la ley de Responsabilidades Políticas que sustituyó al decreto 108 y normas complementarias al mismo, añadiendo una serie de disposiciones más ajustadas, a estas alturas del conflicto, a la nueva realidad en zona franquista, cuando todo apuntaba a que éstos serían los vencedores. Señalaba esta ley lo siguiente:

"Próxima la total liberación de España, el Gobierno, consciente de los deberes que le incumben respecto a la reconstrucción espiritual y material de nuestra patria, considera llegado el momento de dictar una ley de Responsabilidades Políticas que sirva para liquidar las culpas de este orden contraídas por quienes contribuyeron con actos u omisiones graves a forjar la subversión roja (...)".

En definitiva, la línea argumental era similar al decreto 108 aunque dentro de un contexto más amplio y exhaustivo. Esta ley será reformada en febrero de 1942 y estuvo vigente hasta el 10 de noviembre de 1966. Período de tiempo dilatado que muestra el interés del régimen por hacer prevalecer un texto legal que mostraba de forma fehaciente ese dicho tan popularizado de "estar todo bien atado". Eso al menos cabe deducir de su primer capítulo:

"Afecta esta ley a las personas, tanto jurídicas como físicas, que desde el primero de octubre de 1934 y antes del dieciocho de julio de 1936 contribuyeron a crear o agravar la subversión de todo orden de que se hizo víctima a España y de aquellas otras que, a partir de las segundas de dichas fechas, se hayan opuesto o se opongan al Movimiento con actos concretos o pasividad grave".

Por tanto, se ampliaba el grado de "culpabilidad" del afectado a los hechos acaecidos en España con ocasión de las revueltas de octubre de 1934. Evidentemente a partir de esas fechas ampliaba el número de expedientados al abarcar también a aquellas personas que sin haber tenido protagonismo en la respuesta dada a la insurrección de julio de 1936, al tener antecedentes republicanos podía ser objeto de sanción. Sanciones que se dividían en tres tipologías según esta ley: una se relacionaba con la actividad profesional, comprendiendo la inhabilitación absoluta o especial; otra con la libertad de residencia, aplicándose destierros, confinamientos; y la última con la parte económica, obligatoria en toda condena relacionada con esta ley, que podía suponer para el sancionado la pérdida total o parcial de sus bienes o el pago de una determinada cantidad.

A José Giral se le abrió expediente en Cáceres para después, dado su protagonismo político en zona republicana y estar ubicada su residencia habitual en Madrid, trasladarlo a los juzgados de la capital de España. Una y otra fase con sus correspondientes informes pasamos a analizarla a continuación.

4.1. Inició del expediente sancionador en la provincia de Cáceres

En cada capital de provincia bajo control de los sublevados se estableció una Comisión de Incautación presidida por el Gobernador Civil. Ésta se encargó de iniciar las ocupaciones de bienes o declaraciones de responsabilidad civil contra personas contrarias al alzamiento, práctica que en la provincia cacereña comenzó a desarrollarse en febrero de citado año y se extendió hasta 1939 que se dejaron de tramitar tras la aprobación de la ley de Responsabilidades Políticas.

EXPEDIENTES TRAMITADOS POR LA COMISIÓN PROVINCIAL DE INCAUTACIÓN DE BIENES Y DE RESPONSABILIDAD CIVIL EN LA PROVINCIA DE CÁCERES			
Partido judicial	Expedientes 1937	Expedientes 1938	Expedientes 1939	Total
CÁCERES	130	115	15	260
TRUJILLO	65	25	4	94
CORIA	9	8	10	27
PLASENCIA	147	50	11	208
HERVAS	71	29	5	105
NAVALMORAL MATA	557	163	41	761
LOGROSÁN	454	344	34	832
JARANDILLA DE LA VERA	136	25	9	170
HOYOS	64	29	3	96
ALCÁNTARA	26	14	2	42
MONTÁNCHEZ	90	68	7	165
GARROVILLAS	6	108	13	127
VALENCIA DE ALCÁNTARA	31	9		40
TOTAL	1.786	987	154	2.927

Fuente: Boletines Oficiales de la Provincia de Cáceres años 1937, 1938 y 1939.

Los Juzgados de Instrucción más próximos a la localidad de residencia se encargaban de abrir los expedientes, previa notificación de la Comisión Provincial de Incautaciones. Y lo preceptivo, máxime en un afectado que estaba en la otra zona, era solicitar los correspondientes informes que en el caso de José Giral, ante su ausencia de Extremadura, se pidieron a las fuerzas de seguridad de la capital cacereña y a las de su residencia en la comarca del Campo Arañuelo cuando estaba en Extremadura, el municipio de Navalmoral de la Mata. La información recibida, avanzado el año 1937, fue la siguiente:

"José Giral Pereira, según la *Comisaría de Vigilancia* en Cáceres, no ha residido en esta ciudad a la que venía después de proclamarse la República a trabajar las candidaturas izquierdistas en las proximidades de las elecciones, lo que también hacía por la provincia. En las primeras elecciones celebradas durante la República fue elegido Diputado por esta provincia y como tal fue a las Constituyentes. Posteriormente ha sido candidato a Diputado a Cortes por esta circunscripción sin obtener votos suficientes para ser elegido. Siempre ha sido azañista acérrimo y debido a ello ha formado parte de Gobiernos de la República y es de dominio público que continúa con los rojos en manifiesta oposición al Movimiento Nacional, formando o habiendo formado parte de gobiernos de ellos. La *Guardia Civil* de Cáceres informa que Giral era de Unión Republicana, muy significado, Diputado y estaba en zona roja. El *cura* Párroco de Navalmoral de la Mata dice que era republicano de algún relieve, que en los primeros tiempos de la Segunda República actuó con tal templanza que cuando habló en este pueblo la mayoría de los que le oyeron salieron desencantados. En algunas ocasiones ha sido Ministro y hasta Presidente del Consejo, actuaciones que sólo sabe por la prensa. El *alcalde* de Navalmoral manifiesta que es vecino de este municipio pero que es público que en política era de Izquierda Republicana, y que según noticias actualmente es Ministro en el Gobierno de Valencia-Barcelona. El *jefe de Falange* de ese mismo pueblo manifiesta que Giral residía en Navalmoral breves días, durante los cuales eran visitado por los elementos de los partidos de izquierdas de esa localidad, a los que pertenecía el interfecto, siendo de actuación bien clara contra el Movimiento, puesto que con anterioridad a la iniciación del mismo y después del triunfo del Frente Popular en las elecciones fue responsable de la situación anárquica en que vivió España. La *Guardia Civil* de Navalmoral señala que nunca fue vecino de este pueblo, que siempre fue de izquierdas, siendo notorio que en la actualidad es Ministro del nefando Gobierno de Valencia"[51].

Datos, como puede apreciarse, confusos, imprecisos, despectivos y cargados de descalificaciones, facilitados no sólo por los cuerpos de seguridad sino también por representantes de instituciones tan identificadas con los sublevados como la Iglesia o Falange. En cualquier caso, todos estos informes tienen como denominador común recriminar su conducta durante la etapa

---

[51] Archivo Histórico Provincial de Cáceres, Responsabilidades Políticas, legajo 6.

republicana y tras la insurrección de julio de 1936. No había espacio para cualquier atenuante, se trataba de abundar en la perversidad de su comportamiento para que su responsabilidad civil no ofreciera dudas. Ésa era la justicia que imponían, a sangre y fuego, los sublevados y con ese criterio se confeccionaron estos expedientes.

Expedientes que ante el protagonismo del afectado en la otra zona no ofrecían dudas sobre su veredicto, pero se imponía este tipo de burocracia justificativa para abundar en los cargos contra su persona y actuar contra sus bienes. Así cabe entender la providencia dictada por el juez Díaz de la Cruz, fechada el 20 de mayo de 1937, en la que ordenaba lo siguiente:

"Declaro embargados los saldos de las cuentas corrientes a nombre de José Giral en las entidades financieras ubicadas en Cáceres, es decir: Banco de España, Hispanoamericano, Español de Crédito, Casa de Banca de Hijos de Clemente Sánchez y Caja de Ahorros y Monte de Piedad, así como los valores y efectos públicos industriales o mercantiles o de cualquier clase que se encuentren depositados a nombre de dicho señor, a cuyo fin confirmen haberlo verificado y ejecutada la retención y embargo hasta la depuración de las responsabilidades civiles o criminales que en su día pudieran declararse. Diríjase oficio al Administrador de Propiedades y Derechos del Estado a fin de que certifique con expresión de cada una de las fincas tanto rústicas como urbanas que figuren catastradas a nombre de dicho señor; y se expida mandamiento por duplicado al Registrador de la Propiedad de Cáceres y su partido para que igualmente certifique sobre todas las fincas que aparecen inscritas a su nombre, tomando la anotación de embargo de cada una de ellas (…)"[52].

Como puede apreciarse, esta orden iba dirigida a sus bienes, tanto los depositados en entidades financieras y de ahorro como las fincas de su propiedad, y todo con el objetivo de hacer frente a la sanción que determinara la resolución del expediente. Una determinación importante, sin duda, pues si bien Giral no tuvo cuentas en las entidades cacereñas, según se desprende de la contestación facilitada por éstas al potencial embargo, no obstante su mujer tenía un importante patrimonio en la provincia, y ello no pasó desapercibido en la tramitación de este expediente.

---

[52] Archivo Histórico Provincial de Cáceres, Responsabilidades Políticas, legajo 6.

En consecuencia, por orden del juez se ordenó el embargo de todos los bienes a nombre de María Luisa González de la Calle, esposa de Giral, hasta el extremo que dado su elevado número desde el juzgado se nombró a un administrador judicial, cargo que recayó en el vecino de Navalmoral de la Mata: Carlos de la Cámara Dávila. Esto sucedía al finalizar el verano de 1937 y con ello se iniciaba un expediente que, ante la envergadura del personaje afectado y los bienes de su familia, exigió un tratamiento más pormenorizado.

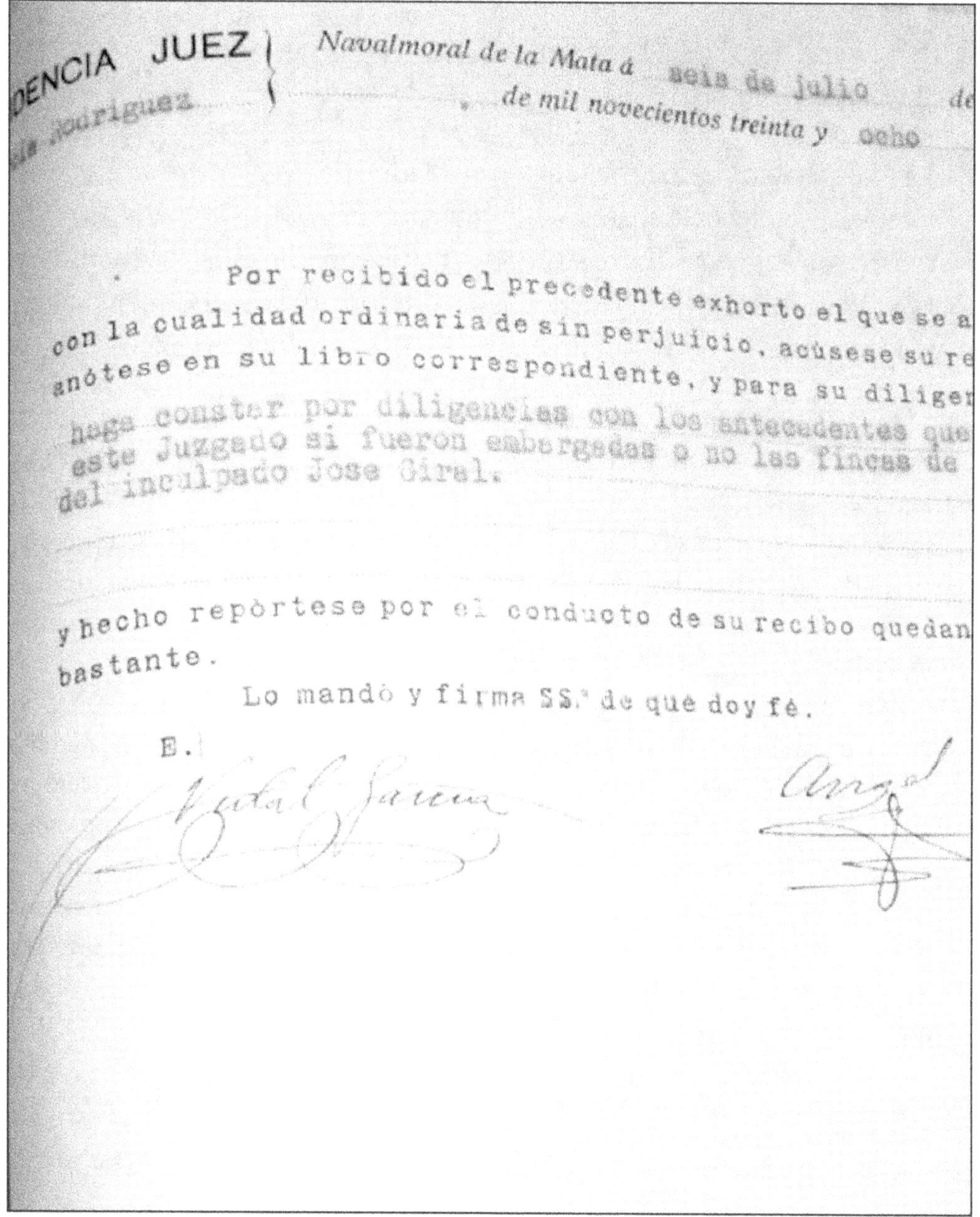

Y como ya se ha indicado, un año después de la aprobación de la ley de Responsabilidades Políticas, su expediente fue trasladado a Madrid, con la preceptiva inhibición del Tribunal de Responsabilidades Políticas de Cáceres a favor del de igual clase en la capital de España. Así se hizo, según Auto expedido en Cáceres firmado por los responsables del Tribunal en esa provincia: teniente coronel Francisco Dávila García, en calidad de presidente, y Enrique Moreno Albarrán y Ángel Mancha Godoy, como vocales[53].

4.2. El Tribunal de Responsabilidades Políticas de Madrid dicta sentencia contra José Giral

Una vez recibida la documentación en Madrid, las gestiones se aceleraron con vistas a establecer la correspondiente sanción. Con ese objetivo se volvieron a pedir informes sobre su conducta a los organismos pertinentes, y una vez recibidos el Tribuna Regional presidido por Manuel Giménez Ruiz emitió, con fecha 25 de noviembre de 1941[54], la siguiente sentencia:

"José Giral Pereira, mayor de edad, casado, farmacéutico, vecino de Madrid. RESULTANDO: probado y así se declara que fue fundador y organizador del partido Unión Republicana en Cáceres primero, luego, en 1935, unido a Marcelino Domingo formó el de Izquierda Republicana. Realizó actividad y eficaz campaña de propaganda del Frente Popular identificado plenamente con Azaña. Fue Diputado en las Cortes Constituyentes y en las posteriores. En las de 1936 triunfó en las candidaturas del Frente Popular. Ministro en febrero de 1936 hasta que iniciado el Alzamiento, Azaña le designó Presidente del Gobierno, que durante su jefatura fue testigo impasible de la inmensa mayoría de los desmanes, depredaciones, saqueos, robos y asesinatos que se perpetraron en nuestra Patria por la horda roja. Cesado en la Presidencia del Gobierno rojo seguía colaborando con los que le sucedieron como Ministro sin Cartera hasta que como tantos otros dirigentes huyó al extranjero para eludir la persecución de la justicia, donde se encuentra en la actualidad. Pertenece a la masonería como miembro de la logia Dantón de Madrid, habiendo asistido en representación de ella a asambleas nacionales de dicha secta. Es dueño de un caudal que asciende a 700.000 pesetas y tiene a su cargo un hijo de corta edad".

---

[53] El Auto fue expedido el 17 de abril de 1940. Archivo Histórico Provincial de Cáceres, Responsabilidades Políticas, legajo 15.

[54] Archivo Histórico Nacional en Salamanca, Responsabilidades Políticas, exp. 42/02755 José Giral Pereira.

Hasta ahí el *resultando* de esta sentencia, en el que se vertían informaciones sobre su conducta política durante la República y contienda armada, según la versión de los vencedores de la guerra civil. Por tanto, como caracterizó a la justicia franquista[55], era información de parte y en absoluto fruto de un análisis objetivo y contrastado de la peripecia vital del expedientado. En esos términos se debe interpretar un documento de esta procedencia, en el que de forma deliberada se abundaba en las imputaciones contra el inculpado con fin de justificar la sentencia.

Consideramos que ésa constituye la exégesis esencial de este tipo de sentencias en la que no se tiene empacho en incluir duras descalificaciones contra el afectado, e incluso afirmaciones tan sorprendentes como su marcha al extranjero "para eludir la persecución de la justicia". Como si en la España de posguerra existiera alguna garantía procesal para el acusado que le permitiera afrontar un juicio libre y sin interferencias del poder político. Eso era una falacia, como bien sabían los muchos republicanos que ante la inminente derrota decidieron, salvo excepciones, abandonar su país para evitar las implacables medidas represivas aplicadas contra los desafectos.

Se hacía constar un capital que ascendía a 700.000 pesetas, un importe que procedía del ahorro familiar, especialmente, como ya hemos señalado, de su mujer. Cantidad significativa, poco habitual en la España de esos años, de la que se daba cuenta en el *resultando* con el fin de adelantar que la sanción económica debía ser sustanciosa. Pero antes de llegar a ese apartado es necesario abundar en los *considerandos* de la sentencia, en los que se insiste en lo necesario de imponer un castigo ejemplar a Giral ante las acusaciones vertidas contra su persona.

"(…) Se estima que los hechos expuestos en el Resultando revisten caracteres de gravedad extraordinaria, habida cuenta de la actuación del inculpado, de tanto relieve y resonancia, y de oposición a los más elementales principios de orden y todo cuanto significa amor a España, que aconsejan hacer al Gobierno la propuesta de pérdida de la nacionalidad española y aplicarle las preceptivas sancio-

---

[55] Berdugo Gómez de la Torre, Ignacio, "Derecho represivo en España durante los años de guerra y posguerra (1936-1945)", en *Revista de la Facultad de Derecho de la Universidad Complutense*, N° 3, 1980, pp. 97-128.

nes. Considerando que es norma constante de este Tribunal determinar la sanción, fijar la cuantía económica en función de la responsabilidad contraída por el inculpado en proporción a su caudal, ante casos como el que nos ocupa en que se estima al expedientado responsable de daños de extraordinaria gravedad y magnitud, y los bienes conocidos son de menor valor, por excepción ha de adoptarse una fórmula que conecte ambos factores y armonice al mismo tiempo con la norma legal respecto a los grados de responsabilidad. Hay que fijar una cifra que absorbiendo todos los bienes conocidos de la pertenencia del encartado, alcancen a los que pudieran descubrirse con la participación que le corresponda en el botín producto de sus depredaciones, si este pudiera algún día ser rescatado por las autoridades de la nación".

Se incidía, por tanto, en referidas acusaciones y su protagonismo en la otra zona para establecer la pérdida de la nacionalidad e imponer una sanción que debía contemplar sus bienes, pero también la responsabilidad inherente a los relevantes cargos que desempeñó con la República. Y en función de ese peculiar criterio la sentencia contra José Giral fue inapelable:

"Setenta y cinco millones de pesetas de sanción económica, que comprende la totalidad de sus bienes; extrañamiento durante 15 años y proposición al Gobierno de la pérdida de la nacionalidad española, y en caso de que esta última no se acordara, la inhabilitación absoluta por 15 años".

Ése fue el fallo dictado por el Tribunal, sin duda de extrema dureza contra Giral y su familia tanto por su millonaria cuantía como por el resto de medidas. Para hacer frente a la sanción económica perdían todos sus bienes y quedaban sin patrimonio pecuniario, rústico y urbano, situación que les condenaba a un exilio permanente pues habían sido incautadas todas sus pertenencias en España. Insólita situación que lamentablemente afectó a la mayoría de los exiliados, que veían cómo la marcha obligada de su país se veía acompañada, a causa de la implacable justicia franquista, por la pérdida de su patrimonio.

José Giral, de pie, en un acto público durante el exilio.

Mediante el Boletín Oficial de la Provincia de Madrid de fecha 17 de octubre de 1944 se daba cuenta de la sanción económica impuesta en esta sentencia y además se añadía que había sido notificada "en forma legal sin que contra la misma se interpusiera recurso alguno, siendo declarada firme". Igualmente se hacía público, ante el desconocimiento del domicilio de Giral, el siguiente edicto:

1º) Notificar al inculpado que la sentencia de 75 millones de pesetas es firme y ejecutoria por no haber interpuesto contra la misma recurso alguno.
2º) Requerirlo para que dentro del término de 20 días a contar desde publicación de este edicto, haga efectiva la sanción económica impuesta (…)

Evidentemente se cumplía de esa forma con las diligencias legales contempladas en la ley de Responsabilidades Políticas. Mero trámite pues sobradamente sabía el juez que el inculpado no iba a hacer acto de presencia ni efectuar reclamación alguna, pues ante las condiciones en que se encontraba

España en plena dictadura esa posibilidad era absolutamente inviable. Eso determinaba que el capital mobiliario pasara a las arcas del Estado, exactamente a la Delegación de Hacienda de Madrid: "a cuenta de los setenta y cinco millones de la sanción económica que constituye su condena".

En definitiva, se iniciaban una serie de transacciones económicas que entre adjudicaciones y subastas acabarían con los bienes de esta familia. Una más de las muchas que marcharon al exilio tras la derrota por las armas, que a las dificultades de reiniciar una nueva vida lejos de su país añadieron la pérdida de su hacienda en España. Experiencia que sin duda incrementaba el desgarro y la desolación al ver el penoso final de unos bienes por los que tanto habían luchado ellos y sus progenitores. Amargura sólo compensada por la cálida acogida que recibieron en sus destinos latinoamericanos, del que constituye un claro ejemplo el trato deferente recibido por la familia Giral en México.

5. Condenado por masón

Pero las condenas contra Giral no finalizaron con la aplicación de la ley de Responsabilidades Políticas, también por ser masón le incoaron otro expediente[56]. Ciertamente la persecución contra los masones en zona sublevada se inició desde comienzos de guerra civil, como lo demuestra el decreto contra la masonería publicado el 15 de septiembre de 1936, en el que se indicaba de forma expresa que la francmasonería y otras asociaciones clandestinas eran declaradas fuera de la ley: "todo activista que permanezca en ellas tras la publicación del presente edicto será considerado como reo del crimen de rebelión". El aviso era claro y confirmaba la persecución que desde inicios del alzamiento se declaró contra los afiliados y simpatizantes de logias masónicas[57].

Con ese fin se cursaron órdenes a todos los gobiernos civiles de las provincias bajo su control con el objetivo de combatirlas. Se entendía que los masones se identificaban con la República y el gobierno del Frente Popular, no sólo en sus planteamientos ideológicos sino también en su defensa en el

---

[56] Moreno Gómez, F., "La masonería bajo la dictadura franquista", en catálogo de la exposición *La Masonería Española 1728-1939*, Alicante, 1989, pp. 137-146.

[57] Véase; Benimeli, J. A., *El contubernio judío-masónico-comunista*, Madrid, Istmo, 1982.

campo de batalla, considerando "traidores a la masonería a los que no obren así"[58]. Y con esas consideraciones se daban argumentos para llevar a cabo prácticas represivas, aunque no con órdenes directas de actuación, pues a buen seguro que la policía no desconocía, por ejemplo, que algunos de los militares que encabezaron la sublevación eran masones y no habían hecho renuncia pública de esa filiación.

____

[58] Esto constaba en una circular fechada en Valladolid el 26-XI-1936. Archivo Histórico Provincial de Cáceres, Orden Público, noviembre 1936.

Ello exigía tratar este asunto con sumo tacto. De hecho por estas fechas se puso de moda decir: "¿Quién es masón? El que está delante en el escalafón". Con ese criterio se entienden no pocas depuraciones de funcionarios públicos y, en contrapartida, las carreras fulgurantes y meteóricas de los que se acomodaban a las circunstancias de la guerra y se plegaban al *Nuevo Orden* franquista sin importarles para ello calificar de masón a sus potenciales adversarios[59]. Se creaba, pues, un contexto propicio para iniciar una labor de propaganda contra la masonería y, por ende, contra sus seguidores, que en el transcurso de la contienda armada justificó ejecuciones, detenciones y depuraciones de funcionarios entre otras acciones represivas[60].

Y en plena posguerra, dentro de la normativa punitiva aprobada por la dictadura en esos años, destacamos la ley contra la Masonería y el Comunismo aprobada el uno de marzo de 1940[61]. Un texto legal que establecía como delito "pertenecer a la masonería, al comunismo y demás sociedades clandestinas". E igualmente imponía sanción contra "toda propaganda que exalte los principios o supuestos beneficios de la masonería o el comunismo, o siembre ideas disolventes contra la religión o la patria, siendo castigada con la supresión de los periódicos, la incautación de bienes y penas de reclusión mayor".

Es preciso destacar que entre las penas de prisión se señalaban condenas de 20 a 30 años de reclusión para los grados superiores y de 12 a 20 años para los cooperadores. Precisamos esta cuestión pues la primera distinción afectó, como veremos a continuación, a José Giral, que como ya se ha señalado era un destacado masón. Por ese motivo en el año 1944 se le abrió expediente de acuerdo con lo estipulado en la referida ley, que al igual que la de Responsabilidades Políticas contemplaba la creación de un Tribunal Especial, en este caso "para la Represión de la Masonería y el Comunismo", que recibió el siguiente informe de la Dirección General de Seguridad sobre Giral:

---

[59] Rueda, A., *Vengo a salvar España. Biografía de un Franco desconocido*, Madrid, Nowtilus, 2005, p. 196.

[60] Chaves, J., "Masonería y represión en la Guerra Civil", en Cortijo, E. (Coord.), *Masonería y Extremadura*, Cáceres, Ateneo y Caja Extremadura, 2008, pp. 45-84.

[61] Esta ley estuvo vigente hasta el año 1964. Véase su contenido en el Boletín Oficial del Estado, 2-III-1940.

"Perteneció a la logia "Dantón" Nº 7 de Madrid, con el nombre simbólico de "Nobel" y grado 3º con fecha 5-XII-1926, siendo iniciado y exaltado a los grados 2º y 3º con fecha 23-V-1927, habiendo sido representante nombrado por la Gran Logia Regional del Centro, en la VII Asamblea Nacional Simbólica celebrada en Gijón en junio de 1928. Estos datos figuran en el cuaderno Nº 1 para uso de la Gran Logia "Dantón" Nº 7 de Madrid. Tiene en su expediente el título del grado de Maestro Masón expedido en junio de 1927 (…). En la página 64 de la IX Asamblea Nacional Simbólica del Grande Oriente Español, de mayo de 1930, aparece una terna, facilitada por la representación de la Regional del Centro, cuya terna de la Logia "Dantón" Nº 7 y estaba formada por los *hermanos* José Salmerón, José Giral Pereira y Antonio de Lezama con el fin de que el Presidente de la Asamblea pueda nombrar de entre los propuestos en terna por las diversas Logias, la Junta interina"[62].

Se informaba, por tanto, de su pertenencia a una logia y su historial en la misma[63], como paso previo para instruirle la correspondiente causa, que en su caso fue la número 84/1944. Posteriormente se publicó en Madrid una providencia, firmada por el presidente del referido Tribunal, general Andrés Saliquet[64], que confirmaba el sumario abierto a José Giral y la "suspensión en su profesión de catedrático", con una orden de busca y captura que resultó infructuosa al encontrarse en "ignorado paradero". Sabían sobradamente que se encontraba fuera de España, pero el cumplimiento de la ley exigía emitir una requisitoria antes de declararlo en "situación de rebeldía".

Y tras esos formalismos, con fecha 5 de diciembre de 1944 se aprobó la sentencia condenatoria, por la que se lo consideraba incurso en un delito de masonería previsto en la ley de 1 de marzo de 1940, por cuanto el procesado "ingresó en la secta, obtuvo el grado 3º y no consta su baja y no presentó retractación ordenada por la ley". Y de acuerdo con esas imputaciones contra este "catedrático, nacido el 22 de octubre de 1879, con residencia en Madrid y en ignorado paradero", el Tribunal emitió el siguiente fallo:

---

[62] El informe forma parte de su expediente y está fechado en Salamanca el 29-I-1944. Archivo Histórico Nacional. Sección Masonería. Salamanca, Legajo 9.095.

[63] Igualmente se hacía referencia a otro informe de la Brigada Político-Social de Madrid, en el que se daba cuenta de sus antecedentes políticos, que no exponemos pues coincidía con el ya expuesto procedente del expediente de Responsabilidades Políticas.

[64] Los restantes miembros del Tribunal eran los vocales González Oliveros, Cánovas, Uribarri y Pradera.

"Debemos condenar y condenamos al procesado rebelde José Giral Pereira, como autor de un delito consumado de Masonería con la concurrencia agravante que determina el artículo 6º de la ley, a la pena de VEINTE AÑOS Y UN DÍA DE RECLUSIÓN MAYOR e interdicción civil y accesorias legales de inhabilitación absoluta perpetua para el desempeño de cualquier cargo del Estado, Corporaciones Públicas u Oficiales, Entidades subvencionadas, Empresas concesionarias, Gerencias y Consejos de Administración de Empresas Privadas, así como cargos de confianza, mando y dirección de las mismas, separándole definitivamente de los aludidos cargos".

Otra sentencia que sumar al "historial delictivo" de Giral, que independientemente de sus efectos, pone de manifiesto cómo terminada la guerra civil llegó la administración de la paz por los vencedores. Y ésta pasó por congelar cualquier idea de avance y progreso en España, con una vuelta al pasado, a situaciones pretéritas ya superadas, aderezadas por un asfixiante control de la población que a través de medidas punitivas como las analizadas evitó, durante años, cualquier atisbo de disidencia.

Lo ocurrido a José Giral no fue excepcional pues sucedió a la mayoría de los españoles con antecedentes republicanos, independientemente de su situación. En su caso optó por marchar con su familia al exilio y no regresó, pero hubo otros que volvieron o simplemente no se fueron del país y sufrieron directamente las represalias del régimen. Ellos y sus familiares se vieron envueltos en una vorágine procesal que, para aquellos que lograron salvar la vida, los situó en permanente estado de sospecha y los obligó a cumplir taxativamente los preceptos de un régimen dictatorial que tuvo en la represión uno de los pilares más sólidos de su existencia.

Exilio chileno: mujeres y novela testimonial

Carmen Norambuena Carrasco
(Universidad de Santiago de Chile)

1. Chile 1973

El propósito de este escrito ha sido volver, una vez más, a recorrer las historias de vida de mujeres, durante el tiempo del exilio, en una mirada retrospectiva al gobierno de Salvador Allende, el golpe militar de 1973 y el consiguiente extrañamiento del país, a veces, demasiado prolongado.

Hemos fijado nuestra mirada en cinco mujeres las cuales, desde diversos grados de compromiso, se vieron, como todos los habitantes de este país, sumergidas en un proceso que cambió radicalmente, tanto la historia general de Chile cuanto sus propias historias personales. Se trata de una catedrática de universidad, Ana Pizarro, quien en los años setenta estuvo ideológica y familiarmente muy próxima al Movimiento de Izquierda Revolucionaria (MIR), adherente cercano y crítico a la vez del presidente Allende y de la Unidad Popular. Otras dos mujeres que concitaron nuestra atención son Mónica Echeverría y Carmen Castillo, madre e hija, a quienes el azar entrelazó su vida familiar y particular a la "gran historia" del país, como la definió esta última. Ángela Jeria mujer, que como en los grandes films, ha pasado a la historia de este país por su brillante papel secundario. Cierra este conjunto ejemplar y paradigmático la figura de Gladis Marín, líder indiscutida en el campo de la política chilena.

La larga duración del exilio chileno de los años setenta del siglo XX dejó huellas indelebles entre quienes lo sufrieron. Las condiciones de vida de aquellos que llegaron a sociedades diversas fueron extremadamente difíciles de asumir. La nostalgia del Chile que dejaron, los proyectos frustrados, la familia dividida, la escuela, el trabajo, el paisaje, entre otros elementos, constituyeron la memoria a la cual se aferraron como único bagaje anterior. Los exiliados chilenos, como otros exiliados latinoamericanos, vivieron siempre entre dos polaridades temporales, lo que se dejó y lo nuevo.

Chile fue un país modélico en América Latina que funcionó relativamente bien con un sistema de partidos muy amplio. Todo funcionó hasta que, en el decenio de 1960 el centro de gravedad político del sistema de partidos se desplazó hacia la izquierda, el Partido Demócrata Cristiano se ubicó en el centro. Desde esa posición, fue el elemento que logró la mediación en los conflictos y debates. En 1964, la derecha apoyó al demócrata cristiano Eduardo Frei Montalba, en una línea alternativa entre el comunismo y el capitalismo. Al mismo tiempo que los partidos de derecha y de izquierda también se ideologizaban y endurecían sus posturas.

Esos fueron quizá los mejores tiempos para las utopías. Tiempos en que al amparo de las ideologías más diversas se forjaron proyectos y propuestas en pos de una vida mejor. La "Revolución en libertad" y la "Vía chilena al socialismo" fueron, sin duda, las opciones políticas que concitaron la adhesión de miles de jóvenes idealistas.

En 1970 los tres tercios históricos en que se dividían las preferencias del electorado chileno llevaron cada cual su candidato. Salvador Allende obtuvo una mayoría relativa con un 36% de los votos y, de acuerdo con la Constitución vigente, el Congreso Nacional eligió entre las dos más altas mayorías. La Democracia Cristiana apoyó al candidato de la izquierda, otorgándole la presidencia de la República. Múltiples factores de política interior e internacional condujeron al golpe militar de 1973[1].

La política impuesta por el gobierno militar incitó, desde los primeros días en que se instaló, a la salida de miles de chilenos al extranjero; unos optaron por el exilio como única salida, a otros, les fueron conmutadas sus penas de cárcel por extrañamiento fuera del país y, no pocos, buscaron refugio en distintas representaciones diplomáticas, iniciando el camino del destierro. Un trabajo preliminar nos ha llevado a distinguir tres etapas en el proceso. La primera que va desde septiembre de 1973 a 1980, caracterizada por la salida masiva de chilenos al exilio. La segunda, que cubre la década comprendida entre 1980 y 1990, en que la salida de exiliados políticos disminuye, al mismo tiempo que se matiza con el exilio económico y con el ini-

---

[1] Moulián, T., *Fracturas. De Pedro Aguirre Cerda a Salvador Allende (1938-1973)*, Lom, Santiago, 2006.

cio del proceso de retorno. Y la tercera etapa, de 1990 a 1994, que es la del retorno propiamente tal[2].

Países como México y Venezuela aparecen entre los primeros en aceptar a estos deportados, aun cuando la mayoría atravesó los Andes rumbo a la Argentina en busca de refugio como lo habían hecho tantos en distintos períodos históricos[3]. A la política de las deportaciones masivas también se fueron incorporando personas que encontrándose en libertad eran arrestadas y enviadas al exilio. Estando vigente tales disposiciones hubo, por cierto, situaciones que las trasgredieron. No faltaron, tampoco, otros que estando fuera del país haciendo uso de alguna destinación oficial, o siguiendo estudios, o por trabajo, no regresaron por temor a ser sometidos a algunas de las normas restrictivas[4].

El exilio chileno, con toda propiedad, podemos caracterizarlo como un proceso fundamentalmente familiar. En estudios anteriores, escrutadas las fuentes, hemos obtenido como resultados que el 76,15% de los titulares de exilio fueron acompañados por sus respectivas familias, siendo la mayoría de ellos casados. El 79,35% tenía familia integrada por dos, tres y cuatro personas. También, hemos concluido que este exilio se puede caracterizar como un proceso de sello masculino, pues el 66,82 % de los titulares eran varones. Sin embargo, la presencia de un 33,18 % de mujeres señaladas como causantes del abandono del país, merece una especial consideración, dado el grado de compromiso que éstas tenían con el derrocado régimen. De otra parte,

---

[2] Norambuena, C., "Exilio y Retorno. Chile 1973-1994", en *Memoria para un nuevo siglo. Chile, miradas a la segunda mitad del siglo XX*. ECUS-Dpto. de Historia. LOM Ediciones. Santiago, 2000. En las elecciones de 1989 las de la transición a la democracia el presidente elegido, Patricio Aylwin, encabezó una amplia coalición de partidos de centro-izquierda, la concertación de Partidos por la Democracia, que en 1994 y en 1999 eligió al segundo y al tercer presidente de la República por ese conglomerado de partidos.

[3] Diario *El Mercurio* de Santiago de 7 de enero de 1975.

[4] Las causales de salida las hemos estudiado conforme a la información proveniente de la Oficina Nacional del Retorno que, aunque fragmentadas, nos dan una idea bastante aproximada de lo que fue este gran movimiento de chilenos al exterior. Las causas las hemos agrupado de la siguiente manera, con base a 8.698 casos de titulares de exilio: Conmutación de pena 3,02%, Asilado 11,42 %, Expulsado 5,08%, Ex Detenido 21,83%, Reunificación familiar 0,58%, Persecución directa 30,89%, Ayuda a terceros 9,18%, Pérdida de trabajo (por razones políticas) 8,97%, Impedimentos políticos (estudiantes) 1,32% y Otras 7,70% Oficina Nacional del Retorno Informe Estadístico Final. Estadísticas basadas en información correspondiente a 18,042 titulares, que involucraban un total de 52.557 personas. Informe al mes de julio de 1994. s.n. 15 páginas. Norambuena, C., *op. cit.*

frente a la amenaza externa el grupo nuclear se cohesionó tomando la decisión, cuando se pudo, de no separarse, de partir juntos o de reunirse posteriormente en el extranjero. Razones más que atendibles y confirmadas cuando examinamos las causas que los retornados señalan como motivo de su extrañamiento[5].

Cinco años después del golpe militar, al amparo de la Ley de Amnistía del 18 de abril de 1978 dictada, como expresa el propio documento, con el fin de *unificar y reconciliar a los chilenos*, un gran número de personas intentó regresar al país, sin embargo, cada solicitud fue analizada conforme a los antecedentes políticos anteriores a 1973, lo que dificultó un retorno masivo[6]. A la vez, la prensa oficialista señalaba que muchas de las acciones calificadas de "terroristas o subversivas" estuvieron protagonizadas por exiliados que habían logrado retornar al país[7].

A pesar de las diferencias individuales y grupales que en cada caso adopta o es vivido el exilio, los estudiosos del tema coinciden en reconocer que en el proceso de adaptación a la nueva sociedad se distinguen las siguientes etapas: los primeros momentos en la sociedad de acogida están impregnados de sentimientos de confusión y euforia. Es necesario que las familias se reencuentren e inicien la adaptación a la nueva realidad. Luego viene, general-

---

[5] Ibídem. Es interesante conocer los años en que se produjeron las salidas. El 52,11% de quienes aparecen como titulares, es decir, persona responsable de la partida individual o familiar del país, entre 1973 y 1976; y el 16,3% lo hizo entre 1977 y 1980, y, un 10% entre 1980 y 1984. Según los antecedentes y la documentación que poseemos habrían dejado el país 408.000 personas, siendo sus principales destinos Argentina (50,78%) Estados Unidos (7,87%) Venezuela (6,18%), Canadá (3,85%) Francia 3,68%, Italia (2,38%), Suecia (2,38%), y Australia (2,21%)Cálculos de estudio hechos por la Vicaría de la Solidaridad, en "Esquema de la Represión en Chile. 1973-1990", p. 23. En este documento se lee:"El exilio económico estaba concentrado en Argentina, Brasil, Venezuela y Estados Unidos. En Canadá y Australia, el exilio político y económico eran muy equilibrados y en el resto de los países primaba el exilio político".

[6] D.L. N.2191. A la letra el art.1 otorgaba la amnistía "…a todas las personas que, en calidad de autores, cómplices o encubridores hayan incurrido en hechos delictuosos, durante la vigencia de la situación de Estado de Sitio, comprendida entre el 11 de septiembre de 1973 y el 10 de marzo de 1978, siempre que no se encuentren sometidas a proceso o condenadas". El artículo 2 otorgaba la amnistía "…a las personas que a la fecha de vigencia del presente decreto ley se encuentren condenadas por los tribunales militares, con posterioridad al 11 de septiembre de 1973". Éste es lo más positivo del D.L. 2.191, puesto que la amnistía es otorgada a los presos políticos condenados y a aquellos que estuviesen cumpliendo penas de destierro en el exterior. En 1978 el Movimiento de Izquierda Revolucionaria MIR, implementó la llamada "Operación Retorno", lo que significó el ingreso al país de numerosos exiliados de forma clandestina.

[7] Diario *El Mercurio*, Santiago, 20 de agosto de 1981.

mente, un tiempo de conflicto intrafamiliar y de desilusión, producto, muchas veces, de las adversidades del medio donde se reflejan, especialmente, los sentimientos respecto de las expectativas no logradas. Todos los elementos causales de frustración, como dificultades de idioma, carencia de oportunidades de trabajo o de estudio, dificultades de adaptación escolar de los niños, pérdida de estatus social, frustraciones en el plano político, miedo y temor etc., se vuelcan en la familia. Ésta se transforma en una especie de receptor de frustraciones que buscan su compensación o reparación[8].

Pero, superadas esas dificultades y en un intento de proyectarse hacia el futuro, la persona crea un vínculo entre éste, el pasado, y el presente, que tiene características de balance de todo lo vivido. La toma de decisión más fundamental que se plantea el exiliado en esta etapa es el retorno o la permanencia en el país de acogida. El tema es asumir la condición de emigrante o retornar al país[9].

2. El ostracismo. Las preocupaciones del exilio

Un rasgo significativo que asume el exilio chileno es la relación que se establece con otros exiliados principalmente sudamericanos, víctimas, también, de dictaduras militares que se impusieron en sus respectivos países. Sabido es que éstas asolaron el Cono Sur de América, como una verdadera marejada a cual pocos pudieron escapar. Así, muchos de los exiliados chilenos hicieron causa común con gente proveniente de países como Uruguay, Brasil, la Argentina. Fueron muchas las formas de asociación que reunió al exilio latinoamericano. Los exiliados que provenían de clases medias, frecuentemente con estudios secundarios completos y muchos profesionales con carreras universitarias concluidas, se vieron repentinamente convertidos en minorías.

---

[8] Carlos Corvalán y Carmen Contreras "Retorno a Chile: retorno en Chile". Ponencia presentada en el Seminario Nacional sobre "La migración forzada y el retorno. Los desafíos de la transición". INCAMI (Instituto Católico Chileno de Migración). Santiago, septiembre de 1989, p. 62. En este trabajo se distinguen cinco etapas: la de llegada, la de la orientación, la de la desilusión, la de las proyecciones futuras, y por último la etapa de la toma de decisiones vitales.

[9] Durante la década de 1980 se desarrolló una acción mancomunada de varios gobiernos y de Organizaciones No Gubernamentales de los países que habían acogido a exiliados chilenos, los que junto al trabajo de sus similares nacionales pusieron en marcha programas de apoyo al retorno.

Eran extranjeros, esta condición los instó a unirse pues tomaron conciencia de otras formas de opresión social. Así se comprende la gran solidaridad que hubo entre el exilio latinoamericano. Hubo, además, empatía con otras minorías; las mujeres participaron en grupos feministas y políticos, pero los más duraderos fueron los grupos espontáneos donde se hablaba de intereses y necesidades comunes. "La experiencia más duradera de grupos femeninos en el exilio se produjo cuando esos grupos tenían una perspectiva multidimensional que combinaba la preocupación por la naturaleza y los problemas específicos de la mujer con una preocupación política y social más amplia"[10].

Una de esa experiencias de acercamiento al feminismo nos es relatada por una de las mujeres que nos narra, más adelante, su historia vivida: "Las que salimos al exilio, castigadas por nuestra propia posición o detrás del marido, conocimos el feminismo afuera, o sea contamos con los instrumentos para entendernos y para ingresar la fragmentación de nuestras existencias cuando ya no podíamos contactar con nuestros orígenes, concretos, con muchos de esos fragmentos. En este sentido, siento que el exilio obliga a las mujeres a dobles o triples procesos y la carga con dobles o triples ausencias"[11]. Esta situación significó para muchas el reconocimiento de otras minorías. Se desarrolla una aguda conciencia de otras formas de opresión social. Así se comprende la gran solidaridad que hubo entre el exilio latinoamericano[12].

Surgieron así nuevos sentimientos de solidaridad con esos grupos. Por ejemplo, estudiosos del exilio se han hecho la siguiente pregunta: ¿identificaban su condición las mujeres con otros grupos de oprimidos porque estaban cobrando conciencia de su impotencia, o derivaban paso a paso la conciencia de sus desventajas como mujeres debido a una empatía con otros grupos en desventaja? El tema es qué fue primero[13]. El acercamiento al feminismo fue otra forma de encarar el exilio y, por ende, la participación en grupos femeninos. La condición femenina por sí misma comienza a ser objeto de especial preocupación.

Del mismo la militancia no quedó marginada del diario vivir. Si bien es cierto que muchas mujeres, dada la necesidad de atender y dar prioridad a la subsistencia, debieron dejar su compromiso activo, puesto que en el extran-

---

[10] Ibídem, p. 234.
[11] Adriana Goñi Godoy. *Mujeres, Militancia y Exilio*. 2007. En http://www.pieldeleopardo.com/
[12] Valentina Da Rocha Lima "Las mujeres en el exilio: volverse feminista". p. 233.
[13] Ibídem.

jero no dispusieron de personas que colaboraran con el cuidado y crianza de los hijos. El grupo familiar cercano, abuelas y tías, no pudieron disponer de servicio doméstico extraordinariamente caro en Europa. Por el contrario, muchas de estas profesionales debieron trabajar como asistentas domésticas para iniciar su vida en otros países.

Otra preocupación en la dimensión humana del exilio es una que nos llama extraordinariamente la atención, particularmente de mujeres, que es nuestro foco de atención: el número de fallecidos en el extranjero y las causas que provocaron estos decesos. Aunque nuestras cifras son fragmentarias, dan una dimensión de un elemento más que se agrega al ya difícil problema que viven las familias chilenas[14]. Las causales de muerte obtenidas de un trabajo preliminar arrojan, en primer lugar, el suicidio, el segundo el infarto al corazón y, el tercero, accidentes y cáncer[15]. Otra fuente, además de la revisada, señala que el total de muertos en el exilio ascendió a 136 personas, de las cuales 23 se suicidaron[16].

Llama la atención el caso de Cecilia Orellana Aguirre, de 16 años, que se suicidó en Francia. Su padre estuvo siempre comprometido con la causa de Chile; su trabajo lo realizaba a través de la secretaría de redacción de la revista *Araucaria*, a nuestro juicio, la más brillante expresión de la intelectualidad chilena en el exilio[17]. Otro caso es el de la hija de Salvador Allende, Beatriz, quien se suicida en Cuba en 1976, a juicio de Carmen Castillo, otra de nuestras biografiadas y amiga personal: "la 'Tati', como la nombraban cariñosamente, ante la imposibilidad de otra cosa más que el retorno vuelve, sin condiciones, a la clandestinidad, a la muerte"[18].

---

[14] Norambuena, *op.cit.* Entre 1974 y 1982, fallecieron en el extranjero, setenta y una personas, 35 hombres y 13 mujeres. El 50% de los casos tenía más de 50 años, siendo las edades extremas 16 y 85 años, el suicidio (12 casos), el segundo el infarto (6 casos) y, el tercero, accidentes y cáncer (cuatro casos cada uno).

[15] También en Francia, el de Rubén Pino Mendoza de 50 años, quien mató a su hijo de un balazo y luego se suicidó. En *Documentos exilio-retorno: aspectos legales*. Actividades Comité Pro-retorno Solidaridad Internacional. Biblioteca Nacional, 1991.
Otra información señala que el total de muertos en el exilio ascendió a 136 personas, de las cuales tres fueron asesinadas (señor Orlando Letelier, señor Carlos Prats y señora Sofía Cuthbert) y, otras 23 se suicidaron. Revista *Análisis*, N° 23, del 5 al 11 de septiembre de 1988, p. 26.

[16] Revista "Análisis", N° 23, del 5 al 11 de septiembre de 1988, p. 26.

[17] *2008 Migraciones, integración e identidad. Miradas de Idas de Vueltas*. Foro Bicentenario. Publicaciones Bicentenario. 2008. Editorial Sud-Americana. Europa. Santiago, 2008. págs. 73-95.

[18] Goñi, *op. cit.*, 2007.

En fin, la cantidad de rupturas que produce el exilio son innumerables y las mujeres debieron enfrentarlas dejando de lado muchos otros sueños y aspiraciones. Proyectos de vida, carreras profesionales, pero lo más impactante para algunas de estas mujeres es la ruptura de la militancia, la cual se percibe como una derrota más en la cadena de fracasos.

3. La expresión de las mujeres: la memoria obstinada

Cuántos se habrán preguntado por qué recordar. Recordar es un recurso que permite a las personas seguir siendo lo que son. En los últimos años se ha producido un renacer de los estudios de memoria, particularmente en el Cono Sur de América donde las dictaduras dejaron huellas indelebles y donde quienes se vieron sometidos a persecuciones desean que sus recuerdos perduren, por eso escriben, en este caso los efectos y secuelas del golpe militar de 1973 en Chile[19]. Más aún, los días, meses y años que siguieron a ese acontecimiento. Son gentes que se esfuerzan por no olvidar, por repasar una y otra vez lo que para ellas fue una verdadera convulsión en sus vidas.

Desde hace algunos años el tema de memoria e historia han estado a la vanguardia de los estudios históricos y no se ha dejado de teorizar sobre la relación entre ambas acepciones. La polémica ha ido desde catalogarlas como antagónicas hasta reconocer que una, la memoria, se hace imprescindible para el hacer de la historia[20]. Más aún, lo que el francés Pierre Nora ha construido para Francia y, a la vez, ofrecer tal metodología para el estudio y aplicación a otras realidades, en el campo de la historia, es lo que él ha llamado "Les Lieux des Mémoire".

Lo cierto es que para nuestro trabajo conocer los lugares o monumentos de la memoria resulta de suma importancia acudir a tales supuestos metodológicos pues harán que expresiones, lugares, hechos, circunstancias, cerca-

---

[19] Elizabeth Jelin. *Memoria colectiva y represión: perspectivas comparativas sobre los procesos de democratización en el Cono Sur de América Latina*. Historia, memoria social y testimonio o la legitimidad de la palabra. Cultura e desenvolvimiento. Río de Janeiro, Ed. Fundo Nacional de Cultura, 2000.
[20] Pierre Nora, *Entre Memoria e Historia. La problemática de los lugares. Les Lieux de Memoire*; La Republique; París, Gallimard, 1984, pp. XVII - XLII. Traducción del artículo por Fernando Jumar para la Cátedra Seminario de Historia Argentina C.U.R.Z.A. Universidad Nacional del Comahue.

nas y próximas a quienes escriben sus testimonios, se constituyan en base para la construcción de la historia de un tiempo en que las dictaduras militares marcaron el acontecer histórico de los países conosureños[21]. El impacto de aquellas, en la memoria personal y colectiva de las mujeres que historiamos, hizo que su impronta quedara en las páginas de las novelas o testimonios que hemos considerado como retazos de memoria que nos permiten una mejor construcción y comprensión de ese pasado.

Lo que desplegamos a continuación son únicamente historias de memorias sin otra pretensión de relevar aquellos hechos, sentimientos, pesares, que las secuelas del golpe militar provocaron en diferentes mujeres, sentires que a pesar del tiempo se niegan al olvido, tanto de quienes las vivieron cuanto de quien las rescata[22].

Entre todas las expresiones literarias hemos considerado fundamental, en la reconstrucción del imaginario del exilio chileno, utilizar herramientas de otra disciplina, las provenientes de la literatura, específicamente, del género testimonial, entre otras razones, porque muchos de los escritos corresponden a personas que han practicado este género, a veces, sin tener un marco conceptual de su propia práctica. Esta característica cobra mayor valor aun cuando estas experiencias asumen el carácter de confesión, absolutamente verosímil. En el ámbito específico de la novela chilena del exilio, los hechos posteriores a septiembre de 1973 motivaron a muchos escritores chilenos a asumir la realidad concreta para hacer de la novela un testimonio[23]. Estas expresiones constituyen, sin lugar a dudas, fuentes de primer

---

[21] Pierre Nora, *Les Linux de la Mémoire*. En Josefina Cuesta Bustillo, (ed.), *Memoria e Historia*. Marcial Pons. Madrid, 1998. pp. 17-34.

[22] Elizabeth Jelin. *Los trabajos de la memoria*. Madrid-Buenos Aires, Siglo XXI, 2002, pp. 17-38.

[23] Lucía Guerra en "Polivalencias de la confesión en la novela chilena del exilio" en Alba de América Nros. 6-7, julio de 1976). También Manuel Alcides Jofré, desde su escrito *Literatura chilena en exilio* (CENECA, Santiago, 1986) en donde aborda el exilio como tal; luego, la práctica cultural y la producción literaria del exilio; seguida de una disquisición acerca de la estética testimonial y una antología sobre el exilio. En este orden es fundamental el aporte que se ha hecho a través de seminarios y encuentros que han cristalizado en varias recopilaciones de narraciones chilenas que se publicaron en pleno tiempo del exilio, entre ellas, la de Antonio Skármeta, *Joven narrativa chilena después del golpe* (Clear creek, Indiana. The American Hispanist, 1976; la de Alfonso González Dagnino, *En tu dolor veo el nuevo día*. Berlín-Weimar 1978; Casa de Chile Narradores chilenos del exilio. Casa de Chile, México, 1979. De gran interés resulta también el compendio editado por José Promis 1973, *El relato chileno visto desde el exterior*. Puntángeles Ediciones de la UPLA, Valparaíso 1996. En este último, se consignan trabajos realizados entre 1972 hasta 1993. En este compendio hay tra-

orden para el historiador, por ser campo fecundo al momento de rastrear la memoria tantas veces calificada como memoria obstinada.

4. Ana Pizarro Romero y la luna, el viento, el año, el día

Hemos escogido una novela de Ana Pizarro, *La luna, el viento, el año, el día*[24]. Una novela con aroma a flores: bugambilias, camelias, magnolias, lirios, rosas y claveles, los mismos que la rodearon en su infancia y aromas en los que ha buscado refugio toda su vida. La herencia cultural y social recibida de una familia de clase media alta y luego su formación superior en la Universidad de Concepción la instaron, desde temprana edad, a reflexionar acerca de la sociedad chilena. Su contacto con el mundo campesino, tanto en San Felipe como en Concepción, la llevó a situar sus preocupaciones, principalmente, en el mundo mapuche y en los problemas que los aquejaban por largos años. De allí que, cuando llega a la Universidad, se siente seducida por las corrientes de izquierda, particularmente por el Movimiento de Izquierda Revolucionaria (MIR), grupo de origen netamente universitario donde pensadores jóvenes de gran valía se agruparon a conjeturar acerca de un mundo mejor. Esas relaciones la llevaron más tarde a ser buscada por los agentes de la dictadura, motivo por el cual debió abandonar el país rumbo a Francia, un país que no le era desconocido pues había realizado estudios de postgrado[25].

Escribir esta novela le permitió además repasar su propia vida y madurar profundas cavilaciones acerca de la memoria, el necesario olvido y, muy especialmente, sobre el exilio. La novela fue escrita a fines de los ochenta antes de regresar a Chile. Como toda novela testimonial, el escrito de Ana Pizarro tiene parte de relato testimonial y parte de ficción. El texto no es distante ni

---

bajos de la narrativa en el exterior, desde donde se pudo decir y escribir sin restricciones. De éstos los que más interesan a estos efectos son aquellos que se insertan en el relato "testimonial" o la producción de relatos "imaginarios" que funcionan como verosímiles de la situación histórica.

[24] Pizarro, Ana. *La luna, el viento, el año, el día*. FCE., Santiago, 1994.

[25] Egresada de Pedagogía en castellano, Universidad de Concepción, profesora de Estado en Francés, Universidad de Chile. 1964. Doctora en Letras, Universidad de París, Francia. 1968. Investigadora del Instituto de Estudios Avanzados de la Universidad de Santiago de Chile. Entre 1991 y 1993 fue directora de la Fundación Vicente Huidobro. Ha sido profesora visitante en el Wellesley College, EE.UU. 1997-1998; en la Universidad Alcalá de Henares (España); y, en la Universidad

ajeno a la cultura desarrollada en el exilio. Cada pasaje, cada episodio relatado en el texto, revelan escenas y percepciones de lo que experimentó en esa brusca interrupción de su vida en Chile y el consiguiente desarraigo.

Testimonio y ficción

El tenor del escrito es el relato de una pasajera de avión que regresa del exilio y que aprovecha cada minuto del tiempo final del vuelo para rememorar el pasado y donde el recuerdo de lo vivido se revela como un viaje a su interior, a su historia, a sus recuerdos y fantasmas. Pero es más, Ana imagina cómo será el retorno a su país y lo escribe, se adelanta a los hechos. Avizora el futuro y el reencuentro con su país y su gente. Esta novela le permitió además repasar su propia vida y madurar profundas meditaciones acerca de la memoria y del necesario olvido; en su relato el pasado y el futuro se hacen presente, manifestándose siempre en un ahora.

"Sin dudarlo apoyas rápidamente la frente contra el vidrio de la ventanilla para despejar las imágenes de este despertar y convencerte que estás ahora aquí y la curiosidad te empuja a hacerlo también porque la ventanilla estrecha te está comenzando a devolver los primeros picachos nevados. Sabes que cada movimiento, cada matiz, cada esbozo de ademán ahora será más tarde lo definitivo de este instante, que recordarás cada imagen, cada minuto, el detalle mismo que te asombra y recuperas como parte de tu historia, de la historia también de todos"[26].

---

de Montreal (Canadá). Sus líneas de investigación son: Estudios de la Cultura y de la Literatura en América Latina y el Caribe. Entre sus publicaciones se cuentan: 2. Modernidad, posmodernidad y vanguardias (coordinadora); Ministerio de Educación ~ Fundación Huidobro; Santiago de Chile; 1995; Sobre Huidobro y las vanguardias; Editorial Universidad de Santiago de Chile; Colección IDEA; Santiago de Chile; 1994. De ostras y caníbales. Ensayos sobre la cultura latinoamericana (Premio Municipal de Literatura categoría Ensayo, año 1995); Editorial Universidad de Santiago de Chile, Santiago de Chile; 1994. América Latina: palavra, literatura e cultura (coordinadora); volúmenes I en 1993; II en 1994: III: Vanguardia e modernidade; Editora de UNICAMP; São Paulo; 1995.

[26] Pizarro, 2004, *op. cit.*, p. 13.

Pero dicho viaje no es cualquiera, es un viaje primordial, es el reencuentro, es el momento de rebobinar lo vivido, lo andado, el camino en reversa desde el exilio mismo hasta la historia familiar perdida en lo recodos de la niñez y de la adolescencia, de la época universitaria y de la militancia política. Pero también del caminar por las estaciones que el viaje de regreso le impuso, pausas que le permitieron prepararse para el aterrizaje final, el cual la conducirá a través del Atlántico y el Caribe, y desde allí hasta el punto de destino, del retorno, a Chile.

Es así que su relato mezcla la historia de vida con los avatares propios de un vuelo. Es un constante devenir de anécdotas de una pasajera común pero con una vida particular que está a punto de reencontrase con su país, con su pasado, con su vida dejada involuntariamente. Es un viaje que se transforma en el reflejo de la memoria y de las experiencias que el exilio plasmó en su identidad. Por tanto, nos permite conocer aspectos de su vida, como si fueran pistas para entender el desenlace, el desarraigo. En la niñez, la imagen de sus cercanos es permanente y constante, están en todas partes, se huelen y palpan en su relato. Pepa es el nexo con la infancia:

"La imagen allí fija en la memoria adquiere movimiento, se pierde luego en la nebulosa para alcanzar otro perfil y es en frente al espejo ahora, Pepa trenzándote el cabello y tú rechazándolo porque te duele y la hermana, una sensación curiosa, algo como una muñeca que llora y toma biberón, un objeto nuevo de manos pequeñitas que, entonces no lo sospechas, pero ahora sí lo sabes, les transformará la vida"[27]. Y claro, porque Ana nos presenta en su relato episodios de su vida familiar, como es el caso del nacimiento de su hermana Alejandra –Agustina en la novela– con quien urdió lazos señeros y para toda la vida. Será ella la que, aun siendo menor en la época universitaria, le abrirá insospechados caminos para que se comprometa con causas sociales y políticas.

En la pubertad ya, Ana nos entrega atisbos de lo que será el camino hacia la época universitaria y militante, en tiempos de veranos alegres de música y jolgorio hasta la entrada a la universidad, tiempos junto a Agustina, quien marcaba las pautas:

---

[27] Ibíd. p. 42.

"Pronto te haría comenzar a escuchar su música: eran las canciones de un grupo inglés que había transformado el rock en aras de una libertad que pregonaba a todas voces, gritando ayuda para poder amar porque decían que todo lo que se necesita es amor. (…) pero cuando ya casi te había llegado a gustar, ella ya estaba en otra cosa. Había empezado a sacar notas de la guitarra para entonar ella misma lo que la juventud de esos días comenzaba a tararear (…)"[28].

Ya en la universidad se manifiestan las grandes ideas, las acciones y las búsquedas sociales y personales:

"Más tarde te darías cuenta de lo que entonces no lograbas percibir: que desde que comenzaste día a día a seguir el acontecer, el universo fue de a poco agrandándose. Habías aprendido así a interpretar las noticias, a criticar la información, a desconfiar, a leer los discursos que subyacían en ella, a analizar las situaciones y es como si desde ese tiempo la historia hubiese iniciado un curso de mayor nitidez. Es tal vez por esto que puedes recordarlo tan nítidamente"[29].

Es el tiempo en que a través de Agustina (Alejandra) Ana se introduce en el grupo de universitarios revolucionarios. Agustina va a protagonizar una maravillosa historia de amor, con un joven estudiante de medicina, Daniel (Miguel Enríquez), quien ya era el líder indiscutido del movimiento rebelde. Comienzan las opciones y búsquedas personales, "allí has conocido instancias de la vida y formas de percepción difíciles de encontrar en otros ámbitos. Allí te estremeció la poesía, aprendiste solidaridad y supiste que el amor es breve"[30].

Ella ha confesado, más de una vez, que lo que la apasionó del MIR era haber logrado ser una expresión de la juventud. En ese movimiento los jóvenes podían inventar la vida y eso me cautivó, yo era joven –nos ha dicho– y esas formas me interpretaban.

Tanto aprenderá en esta época Ana que comienza a protagonizar una historia con un fin inesperado y de consecuencias que han marcado su vida. En el relato escribe con gran fuerza y pasión:

---

[28] Ibíd. p. 71.

[29] Ibíd. p. 81.

[30] Ibíd. p. 84.

"Entonces te dejas sumergir en la aventura apasionante de inventar la vida. Emergen así poco a poco en la imaginación universos de igualdad, sociedades en donde la justicia se descubre como ley oculta de los hombres y todo se vuelve equilibrio, los ojos son solidarios y las manos edifican el mundo de todos. La reivindicación se transforma en una fuerza y en ese movimiento ascendente los jóvenes tiene cosas que decir. No más una sociedad de lobos: hay que construir una sociedad de hombres"[31].

El relato da paso a una historia de amor, el amor de Daniel por Agustina, que se inicia por la admiración de Agustina por ese joven de inteligencia superior y de palabra envolvente. Esa relación de compañerismo, conjunción de ideales, se transforma más adelante en la atracción mutua y pasión con que se amaron. No caben dudas de que el gran amor de Miguel Enríquez fue Alejandra. Dos temperamentos fuertes que asumen primero la dirigencia estudiantil y luego la contienda política con gran decisión. Dos personalidades cautivadoras, cuya elocuencia discursiva traspasaba los lindes universitarios. De esa unión nace una niña, Javiera. Su compromiso político era a toda prueba y quizá fue ésa la razón del distanciamiento que la pareja sufre y hace que Alejandra tome la más drástica de las decisiones: terminar con su vida. Su muerte fue un hecho que Miguel Enríquez nunca pudo superar. Ana Pizarro sintió la necesidad de interpelar ese amor entre su hermana y Miguel, e incluirla como trama central de su relato[32].

Indudablemente, también, marcaron la vida de Ana las opciones tomadas por su hermana Agustina y su compañero Daniel, en la vida real Miguel Enríquez, como lo hemos identificado. "Sigues ahora a Agustina en tu admiración por su capacidad de entender y de absorber las realidades nuevas, quien te ha empujado a venir a la zona mapuche a través de una nota arrugada enviada con alguien. (…) Entonces te sumas a este brote reivindicativo que está levantándose en el país desde hace un tiempo"[33].

Daniel está en todo, es el líder, es el guía. "Daniel es la capacidad permanente de parodiar la existencia. De dar vuelta los signos hasta la ridiculización de las situaciones para mirar la vida desde arriba con la fuerza del que está en ella y está más allá de ella al mismo tiempo"[34].

---

[31] Ibíd. p. 95.

[32] Por su parte, Ana contrajo matrimonio del cual nacieron tres hijos: Facundo, Matías y Sebastián.

[33] Pizarro, *op. cit.*, pp. 100-101.

[34] Ibíd. p. 154.

Es así como Ana durante la época universitaria participará en una serie de causas políticas y sociales como lo fueron la serie de programas radiales para dar a conocer el problema de los mapuches y sus reivindicaciones por las tierras usurpadas y, sin duda, junto a su cercanía con la figura de Daniel y Agustina. Vuelve a insistir que su cercanía y permanencia en el Movimiento de Izquierda Revolucionaria se debió fundamentalmente a la sintonía con un grupo que a su juicio podría cambiar radicalmente los vicios sempiternos de la sociedad chilena.

Asimismo, en su retrospectiva, va demostrando en su relato de aquellos años la huella que dejó en su vida la persistencia y consecuencia de su madre. Aquella mujer, que según nos relata, les leía poesía en vez de cuentos infantiles[35].

"Ella no fue de las tareas minuciosas ni de las esperas lentas en la madrugada para asegurarse del sueño de las hijas, o tal vez lo hizo y no lo advirtieron. Les enseñó que cada ser humano decide su vida y les abrió la puerta, les señaló que la esperanza había que construirla y que en su fuerza se elabora el presente. Tal vez entonces, tempranamente en la pubertad, adquiriste la certeza de que no bastaba con vivir la vida sino que también era necesario soñarla"[36].

El desarraigo

Ana se encuentra en estos avatares cuando el gobierno de la Unidad Popular toca fondo, lo que la conduce a hacerse consciente de los hechos que se avecinan:

"Esta mañana de hoy, como la de hace algunos años atrás, permanecerá con nitidez en la memoria. En el primer momento no sabes aún cómo serán de definitivas estas imágenes y sin embargo ya están imprimiéndose como la memoria lacerante, la de los días aciagos".[37]

---

[35] Cabe resaltar en este punto, que justamente es su madre, Irene Felicidad Romero Naranjo, quien funda junto con otras madres la "Agrupación de Madres Javiera Carrera" durante los años ochenta, para luchar por el regreso de Ana desde el exilio junto con muchos jóvenes más que desde el sur del mundo habían sido expulsados por razones políticas.

[36] Ibíd. p. 96.

[37] Ibíd. p. 156.

> "Entonces el gesto, la mano que cierra aquí las persianas con brusquedad, la que abre más allá levemente la cortinas por momentos para atisbar el movimiento de la calle, los papeles que se queman, los golpes en la puerta, las carreras, los trayectos sigilosos, el ruido de los jeeps patrullando enfrente de la casa, los allanamientos en lugares próximos, los disparos en la noche, las declaraciones sobre el levantamiento nacional, la esperanza en los focos de resistencia, los rumores, las noticias murmuradas y entregadas al pasar, los mensajes de Daniel en papel de cigarrillo"[38].

Es así como Ana ya comienza a relatar el proceso de desarraigo que luego se traducirá en su exilio, su viaje hacia un lugar por ahora incierto, y que la única certeza es que ya nada será como antes. Todo será parte de un viaje permanente marcado por los recuerdos, las ideas, las anécdotas y nuevos parajes, que emergen en todo momento, en cada posibilidad que los años le pondrán a merced, en su estadía en Francia, luego en el Caribe, hasta en el viaje de regreso a casa, a Chile, al sur.

Pero en el inicio del desarraigo, sin duda el allanamiento es el punto de partida de su viaje. Sin duda "te das cuenta de que lo que buscan no lo encontrarán"[39]. "Lo han conversado largamente a pesar de la premura del momento y no puedes permanecer en el país"[40].

En entonces, la partida de Ana, y la despedida. Su madre callada mientras escucha la llegada de un auto negro, la abraza y le indica que se cuide:

> "¿Qué escuchas entre el ruido sordo de los motores? ¿Quién habla ahora en la memoria?"[41].

El exilio

Dicho viaje está nutrido de episodios, de adaptación, de nostalgia, de frustración, de nuevas sensaciones, de nuevas concepciones. La adaptación a un nuevo territorio, por ejemplo:

---

[38] Ibíd. p. 158.
[39] Ibíd. p. 159.
[40] Ibíd. p. 162.
[41] Ibíd. p. 163.

"La vida del suburbio ajeno. La gente por las mañanas, la baguette debajo del brazo, evaporando el frío por la boca. Las conversaciones del café de la esquina, la hija del conserje bajando las escaleras, la vida de la editorial, la última novela premiada. Todas las preocupaciones, aspiraciones, actitudes tan dignas, tan laudables y sin embrago tan ajenas. (…) No te será fácil hacerlo a cabalidad. Interferirá –interfiere aquí aquello que en realidad es lo fundamental– la vida de allá, a cada instante"[42].

Como también la frustración de los ideales caídos, de los amigos desaparecidos, de los compañeros de vida que claudicaron o ya no están. Frustración por no estar allá, por no poder reflejar su entrega en el lugar ajeno en donde debes convivir:

"Comenzó entonces una conversación inútil sobre la cantidad de resmas de papel que era necesario hacer traer de las bodegas y las alternativas de utilización para disminuir los gastos de material. Todo carecía de sentido. Cada frase marcaba la banalidad y la angustia comenzó a destrozarte el pecho, a cerrarte la garganta hasta obligarte a toser. Querías subirte sobre la mesa y gritar. Decirles que nada te importaba de este lugar, que no querías estar aquí, que te habían obligado a partir. Decir que allá del otro lado del océano estaban matando a gente como ellos. Gente que sentía, amaba, reía. Que morían y morían. Que Daniel se había lanzado de frente, como siempre, pero esta vez al infinito.[43]"

Y es así que las cartas de su madre y los recuerdos son fuentes de identidad, de memoria, de convicciones: "Que todo sea memoria, nada olvido. Elementos de una cosmogonía que abre los espacios a la fundación. A nuestra perpetua fundación. A esta identidad que es siempre su reiniciada búsqueda. Realidad empírica en proceso de reflexión. Memoria del presente"[44].

La escala en el viaje de regreso. Ana y el Caribe

Como una escala en al viaje de retorno, Ana cruza en océano y se asienta en el Caribe, lo que es percibido por ella como la necesidad de cercanía con

---

[42] Ibíd. p. 61.
[43] Ibíd. p. 168.
[44] Ibíd. p. 180.

lo familiar, aunque no fuese una escala para nada fácil. "Lo habías hecho con la seguridad de llegar a un lugar que te dijera cosas del medio al que perteneces, en donde tu condición extranjera no fuese lo primero en parecer cada mañana"[45].

"Los primeros meses no fueron fáciles. Un país nuevo en tu vida tomará un destino tal vez definitivo, es una mezcla de aventura y desafío, también de temor y desazón, tranquilidades momentáneas, estremecimientos atravesados por imágenes lejanas"[46]. Es en dicha escala del viaje que Ana reconoce en el amor de pareja, que aun con un final, permite el espacio para la nostalgia, para el desahogo, para las sensaciones, un poco más libre, un poco más cercano a la memoria.

"El amor que se hizo al ritmo de la denuncia, del hábito de la desgracia, de las canciones de nostalgia, de la búsqueda de sabores familiares o de la noticia esperada. El encuentro que se hace sólido en la referencia al país común, porque aun las fronteras nacionales son las fronteras de ustedes mismos."[47]

Pero también para perder la sensación de extranjera, como ella misma menciona: "Pronto fuiste encontrando a la gente del país. La que se abría con rapidez al afecto, que respondía con sencillez a la sofisticación, con alegría al contratiempo. Comenzaron los programas comunes, y en las primeras vacaciones formabas parte de un grupo que se organizaba para partir hacia el interior del país"[48].

Es sí como el paso por el Caribe permite a Ana el reencuentro con el tono de la vida, hasta el retorno a la lluvia y el viento austral. "Esta primera estación de un esperado retorno te entregó la dimensión de la diversidad"[49].

Las ideas y sensaciones de la ausencia

Ya al término de este viaje relevante parece rememorar algunas de las sensaciones e ideas que el vuelo de regreso nutre las horas de vuelo. Por ejemplo, las constantes remembranzas de aquellos tiempos que inundan la mente de

---

[45] Ibíd. p. 42.
[46] Ibíd. p. 43
[47] Ibídem.
[48] Ibíd. p .44
[49] Ibíd. p. 48.

Ana mientras escucha música, mientras lee, escribe o mira por la ventanilla. Sobre la época de la militancia, Ana rememora: "No podrás decir qué es lo más permanente en la memoria de esos días, si ahora intentas reflexionar encontrarás seguramente detrás del palacio en llamas la posibilidad infinita y sórdida del poder total. También la inconmensurable dignidad que un día puede marcar en el destino de los hombres"[50].

Sobre las ideas que llenaban todos esos días antes del exilio, de la niñez, la pubertad y de la juventud universitaria, días de amor, de militancia, de hermandad:

"Antes el mundo tenía su centro en tu territorio. Hoy tienes sin embargo la sensación de ir al último lugar del planeta, al último paradero del autobús del cual han bajado ya todos los pasajeros. Curiosa sensación que confirma tu nueva perspectiva. Cuando tu vida fue el pueblito del norte, tu comarca estaba centrada en ella misma. Más tarde, el campo y la ciudad del sur; el mundo se amplió desde los pinos a la lluvia y al mar. Pero la percepción de la comarca como centro de la existencia y de la historia te la entregó también la relación con la gente. Pertenecías a un universo que sabía de la existencia de un más allá de las fronteras, pero era sobre todo una noción. (…) Todo esto te llena de ternura y te hace sonreír en un gesto que disimulas rápido porque sientes la mirada del pasajero de enfrente que por momentos mira a través de la ventanilla de tu lado y de paso te observa"[51].

También las ideas que se han reformulado con el viaje de retorno, como el hecho de reformular los trabajos pendientes como la redacción de textos sobre la historia de América comprometidos con la editorial, y que dan cuenta de una Ana que se ha reencontrado, que ya no es la misma, pero que a su vez ha vuelto a recuperar el tono de la vida, tomándola con fuerza para enfrentarse y reencontrarse con el sur, con su vida, con su origen.

"A medida que el regreso se aproximaba todo aquello iba asentando. Salías por las tardes de la biblioteca tomando partido en polémicas. Acontecimientos que el desarrollo histórico no había evaluado suficientemente o simplemente había olvidado.

---

[50] Ibíd. p. 159.
[51] Ibíd. p. 21.

Sentada hoy en este vuelo, recién comenzado, hace algunas horas el regreso tan esperado, esta tarea se hace a cada momento más necesaria, y te dices que el libro debe ser escrito. Pero no lo será como la simple opción que te ofrecieron. Deberá ser hecho de otro modo: comprender la historia, asir la dinámica verdadera de una experiencia común"[52].

Y el regreso ya está programado, se bajará del avión y llamará al sur para avisar que ya ha llegado, tomará un taxi y buscará la forma mas rápida para, por un lado, reencontrase con la capital, y tomar el bus que la llevará hacia el sur, el viento. Y las expectativas están, en lo cotidiano y fundamental, volver a sentir el cambio de estaciones, en reconocer una ciudad como Santiago, como Concepción.

Y es el momento del desembarco, el avión ya ha aterrizado, y en esta última escala y definitiva Ana respira, se toma su tiempo y declara, recordándonos el canto de la Violeta de décadas anteriores:

"Todo parece comenzar de nuevo.
Pero no. Todo parece comenzar de nuevo y todo es al mismo tiempo diferente.
En veinte años las exigencias responden a otra hora y tus ojos son nuevos.
Todo parece comenzar de nuevo. Entonces es mi historia: la de los tiempos de fervor. La gesta en movimiento que busca transformar la vida. También la historia del horror que cae sobre el intento.
Todo parece comenzar de nuevo pero todo es al mismo tiempo diferente. La luna, el viento, el año, el día, todo cambia pero pasa también".[53]

El regreso

Hemos sido parte de un vuelo, de un viaje, pero no uno cualquiera, sino un viaje al testimonio, al desarraigo encarnado en una mujer, que como otras vivió el exilio, sufrió el exilio y que asumió los avatares del destino y los transformó en oportunidades en la formación de sus hijos e "hija", en quienes ha volcado sus ideales de vida.

---

[52] Ibíd. p. 23.
[53] Ibíd. p. 183.

Es un viaje imaginario pero a la vez real, la protagonista nos recrea su vuelo de regreso a Chile que es más que un vuelo, es un viaje de retorno, pero también un viaje en la memoria.

Metáfora útil para interpretar además el exilio, pues en muchos casos es un constante viaje, son maletas sin desempacar, duelos sin término. Pero en otros, un vuelo en escalas en donde se sufre, se busca y se recuperan espacios y tonos de vida que permitirán el retorno, como un nuevo comienzo pero con nuevos ojos.

Este texto es uno más de tantos testimonios, pero adquiere relevancia pues es la novela de una mujer, en la que es posible proyectarnos. Y no porque no sea posible hacerlo en la producción de tanto hombre exiliado sino porque es el testimonio de mujeres que un poco más escondidas en las recopilaciones del exilio están, persisten y provocan ruido en este río profundo de la cultura del exilio.

5. Entre la ruptura de clase, el amor y el compromiso político. Mónica Echeverría y Carmen Castillo: "París, Santiago, París"

Apasionante resulta incursionar en la multifacética vida de Mónica Echeverría y Carmen Castillo. Madre e hija. Siendo el tema de la mujer el que nos ha llevado a reflexionar en este amplio campo que se ha configurado, como lo es, de la historia del exilio chileno, deseamos fijar nuestra atención en dos mujeres: Mónica y Carmen, madre hija, a quienes el golpe militar y el consiguiente exilio transformó radicalmente sus vidas.

La novela de carácter testimonial que hemos elegido para poner en relieve la historia de estas dos mujeres resulta del todo ilustrativo pues, *Santiago-París. El vuelo de la memoria* es un relato a dos voces, voces provenientes de una familia de linaje aristocrático, las cuales por motivos de cercanías políticas y de adhesión al gobierno de Salvador Allende se ven envueltas de la noche a la mañana en un espiral de trastornos personales y familiares: Mónica casada con Fernando Castillo Velasco, rector de la Pontificia Universidad Católica de Chile y de su hija Carmen unida –en primera instancia– con un sobrino del presidente Salvador Allende y luego con el máximo dirigente del Movimiento de Izquierda Revolucionaria MIR, afrontan una serie de avatares que cambian sustancialmente sus vidas.

Mónica es quien inicia la narración haciendo referencia al origen de este relato testimonial: "A mediados de abril de 1999, estoy sentada en el patio de mi casa junto a mi hija Carmen. Ella llegó hace unos días de París para estar junto a nosotros sus padres, sus hermanos, sus tíos, sus amigos de infancia, su país, ese Chile del cual siento está cada vez más alejada"[54]. Es precisamente en esa tertulia que Carmen le propone a su madre que escriba acerca de su vida, de sus recuerdos, de su experiencia. Ella acepta el desafío siempre y cuando lo hagan juntas, a la par. De regreso a París, Carmen medita acerca del compromiso, lucha contra los recuerdos, contra la fatiga de revivir episodios que tanta veces luchó por dejarlos en la carpeta del olvido, dice, atrapar el vuelo del recuerdo, fulgores de la memoria.

Conforme ella misma relata, Mónica, María Angélica Echeverría Yáñez, nació en Santiago de Chile en septiembre de 1920, hija de José Rafael Echeverría Larraín, de alcurnia aristocrática, conservadora y tradicional y de Flora Yáñez Bianchi, hija mayor de de un político liberal importante, que fue candidato a la presidencia, senador y dueño de uno de los diarios de mayor circulación –*La Nación*– pero considerado un advenedizo por la aristocrática familia paterna de Mónica. "Pertenece mi abuelo –dice– a esa nueva clase social que comienza a surgir en Chile con sus ideas liberales y progresistas y que no es, por supuesto, bien mirada por la vieja oligarquía… A mis abuelos paternos nunca los conocí"[55].

Mónica continúa la narración de sus ancestros señalando que tiene la impresión –y así efectivamente lo fue– que su abuelo materno dominó cual patriarca a toda la familia, para la cual su palabra fue siempre la única verdad. Recuerda además que su hija Flora, madre de Mónica, fue la hija preferida estableciéndose entre ellos una comunidad de pensamiento y sentimientos, cuya influencia perduró más allá de la vida del patriarca y se prodigó entre sus nietos y nietas. Concluye Mónica esta digresión sobre sus antepasados con unas cuantas sentencias que quizá permitan conocer y comprender, más adelante, parte de su vida y de la de sus retoños.

---

[54] Mónica Echeverría y Carmen Castillo Santiago – París. *El vuelo de la memoria.* Editorial LOM. Santiago de Chile, 2002. p. 9.
[55] Ibíd.p. 14.

"... la familia Yáñez impuesta por mi madre, fue siempre más cercana a nosotros. Los Echeverría representaban el Chile aristocrático, católico y tradicional por muy excéntricos que fueran. Los Yáñez, liberales, y algunos socialistas y anarquistas, pertenecían al mundo de los intelectuales y artistas, varios de ellos sin Dios ni noemas que los restringieran en sus arranques amorosos y en sus vuelos imaginativos".

"La locura, que siempre he sentido pesando en mi destino, no sé a quién achacarla ¿o ambas familias serían igualmente locas? Con el tiempo, sin embargo, me inclino a echarle la culpa de desvaríos, esquizofrenias y suicidios a los Echeverría, quizá porque la de ellos es menos controlable y más trágica. En cambio, los Yáñez padecen de neurastenias, depresiones, amoríos extravagantes y adición a las drogas. De todos modos –concluye– compleja y difícil herencia la mía".[56]

A instancias de su madre, Carmen también inicia su relato evocando sus años de infancia. "Me desprendo y las imágenes se mueven, nunca son iguales, la distancia y el espesor de la distancia de ese Chile, mi país natal, largo de 4.500 kilómetros, franja de tierra aferrada a la cordillera de los Andes, un precipicio que cae sobre el océano Pacífico... Ya no tengo país, allá siempre tengo frío aun cuando el sol brilla..."[57]. Aun cuando las antigua casa construida por su abuelo ya no existe, sí permanecen los árboles y prados. Otra topografía, pero el mismo pórtico de hierro se abre y son los brazos del padre que siempre la recibe.

Mónica, por su parte, sigue con el relato en el cual da cuenta de su formación, en colegios de religiosas, como toda niña de clase alta. Sin embargo, hay un pasaje en su vida familiar que seguramente caló profundo en esa niña. El transcurrir democrático y republicano de Chile se ve de pronto interrumpido y la familia Echeverría Yáñez sufre un fuerte trastorno. El abuelo, Eliodoro Yáñez, a la sazón –1927– presidente del Senado de la república, pierde su alto rango al ser disuelto el Congreso Nacional por Carlos Ibáñez del Campo. Luego los acontecimientos se suceden de manera vertiginosa. Entre otras acciones en su contra producto de oposición al dictador, pierde su diario *La Nación*. Es declarado persona no grata y debe abandonar el país.

Toda la familia, incluidos los sirvientes, acompaña al patriarca camino al destierro. La familia completa toma el tren trasandino con destino a Buenos Aires y de allí por barco a Europa, Francia. Ya avecindados en París cada cual asume actividades, y todos de uno u otro modo absorben su exquisita cul-

---

[56] Ibíd. p. 17.
[57] Ibíd. p.34.

tura. Mónica y sus hermanos acuden al colegio, aprenden las primeras letras. Mientras sus padres se dedican a recorrer el viejo continente. La familia regresa a Santiago en 1930. Sin reponerse de los duros embates que la vida le ofrendaba, en julio de 1932 muere Eliodoro Yáñez con sesenta y dos años.

La vida continúa igual para la familia. Los niños se transforman en adolescentes y su mirada frente a la vida va cambiando. En todo caso siempre siguiendo los cánones de vida de las familias adineradas de la sociedad santiaguina. "Al término del colegio –dice Mónica– las jovencitas de la clase alta, a la cual yo pertenezco, se estrenan en sociedad. En el 'debut' –como era mencionado por los elegantes– se jugaba el destino de las hijas de la aristocracia. Cada familia oligarca daba para esa ocasión un baile en su mansión al cual se invitaba a los posibles futuros maridos con sus padres"[58].

En 1940 Mónica, una excepción entre sus amigas y ante el asombro de muchas de ellas, ingresa a estudiar en el Instituto Pedagógico de la Universidad de Chile; allí, gracias a sus condiciones histriónicas, pasa a formar parte del Grupo de Teatro Universitario. Algunos años más tarde, aparece en su vida Fernando Castillo Velasco, estudiante de arquitectura, perteneciente a otro tipo de familia con intereses distintos, que llena las expectativas de Mónica y cuya relación concluye, finalmente en matrimonio, en abril de 1944. La familia Castillo Echeverría comienza a aumentar con Carmen, nacida en 1945, Cristián en 1947. Junto con iniciar su trabajo como profesora de castellano en el Liceo Manuel de Salas nace su tercer hijo, Javier, quien la obliga a dejar su primer empleo. Pero sus inquietudes intelectuales no se dan por satisfechas y a riesgo de toda opinión adversa, en 1949, parte a España a perfeccionarse en Literatura.

> "En Madrid –relata– paso a ser pensionista –junto a dos estudiantes más– en casa de María Martos de Baeza, viuda reciente del gran ensayista, traductor y ex embajador de España en Chile, Ricardo Baeza. A los Baeza la dictadura franquista les había expropiado la casa, por haber apoyado a los republicanos. Felizmente, tres años antes les había sido devuelta y María, ahora viuda, se mantiene gracias a esos pensionistas... María recibe una vez por semana a escritores e intelectuales. Uno de los más asiduos a esas tertulias es Pío Baroja. A mí me impresionaba mucho. Delgado y de baja estatura, llega con su boina embutida hasta las cejas y me clava sus ojos vivaces...[59]"

---

[58] Ibíd. p.49.
[59] Ibíd. p.77.

De vez en cuando asisto a clases o a un seminario de Menéndez Pidal, o de Dámaso Alonso que era, a su juicio, más vibrante y menos grave. Sin embargo, confiesa que lo que más le gusta es viajar por España, recorrer sus pueblos, hablar con la gente. En Madrid gusta de frecuentar el café Gijón, lugar de encuentro de periodistas, artistas y escritores. La España de aquel entonces, dice, era pobrísima. Debemos recordar que el tiempo de la postguerra fue muy largo y difícil de vivir, dada la escasez de casi todo.

En este instante del relato Mónica hace una proyección en el tiempo.

"Para ellos, en ese entonces los latinoamericanos somos como sus hijos y nos tratan como tales. Ahora, cuando he vuelto –probablemente a comienzos del nuevo siglo y milenio– y contemplo cómo la modernidad empapó a España: edificios lujosos, calles relucientes, el bienestar frío e individualista de un país del primer mundo, la soberbia del rico, echo de menos, con nostalgia, la España pobre, sucia y picaresca… Ahora, nosotros pasamos a ser los sudacas, los indeseables. Aunque desde este Chile, algo ha cambiado por el tiempo transcurrido, pero a leguas de los países europeos, no puedo dejar de mandarles un ¡gracias! enorme por haber detenido a Pinochet, el intocable tirano, al que nos han devuelto convertido en una piltrafa humana…[60]"

De regreso a Chile la familia se reencuentra, sigue cada cual con sus actividades. Un nuevo hijo completa la familia Velasco Echeverría. Los tiempos comienzan a correr de manera vertiginosa y los cambios políticos y sociales que se están manifestando en el país van involucrando de diferente forma a los integrantes de esta familia.

En 1967 Fernando Castillo Velasco es nombrado rector de la Pontificia Universidad Católica de Chile con un fuerte respaldo estudiantil. Como lo expresa Mónica, el azar los había llevado a involucrarse en los procesos y conflictos que no habían sido considerados en sus proyectos de vida. Efectivamente concluido el gobierno del independiente Jorge Alessandri Rodríguez, en 1964, dos proyectos políticos con bastantes similitudes optan a la presidencia del país. Eduardo Frei Montalba, demócrata-cristiano con su *"Revolución en Libertad"* y Salvador Allende Gossen, marxista, con su *"Revolución Socialista Democrática"*. Frei, elegido por una mayoría aplastante,

---

[60] Ibíd. p. 78.

pone en ejecución una serie de medidas que provocarán cambios radicales en la sociedad chilena: la chilenización del cobre, la reforma agraria, la reforma educacional[61].

En este escenario Carmen, la hija mayor, contrae matrimonio con Andrés Pascal Allende, hijo de Laura, hermana de Salvador Allende. Tanto Andrés como los hermanos de Carmen y ella misma pertenecen al grupo Movimiento de Izquierda Revolucionaria MIR, el cual va a procurar cambios rápidos y radicales para la sociedad chilena. A fines del gobierno del presidente Frei, el MIR entra en la clandestinidad. El apoyo que la derecha dio a Frei hizo que un grupo demócrata-cristiano abandonara el partido y constituyera un nuevo conglomerado el Movimiento de Acción Popular (MAPU) que será más adelante parte del conjunto de partidos que integrarán la Unidad Popular.

En 1970, los tres tercios en que se dividía el electorado chileno se manifestó en las candidaturas de Jorge Alessandri, apoyado por la derecha, Rodomiro Tomic, demócrata-cristiano, de centro y Salvador Allende, con el aval de izquierda. Allende obtiene el 36% de los votos, por tanto, de acuerdo con la Constitución política vigente, el Congreso Nacional debía decidir entre las dos primeras mayorías. Este organismo elige a Allende como presidente con el respaldo de la Democracia Cristiana. De esta forma se hace realidad la llegada al poder de un gobierno socialista por la vía democrática, el cual llenó de esperanzas a un país y a la comunidad internacional, que tuvo su mirada puesta en la experiencia chilena.

Carmen trabajó muy cercana a Beatriz, la hija mayor del presidente, lo cual a la larga fue incompatible con su participación en el MIR. Razón por la cual debió abandonar su puesto de trabajo en La Moneda. En Chile, la situación política se agravaba cada vez más, el distanciamiento del MIR del círculo de Allende, los debates y las tensiones en la izquierda. "Yo –dice Carmen– llevaba una doble vida agotadora, presa entre dos lealtades que a veces llegaban a ser contradictorias. Un día de 1972, Allende me pidió mi renuncia… Volví a mi trabajo de investigación y de profesora de historia en la Universidad, y al compromiso regular en el aparato de información del MIR"[62].

---

[61] Tomás Moulián, Tomás. *Fracturas. De Pedro Aguirre Cerda a Salvador Allende (1938-1973)*. LOM. Santiago, 2006.

[62] Echeverría y Castillo, *op. cit.*, 2002. p. 150.

Asimismo, el trabajo en la clandestinidad la alejó de su marido concluyendo el matrimonio del cual había nacido una hija, Camila. Los meses pasan y un nuevo amor la embriaga por completo: el hombre es Miguel Enríquez, máximo dirigente del MIR. "Desde el inicio de nuestro encuentro vivía con Miguel –confiesa Carmen– al menos en la medida en que lo permitían nuestras vidas muy traqueteadas. Vivíamos una historia privada al ritmo de la Gran Historia que habitábamos plenamente, comprometidos cuerpo y alma en su futuro. La búsqueda de la felicidad no era asunto nuestro. Presentíamos que se trataba de arriesgarse a vivir sin eludir nada, para existir... El sufrimiento estuvo ahí, interminable para Miguel desde la muerte de Alejandra, la madre de su hija Javiera. A mí me tocó enfrentarme a la desaparición de Javier, mi hermano, el preferido, el único cómplice de mi historia de amor clandestina[63]".

Muchos son los factores internos y externos que concurren para que al tercer año de gobierno de la Unidad Popular se precipiten los hechos que culminan con la caída del gobierno de Allende y el golpe militar de septiembre de 1973.

Fernando Castillo, enfermo, había sufrido un infarto quince días antes del "Golpe", debe entregar el mando de la Universidad pues la Junta Militar decide la intervención de las universidades y el nombramiento de rectores delegados en todas las universidades del país. A pesar de su delicadísimo estado de salud, la casa del rector Castillo Velasco es allanada por militares, probablemente en busca de información acerca de sus hijos, Carmen y Cristián, que militaban en el MIR. Posteriormente el rector es invitado a Costa Rica. Por su parte, Mónica inicia un peligroso trabajo de ayuda a quienes viven en forma clandestina facilitándoles la salida del país a través de alguna embajada o de contacto con sus familiares o compañeros. "Cuando mi hija Carmen me confiesa que está embarazada de Miguel Enríquez siento que su clandestinidad se torna peligrosa...".

Fernando Castillo recibe una invitación de la Universidad de Cambridge en Inglaterra como profesor invitado en la Facultad de Arquitectura, a la cual parte el 11 de septiembre de 1974 acompañado de su mujer Mónica y de sus hijos Fernando José y Consuelo. La despedida de sus hijos Cristián y Carmen fue dramática y dolorosa, más aún la separación de Camila, la hija de Carmen

---

[63] Echeverría y Castillo, *op. cit.*, 2002. p. 151.

y Pascal Allende a la que, después de muchos trámites, logran sacarla del país y puede reunirse con sus abuelos en Inglaterra. Con cinco años de edad, poco comprende de su intrincada situación familiar[64].

El fatídico día 5 de octubre de 1974

Me cuesta relatar esta historia, dice Mónica. Es tan terrible; sin embargo, toma la pluma y continúa. Es la distancia la que le impide estar al lado de su hija. Ella, su marido e hijos permanecían en Cambridge, cuando reciben la noticia desde Chile, a través de un llamado telefónico, les comunican que la casa en que Miguel Enríquez y Carmen habitaban fue descubierta y que Miguel fue muerto y Carmen, gravemente herida, fue conducida a un hospital. Escribe la madre: desde Chile aseguran: "La única manera de salvarla es que la presión extranjera sea tan fuerte que prefieran librarse de una mujer embarazada y herida antes de hacerla desaparecer y recibir por ese motivo el oprobio internacional. El Vaticano interviene, las manifestaciones se hacen cada vez mayores y cartas a favor de la víctima llenan las oficinas de Pinochet. La tiranía ha logrado un gran triunfo, matar a Miguel y descabezar el MIR, bien pueden mostrarse ahora misericordiosos"[65].

Mónica –escribe Carmen– tu relato de ese día me empuja más hacia fuera, todo tiene la exactitud de tu visión[66]. "La vida se imponía, estaba embarazada del hombre que amaba. Nuestros gestos, nuestros actos, lejos de lo heroico, se inscribían naturalmente en nuestra rutina. Miguel y tantos otros, hombres

---

[64] Carmen Castillo vivió el exilio en Francia y estableció allí su residencia. Tuvo cuatro hijos, uno el hijo de Miguel Enríquez murió tempranamente; y tres de su marido francés. Es autora de *Un día de octubre en Santiago* y *Punto de Fuga*. También ha incursionado en el cine. "*La Flaca Alejandra*, película que da cuenta de las acciones de una mujer que fue delatora e informante de la DINA: Cuando se le pregunta qué ha significado el exilio para ella, responde:"Para mí el exilio es la imposición violenta de un abismo en la integridad de nuestras referencias. En ninguna parte, ni aquí, ni allá –se refiere a Chile y Francia– me leo completa. En cada lugar me falta un pedazo de mí, en cada lugar hay una parte inefable e incantable por las/los demás. Y ese abismo es irreparable, no es posible rellenarlo, la única solución es construir algún puente que te permita cruzar de un lado al otro con el menor dolor". Goñi Godoy, A., *Mujeres, Militancia y Exilio. Historia de Vid. Carmen Castillo*. Véase en http://www.pieldeleopardo.com

[65] Echeverría y Castillo, *op. cit.*, 2002. p. 168.

[66] Por su parte, ella misma y mucho después Carmen escribía el libro *Un Día de Octubre en Santiago*, en que consignaría esos aciagos días.

y mujeres libres, a contracorriente, resistían, Más allá de los amigos asesinados, del pueblo quebrado, de los compañeros desaparecidos, torturados, la clandestinidad era entereza, vigor y color"[67].

Felizmente los padres logran que su hija deje Chile y parta a Inglaterra, tres semanas después del enfrentamiento. El encuentro con sus padres es dramático para éstos, pero la esperanza del nacimiento de un nieto fijado para dos y medio meses después los anima a sonreír.

El niño, que sobrevivió algunos días, nació con graves deficiencias. Su madre no desea saber nada de él, su abuela sí, se hace cargo de su estancia en el hospital hasta su muerte. La madre a partir de febrero de ese mismo año se integra a la solidaridad con la resistencia chilena. Eso ocurrió durante los dos años siguientes que viajó por Europa sin tener conciencia de la realidad, sólo repitiendo en forma autónoma lo que se le encargaba hasta que consideró que no era justo para nadie, por lo cual abandona ese papel. Su hija Camila eligió vivir en Cuba con su padre y su nueva familia. Luego de un viaje a La Habana, el encuentro con los compañeros del MIR y la despedida para siempre de su amiga Beatriz Allende. A su juicio: otro tiempo de exilio comenzaba y otra mujer también, debía, si quería sobrevivir, olvidar, dejar aunque fuera por poco tiempo los recuerdos y el pasado inmediato.

En diciembre de 1977 Carmen escribía:"No hay un exilio que describir, hay tantos exilios como exiliados, y en el exilio de cada uno también hay varios. Se vive un espacio informe, borroneado. Cada imagen, olor, ruido, cadencia —si uno consigue percibirlos y escucharlos— nos remite a otras, antiguas, cada emoción nos regresa a los ausentes, cada lucha a ésas que se quebraron… Uno ya no sabe dónde se encuentra. Una persona amada es a la vez ella y otra, es decir inexistente, y al cabo ya no puede haber más encuentros… Uno niega el devenir haciendo del pasado un monstruo-obsesión, y del futuro un imposible…"[68].

Fernando Castillo y su mujer regresan a Chile en abril de 1978. Para Mónica el impacto es grande, es otro país. "Una ciudad de aspecto limpio, paredes blancas, con un barrio alto lleno de edificios caracoles, tiendas y autos de lujo. Pero uno rompe el cerco y allí están los barrios marginales de siempre, pobres, sucios y ahora mudos. Santiago, antes bullente, sumido en un gran

---

[67] Echeverría y Castillo, *op. cit.*, 2002. p.192.
[68] Echeverría y Castillo, *op. cit.*, 2002. p.197.

silencio que parece abarcarlo todo. Y la dictadura triunfante, estable y soberbia detrás de las armas"[69].

Como pocas mujeres que retornaron al país Mónica busca y encuentra las mil y una formas de luchar contra el poder de Augusto Pinochet, que se ha enquistado en el poder. Su trabajo es planificado, inteligente, diligente y provechoso. Su principal actividad se vierte en la creación del Centro Cultural Mapocho, a través del cual es posible desarrollar una extensión de calidad, de reunir a artistas, intelectuales y creadores nacionales y extranjeros de gran calidad. Asimismo participa de organizaciones de mujeres que luchan por el término de la dictadura. Se une las grandes protestas populares, las únicas que a su juicio podrían terminar con la dictadura.

Una grave enfermedad aqueja a Fernando, cáncer a la laringe, la familia se pone en alerta. En 1979, después de mucha tramitación, Fernando Castillo logra que el gobierno de Pinochet permita, por quince días, la entrada al país de sus hijos Carmen y Cristián. Carmen llega acompañada por Pierre, su marido francés y del hijo de ambos Diego, de dos años, acto seguido arriba Cristián. Días que pasan demasiado rápido para lo que padre e hija debían comunicarse y conversar. Felizmente años después, en 1991, Fernando logró controlar y mantener al margen la enfermedad.

El tiempo corre vertiginoso, la familia Castillo Velasco se involucra en la campaña del NO, parte del plebiscito que finalmente culmina con la derrota de Pinochet en las urnas y luego la campaña que culmina con un presidente democráticamente elegido. Carmen se queja, al final del libro, de haber estado ausente de ambos acontecimientos.

La llegada del nuevo milenio reúne por fin en alegría a Mónica y Carmen en familia… quise que Mónica y Fernando bailaran para nosotros, la tribu de los Castillo Echeverría, el bolero cubano *Veinte Años…* Idas y vueltas aquella noche, arrullada por esa pareja ideal. "El bolero es mi vida, una larga nostalgia de bellas historias de amor que ya pasaron…", te escribía hace cinco años. Tú sonreías, el bolero siempre tiene la razón…,Mónica no me deja divagar. Está ahí, vela, escudriña. Sin complacencia, ni remordimientos, con humor. No tiene edad, yo tampoco…

"Mónica –recapacita Carmen en un final de libro escrito con calma y brillantez– su texto no tiene el color de una autobiografía, sólo la iniciación a

---

[69] Echeverría y Castillo, *op. cit.* p. 197.

una vida en la cual el compromiso contó. Su existencia se amalgama con la lucha, la política una potencia sin garantía, una silueta incierta dibujada en la niebla espesa. El porvenir de los revolucionarios no tiene nada que ver con el futuro de la Revolución, repites. Tu pensamiento, Mónica, se inscribe en ese espacio-tiempo. Construiste un destino de mujer libre, comprometida más allá de los muros de nuestras casas, de la Cordillera y del Pacífico. Sin promesas de futuro nada más la lucha para acabar con esas realidades de injusticia y opresión, una resistencia que inventar, cada día, un deseo por cumplir, a nuestro propio riesgo. Y recibo en herencia ese mensaje"[70] "…la mirada sin la memoria, ¿cómo lograrlo? Hubo que destruir primero toda nostalgia. Decir simplemente, como todos los rebeldes, artistas y enamorados, con las palabras de Borges:

"Todo me dice adiós, todo se aleja
La memoria no acuña su moneda
Y sin embargo algo se queja
Y sin embargo algo se queda"[71].

Para Carmen en el epílogo del libro vuelve sobre su vida y se encuentra con alguien con quien tenía una deuda, el "Bauchita", como lo llamaban al hijo póstumo de Miguel Enríquez. Un encuentro por esos días en Valparaíso la hace reflexionar y juntas prometen traer desde Cambridge los restos de su hijo Miguel Ángel para enterrarlo en Chile junto a su padre. "El niño volvió esa noche, tan pequeño y tan hermoso, mi niño. El ruido de las olas ensordecedoras. El niño está vivo… Imposible impedírselo, aquella noche, se pone a existir, a sacudirme, a llamarme."[72] A las pocas horas abandona Valparaíso y Santiago para regresar a París. Concluye y declara: "Desde entonces tengo cuatro hijos".

"Sé que ya no soy la misma. ¿Otra? ¿Cuál otra? A lo largo de estas páginas, a veces encontré, rocé, arranqué algunas de estas memorias movedizas. Mónica, ya lo sabes, gracias a ti, rompía algunas líneas de fuga. Un día quizás emprenda en paz el vuelo de regreso París-Santiago"[73].

---

[70] Echeverría y Castillo, *op. cit.*, p. 293.

[71] Se cita en el texto a Borges, *"Los Conjurados" "Los Ríos"*. Echeverría y Castillo, *op. cit.*, p. 294.

[72] Echeverría y Castillo, *op. cit.*, p. 295.

[73] Ibídem.

Otra faceta interesante es la relación de Carmen con el movimiento feminista: "Las mujeres en la cultura patriarcal vivimos de por sí una especie de exilio de nosotras mismas, somos 'lo otro', sin memoria, sin historia, sin genealogía propia en una cultura hecha por y para otros… Ellos tienen permiso social para romper y traspasar fronteras mientras la mujer espera en su lugar manteniendo el origen de ellos, el lugar a donde pueden volver"[74].

En su opinión fueron efectivamente las mujeres las que la ayudaron a encontrar una nueva manera de recordar, de vivir, de pensar. "En los trabajos que he hecho posteriormente me doy cuenta que las mujeres procesamos dolores muy profundos que los hombres no logran contactar o expresar, por ejemplo durante el documental sobre la flaca Alejandra, me di cuenta que las mujeres encontraban las palabras del dolor para relacionar sus vivencias con su condición de mujer…"[75].

"Yo creo –dice Carmen– que el exilio fue más doloroso para nosotras, un sentimiento de retroceso hasta que nos encontramos con el feminismo"[76].

Desde el juicio de una historiadora y mujer, estimo que el mayor mérito del trabajo realizado por Carmen Castillo es la lucha que ha dado por más de tres décadas en contra del olvido, es en realidad una lucha "obstinada" pues su desafío es luchar porque la memoria y los recuerdos no se borren, son los suyos, pero son también en parte los de una mujer, una familia chilena a la cual le cupo, por los designios del destino o del azar, estar en una encrucijada de vida, de pequeña historia como la llama Carmen, pero que tuvieron y han tenido resonancia en la historia grande. La figura de su madre, el rol político del padre, el compromiso y papel jugado por sus hermanos, en fin el peso de su historia familiar.

"Frente a la máquina del olvido, junto a construir nuevas posibilidades de existencia cotidiana tuvimos que trabajar la memoria, los recuerdos porque si éstos se vuelven estáticos, si se hacen obsesión y nostalgia se transforman en algo parecido al olvido[77]." Y esto es fácil pues el exilio endurece la memoria, dice Carmen, y contra eso se debe trabajar conscientemente.

---

[74] Goñi Godoy, A., *Mujeres*….
[75] Ibídem
[76] Ibídem.
[77] Ibídem.

Declara que su libro *Un día de octubre en Santiago* fue fundamental para mantener vivos los recuerdos de tan dramático episodio[78].

6. Ángela Jeria y "las cartas del general Bachelet"

Muchas fueron las circunstancias que llevaron a diferentes mujeres a jugar un papel trascendental para ellas, para sus hijos, para otras mujeres, para el país. Es el caso de la figura de Ángela Jeria, quien, como cualquier otra mujer chilena de clase media, cuya cotidianidad no la hacía sobresalir de entre los de su medio. Es decir, llevaba un tranquilo pasar al ritmo del acontecer de los hechos políticos y sociales de su país.

Había nacido en Talca, una ciudad de rango medio, a 300 kilómetros al sur de Santiago, la capital: hija de Máximo Jeria Jonson y Ángela Gómez Zamora. Más adelante concluidos sus estudios medios en el Liceo de Temuco y sólo con 18 años, se casa, en 1945, con Alberto Bachelet, un joven oficial, de 21 años, de la Fuerza Aérea de Chile. De su matrimonio nacen dos hijos: Alberto (13 de octubre de 1946) y Verónica Michelle (29 de septiembre de 1951).

Más tarde Ángela ingresa en el mundo del trabajo en 1948, en la Editorial Universitaria de la Universidad de Chile y luego en la Oficina de Presupuesto y Finazas. En esa repartición llegó a ocupar el puesto de directora de Finanzas al ser requerida como una de las mejores conocedora del manejo financiero de ésa la primera casa de estudios superiores del país. Allí se desempeñó hasta 1958. Inquieta por naturaleza y con deseos de alcanzar estudios superiores, deja sus tareas administrativas y se incorpora como estudiante en 1969 a la carrera de Antropología. En septiembre de 1973 sobreviene el golpe militar, la Universidad de Chile es intervenida y muchas carreras, Arqueología entre ellas, son cerradas.

---

[78] "Es el primer relato de lo que sucedió ese cinco de octubre de 1974 cuando cae la casa en que vivíamos clandestinos y asesinan a Miguel Enríquez. Con estos apuntes y la pregunta a muchos exiliados ¿dónde estabas tú ese día?, más el testimonio de una sobreviviente del centro de tortura de la calle José Domingo Cañas, voy reconstruyendo (me) la mecánica del torturador y de la sobreviviente". Esos apuntes, luego se transformaron en libro. Goñi Godoy. A., *Mujeres,* …

La historia de este país la sorprendió y afectó en todas las dimensiones de su vida. En adelante, los cambios que se van a producir y el papel que le corresponderá actuar en la historia de su país será relevante, dramático, destacado e inusitado al mismo tiempo, con consecuencias inesperadas para esta mujer de carácter, inquieta, pero de vida serena.

Otras mujeres a las que hemos considerado como referentes han sido ellas mismas quienes han escrito sus testimonios, los cuales tomaron forma y se publicaron como una novela. Y donde ellas, al mismo tiempo, cumplieron un papel protagónico. Diferente es el caso de Ángela, pues su papel, en principio secundario, la lleva con el transcurso del tiempo a jugar un rol protagónico en el devenir de su historia personal y del país.

Su marido, siendo ya un oficial de alto rango, durante el gobierno de Salvador Allende fue convocado por el propio Presidente a colaborar en una de las tareas gubernativas de relevancia para los tiempos que se vivían, la Secretaría Nacional de Distribución. Misión por la cual, más tarde, luego de la caída del gobierno del presidente Allende, fue catalogado como un traidor, lo que le valió ser detenido por las fuerzas militares de la Junta Militar de gobierno. El general de Aviación Alberto Bachelet no resistió los apremios a los cuales fue sometido, su corazón no resistió (según Ángela ya había manifestado, problemas cardíacos), murió el 1 de marzo de 1974, sin haber cumplido los cincuenta años.

Ángela declara que a partir de aquellos hechos efectivamente la vida de ella y de sus hijos cambió para siempre. "Después de la muerte de mi marido –dice– con mi hija Michelle, decidimos ayudar a la gente que era víctima de violaciones a los derechos humanos en Chile. Yo empecé a denunciar estos casos en el exterior y al mismo tiempo a ayudar a salir del país a los familiares de la gente presa, detenida o muerta"… Fue entonces cuando Ángela Jeria fue denunciada a los militares. "Una de mis contactos fue detenida, la amenazaron con matar a su hijito y entregó mi nombre y el de mi hija"…"Fuimos secuestradas juntas (ella y Michelle) por la Dirección Nacional de Inteligencia (DINA). Nos llevaron a una de las peores casas de torturas de Santiago, Villa Grimaldi"…"Estuve una semana encerrada en un cajón, vendada, atada y sin alimentos". Doce días después Michelle Bachelet fue dejada en libertad. Ella tuvo que esperar un mes más para reencontrarse con su familia"[79].

---

[79] http://www.clarin.com/diario/2006/01/18/um/m-01126325.htm

Posteriormente, ya en libertad madre e hija viajaron a Australia a reunirse con su hermano Alberto, que vivía allí con su mujer e hijos. Desde Australia, ambas parten a la República Democrática Alemana donde su hija Michelle prosiguió sus estudios de medicina en Berlín[80]. La muerte de uno de los puntales del grupo familiar hizo que madre e hija tomaran mayor compromiso en la defensa de los derechos humanos y en la lucha contra la dictadura.

De regreso al país, Chile, Ángela se abocó a la tarea de reunir la correspondencia de su marido el general de Aviación Ernesto Bachelet, toda vez que éste fue conminado a recorrer un camino de tormento y persecución. Esta acción y determinación, más bien de carácter afectivo, con el tiempo se ha transformado en un recodo de historia personal que refleja una de las tantas caras que asumió la marginación, la persecución y el exilio de muchas chilenas[81].

Sin embargo más que rastrear la figura del general, al cual necesariamente se hará también muchas referencias, intentamos rescatar la figura de la mujer, Ángela, pues a nuestro juicio, ella debió enfrentar al menos tres momentos dramáticos en su vida, ligados estrechamente con la historia de Chile. A saber disidencia y cercanía del general con el presidente Allende, lo cual le acarreó el aislamiento por parte de sus compañeros de armas; el arresto en los días posteriores al golpe militar y luego la muerte de su marido, para iniciar luego el deambular del exilio.

La propia Ángela refiere la fuente de los escritos del general: "Alberto escribía a mano los borradores de sus cartas y posteriormente los tipeaba en su máquina de escribir. De todo ello guardé cuidadosamente los borradores y lo mismo hice con todos los demás escritos, reflexiones y trabajos en cobre que realizó en los meses que estuvo recluido en la Cárcel Pública"[82]. Sin duda este epistolario constituye una excelente fuente para conocer de manera más cer-

---

[80] En Alemania Michelle se casó con el arquitecto chileno Jorge Dávalos, padre de sus dos hijos mayores: Sebastián, que nació en 1978 en Leipzig, y Francisca, que nació en Santiago en 1984. Regresó a Chile en 1979, retomando sus estudios de medicina en la U. de Chile. En 1982 se recibió de médico cirujano.

[81] *Las cartas del general Bachelet*, por Reinaldo Edmundo Marchant. El escritor dice: "Cuando los historiadores e investigadores emprendan la búsqueda ancestral de la primera mandataria de Chile, no podrán soslayar los escritos de puño y letra entre la entonces estudiante de medicina de apenas veintidós años y su padre, ofrecidos como autenticidad en este libro".

[82] Jeria, A., *Las cartas del general Bachelet*. Grupo Editorial Norma Santiago, 2006, p.16.

cana y testimonial el pensamiento de este hombre en sus múltiples dimensiones o facetas. Pero deseo no apartarme de la figura de Ángela. Fue ella, conforme a sus propias palabras, la que durante 33 años guardó estas cartas que su marido escribió luego de su primera detención el 11 de septiembre de 1973 hasta el momento de su muerte. "Las atesoré conmigo ocultándolas en una caja mientras él permaneció vivo…", para luego dejarlas bajo la custodia de un familiar cuando partió al exilio.

Al regresar a Chile, años más tarde, se negó a destruirlas y las ocultó por bastante tiempo más. Pero estos tesoros familiares debían a juicio de Ángela ser conocidos por los ciudadanos chilenos. "No estaba convencida –de publicarlas– porque sentía que era algo muy privado, muy mío y de mi familia. Pero me decidí re-leerlas tal vez con una mirada más amplia. No fue fácil hacerlo porque su lectura me retrotraía a un período muy duro y amargo de nuestras vidas, período que muchas veces desearía no recordar, pero, también, me pareció importante que otras personas conocieran en su total dimensión y a través de él mismo, quién fue realmente el general Alberto Bachelet"[83].

Ángela prosigue su interrogatorio y encuentro con la memoria que lucha por persistir:

"A lo largo de estos años, muchas veces me he preguntado: ¿por qué he guardado estas cartas? ¿Por qué no las destruí? Especialmente en esos días en que la prudencia recomendaba deshacerse de todo aquello que pudiera parece 'subversivo' o 'comprometedor'. Creo que no lo hice porque su lectura es, y continúa siendo, una manera de sentirlo cerca, una nueva manera de conversar con él, de aminorar la tristeza de no estar juntos, de recordarlo aunque duela. Ahora me alegro de no haberlo hecho, porque son un testimonio real de un período oscuro y doloroso de nuestra historia, muy especialmente, porque a través de su lectura es posible conocer, en su cabal dimensión, el pensamiento y acciones de un hombre, de un militar, que tuvo la valentía increíble de defender sus principios sin claudicar ante apremios ilegítimos, vejaciones, prisión y cuya trayectoria de vida, su anhelo de mayor justicia social y amor por el ser humano deben ser conocidos y ser un ejemplo para todos nosotros"[84].

---

[83] Ibíd., p. 13.
[84] Calvo y Wood, 2000, *op. cit.*, pp. 17-18.

El general de brigada Aérea Alberto Bachelet Martínez, junto a otros oficiales y suboficiales de la Fuerza Aérea de Chile fueron detenidos, torturados y procesados inmediatamente del golpe militar. El 11 de septiembre de 1973, el general sufre la primera detención y el mismo día dejado en libertad. Sólo dos días después su residencia particular fue allanada por patrullas militares y nuevamente detenido. Los interrogatorios estaban destinados a obtener información de dirigentes de la Unidad Popular, dada su cercanía con el presidente Allende y el cargo que desempeñaba como jefe de la Secretaría Nacional de Distribución. Esta nueva detención se prolongó por casi un mes y donde fue objeto de fuertes apremios físicos, debido a los cuales debió ser internado en el hospital de la Fuerza Aérea. Posteriormente, fue mantenido con arresto en su domicilio y finalmente conducido a la cárcel pública para ser juzgado por un Consejo de Guerra, acusado de conspiración.

En la última carta que escribe a su mujer le dice: "Cuando ha quedado atrás ya medio siglo, el tiempo futuro se mide con otra vara muy distinta que a los veinte. Claro que en las circunstancias actuales, también la misma vara varía. Amortigua la nostalgia, la propia indignación ante lo aberrante de todo; la tristeza es amortiguada por el espíritu de lucha que se va enraizando y adquiriendo dimensiones profundas y ciertas... La nostalgia cede el paso al recuerdo constante de la mujer que siempre ha sido compañera en la entrega total. Y tus letras, Mamy, que son maravillosas, las he leído mil veces, borran todo lo amargo de esto… y tus letras me dan fuerza para seguir adelante, pues sé, más que nunca… que estás al lado mío. Que me acompañarás siempre, porque sabes que te recitaré siempre y ahora más que nunca "[85].

El 12 de marzo de 1974 el general Bachelet muere víctima de un infarto cardíaco. Más tarde el llamado "Informe Rettig" estableció que el "general murió como consecuencia de los malos tratos y torturas sufridos por obra de sus captores"[86].

La gran virtud de Ángela Jeria fue haber logrado enfrentar las situaciones que el destino gratuitamente le brindó para sostener, en el seno de su hogar, principios que han permanecido incólumes hasta el día de hoy. Primero

---

[85] Ibíd., p. 90.

[86] Calvo y Wood, *op. cit.*, p. 26 y p. 138. El senador de la república Jaime Gazmuri el 12 de marzo de 1991, al cumplirse diecisiete años del fallecimiento del general Alberto Bachelet, en representación del Senado, reivindicó su memoria.

formó una familia en la cual los valores aprendidos fueron puestos a prueba, cada uno, a duras pruebas. Estando su marido en prisión ella debe rendir los exámenes finales de su carrera, los que logra aprobar, con esfuerzo y tenacidad.

Años más tarde, el destino quiso que se encontrara cara a cara con el hombre que la torturó mientras estuvo secuestrada. El doloroso encuentro se produjo en el lugar más inesperado, en el ascensor de su propio edificio. "Su mujer vive en mi mismo edificio. Él (el militar) ya no, porque está preso"… Sobre ese momento, ella recuerda que "me di cuenta que era él y se me produjo una cosa muy terrible". "Cuando salimos de ahí le dije: 'en algún momento voy a tener que hablar con usted porque nos conocemos de Villa Grimaldi'. Él se quedó helado y se fue"."Después de eso nos evitamos. Pero un día me lo crucé y le dije que no lo odiaba por lo que hizo. A él se le llenaron de lágrimas los ojos y me agradeció. En ese momento, me sentí liberada", reveló[87].

Con el tiempo Ángela Jeria fue mudando su dolor, desamparo y desolación a nuevos escenarios impensados que el futuro le tenía preparado: ser varias veces abuela, y ser madre de la primera mujer presidenta de Chile: Michell Bachelet Jeria.

7. Gladys Marin Millie. La mujer militante y el "poder de desafiar el poder"[88]

La elección de Gladis Marin se debió a que, a nuestro juicio, no había otra mujer igual en toda América Latina que, con la constancia y congruencia política de Gladys, hubiera defendido su causa. Más aún le propusimos el nombre para su intervención "El poder de desafiar al poder", idea que la aceptó como un reto. Más adelante publicó un libro con la conferencia que dictara en el mencionado curso de verano y, al cual, ella agregó otros escritos de igual

---

[87] http://www.clarin.com/diario/2006/01/18/um/m-01126325.htm

[88] Le propusimos el nombre para su intervención "El poder de desafiar al poder", cuestión que Gladys hizo durante toda su vida. La mujer y su rol en la política se lo solicitamos a Gladys, pues desde el mundo universitario estimamos que, habiendo en nuestro país destacadas mujeres en este campo es ella, sin duda alguna, la mujer que con su presencia y compromiso cubre más de cuatro décadas de activa participación en el campo de la política

relevancia para nosotros los historiadores, que intentamos penetrar en lo más profundo del pensamiento de estas singulares mujeres[89].

Ella misma señaló que la presentación solicitada le sirvió para dar un repaso a su vida y de allí lo valioso de este libro de carácter testimonial[90].

El poder de desafiar al poder. ¿Y no es eso lo que Gladys Marín hizo desde siempre? Este relato auténtico sigue la línea de su anterior libro *Regreso a la esperanza*, de gran valor también para nosotros los historiadores.

La mayoría de los personajes públicos espera el tiempo del reposo o la jubilación para disponerse a la publicación de las memorias. Gladys, contrariamente, lo hace en un momento vital, para que su experiencia sirva, no solamente como manuscrito para recomponer un tiempo histórico, sino para enseñar, demostrar y denunciar.

Y así se van dando los hechos:

Corría la década de los años sesenta. Sus condiciones de líder se expresaron tempranamente y lo hizo como dirigente de la Federación de Estudiantes de Escuelas Normales. Los congresos nacionales de normalistas fueron escenario de las reivindicaciones que esos jóvenes reclamaban en pos de una mejor calidad en la educación de los niños chilenos y de un trato digno para quienes abrazaban esa profesión. Allí Gladys aprendió e hizo suyo el silabario de la política.

Como lo mencionáramos al comienzo, fueron tiempos que al amparo de las ideologías más diversas se forjaron planes y propuestas para una vida mejor. La "Revolución en libertad" y la "Vía chilena al socialismo", entre otras, fueron sin duda las opciones políticas que reunieron a miles de jóvenes idealistas.

Allí estuvo Gladys, que superando la adolescencia, como joven ingresaba en el mundo de la política. Su capacidad de liderazgo quedó demostrada como presidenta de las juventudes comunistas, agrupación política a la que se enroló con entusiasmo y compromiso.

---

[89] Cursos Internacionales del Centro Extremeño de Investigación y Cooperación con Iberoamérica (CEXECI) en Cáceres y Badajoz, Extremadura, España, en mi condición de co-organizadora del curso, junto al director del Centro profesor Miguel Rojas Mix, "Mujeres Iberoamericanas en el cambio de siglo" invitamos, entre otras destacadas mujeres, a: Clara López Beltrán, académica boliviana, Eni de Mezquita Samara, catedrática de la Universidad de San Pablo, Brasil, y a Gladys Marín.

[90] Ciclo acerca de la "Mujer iberoamericana en el cambio de siglo". Cáceres, 2001.

El tiempo comenzó a transcurrir más rápido para Gladys que para otras jóvenes. Al poco andar su figura se convirtió en símbolo de la lucha social. Difícil, muy difícil le fue, como a otras en otros tiempos, transitar en tierra de hombres. Ella misma lo reconoce: "...mi liderazgo se ha constituido siempre desde el enfrentamiento, desde la adversidad, desde la exigencia... Tengo conciencia que las tareas que me confiaron en los sesenta y comienzos de los setenta me convirtieron en ejemplo para muchas mujeres que asumían roles políticos"... "Desde ese tiempo y sin darme cuenta –expresa en su libro– se fue forjando una imagen ligada al compromiso, a la consecuencia, al atrevimiento..."

En este marco es elegida diputada en tres períodos.

El paso de los años setenta: este tiempo fue para Gladys el tiempo de la madurez, del amor, del compromiso, de los hijos, de la plenitud, pero también el tiempo del exilio.

Trabaja con ahínco por la candidatura de Salvador Allende y lucha infatigablemente por los derechos de la mujer y su participación social. Lamenta no haber dedicado más tiempo aún a los temas femeninos. Quizá porque en su base ideológica y doctrinal el tema de la reivindicación de derechos no tenía distinción de sexo.

Gladys expresa que el papel jugado por las mujeres, pese a que aún no se incorporaba como reivindicación progresista el tema de género, durante el gobierno de Salvador Allende fue muy importante. Demandas básicas que reflejaban una preocupación por los sectores más modestos, como la entrega de medio litro de leche diario para todos los niños y unas trescientas cincuenta mil mujeres, era asumido como una conquista del movimiento general, al mismo tiempo que como un triunfo de las reivindicaciones feministas[91]. "Con sus limitaciones, entre ellas la ausencia de la comprensión cabal de la condición femenina y su dominación, la Unidad Popular buscó su participación. Los Centros de Madres, organización social de la mujer en los barrios aumentaron de 8.000 a 20.000. En diciembre de 1972 un millón de dueñas (amas) de casa pertenecían a esos centros"[92].

Gladys, con vehemencia, va describiendo los avances de ese Chile nuevo. La mujer estaba en todas las luchas: en el Trabajo Voluntario, en el Tren de la Salud, que recorría los lugares más apartados del país, ingresaba en las uni-

---

[91] Marín. 2001, p.11.
[92] Ibíd., p. 12.

versidades cuya matrícula aumentó en un 87% entre 1970 y 1971. Más aún, en ese imaginario incide en el aumento del electorado de mujeres de izquierda, el cual pasó del 30 al 39 %. Fue un punto relevante la incorporación a la vida pública y al compromiso político de las mujeres jóvenes, cuyo ingreso fue masivo[93].

Con todo y a su parecer la *vía chilena al socialismo* era posible. Y el gobierno de la coalición política de izquierda, la Unidad Popular, así lo demostraba al iniciar una serie de reformas fundamentales en el marco democrático. La nacionalización de los recursos básicos y de las grandes empresas extranjeras que explotaban los recursos naturales del país, la reforma agraria, la estatalización de los bancos, la implantación de la Escuela Nacional Unificada, en fin, reformas profundas con efectos también inesperados. La actividad desarrollada por Gladys fue febril. Su intuición y el olfato político le indicaban que la carrera era contrarreloj.

Gladys y el golpe militar de 1973

Los años de realizaciones políticas sociales concluyen bruscamente en septiembre del 1973. Quizá hoy día todavía los historiadores no estamos en condiciones de entregar una recomposición de ese tiempo histórico, existen miradas globales pero aún faltan análisis más detallados y rigurosos. De allí la importancia de libros de memoria, como éste que analizamos.

El *brusco despertar.* "Al asumir la llamada Junta de Gobierno se emiten edictos de persecución, muchos de los cuales afectan a jóvenes y mujeres. Yo figuraba entre aquellas/os más buscados y perseguidos. El Bando N° 10 del 11 de septiembre de 1973 con el título de "Ultimátum a Dirigentes" me obligó a pasar a la clandestinidad para empezar a trabajar con todo contra la dictadura[94].

"Se inicia así un nuevo enfrentamiento al poder, al poder más reaccionario, más sanguinario y fascista". "El golpe militar y el genocidio iniciado, afectó particularmente a las mujeres. De la noche a la mañana fueron miles las que tuvieron que asumir como jefas de hogar por detención, ejecución, desaparición, exilio, clandestinidad de sus esposos o parejas"[95].

---

[93] Ibídem.

[94] Marín, 2001. (Anexo N° 3), p. 12.

[95] Marín, 2001, p. 13.

"Así como las otras 'locas de América Latina' salen a buscar a sus hijos/as, esposos[96]".

El tiempo del exilio: quizá de todos los testimonios de la narración que analizamos, las páginas más plenas de emoción y sentimiento son aquellas referidas al exilio y a la clandestinidad.

Ellas, las mujeres, son directamente perseguidas, se las detiene, se las tortura, las violan sus torturadores o perros. Se hacen desaparecer a mujeres embarazadas. "El primer cuerpo que aparece brutalmente torturado y arrojado al mar es el de una mujer, Marta Ugarte. Se destruyen millones de vidas y hogares, porque se destruye el sistema democrático[97]". En un anexo que Gladys incorpora en su libro, que estamos comentando, señala con nombres y apellidos y circunstancias de cada una de las 115 mujeres que contiene el registro[98].

Continúa en relato, siendo la reflexión de ese momento una declaración de principios y una proclama para la historia: "Mi opción, mi camino ha sido de una lucha sin descanso, sin dar ni pedir pausa. Mi lucha ha sido y es por la libertad, la democracia, la justicia y el socialismo. Ello me ha costado sacrificios, pero me ha dado felicidad"[99].

"...Me quitaron mis hijos, mi compañero, mis libros, mi araucaria. De todos me alejaron, nada me pertenecía...Tuve que asilarme a fines del 73 y salí al exilio en julio del 74.... Cuatro años de exilio y trece de clandestinidad... Salí sola al exilio y volví sola al trabajo clandestino a comienzos del 1978".

"...han dicho que hice abandono de la maternidad , al dejar mis hijos en Chile... y luego no verlos al regresar clandestinamente... Jamás lo he sentido así (no sólo) fue una decisión consciente, reflexiva y compartida con mi compañero que se quedaba en el país... siento al revés. En mi caso la separación potenció la maternidad hasta el más infinito grado de dolor y valoración..."

La década de los ochenta la atrapa en plena lucha contra el gobierno militar.

---

[96] Marín, 2001, p. 12.
[97] Marín, 2001, p.13.
[98] Marín, 2001, pp. 43-70
[99] Marín, 2001, p. 14.

Son los tiempos de lo que Gladys llama la "Operación Retorno". La vida y el trabajo en la clandestinidad. ¿Y no fue esto un nuevo desafío al poder? Si para comenzar entró al país en forma furtiva tres veces.

"Mi decisión de regresar clandestinamente al país –dice– ayudó a cambiar una concepción política y estratégica de mi partido... Fui parte importante del giro hacia una nueva política, más directa, insurreccional, que adoptó diversas formas de enfrentamiento, a la cual denominamos Política de Rebelión Popular." Acciones que desarrolla hasta el inicio de la Transición. Pero la tarea no termina con los gobiernos de la Concertación por la Democracia.

Los años noventa seguirán siendo de lucha y confrontación y su figura seguirá entrelazada con la historia del país. Pone fuerza en sus palabras cuando escribe: "Les guste o no les guste a muchos, mi nombre es hoy sinónimo de personalidad atrevida, rebelde ya sea para hombres o mujeres".

Como parte de la lucha contra las sombras y pesadillas, dice, me correspondió presentar la primera querella criminal en Chile contra Pinochet el 12 de enero de 1998. Pinochet era aún comandante en jefe del Ejército y se aprontaba a asumir como senador vitalicio...

"En diciembre de 1998 fui candidata a la Presidencia de la República por las fuerzas de izquierda que representan una propuesta alternativa al sistema. La perseguida de ayer fue candidata a la presidencia y el dictador fue detenido en Londres y luego desaforado. Hoy, continúo siendo la secretaria general del Partido Comunista, la única (mujer) dirigente máxima de un partido político.
Nuestros adversarios han tenido éxito en crear la imagen de la modernización de Chile, de la transición modelo, del crecimiento con equidad. Nada de eso es real, pero esas ideas y esos imaginarios han modelado la subjetividad de muchos, incluso entre las clases populares. A veces nos sentimos predicando en el desierto, pero sigo adelante, como sigue mi partido, como siguen otras fuerzas, como siguen los que desde distintos sectores no cejan e inventan nuevas experiencias de hacer política".

Al hacer un alto o una pausa en el relato, reflexiona: "Ser mujer en todos los espacios 'y no morir en el intento' vale la pena. Las mujeres unimos nuestra condición de discriminada por la condición de discriminadas por el capitalismo, que se ensaña con nosotras. Por eso cuando logramos combinar conciencia de clase con conciencia de género nuestras convicciones son potentes".

"Mi postura no tiene nada que ver con aquellas mujeres que arguyen su situación de género para ocupar cargos por discriminación positiva. Asumo el tema de género, de la discriminación de la mujer como un componente esencial ideológico, que en estos nuevos tiempos debe enriquecer las concepciones marxistas, socialistas y revolucionarias"[100].

Colofón

"Enfrenté la dictadura y hoy (2001) continúo enfrentando toda la herencia dictatorial que se expresa tanto en el modelo económico, en la Constitución Política y sistema electoral, así como la falta de verdad y justicia".

Y a esto, nuevamente, nos desafía Gladys en su libro. A conocer desde distintas perspectivas los planos en que se desenvuelve la mujer chilena. Porque para construir relaciones en los cambiantes escenarios actuales se requiere, en primer lugar, conocer lo que las mujeres hacemos, sentimos y producimos, para luego participar, en igualdad de condiciones, en la elaboración de esas tan difíciles relaciones de género y de poder en cualquiera de los campos, en que como mujeres, nos ha correspondido desempeñar.

Tuve la oportunidad de manifestar mi respeto a Gladys Marín. Como se lo manifesté en varias oportunidades la admiré en el plano político, por la congruencia y fidelidad de su discurso y, como mujer, por la tenacidad de enfrentar con valentía la adversidad y recomenzar, una y otra vez, con la misma pasión de siempre.

Palabras finales

Unas palabras acerca de lo escrito y leído. En este escrito hemos referido narraciones que matizan ficción y verdad. En la certeza de que lo vivido, transformado en narración, permite adentrarse en el impacto que la historia de Chile de las últimas décadas del siglo xx produjo en la sociedad chilena y, particularmente, en algunas mujeres paradigmáticas en las cuales muchas

---

[100] Marín, 2001, p. 18.

otras se sienten identificadas o que le permiten reconocer e interpretar su propia historia. Para otras y otros, conocer una particular visión de los hechos acontecidos en Chile, entre 1970 y 1990.

Gladys Marín murió a temprana edad, en el año 2004, fiel a su proyecto de vida y a sus convicciones.

La disyuntiva de la derecha: qué tan cerca o qué tan lejos de Pinochet

Isabel Torres Dujisin
(Universidad de Chile)

Preguntarse por el papel político que jugaron los partidos de derecha durante el régimen autoritario constituye una cuestión central desde una doble perspectiva: por una parte, dimensiona el valor y adhesión efectiva que este sector muestra por el sistema democrático, y por otra, contextualiza el imaginario político en el cual se desenvuelve el quehacer de la derecha durante ese período.

Respecto de la primera preocupación, ésta se vincula con la importancia que significa que el conjunto de agrupaciones e instancias políticas que integran un sistema democrático que, además, conforman los soportes sobre los cuales descansa la democracia, sean parte efectiva en la praxis democrática. Faltando uno de esos soportes, el sistema se desnivela, por lo tanto en la medida que existan sectores que se distancian de las prácticas democráticas, ésta es más frágil, es una mesa coja, tanto en su calidad como en su estabilidad e indudablemente en sus proyecciones futuras.

Por lo mismo, cuando se hace referencia a la cercanía o lejanía que la derecha mantenía con Pinochet, en realidad lo que se está preguntando es qué tan cerca o lejos se estaba de creer y confiar en el sistema democrático o más bien si lo consideraban una deformación de la representación y por lo tanto una condición aplicable según las conveniencias y circunstancias que se presentaran.

Una segunda preocupación se refiere al imaginario político que imperaba acerca del régimen militar, y que es relevante a la hora de evaluar la adhesión que expresa rápidamente la derecha y que asume una posición de justificación a lo acontecido. Las primeras imágenes que circulan por el mundo ya son elocuentes de la naturaleza del golpe de Estado. La fotografía de La Moneda bombardeada, la casa de gobierno de los presidentes de la República y en particular de su ultimo presidente, Salvador Allende, aparecía totalmente destruida por las bombas lanzadas por aviones Hawker Hunter, aquello era lo mas simbólico de la devastación de la democracia, las fotos de los distintos lugares de detención y la violencia empleada, la pira con la quema de libros, imagen que fue rápidamente asociada con la quema de libros durante el nazismo mostrando las semejanzas, y la simbólica foto de Pinochet sentado en primer plano con anteojos oscuros, tal como señala Miguel Rojas Mix, "allí surge el icono del sátrapa, el dictador por antonomasia. Sus gafas se convirtieron en atributo esencial de su imaginería"[1].

Éstas eran las representaciones en el imaginario social y político que trascendieron en seguida de producido el golpe, es decir en el plano de los símbolos, la dictadura militar se instala con imágenes brutales, algunas en el plano de la acción –el bombardeo a la casa de gobierno, los detenidos y la violencia– y otra en el plano de la figura de Pinochet y que será el cliché del dictador (*El imaginario*, 2006).

En este imaginario y entorno simbólico muy complejo, que fue censurado por los más diversos sectores y líderes mundiales, es que debe pensarse la conducta de la derecha, no es en un escenario dividido, de apoyos y críticas, sino que sólo de condenas de los más diversos sectores internacionales. En esas circunstancias, el principal partido de derecha –el Partido Nacional– apoya incondicionalmente el nuevo régimen y decide autodisolverse, aceptando o más bien aconsejando y celebrando el cierre del Congreso. Ese proceder delata su visión y valoración del sistema democrático.

En seguida modificaron su discurso, desde lo que había sido la crítica al gobierno de la Unidad Popular, al que acusaban de llevar adelante políticas antidemocráticas, siendo aquélla una de las razones que argüían para inducir la caída de dicho gobierno, pasaron a la exaltación de las restricciones democráticas, la democracia pasó a estar asociada con la demagogia, responsable de la crisis y decadencia en que el país se encontraba, sosteniendo que la "politiquería" y la "demagogia" eran la expresión de lo dañino de la democracia, eran los cánceres de la democracia, o bien como señalaba Pinochet, "la democracia es el mejor caldo de cultivo para el comunismo y este gobierno odia a los comunistas"[2]. Transitaron de la crítica a la falta de democracia, al respaldo

---

[1] Rojas Mix, Miguel. *El imaginario*. Buenos Aires, Prometeo Libros, 2006, p. 207.
[2] *El Mercurio*, 25-IV-1974, p. 7.

de un régimen autoritario, y argumentando en contra de las prácticas democráticas de gobierno.

La idea de una nueva Carta Fundamental estuvo dando vuelta desde comienzos del régimen, y al corto tiempo procedió a nombrar una comisión "para que estudie, elabore y proponga una nueva Constitución política de Estado"[3]. Esta idea contó con el beneplácito y colaboración de la derecha. En el año 1975, uno de los principales ideólogos de la derecha e integrante del equipo jurídico designado para hacer una propuesta para la nueva Constitución, sostenía que era necesario fortalecer el régimen presidencial y reducir las facultades del legislativo dado que las asambleas parlamentarias eran organismos aptos para épocas en que se debatían cuestiones ideológicas y no para problemas tácticos, que eran los que Chile debía resolver, apuntando a la creación de un Parlamento integrado por hombres "de verdadera selección" aunque para ello sea necesario arrastrar con el prejuicio de origen electoral populista.

"Con un Congreso atestado de mediocres como el último que conocimos, una democracia no puede funcionar" (Guzmán, 1975)[4]. Se trataba de un nuevo orden institucional que introducía la formula de una democracia protegida y además se redefinía el rol de las Fuerzas Armadas, pasando éstas a cumplir una función de "elemento cohesionador de la nacionalidad, que sea la expresión más permanente del Estado y de la Patria, por encima de las contingencias políticas" y según la Comisión de Estudios Constitucionales, ese rol les correspondía a las Fuerzas Armadas. Indudablemente la Constitución obedecía al intento de Pinochet de acumular el máximo de poder, marcar la distancia con las otras ramas de las FF.AA. y proclamarse Presidente de la República. Personalidades de la derecha se incorporaron a trabajar en la elaboración de la nueva Constitución y aquellas disposiciones que reducían el papel de los partidos políticos, no fueron cuestionadas. La democracia era entendida esencialmente como una circunstancia instrumental, la cual podía ser útil o bien dejarse de lado cuando era necesario.

A los pocos meses de ocurrido el golpe militar, un dirigente del Partido Nacional señalaba que en Chile se había iniciado una verdadera revolución nacionalista y constructiva, y que la actuación de las Fuerzas Armadas no podían

---

[3] Decreto Supremo, Diario Oficial, 12 de noviembre, 1973.
[4] *Revista Qué pasa*, 7-I-1975, pp. 42-43.

calificarse de simple golpe de Estado y que éstas, se quisiera o no, debían actuar a fondo, y por la misma razón no podrían llamar a elecciones en el corto plazo porque aquello sería volver a los errores del pasado, lo que en los hechos significaba, para este sector, el régimen democrático que había existido hasta 1973[5].

Fue así como ocurrido el golpe de Estado, la derecha delegó su poder a los militares y los civiles que integraron el gabinete, que se mantuvieron subordinados al poder militar. Este sector por lo tanto convirtió a los militares en los agentes propulsores del proyecto de modernización neoliberal. La principal razón para hacer este traspaso era que dicho proyecto era imposible de aplicar en un sistema de competencia democrática, lo cual estaba asociado con la convicción de que las FF.AA. eran las indicadas para mantener bajo control al país y porque veían en los "miembros de las FF.AA. los que mejor representaban los ideales de nacionalidad, autoridad, disciplina y de servicio nacional indispensable para levantar el país" (Brunner, 1983). Tal como lo ha señalado Brunner, se observaba en los inicios una admiración por las FF.AA. y que se encarnaba en la figura de Pinochet[6].

En 1975 cuando el país se vio enfrentado a las primeras señales de dificultad económica, el gabinete en pleno presentó su renuncia, "adoptaron tal decisión considerando que la realidad de enfrentar las alternativas de la situación económica hacían preferible que el presidente de la república, general Augusto Pinochet, contara con la más absoluta libertad de acción"[7]. Los ministros de Hacienda y de Economía, quienes eran civiles, tampoco fueron capaces en dicha coyuntura de asumir un rol significativo, que les permitiera hacer una propuesta para enfrentar la crisis que les concernía directamente.

Pero las condiciones fueron cambiando y en términos de estabilidad económica, hacia fines de 1979, se respiraba dentro del gobierno un clima de confianza, parecía ser que el régimen militar tendía a consolidarse sobre la base de tres pilares: el poder incontrarrestable de Pinochet, los organismos de la represión y los tecnócratas que dictaban la política económica. Se había instalado un clima de euforia y arrogancia entre quienes manejaban la economía y se hablaba del "milagro económico", lo que a la luz de los resultados posteriores resultó ser totalmente irracional.

---

[5] Entrevista a Sergio Onofre Jarpa, *Revista Qué pasa*, N° 133, Nov.-Dic. 1973, pp. 6-8.

[6] Brunner JJ., *Documento FLACSO*, N° 176, mayo, 1983, p. 11.

[7] *El Mercurio*, 10-IV-1975, p. 1.

En este contexto de euforia económica y política, Pinochet convocó a un plebiscito para sancionar la nueva Constitución. Demás está decir que dicho referéndum se realizó en condiciones irregulares y que los resultados fueron ampliamente favorables al Gobierno. Cuando se realizó el plebiscito, la derecha se felicitaba y celebraban esta exitosa alianza. "Los políticos que generaron o permitieron el estado de cosas que llevó al fracaso de la democracia chilena, fueron derrotados por la alianza de militares y economistas. Los militares proporcionaron el orden la seguridad y confianza. Los economistas brindaron ideas nuevas capaces de levantar al país de su postración"[8].

Esta cómoda transferencia de influencia en la que durante un largo tiempo renunciaron, para dejarla en manos de los militares, se entiende porque para la derecha y los poderes económicos, les aseguraban un clima de estabilidad garantizándoles su influencia económica y política, lo que efectivamente ocurrió hasta la gran crisis del año 1981. Cuando queda en evidencia el fracaso del llamado "milagro económico" se sucede una de las peores crisis en los últimos 60 años de la economía chilena, determinando los acontecimientos políticos venideros.

La crisis económica de 1981, por primera vez, intranquilizó a la derecha. Habían delegado parte importante de su poder, fueron capaces de defender al gobierno frente a las acusaciones evidentes de violación a los DD.HH., estuvieron dispuestos a tener un rol político secundario, todo esto a cambio de seguridad económica y política. Si aquellas condiciones no se cumplían, el traspaso había sido estéril e inútil.

En junio de 1982 se produce la devaluación del dólar, provocando los efectos económicos predecibles (quiebre de empresas y el consiguiente aumento de la cesantía, una importante caída de los salarios), originando un segundo efecto mucho más profundo, una crisis de credibilidad y de confianza de los poderes económicos, en la política del gobierno. El llamado "milagro económico" representaba aparentemente la principal fortaleza del Gobierno. Dicho modelo se había sustentado a partir de ciertas premisas básicas, entre las cuales estaba el mantener fijo el tipo de cambio nominal, es decir un dólar invariable; sin embargo, la devaluación del dólar pone en evidencia que el milagro tenía pies de barro.

---

[8] *El Mercurio*, 21-XII-1980, p. 3.

En el imaginario de la derecha se había instalado la idea de que la dupla autoritarismo y "cientificidad" que contenía el modelo era garantía de estabilidad política, por lo tanto cuando la crisis se hace manifiesta, la tutela que habían entregado a los militares, sobre la base que ellos representaban la idea del "orden y autoritarismo", comienza a relativizarse y cambiar de sentido. A comienzos del año 1983, Pinochet realizó un nuevo cambio de gabinete y lo más significativo es que nombró a un número importante de civiles como nuevos ministros de Estado. En su discurso de juramento de los nuevos ministros, siguen estando presentes las ideas fuerza de nacionalismo y patriotismo como contrapartida de las ideas "foráneas del imperialismo ideológico de los marxistas, que reclamaban la vigencia de las libertades y derechos que ellos estaban dispuestos antes de 1973 a avasallar"[9].

La lógica de los buenos y los malos se mantiene vigente, y por lo tanto las instituciones deben mantenerse bajo resguardo. El nacionalismo es la expresión de lo "chileno, que simboliza al hombre de nuestra tierra, para nosotros y no como los partidos políticos extranjeros que son expresión del imperialismo ideológico"[10]. En abril de 1983 se produce la primera "protesta nacional", de una serie de manifestaciones de descontento masivo que se llevaron a cabo hasta noviembre de 1984, y que van a modificar sustancialmente el cuadro político. La imagen que habían contrapuesto de orden, asociada con los militares, versus caos y anarquía unida a la participación democrática, en los hechos demostraba ser falsa, las movilizaciones eran la expresión de la crisis económica y de la falta de democracia. La imagen de orden y normalidad, sobre la cual se sostenía su principal poderío, pierde fuerza y sentido.

En agosto de ese año y como una estrategia de descompresión política, frente a la protestas y fuerza que iba adquiriendo la oposición al régimen, el Gobierno nombra como ministro del Interior a Sergio Onofre Jarpa, líder de la derecha más tradicional. Esta designación representaba para la derecha una nueva oportunidad para probar su real vocación democrática y abrir la puerta a una mayor participación y respeto a las garantías políticas; sin embargo quedaron atrapados en pugnas de poder internas y una vez mas subordinados a las decisiones de Pinochet. De hecho, la gestión de Jarpa se caracterizó por una serie de medidas que conducirían a la formación de nue-

---

[9] *El Mercurio*, 15-II-1983, pp. 1-3.
[10] *El Mercurio*, 17-II-1983, p. 11.

vas organizaciones políticas, no obstante no cambió los términos de supremacía de los militares en cuanto a los civiles.

La inquietud y perplejidad que provocaron las protestas ciudadanas fueron seguidas por la réplica del Gobierno, quien llevó a cabo una serie de hechos de violencia brutales[11], que, a diferencia de la violencia ejercida durante los primeros años, éstos eran de índole distinta, se ubicaban en la lógica de la venganza del "ojo por ojo" como respuesta a la "guerra sucia", que supuestamente alentaba grupos de izquierda. La derecha guardó silencio, justificó o simplemente hizo la vista gorda a lo que sucedía. El miedo nuevamente se instaló en el imaginario de la derecha, el temor y la amenaza de la vuelta al caos y desorden. Las medidas represivas impuestas por el Gobierno formaban parte de los "costos" de la tranquilidad. En el fondo, lo que afloraba nuevamente era el pánico al pueblo, a las distintas expresiones de participación democrática, la cual comenzaba a expresarse de manera más masiva. En este nuevo contexto político, surgen diversas agrupaciones, que en la práctica iba de más a menos incondicionalidad a Pinochet. Sólo dos de ellas alcanzaran trascendencia en el escenario político: la Unión Demócrata Independiente (UDI) y Renovación Nacional (RN).

La UDI se fundó en 1983, en esa oportunidad afirmaban su intención de aglutinar a los que "compartían los principios de una sociedad libre", los que aceptaban la Constitución de 1980 y respaldaban un tránsito gradual desde el gobierno militar a la "plena democracia". Respecto del gobierno de Pinochet, sostenían la necesidad de tener "una posición de independencia, de crítica constructiva y la firme disposición de defender su estabilidad"; paradojalmente, y en un claro contrasentido con lo que había sido su práctica, señalaban que "la democracia debe constituir la forma normal de gobierno, porque es mejor, pese a sus vicios", y junto a aquellas declaraciones justificaron las constantes violaciones a los DD.HH. y los costos sociales que se debieron pagar para implementar "el modelo y lograr la paz social" durante el régimen autoritario.

Como se trataba de una democracia tutelada, los plazos fijados en la Constitución de 1980 debían ser respetados y no se podía aceptar ir más allá

---

[11] El llamado caso de los degollados, donde fueron asesinados tres dirigentes comunistas, o bien el caso de los quemados, donde fueron quemados vivos dos jóvenes que protestaban, son situaciones de violencia extrema.

de los marcos fijados por el Gobierno en el proceso de institucionalización, porque aquello equivaldría a desestabilizar el Gobierno y por ende, poner en situación de riesgo inminente la meta final. Resaltaban la importancia "del pluralismo ideológico" como valor consustancial a la democracia, exceptuando "a aquellos que buscan su destrucción", razón por la cual este partido realizó múltiples emplazamientos al partido de centro y de oposición al gobierno militar, la Democracia Cristiana, exigiéndole "inequívoca definición frente al marxismo". En su Manifiesto Programático sostuvieron la tesis de la instalación de un Congreso, integrado por "hombres buenos" que abarcaran el espectro de "corrientes democráticas", descartando la elección directa y abogaban por una efectiva proscripción de las doctrinas totalitarias. Claramente este partido ha sido el que ha tenido mayor influencia en el pinochetismo y el que ha defendido más incondicionalmente el régimen autoritario.

En ese mismo período aparece en la prensa una declaración del Movimiento de Unión Nacional (MUN), partido que en el año 1987 pasó a llamarse Renovación Nacional. En dicha declaración hacen un llamado a la "unidad nacional", planteando la necesidad de hacer un esfuerzo amplio para tomar el camino del entendimiento y del diálogo, evitando el crecimiento de la violencia que aquejaba al país. Para que esto fuera posible se debía favorecer una apertura política y corregir los errores de la política económica. Estas propuestas iban abiertamente en apoyo a la gestión del ministro Jarpa.

En la declaración de principios, el MUN señala que se había iniciado una etapa de mayor participación política para lo cual se requería crear "un movimiento político unitario, democrático, amplio y renovador". Se planteaba como un partido programático vasto, donde podían coexistir diversas ideologías compatibles con la adhesión a los "principios de la civilización occidental y cristiana". Al igual que la UDI, en MUN, sostenían que el mandato del general Pinochet debía durar hasta 1989.

A mediados de 1985, el MUN, unido a dos partidos pequeños de la derecha, firmaron junto con otros sectores de oposición al gobierno militar[12], el llamado "Acuerdo Nacional para la plena democracia", que en lo sustancial sostenía la necesidad de avanzar hacia una democracia plena y auténtica, la

---

[12] Firmaron, entre otros partidos, el Acuerdo Nacional, el Partido Socialista, la Democracia Cristiana y la Izquierda Cristiana.

entrega del poder a autoridades revestidas de plena e indiscutible legitimidad democrática y el retorno de las FF.AA. a sus funciones permanentes. Dicha decisión fue interpretada por la UDI como un claro distanciamiento del Gobierno, y para la oposición, el surgimiento de una derecha democrática con la cual podían unirse para propiciar el proceso de transición a la democracia.

Sin embargo, a poco andar y fracasadas las propuestas de diálogo impulsadas por el ministro Jarpa, que habían contado con el respaldo del MUN, este partido comprendió que, por una parte, no había terreno propicio para avanzar en una apertura democrática y, por otra, que aliándose con la oposición corría el riesgo de quedar subordinado a estos partidos. En la lógica de cálculo de riesgo y bastante oportunismo, dejaron de lado y renegaron de sus declaraciones de principios, enterrando lo que había señalado como sus convicciones, y en un giro de ciento ochenta grados, buscaron nuevamente la unidad con el partido incondicional de Pinochet, la UDI.

Se puede establecer en el año 1987 una segunda etapa de acuerdo con el escenario político general y en particular con la estrategia de la derecha, cuando el Gobierno había recuperado la confianza y el control de la situación, convocando nuevamente a un plebiscito, que probablemente por la experiencia del 1980 y por las señales económicas, se sacaron cálculos optimistas, suponiendo que era evidentemente ganable. Las razones para tal apuesta eran que la economía crecía a buen ritmo, el desempleo había bajado y la inflación estaba relativamente controlada; es decir, se observaba una significativa mejoría en el nivel de vida de la población, por otra parte se constataba que la estrategia de movilización social había dividido a la oposición, encontrándose ésta debilitada para desafiar al Gobierno, y se veía como un escenario objetivamente favorable para llamar al plebiscito, garantizando el triunfo del sí en las urnas. Dicho plebiscito ratificaría la duración de la conducción de Pinochet por un período de ocho años más, según lo establecido en la Constitución de 1980, asegurando a la vez su nominación como candidato presidencial. Para el Gobierno, el plebiscito daba inicio a la transición a la democracia, de acuerdo con el cronograma establecido constitucionalmente. En caso de triunfar la opción del sí, se estipulaba que era electo presidente hasta el año 1997. En caso contrario, que el sí no lograra la mayoría, se debía llamar a elecciones libres y competitivas para el año siguiente.

Sin embargo, el Gobierno pretendía solucionar además otro inconveniente y era el desprestigio internacional que mantenía el régimen militar, por lo tanto el plebiscito al mismo tiempo era una manera de "blanquear la imagen" para lo cual debía dar garantías y tener credibilidad tanto nacional como internacional. Una forma de demostrar que aquella percepción internacional estaba equivocada era lograr por una parte la participación de todas las fuerzas políticas (por supuesto no considerando los sectores marxistas) y obteniendo un significativo respaldo popular. Por tales razones este anuncio adquirió una connotación fundamental, que como ha señalado Edgardo Boeninger, "el plebiscito comenzó a transformarse en un evento de mayor significado: los años de protesta social y los sucesivos crímenes políticos y violación de los derechos humanos habían elevado el tono de la critica internacional"[13].

Entendido de ese modo, la organización del plebiscito pasó a ser la tarea más importante para el Gobierno. En febrero se abrieron los registros electorales y en marzo se promulgó la ley de partidos políticos. A partir de ese momento, comenzaron a exteriorizarse las distintas visiones al interior de los partidarios del régimen y un primer escollo fue la designación del candidato, la cual estuvo cargada de complejidades, sobre todo cuando, a medida que se acercaba la fecha del plebiscito, Pinochet comenzó a actuar de facto como el candidato que los supremos mandos militares deberían designar. Un grupo significativo de oficiales, casi todos del Ejército, comenzaron a realizar abiertamente una actividad electoral en favor del sí. Por otra parte Augusto Pinochet había hecho explícita su decisión de ser el candidato del sí y de este modo imponerse como candidato único del régimen. En un inicio los propios jefes militares plantearon la conveniencia de llevar un abanderado civil, pero asesores del Gobierno convencieron fácilmente al general Pinochet que éste ganaría cómodamente si personificaba la opción del continuismo.

En abril de 1987, en el clima de efervescencia política, se formaliza la inscripción del partido Renovación Nacional, constituido por la fusión de la Unión Democrática Independiente (UDI) y el Movimiento de Unión Nacional (MUN). Su inscripción se llevó a cabo con gran despliegue publicitario, sin embargo los problemas comenzaron sobre la marcha. Un primer desacuerdo fue respecto de la posición que asumirían en el próximo plebiscito y los diferentes grados de apoyo al Gobierno y al futuro candidato. Siguieron los desencuentros respecto de una posible reforma constitucional y, sobre todo,

---

[13] Boeninger, E., *Democracia en Chile*, Ed. Andrés Bello, 1997.

respecto de la sucesión presidencial. El sector proveniente del MUN señalaba la necesidad de trabajar arduamente por el triunfo del sí, sin aceptar una adhesión ciega o sumisa al Gobierno, contrariamente al sector procedente de la UDI, que apoyaban incondicionalmente al gobierno militar.

Enfrentados a esta coyuntura que implicaba una participación amplia, señalaban que sería "una catástrofe para todo el país perder el plebiscito", arrogándose ser la expresión de "todo el país", conducta muy reiterada en la derecha, el sentirse la representación de lo nacional, de la patria, de los valores chilenos, construyendo el imaginario de sí mismos a partir de estas ideas fuerzas. Así mismo, las declaraciones de Jaime Guzmán, líder proveniente de la UDI, eran la representación de una mirada unilateral como si ésta fuera la expresión global de la sociedad, al señalar que "RN se sentía profundamente comprometida con los principios y la obra del actual régimen y que cabía calificar como el más realizador que Chile haya tenido en el presente siglo". Por su parte Allamand, originario del MUN, aclaraba que RN "tenía la responsabilidad de no aceptar una adhesión ciega, fanática o sumisa al Gobierno".

La disyuntiva respecto de quién sería el candidato y los grados de incondicionalidad al Gobierno constituyeron los principales puntos de divergencia. Para un sector de este conglomerado, lo importante era "salvar el proyecto económico y político del régimen militar" a diferencia de aquellos que estaban por posicionar una imagen de partido moderno de derecha, que les permitiera competir en democracia. Lo que se suponía que sería el principal sostén de la candidatura de Pinochet y la expresión más sólida y duradera de la derecha no resistió el primer año de vida, el plebiscito los había dividido y por largo tiempo.

Producido el quiebre de RN, los sectores provenientes de la UDI anunciaron la creación de la UDI por el sí, preparándose para apoyar incondicionalmente a Pinochet como candidato único. Los que se quedaron con el nombre de RN plantearon que ellos apoyarían al candidato que nominaran los comandantes en jefe. Eran partidarios también de modificar la Constitución para realizar elecciones abiertas y no un plebiscito, sostenían que éste favorecería al NO, ya que la oposición no tendría inconvenientes para ponerse de acuerdo en votar NO, pero sí lo tendrían en definir un candidato presidencial.

La decisión de Pinochet de ser él mismo el candidato resultaba cómoda para la derecha, sentían que él garantizaba el proyecto económico, además aseguraban sus espacios de decisión y poder en las políticas económicas y al mismo tiempo posponían su responsabilidad frente al retorno a la democracia. Los militares les garantizaban que harían "el trabajo sucio" de la represión para alcanzar la "paz social". Una vez más, reincidían en lo que había sido su conducta histórica, un rol retaguardista.

Sin embargo, los resultados no fueron los esperados, dieron un 55% para el NO, o sea a la oposición, frente a un 43% a favor del sí de respaldo al Gobierno, cambiando inesperadamente el escenario previsto. El triunfo en 1988 del No echó abajo el panorama que el régimen había visualizado y que descansaba sobre hipotéticamente inequívocos supuestos, primero que Pinochet ganaba el plebiscito y que por lo tanto sería presidente de la República hasta el año 1997, y segundo que padecería de una mayoría opositora en el Parlamento, la cual se anulaba con las resguardos establecidos en la Constitución, lo que no le harían perder el poder.

Contrariamente, los supuestos no se habían cumplido, Pinochet no sólo había sido derrotado en el plebiscito sino que el triunfo del NO en el plebiscito convertían las elecciones presidenciales y parlamentarias de diciembre de 1989 en un triunfo anunciado para la coalición opositora, la Concertación de Partidos por la Democracia.

Pero no todo estaba perdido, los resguardos contemplados en la Constitución comenzaban a cumplir un objetivo. De acuerdo con el peculiar sistema electoral binominal establecido en la Constitución de 1980, por una parte se requería formar alianzas amplias, lo que obliga a buscar "mínimos comunes", y además favorecía a las minorías ya que se subsidiaba a las segundas fuerzas políticas, obteniendo una representación en el Congreso mayor que el porcentaje obtenido en las urnas. Por ejemplo, la lista que obtuviera más de dos tercios de los votos elige dos parlamentarios, si obtiene un voto menos que dos tercios entonces elige un solo parlamentario y la lista que obtiene la segunda votación elige el otro. Un caso emblemático de cómo opera sobre la representación ocurrió en las primeras elecciones de senadores, cuando los candidatos de la Concertación de Partidos por la Democracia obtuvieron el 58,9 y eligieron un senador y la alianza de derecha con 30, 9 eligió el otro. Otro poderoso resguardo constituía la presencia de los 9 senadores designados[14].

---

[14] Los Senadores Designados eran los ex Presidentes de la Republica, dos ex ministros de la Corte Suprema, un Contralor General, cuatro miembros de las FF.AA. en retiro, un rector de universidad y un ex ministro de Estado, nombrados estos dos últimos por el Presidente de la Republica.

Una vez más, la derecha actuó con miopía política habiendo perdido el plebiscito, tuvo la oportunidad de "aggiornarse" distanciándose del pasado dictatorial y de Pinochet y de posicionarse en un discurso de proyecto y de afirmación de futuro. No obstante mantuvieron su dependencia, no siendo capaces de diseñar una estrategia que pudiera, por una parte, revertir el mal pie en que habían quedado y, a la vez, los instalara como fuerza política autónoma. Durante un largo tiempo su identidad y la construcción de su imaginario fueron a partir de los logros alcanzados por el régimen militar y sobre todo su cercanía con Pinochet.

El resultado del plebiscito descartó la posibilidad de que el "líder natural", fuera el elegido, de tal modo que la derecha emprendió la compleja búsqueda del candidato adecuado. Se instaló la convicción de que el naciente postulante debía ser capaz de quebrar el esquema del plebiscito, es decir la lógica del sí y el NO, lo que podría conllevar la posibilidad de abrirse a un discurso distante al Gobierno y ser capaz de conquistar parte de la votación del NO. Los principales dirigentes del sector tenían conciencia de que repetir la lógica del plebiscito equivalía a una derrota de gran alcance, incluyendo las parlamentarias.

Un pequeño sector al interior de Renovación Nacional hacía ver la necesidad de entrar en el juego democrático, "sin custodias", siendo partidarios de que Pinochet se distanciara de las decisiones políticas, que su protagonismo había terminado exitosamente con el plebiscito, tanto por haber cumplido su palabra como por la importante votación que obtuvo el sí. Era el momento de que se hiciera a un lado, más aún, eran partidarios de que dejara la comandancia en jefe y asumiera como senador vitalicio, "en democracia los comandantes en jefe no intervienen en política", sin embargo esta moción fue minoritaria dentro del partido.

Con todo, a lo que no estaban dispuestos era a revisar sus actuaciones y mutismos políticos. Jarpa había sido ministro del Interior entre 1983 y 1986, los años en que ocurrieron graves violaciones a los Derechos Humanos, en el que actuaban impunemente los organismo de seguridad, frente a lo cual el ex ministro opinaba que "los gobiernos necesitan servicios e inteligencia de información, llámese CNI o como se quiera"; y en cuanto a la pregunta de los asesinatos ocurridos durante su gestión, señalaba que "un ministro del Interior siempre se arrepiente de las cosas que resulten trágicas"[15].

---

[15] *Diario La Tercera*, 18-VII-1987.

Durante el proceso decisional, la UDI, en conformidad con Pinochet, levantó la figura de Hernán Büchi, el exitoso ministro de Hacienda que había logrado estabilizar el país, y que era la mejor expresión del modelo económico y por lo tanto el rostro de la continuidad del gobierno de Pinochet.

La UDI propugnaba por un candidato con perfil más bien independiente que un representante partidario. Sostenían que no estaban dispuestos a apoyar las mismas caras del pasado en clara alusión al otro potencial candidato y argumentaban que "Jarpa sabe que un hombre independiente como Büchi puede obtener el consenso", frente a lo cual respondía Jarpa que "el problema que enfrenaba el sector no es económico sino político". Contradictoriamente al argumento que esgrimían para no postular a un líder de la derecha más histórica, algunos sectores al interior de este partido, no descartaban del todo repostular al General.

Tanto Jaime Guzmán, uno de los principales ideólogos de la UDI, como el propio Jarpa, levantaron la tesis de que "las circunstancia permiten que los partidarios de una sociedad libre vayamos con dos candidatos a la elección presidencial, porque existe el sistema de segunda vuelta"; en tal sentido, vislumbraban que en la eventualidad de llevar más de un candidato podían cubrir un segmento más amplio de apoyo. La preocupación por lo tanto no estaba en lograr un solo candidato, sino ganar en segunda vuelta y, sobre todo, en conseguir un respaldo sólido en las parlamentarias.

Finalmente, y después de un largo debate respecto del o los candidatos, Renovación Nacional aceptó a regañadientes la propuesta de la UDI, con su candidato Hernán Büchi, revelándose una vez más las divergencias entre el sector y el poder que tenía Pinochet. Por otra parte, el candidato de Pinochet y ex ministro de Hacienda no era exactamente un líder, capaz de ordenar y hacer triunfar a la derecha, era definitivamente un tecnócrata pero muy atípico en la derecha, al inicio de la campaña había señalado sus profundas dudas existenciales, formulado como una "contradicción vital" para ser candidato, y más aún para consagrarse a la política, teniendo una actitud ambivalente entre aceptar y renunciar; finalmente estuvo dispuesto a ser el candidato después de fuertes presiones políticas.

Superada la "contradicción vital" el candidato debió buscar la fórmula de asegurar los electores de Renovación Nacional y, en general, ampliar su apoyo con los votos de los independientes. Su razonamiento se ubicaba distante de los soportes discursivos de la derecha, declarando y haciendo gestos inéditos, como por ejemplo su preocupación por el tema de los DD.HH., incluso visitando la Comisión de Derechos Humanos; a pesar de aquello, su identificación y participación en el gobierno militar desde 1975 no hacía verosímil dicha preocupación. Lo interesante de subrayar es que el candidato se percató que para ampliar su respaldo electoral no podía esquivar dicho tema. Por su parte RN, una vez perdida la batalla del candidato, puso condiciones para el apoyo a Büchi, buscando marcar la diferencia con la UDI. Ponían el énfasis en la consolidación de la democracia y en la importancia de los acuerdos en una sociedad de libertades y oportunidades, la búsqueda de un acuerdo económico-social y señalaban la importancia que debían tener los partidos políticos: "no hay democracia sana si no hay partidos estructurados y fuertes que sean capaces de sustentar el estado de derecho".

Sin embargo, el naciente interés por establecer un sistema de partidos y el afianzamiento del régimen democrático, coexistía conflictivamente con el reconocimiento al legado del gobierno militar. Por ejemplo, el candidato Büchi buscaba desmarcarse del gobierno autoritario, señalando que "aclaro que no he tenido ninguna autorización, visto bueno o pase del Presidente. Soy candidato porque un importante sector de independientes planteó que yo representaba mejor la visión de futuro que el país necesita". Este frágil equilibrio entre la lealtad y la independencia ocasionaba algunos problemas, principalmente en las FF.AA., que observaban con cierta inquietud e incertidumbre las acciones de quien se suponía era el continuador de la obra del régimen militar.

Finalmente, ni unos ni otros quedaron conformes con la campaña de su abanderado presidencial, dejándolo sobre la marcha sin respaldo político. La derecha que había hecho la opción de delegar su poder, enfrentada a tener que asumir un rol protagónico, no había logrado levantar un líder civil. Conscientes de su debilidad, rápidamente los partidos de derecha concentraron sus esfuerzos en las elecciones parlamentarias, la UDI resaltando su lealtad con la obra del régimen, y RN acentuando su distancia con el Gobierno, haciendo un cálculo pragmático, que lo hacía mirar más hacia el centro político que a sus propios aliados de lista.

A modo de conclusión, se puede señalar que Chile tuvo en casi todo el siglo XX un sistema de partidos políticos, en el cual los de derecha mantuvieron casi permanentemente un rol que se ha definido retaguardista; eso quiere decir que, si bien es cierto que durante largos períodos no tuvieron presidentes de la República de su sector, mantuvieron un importante peso político que descansaba en el Congreso, ejerciendo a través de esa institución el poder de veto. Producido el golpe de Estado aceptaron por un largo período asumir una función subalterna. Gran parte del discurso político post golpe se había sostenido mediante la crítica a los partidos políticos, habían respaldado la proscripción de los partidos "marxistas", a la vez que se había autodisuelto, renunciando a los mecanismos de representación popular relativizando el valor de la democracia. En la década de los ochenta, este discurso se transforma y el defecto se convierte en virtud.

Iniciada la transición a la democracia, la que había sido trazada por sus propios intelectuales, no fueron capaces nuevamente y por un largo período, de asumir un rol que los legitimara como opción política, quedando atrapado en la lógica de la lealtad a Pinochet. Cuando se vio nuevamente enfrentada a elecciones democráticas, volvió a manifestarse su debilidad para proponer un programa dentro del juego democrático, quedando nuevamente subordinada al rol retaguardista en el Congreso. Las discrepancias entre los partidos de la derecha se centraron durante un largo período, en qué tan cerca, o tan lejos, estaban de Pinochet.

Conseguido el triunfo del NO, el gobierno tenía clara conciencia de la alta probabilidad de que la oposición saliera victoriosa en la siguientes elecciones, de tal manera que durante el período que va desde el triunfo del NO hasta las elecciones, se preocuparon por dejar nuevos amarres para impedir que el nuevo Gobierno pudiera llevar adelante cambios muy sustantivos y asegurar la exclusión del Partido Comunista y lo que ellos definían como "marxistas"[16].

La decisión de Pinochet de permanecer como comandante en jefe del Ejército dejaba a esta institución prácticamente autónoma del control civil, que junto a las medidas establecidas en las leyes orgánicas de la FF.AA. les trasfería en los hechos un rol tutelar del régimen democrático. Una primera expresión de esta facultad autoatribuida fue cuando a menos de un año de instalado el gobierno democrático, se produjo el llamado *Ejercicio de enlace*, un acuartelamiento del Ejército, a raíz de la investigación que se realizaba en

---

[16] La serie de leyes que fueron promulgadas entre diciembre de 1989 y febrero de 1990, las "leyes de amarre". Se estableció un quórum de 4/7 para modificar las leyes orgánicas de las FF.AA., se consagraba la casi autonomía de esta institución y se estableció la prohibición que el Congreso ejerciera su función fiscalizadora respecto de los actos de gobierno entre 1980 y 1989.

el Congreso sobre ciertas transacciones económicas en las que el ejército y el hijo de Pinochet aparecían involucrados. La reacción de la derecha fue complaciente, planeando la necesidad de alcanzar un "pacto de democratización", dejando ver a través de estas declaraciones que a Pinochet no se lo podía tocar, es decir, investigar irregularidades de Pinochet y su familia, lo entendían como el "límite extremo de la gobernabilidad" y el precio que pensaban se debía pagar, para llevar adelante la democratización, era no enjuiciar el pasado reciente.

Otro tema complejo en las relaciones cívico-militares fue la creación de la Comisión de Verdad y Reconciliación. Ésta fue una de las primeras medidas que realizó el presidente Aylwin, señalando que la conciencia moral de la nación requería del esclarecimiento de la verdad sobre las más graves violaciones a los DD.HH. con resultado de muerte y desapariciones cometidas por agentes del Estado. Dicha comisión tendría por fin establecer un cuadro lo más completo posible sobre estos hechos, sin tener atribuciones para exigir la comparencia de nadie a declarar, su labor se ubicaba en el campo de lo moral, y no de lo legal. La comisión estuvo integrada por un equipo de juristas y cientistas políticos que representarán las distintas sensibilidades políticas. Durante el período que trabajó investigando la comisión, se vivió un ambiente de gran tensión y escaramuzas entre Gobierno e instituciones militares, las que constituían claramente gestos de deliberación de las Fuerzas Armadas y en particular de Pinochet.

En marzo de 1991, el presidente dio a conocer al país el informe de la Comisión, ahí se señalaba que "las violaciones a los DD.HH. ocurridas a partir del 11 de septiembre de 1973 tenían un carácter único en cuanto a la gravedad, sistematización y número, y por el hecho de no haber sido reconocidas por el Estado y no conocidas debidamente por la opinión publica", agregando que "en ningún caso puede entenderse en el sentido que la crisis de 1973 justifiquen o excusen en ninguna medida tales violaciones[17]". En dicho informe, también se impugnó al Poder Judicial por su responsabilidad en no haber velado por el cabal cumplimiento de las normas constitucionales.

Las reacciones no se hicieron esperar, a las dos semanas de entregado el Informe, la Corte Suprema declaró que "a causa del Informe Rettig el orden institucional está en peligro". Por otra parte, la conducta de anuencia que la

---

[17] Informe de la Comisión de Verdad y Reconciliación, Santiago, febrero de 1991, p. 19.

derecha habían tenido frente a los hechos de violencia de Estado, el Informe no los consignaba, quedando su participación durante el gobierno militar circunscrito a labores "técnicas o protocolares". Las primeras declaraciones de la UDI no se hicieron esperar, lo primero que señalaron fue su apoyo y reconocimiento a la "gesta salvadora" de 1973 y finalmente Pinochet, en su calidad de comandante en jefe, declaró que "actuarían igual de nuevo si las circunstancias lo dieran", en clara alusión a que volvería a dar un golpe militar, con las mismas características, si las condiciones lo exigieran, actuando como poder fáctico.

La preocupación de la derecha era lograr una "salida política" que cerrara definitivamente el tema de los Derechos Humandos, que permitiera dar vuelta la página. Para la derecha y los militares, la reconciliación pasaba por una amnistía general. La UDI, buscaba igualar la violación a los Derechos Humanos de Estado, con la violencia ejercida por grupos de extrema izquierda definidos como "terroristas", proponiendo pactar amnistía para todos, a través de un indulto presidencial, es decir, no se modificaba la Constitución.

Tanto la UDI como RN insinuaban la posibilidad de una involución democrática con el eufemismo de la ingobernabilidad, una manera soterrada de hacer sentir la posibilidad de un nuevo golpe de Estado. La derecha durante un largo tiempo quedó atrapada en la incondicionalidad y dependencia a Pinochet y el régimen militar, anulándose como figura autónoma del quehacer político. En marzo del 1998, Pinochet dejó la comandancia en jefe del ejército para asumir como senador vitalicio. Es decir durante diez años conservó el poder de las armas, tensionando en varias ocasiones las relaciones con el Gobierno. Los partidos de derecha siempre cerraron filas con los militares, tanto en los casos de violación a Derechos Humando que se fueron demostrando, como en gestos de franca deliberación efectuados tanto por Pinochet como también algunos de sus subalternos.

Siendo ya senador de la Republica, Pinochet viaja a Inglaterra, supuestamente por razones de salud, dicho viaje va a cambiar completamente el escenario político nacional. Estando en Londres, es detenido el 16 de octubre de 1998, pudiendo regresar en marzo del 2000. Este hecho, tan inesperado como inimaginable para la mayoría del pueblo chileno, volvió a radicalizar posiciones, retrocediéndose una y otra vez a la crisis del sistema democrático, en 1973. Los dirigentes de la derecha señalaban que "Ellos (en referencia a los dirigentes de la UP) nunca van a perdonar que fueron derrotados por este país en su intención de imponer un sistema marxista". Por otra parte sus máximos líderes y ex ministros del gobierno militar solicitaron que se aplicara la Ley de Seguridad a los diputados socialistas que habían viajado a Londres y a Madrid, para apoyar el enjuiciamiento a Augusto Pinochet. "Su actitud supone un grave atentado contra los intereses del Estado, una traición a la patria y deben ser encausados", señalaba el ex ministro Jarpa, mientras que un congresista advertía que los legisladores "han incurrido en acciones que son motivo de cesación en su condición de diputados"[18].

Los grados de desesperación que exhibieron los llevó a elaborar diversas teorías sobre la situación que el "país" enfrentaba, se tanteó la posibilidad de un realineamiento de las fuerzas políticas de la Concertación, que la Democracia Cristiana constituyera con la derecha un Gobierno de Unidad Nacional, del que evidentemente se excluiría la izquierda. El ex ministro de Pinochet: Onofre Jarpa sostuvo que se podría "conformar una alianza de centroderecha, como la que había existido durante el gobierno de Salvador Allende: la llamada Confederación Democrática". Las directivas de Renovación Nacional y la de Unión Demócrata Independiente le solicitaron al presidente Frei que "reordenara" su gabinete en alusión a la salida de los ministros de izquierda.

En julio del 2004 aparecen las cuentas secretas, haciéndose público los actos de corrupción que el dictador había cometido, lo que lo convirtió en una figura indefendible; Pinochet ya no era intocable; para la derecha pinochetista aquello representó algo "improcedente" en dichas circunstancias, lo dejaron prácticamente solo, eso no se toleraba; la violaciones a los DD HH. habían sido parte del costo que se debió pagar, esta situación era distinta.

En suma, en la trayectoria sostenida por este sector, se ve que ha primado fundamentalmente una posición cortoplacista, privilegiando la defensa de sus prerrogativas, sin ser capaces de levantar una proyección a mediano plazo con Pinochet y los poderes que encarnaba, quedando por largo tiempo fuera de la tradición republicana.

Cuando los militares pasaron a formar parte de una democracia regular, es decir, tenían el monopolio de las armas, pero a la vez se sometieron a las decisiones tomadas por la soberanía popular y a la cultura de respeto a los Derechos Humanos, situación que fue ocurriendo paso a paso, donde el punto

---

[18] Diario electrónico *El Mundo Periódico*, 9-XI-1998.

donde se comienza a agilizar el paso fue a partir de la detención de Pinochet, y el principio de una serie de procesos judiciales, de derechos humanos y económicos que el senador vitalicio debió a enfrentar. En dichas circunstancias, la derecha comienza a manifestar de manera más perceptible su autonomía de los militares deliberantes y en particular de Pinochet.

El imaginario que la derecha tiene sobre el poder y la democracia ha sido una concepción instrumental y desde esa perspectiva ha quedado una y otra vez atrapada en las lógicas del "mal menor". Se ha sentido victima de la democracia, la cual la ha vivido como "mayorías moldeables y manipulables" y por tal razón, ha desconfiado. Se ve a sí misma como la representación del orden frente a la anarquía y el caos que constituye la democracia de masas. Bajo esta visión de salvadora del país, de la patria, se encubre una desconfianza profunda en los sistemas de representación popular. Este sector "cogobernó" con las FF.AA. no sólo como una forma de lealtad hacia quienes las salvaron de la "dictadura marxista", sino porque ése fue el camino óptimo para llevar a cabo su propia utopía económico-social, o sea, el modelo neoliberal que encarnaron los Chicago Boys.

Sin embargo, es oportuno advertir que la transición a la democracia ha sido posible en parte también porque un sector de la derecha apostó por la democracia. Es así como los cambios más importantes que se han producido en estos 18 años, incluidas las reformas constitucionales, han contado con el apoyo, sincero o no, de los partidos de la derecha. A lo que no ha sido capaz es de asumir su responsabilidad política y moral en el quiebre del sistema democrático, como tampoco en lo que se refiere de los años de dictadura y de violación sistemática de los Derechos Humanos y eso muestra que aún existe, quizá de modo latente, la desconfianza en la democracia.

La existencia de una derecha democrática y competitiva con legitimidad política es básica para la consolidación de un sistema político estable, lo cual supone que dichos partidos se aparten definitivamente de una concepción táctica e instrumental de la democracia que mantuvieron en las décadas pasadas, y la conciban como un valor sustantivo en sí mismo, que como lo ha señalado Bobbio, la democracia como compromiso y a la vez como libertad, como espacio para alcanzar una mayor igualdad en las condiciones materiales de vida, una voluntad igualitaria en el sentido de utilizar el poder del Estado para morigerar las desigualdades materiales y sociales.

Los mitos legitimadores del Estado terrorista argentino y sus consecuencias

Maria Susana Bonetto
(Universidad Nacional de Córdoba)

1. El mito del modo de vida "Occidental y Cristiano" y de su preservación

En la explicación del proceso militar en la Argentina (1976-1983) nos interesa destacar las profundas rupturas que originó en el imaginario político, así como la construcción de ciertas visiones sobre el sentido de la política, que aunque resignificadas, se transformaron en hegemónicas y permanecen hasta el presente. Para ello debemos indagar en los mitos de legitimación que permitieron la aceptación de la dictadura militar, con sus secuelas.

Seguimos a Rojas Mix (2007) quien sostiene que "entiendo por mitos de legitimación aquellos que han desarrollado las dictaduras militares para sacralizar o legitimar la usurpación del poder y justificar la represión. Ellos configuran el discurso y el imaginario apologético del autoritarismo" (Rojas Mix 2007, 33). Así se trata de la utilización de una serie de temas que están enraizados en las clases dominantes significando valores relevantes en su pensamiento y que circulan en el tejido social como convicciones intelectuales e incluso como la lógica de sentido común que orienta la interpretación de los hechos.

Entendemos que el mito de legitimación más relevante de la dictadura argentina fue el del resguardo de la tradición "occidental y cristiana" propia del ser nacional argentino, que se vio atacada por la figura del subversivo. Así, a partir de los efectos destructivos del accionar de la "subversión apátrida", surge el requerimiento de la restauración del destino de grandeza del país, frustrado a causa de la injerencia nefasta de intereses externos, en el momento previo al golpe representado por el marxismo internacional. Por ello la lucha antisubversiva se constituye en una obra patriótica en defensa de la "argentinidad," peligrosamente asediada por la infiltración del enemigo externo.

Este mito se constituye en el principio de interpretación de la situación por los militares a partir de su adoctrinamiento y formación en la Doctrina de la Seguridad Nacional, que se transformó en el marco interpretativo y promovió las acciones de los militares en la década de los setenta, ya antes en algunos casos.

Esta lectura de los procesos de emancipación y liberación nacional producidos en las décadas de los 60 y 70 del siglo xx fue generada por los EE.UU. en un contexto en el que se alcanzan algunas victorias en las guerras de liberación, siendo especialmente traumática la de Vietnam, en un contexto de paridad bélica entre Estados Unidos y la Unión Soviética, en plena guerra fría.

En ese escenario, Washington focaliza su atención en Latinoamérica, en la cual se advertían signos de rebelión en vastos sectores populares. La nueva doctrina construye la concepción estratégica de la guerra interior, la cual advierte sobre la infiltración dentro del Estado nacional de la subversión marxista internacional y "apátrida" que busca la destrucción del modo de vida tradicional. Se plantea así que el esfuerzo militar para contener el avance del comunismo no recae ya en los "marines", sino en los propios ejércitos latinoamericanos. En ese marco, el presidente Nixon impulsa el refuerzo de la capacidad militar de los regímenes pronorteamericanos escogidos en el tercer mundo para prepararlos para una función de policía dentro de la región.

Si analizamos ciertas dimensiones de este trayecto de construcción ideológica militar advertimos que ya en 1962 el secretario de Defensa de EE.UU. Robert McNamara sostiene: "Probablemente el mejor rendimiento en nuestras inversiones de ayuda militar proviene del adiestramiento de oficiales seleccionados y de especialistas claves en nuestras escuelas militares y sus centros de adiestramiento en EE.UU. y ultramar. Estos estudiantes son seleccionados cuidadosamente por sus países para convertirse en instructores cuando regresen a ellos".

Con esta propuesta se otorga un papel protagónico político-represivo a las Fuerzas Armadas de los países latinoamericanos, rol ampliamente impartido en las escuelas militares de adiestramiento en los EE.UU.

Esto se evidencia con claridad en otro discurso del secretario de Defensa pronunciado en el Congreso de los EE.UU. en 1967. "Nuestro objetivo primordial en Latinoamérica es ayudar donde sea necesario el continuo desarrollo de las fuerzas militares y paramilitares nativas, capaces de proporcionar, en unión con la policía y otras fuerzas de seguridad, la necesaria seguridad interna".

En un contexto de expansión de esta nueva directiva para proteger a la región del "avance comunista", las Fuerzas Armadas abandonan sus objetivos de defensa exterior, esto es la seguridad de las fronteras y protección de la soberanía, para transformarse en agentes represivos de sus propios compatriotas, mientras se va consolidando la hipótesis del enemigo interno, de la infiltración marxista y de la emergencia de la subversión, que les otorga a los militares el rol de "salvadores de la patria" para resguardar el orden político y económico y "el ser nacional, occidental y cristiano".

La realidad histórica y social de Latinoamérica en ese momento mostraba, más que nunca, que los discursos críticos a la dominación y explotación de los excluidos habían alcanzado extensa hegemonía en sus pueblos, llegando hasta penetrar la conciencia de sectores tradicionalmente conservadores. Existía una construcción hegemónica que había logrado la expansión de un imaginario de transformaciones sociales enmarcadas en la representación de las demandas populares de liberación de la opresión.

Siguiendo a Barros (1996), un espacio de representación es un espacio mítico, un principio de interpretación de cierta situación, y si privilegiamos en su análisis no el contenido particular de dicho espacio sino su capacidad integradora hablamos de un espacio mítico como la superficie de inscripción de otros mitos. En ese momento el espacio mítico de los pueblos articulaba la liberación frente a la dependencia, el momento revolucionario, la soberanía popular en su máxima expresión, la voluntad de cambio, el compromiso político como base de la transformación social. Este espacio mítico generó una nueva sensibilidad que recorrió los poros de la vida cotidiana (Tcach 2003) y conformó una primavera de los pueblos que se había desplazado sobre la sociedad y a la que vino a poner fin en la Argentina el golpe militar (Romero 2003).

Esta voluntad transformadora se expandió en sindicatos, movimientos sociales de base, organizaciones estudiantiles y parroquias. Los discursos críticos atacaban el imperialismo y la explotación de la región y buscaban la construcción de una nueva sociedad. El proyecto popular de transformación socioeconómica y política tenía en claro la identidad del pueblo y cuáles eran sus enemigos, y no había duda sobre lo que había que cambiar para lograr la liberación y quienes se oponían a ella. En la Argentina, este proyecto instalado en diversos sectores sociales incluía distintas tradiciones políticas, por una parte a un considerable y variado grupo representativo de diversas líneas ideológicas dentro de la izquierda, también a sectores peronistas, sobre todos juveniles, que buscaban radicalizar en sentido transformador la tradición "nacional popular", también incluso a importantes grupos católicos que se identificaban con la Teología de la Liberación. En esta vasta movilización popular sólo un reducido porcentaje de la militancia se vinculó con la lucha armada, opción que aunque no era compartida por otros sectores, era respetada como elección.

El golpe militar en la Argentina terminó con este imaginario a partir de una crítica que reinterpretó ese momento histórico y constituye un nuevo espacio mítico. Así en la proclama de lo que se autodenominó Proceso de Reorganización Nacional se describe de esta manera la situación previa al golpe militar:

"Frente a un tremendo vacío de poder, capaz de sumirnos en la disolución y en la anarquía; a la falta de capacidad de convocatoria que ha demostrado el gobierno nacional; a las reiteradas y sucesivas contradicciones evidenciadas en la adopción de medidas de toda índole; a la falta de una estrategia global que conducida por el poder político, enfrentara a la subversión; a la carencia de soluciones para problemas básicos de la Nación, cuya resultante ha sido el incremento permanente de todos los extremismos;...."

Ante esa descripción la propuesta planteada en el mismo documento sostenía que los objetivos del gobierno militar se orientaban a:

"Restituir los valores esenciales que sirven de fundamento a la conducción integral del Estado, enfatizando el sentido de moralidad, idoneidad y eficiencia, imprescindibles para reconstituir el contenido y la imagen de la Nación, erradicar la subversión y promover el desarrollo económico de la vida nacional basado en el equilibrio y participación responsable de los distintos sectores....".

La última dictadura, bajo el pretexto de restaurar el orden político y económico y controlar la subversión, impuso iniciativas y proyectos que en su formulación cuestionaban los ideales sociales y la justicia distributiva que habían prevalecido en la sociedad por décadas y que en los últimos años habían sido profundizadas en su requerimiento. Así el golpe militar se destaca, como sostiene O'Donnell (1987), por "el sentido político e históricamente vengativo contra la Argentina plebeya-populista e inmigrante de las últimas décadas que tuvo la política económica y social de aquellos años".

En realidad el golpe se produce por procesos que compartían los países del Cono Sur en ese momento y que explica su realización también en Brasil, Chile y Uruguay. En todos esos países, como en la Argentina, aunque efectivizado de diferente modo en cada uno de ellos, se había agudizado la lucha de clases y se desestabilizaba la estructura de dominación al interior de cada país (Lesgart 2003). Frente a la activación política de los sectores populares en esa dirección, ésta era percibida como una amenaza por las Fuerzas Armadas, los sectores de poder económico y ciertas fracciones de la clase media, quienes advierten la posibilidad de quiebre de los parámetros socio-económicos capitalistas tradicionales. La "infiltración subversiva" era en realidad la percepción clara de amenaza que estos grupos sentían frente al avance popular y los cambios sociales.

En este punto es posible advertir como en el nuevo espacio mítico se destacan lo que según entendemos son los dos mitos legitimatorios-justificatorios del proceso militar de 1976: 1) la necesaria restauración del modo de vida "occidental y cristiano" propio de nuestro "ser nacional" para lo cual era absolutamente imperioso terminar con los subversivos. 2) El imperio del libre mercado como el único modo posible de terminar con el caos y la ineficiencia económica.

2. El mito de la subversión que infecta el cuerpo social

Creemos oportuno incluir la representación en imágenes de la interpretación secuencial de la justificación del golpe de Estado, tal como fue profusamente difundida en la propaganda oficial.

La Argentina es representada por la escena de la vaca en un bucólico escenario campestre, que permite entender el significado central que tiene la producción agropecuaria y los sectores que la representan, en el imaginario de los grupos dominantes (expresados en esta instancia por el gobierno militar). En una dimensión más alejada se ve la chimenea de una fábrica que termina de completar el sector productivo impulsor de la riqueza argentina.

Según el discurso del proceso, la infección subversiva ataca y penetra todo su cuerpo hasta enfermarlo y secar sus riquezas. Por ello es necesaria una acción fuerte y violenta para que se restaure el orden y la armonía que llevan a la felicidad del país.

Figura I

El cuerpo social ha sido infectado, la subversión no se vincula sólo con la guerrilla o con los sectores armados, es todo pensamiento o acción social o política que atente contra "el modo de vida occidental y cristiano".

Así sostiene el general Jorge Rafael Videla, primer presidente de la Argentina en la última dictadura: "La subversión no es un problema que requiera solamente una actuación militar, es un fenómeno global que requiere también una estrategia global de lucha en todos los campos: de la política, de la economía, de la cultura y el militar"[1].

Así también lo sostiene el jefe del Estado Mayor General del Ejército general Guillermo Suárez Mason. "Ante el avance de una acción total por parte del marxismo es preciso tener una respuesta integral del Estado. Sería absurdo suponer que hemos ganado la guerra contra la subversión porque hemos eliminado su peligro armado"[2].

Por ello la principal violencia de la "subversión apátrida" no estaba centrada en quienes actuaban militarmente como grupo armado, sino que se focalizaba en la difusión de todo pensamiento e ideología que atentara contra la "civilización occidental y cristiana". Por eso todo aquel que manifestara concepciones críticas a ese modelo, ya sea porque adhiriera a ideas socialistas o porque planteara un pensamiento de mayor equidad social frente al capitalismo existente, se transformaba por ese solo hecho en un "subversivo".

Todo aquel que asume ese pensamiento es parte de la violencia. El "otro", el enemigo, es caracterizado en términos de "izquierda" y quien tiene esa ideología "no es argentino".

Como sostiene Barros (1996): "El carácter ideológico del enemigo provocaba incluso la pérdida de su nacionalidad". Era el enemigo interno y no un compatriota, siguiendo las claras líneas de la doctrina de la Seguridad Nacional, y por lo tanto estaba definitivamente condenado a la supresión para evitar la contaminación del cuerpo social.

Según sostuvo el general Videla, esa condena era tal "por activar a través de ideas contrarias a nuestra civilización occidental y cristiana a otras personas"[3].

---

[1] Conferencia de prensa, *La Nación*, 14-IV-1976.
[2] *Clarín y La Prensa,* 6-VII-1979.
[3] General Jorge Rafael Videla, enero de 1978.

Figura II

Así la furiosa paranoia del gobierno militar llevó al diagnóstico de que casi todo el cuerpo social había sido infectado por la subversión, análisis probablemente cierto dentro de la lógica de la dictadura, si se tiene en cuenta el concepto que se daba de subversivo.

"Un terrorista no es solamente alguien con un revólver o una bomba, sino también cualquiera que difunda ideas que son contrarias a la civilización occidental y cristiana"[4].

Todos potencialmente podían ser subversivos. Nadie sabía cuándo y en qué circunstancias podía caer en complicidad con la subversión. En ese marco el miedo paralizaba a toda la sociedad.

Se establecieron mecanismos de penetración para que la reorganización de la sociedad quedara definitivamente garantizada en todos los espacios y lugares de trabajo, escuelas, familias, etc., los que debían obedecer tenían que hacerlo mansa y calladamente, porque si no el poder militar no podía separar el trigo de los mansos de la cizaña de los subversivos.

---

[4] Jorge Rafael Videla, enero de 1978.

Como sostiene O'Donnell (1982, 30), "todo el mundo en su lugar. Es decir, aquellos 'arriba' sabiendo todo lo que había que hacer y mandando, los de 'abajo' –desde niños hasta obreros– obedeciendo sin chistar; y los del medio, en su eterna esquizofrenia de mandar y obedecer, sabiendo clarito a quién obedecer y a quién mandar".

En alguna medida, luego de la hiperpolitización del inicio de los setenta, ciertos sectores sociales, sobre todo sectores medios y altos, estaban predispuestos a aceptar lo que la propaganda oficial imponía: una privatización de la vida y marcar el paso según lo establecía el Gobierno.

Para el logro de estos objetivos, el terrorismo de Estado se transformó en el mecanismo principal de disciplinamiento social. Y un rasgo distintivo de la perversión del Estado terrorista, es el ocultamiento de su accionar ilegítimo, en ese contexto de amenaza permanente, el temor a la detención y la tortura se inscribió en los dispositivos del poder coactivo del Estado, ocultando los hechos punitivos, pero instalando en el imaginario social la idea del castigo posible. La perversión de este discurso refiere a una doble significación: la negación de los hechos represivos y, a la vez, la factibilidad de su ocurrencia. Simultáneamente, la idea de aniquilamiento de las organizaciones populares adquiere una centralidad desconocida, extendiéndose al conjunto de la sociedad. Por otra parte se planteó la estrategia de aunar la crisis económica de los sectores populares y la represión como el dispositivo más eficaz para disciplinarlos y subordinarlos.

Esta visión tremendamente autoritaria requería la negación de toda autonomía de pensamiento y elección. No ser diferente, vestir adecuadamente y no opinar, aun en temas triviales, se transformó en una consigna de supervivencia. Así también preguntar o dudar frente a lo que tenía que ser un aprendizaje pasivo, podía tener costos altísimos. Según sostiene Oszlak (1987), fue perseguido todo aquello que no fuera la obediencia del sometido.

Esta estrategia disciplinante logró que no sólo se instalara un Gobierno despótico, sino que la sociedad se transformó en más autoritaria, represiva e intolerante con todo aquello que no correspondiera a la "civilización occidental y cristiana".

Así se entiende la efectiva realización de dos hechos que deben destacarse, ya que permitieron el cumplimiento de los objetivos propuestos por la dictadura: 1) el carácter radical de las políticas orientadas a alterar profundamente la relación de fuerzas de extensos sectores de la población; 2) la incapacidad de resistencia de los derrotados frente a la realización de políticas que en el pasado habrían sido imposibles (Oszlak 1987).

La Dictadura Militar de 1976 fue el intento orgánico más ambicioso destinado al disciplinamiento social y a la reconstitución de los actores sociales y políticos, y desgraciadamente debe reconocerse con considerable éxito en el cumplimiento de esos objetivos.

3. El mito del libre mercado

Desde lo socioeconómico la base o supuesto fundamental del proyecto, que dotó de sentido a las políticas aplicadas, fue el de la plena vigencia del mercado como el más eficaz instrumento de asignación de recursos. De este supuesto básico se derivan otros dos: 1) la redefinición del rol del Estado y el cuestionamiento de la función cumplida con su intervencionismo en el pasado; 2) una filosofía individualista no sólo opuesta a la intromisión del Estado, sino a toda forma de acción colectiva, ya que el individuo es el único defensor de sus intereses y toda forma de mediación queda descalificada. Impusieron la naturalización del mercado, pensamiento que según Lechner (1986) separa la economía mercantil como un conjunto de relaciones presociales y organiza las relaciones sociales como relaciones mercantiles.

El mercado operaba así como instrumento clave de política económica y como recurso de control social, y resultó una pieza central en el disciplinamiento de la sociedad. Cumplía funciones de desarticulación social, atomizando a los individuos y promoviendo su competencia. Así también, operó destruyendo sus formas organizativas y resignificando sus identidades sociales y políticas.

Los efectos de las políticas del Estado terrorista en la desarticulación de los actores sociales para imponer su proyecto económico y político fueron importantes y eficaces. Según sostiene Duhalde (1999), los militares a partir de 1976 desmantelaron casi todas las estructuras del Estado nacional-popular (iniciado en 1945 por el peronismo, pero que tuvo posteriormente una continuidad hasta 1976), terminaron con la industria orientada al mercado interno, concentraron la producción en los grandes grupos económicos, redujeron notablemente el poder de la clase trabajadora, esto les permitió una baja histórica de los salarios (a fines de 1976 los salarios industriales estaban un 45% por debajo del nivel previo al golpe).

Sin las medidas económicas de la Dictadura tomadas por el ministro de Economía Martínez de Hoz, hubiera sido imposible imaginar la construcción posterior del modelo neoliberal de los noventa. Pero sin el cambio exitosamente logrado de las percepciones sociales no hubiera sido posible su aceptación, ya en plena democracia y su internalización en vastos sectores sociales hasta el presente, aunque con algunas reformulaciones.

La imposición de las nuevas orientaciones individualistas y privatizantes requirió la despolitización de los ciudadanos y el desmantelamiento de sus mecanismos de acción colectiva y representación política.

El individuo fue proclamado la unidad social por excelencia (Oszlak 1987), y se construye un "trueque", a cambio del renunciamiento al rol de ciudadano se otorga a la sociedad la recuperación de la iniciativa económica y la capacidad de regular a través del mercado las relaciones de producción y consumo. Así el Estado se ocupa del orden y la sociedad de "desarrollo". Pero la combinación de una economía de libre mercado y un sistema fuertemente coercitivo produjo efectos perversos en la sociedad. A partir de la apertura económica y la consolidación del desequilibrio entre los sectores sociales a través de la coerción, la mayor parte de la población quedó inerme ante la generalización de la ley del más fuerte.

Finalmente, debemos recordar que estos nuevos valores insolidarios que se imponían a la sociedad tanto el individualismo competitivo y el mercado, así como las orientaciones autoritarias y disciplinarias en la sociedad, tuvieron una extensa expansión a través de los medios de comunicación, quienes expresaron casi en su totalidad un amplio y general apoyo al terrorismo de Estado asumiendo la justificación de la represión por la amenaza subversiva, creando antes de su realización un ambiente propenso a la aceptación del golpe y posteriormente generando un consenso legitimador del gobierno autoritario. Además durante todo el tiempo que duró la dictadura no sólo omitieron informar, sino que no ahorraron elogios a ella.

Citamos como ejemplo lo expresado por los dos diarios más importantes del país:

"Laboriosa y dolorosamente, a un costo enorme en vidas y valores morales, y además de bienes materiales, la comunidad ha ido tomando conciencia cabal de la verdadera dimensión de la acción subversiva. Es la nación la que está en armas para vencer al enemigo. En esta acción la primera responsabilidad le corresponde al Gobierno[5], la marcha por el monopolio de la fuerza avanza por caminos convergentes. Ha sido un reclamo formulado por distintas voces y alcanzó mayor vigor en boca de la Iglesia. La constituyen las propias F.F.AA. y sus hombres de gobierno al asociar a los distintos vectores en la lucha permanente contra la subversión".

Por otra parte sostenía el diario *La Nación*:

"Si las Fuerzas Armadas han debido salir a actuar con todo el peso de su potencia y si el Gobierno se ha visto obligado a restringir el funcionamiento de algunas instituciones republicanas transitoriamente, ello ha sido consecuencia directa de la anterior situación y no representa sino un deber inexcusable en defensa de su soberanía y precisamente del modo de vida tradicional"[6].

En síntesis, los mitos legitimadores del proceso militar de 1976: la guerra a la subversión para restaurar "el modo de vida occidental y cristiano" y la instauración del mercado para superar el caos económico produjeron efectos en vastos sectores sociales que admitieron la represión y el terror como los únicos remedios posibles. Así también los mecanismos de disciplinamiento social y reformulación del imaginario político por parte de la dictadura fueron efectivos y eficaces, logrando una sistemática y profunda estrategia de penetración en vastos resquicios de la sociedad, que se internalizó en amplios sectores medios, que asumieron el pensamiento de los grupos dominantes, propagado por el gobierno militar y sus apoyos civiles. Este nuevo imaginario, conservador y antipopular, aunque reformulado y "democratizado", sigue subsistiendo en esos sectores.

Incorporamos imágenes pertenecientes a la propaganda oficial de la dictadura, donde la movilización popular representa el caos y la violencia. Ésta es superada por el gobierno militar, que promete la restauración de la paz y la prosperidad, representada de nuevo por la producción agropecuaria.

---

[5] Editorial del diario *Clarín* del 2-VIII-1976.
[6] Diario *La Nación*, 11-II-1977.

Figura III

4. Rupturas y continuidades en la transición democrática

Cuando en 1983 se inicia el proceso de democratización en la Argentina con elecciones libres que llevaron al triunfo a Raúl Alfonsín en el gobierno, el Estado de Derecho se instauró nuevamente. En los primeros tiempos de la transición, la participación y la puesta en marcha del sistema institucional se constituyeron en ejes centrales del mismo proceso. Así la configuración de un poder democrático, la vigencia de las instituciones y el Estado de Derecho se convirtieron en los mayores aportes de la transición.

En lo político también fue notable la recuperación de los partidos políticos y su renovada militancia y participación. En el lapso de unos pocos meses se afiliaron 3.300.000 al Partido Justicialista y 1.500.000 al Partido Radical.

Por otra parte el movimiento de derechos humanos, en sus distintas vertientes, fue el más importante protagonista de la transición democrática, merece destacarse porque ha dejado variadas marcas en la política argentina desde ese momento. Los temas y cuestiones que este movimiento colocó en la escena política están asociados con la legitimidad de origen de la democracia argentina. Así iniciaron las consignas por el derecho a la vida ya en medio de un régimen generalizado de terror, y abrieron paso a un lugar desde donde se reconstituyó la idea de un sujeto de derecho y un sentido de la ciudadanía que tuvieron un peso ineludible en la construcción de un nuevo régimen. Desde el marco de la legalidad se respondió a esa propuesta y se implementó una respuesta jurídico-institucional, a través de las leyes que impusieron el enjuiciamiento de las juntas militares y de las cúpulas de la guerrilla, como una ruptura con el pasado a partir de la construcción constitucional de la legalidad.

La propuesta democrática de Alfonsín era una solución institucional que se articuló con los clásicos valores del liberalismo, a partir del cual se utilizó los marcos del Estado de Derecho para enjuiciar el accionar ilegal del Estado terrorista.

Se valora positivamente las reglas de procedimiento institucionales, que instauran una refundación institucional, la cual generaría una cultura política capaz de evitar la restauración del autoritarismo.

La democracia aparece como diálogo y construcción de consenso en oposición a la violencia del pasado. Esta violencia hacía alusión al pasado del Estado terrorista y la de los grupos guerrilleros, que según este discurso habían sido los protagonistas centrales de la década del setenta.

En este marco, la democracia se opone a autoritarismo y también a revolución, adquiriendo el peculiar significado gestado en la transición que la identifica estrictamente con la democracia liberal. La democracia instaura la paz y la racionalidad y a partir de nuevos conceptos ético- políticos incuestionables impulsa la aceptación interpretativa de un relato del pasado que explica el enfrentamiento del demonio subversivo (ya instaurado en la conciencia de gran parte de la sociedad tras siete años de propaganda del proceso) y el demonio militar que instrumentó un plan de operaciones contra la actividad subversiva y terrorista, basado en métodos y procedimientos claramente ilegales.

La teoría de los dos demonios implicó una interpretación simplista, pero también intencionada de los procesos sociopolíticos previos a 1976.

Por una parte sirve para delimitar un antes y un después de la transición democrática descalificando las utopías previas a la dictadura y el pasado movilizado y militante enmarcados en un compromiso social transformador, al vincularlos con el caos y la violencia.

La reducción a la violencia que se hace de lo que en verdad había sido un proyecto popular aparece en el decreto 157/83, que impulsó antes que el juicio a las juntas militares, el procesamiento de los dirigentes guerrilleros, y sostiene que luego de las elecciones de 1973 "grupos de personas… instauraron formas violentas de acción política" que "sirvió de pretexto para la alteración del orden constitucional por un sector de las Fuerzas Armadas"; así planteada la descripción de la situación, pasa al informe de la CONADEP y otros documentos. La descripción de la época anterior, como una guerra entre dos grupos y a la sociedad como espectadora, libera a ésta de toda vinculación con la dictadura. Por otra parte es notablemente reduccionista, porque como sostienen Di Riezo y Canciani (2008) "acota temporal y numéricamente a sus actores", así olvida la tradición de lucha y resistencia durante décadas del pueblo, previa a su expansión a fines de los sesenta y comienzos de los setenta, que generó un proyecto transformador que no puede reducirse como lo plantea este relato a "grupúsculos inadaptados".

Por otra parte, el Decreto 157/83 a pesar de criticar la Doctrina de la Seguridad Nacional coincide con ella al sostener: "Que la dimensión que alcanzaron estos flagelos en la sociedad argentina no puede explicarse sólo por motivos nacionales, debe reconocerse la existencia de intereses externos que seleccionaron a nuestro país para medir fuerzas". Por ello, pese a la ruptura que significó la transición en términos de institucionalidad y legalidad, mantiene una continuidad con el discurso del proceso en términos de la amenaza de la subversión que hizo necesaria la intervención militar para salvaguardar nuestro modo de vida "occidental y cristiano".

Así puede interpretarse el juicio a las juntas militares como un proceso jurídico-institucional tendente a establecer responsabilidades por los excesos cometidos.

En este marco, según Duhalde (1999), se otorga la mayor responsabilidad en la violencia desatada a las organizaciones guerrilleras y no al Estado terrorista, el cual es culpable sólo por sus excesos.

Incluso se hace una distinción del nivel delictivo y de la criminalidad de éste, censurando mayormente los ilícitos cometidos contra "las víctimas inocentes", como si el trato inhumano realizado por el terrorismo de Estado fuera más aceptable para "los agentes disolventes de la subversión", categoría ya instaurada como la culpable del golpe de 1976.

La continuidad argumentativa que se advierte en los discurso de la Dictadura y en los democráticos de la transición parte de suponer en ambos casos, aunque con matices distintos, que la necesidad de terminar con la "subversión" de los setenta fue la causante del golpe y de los inexplicables excesos cometidos en su combate y persecución, siguiendo así la conceptualización del subversivo como enemigo interno, que fue usado como justificación del golpe militar, por los propios autores del mismo, que instauraron el terrorismo de Estado.

Esta teoría encontró amplio eco en los sectores medios de la sociedad argentina, principal sustento del gobierno de la transición, así como su mayor base de poder, porque ya existía un discurso extendido en el período de la dictadura que lo había instaurado.

Así siguiendo a Duhalde (1999), la democracia se constituye en un tiempo inaugural, una superación de la violencia de los setenta y su confrontación de clases, y se erige como poder legítimo e institucional, que se sustenta en la conciliación de los intereses de clase, neutralidad a la que aspiran por definición los sectores medios. Es una democracia de procedimientos y no de transformación social, ya que el planteo de objetivos similares a los setenta presenta el peligro potencial de emergencia de la violencia. Así se produce en la transición la exclusión de las utopías de los setenta y el barrido de la memoria social de proyectos transformadores; en su lugar se plantea la aceptación acrítica de la democracia liberal como valor absoluto, unido a un posibilismo político que despacha por utópicos e inservibles los sueños de cambio que conmovieron en el pasado la conciencia latinoamericana.

Posteriormente, en el gobierno de Menem, coincidimos con Duhalde (1999) que en los noventa se produce un avance total en una propuesta de olvido del pasado. Ya ni siquiera se agitan los demonios, el pasado es obsolescencia, anacronismo, error y caducidad. La desmemoria se asienta en esta nueva etapa en un principio de eficacia, ya que recordar carece de sentido operativo.

La memoria de la dictadura y del período anterior no tiene cabida en el nuevo proyecto neoliberal de "inserción en el primer mundo", en el contexto de la globalización capitalista, que convence sobre los beneficios del pleno mercado y su derrame. Se instaura así la política como gestión del mercado. Las luchas de los movimientos de derechos humanos desde el proceso y durante la transición por la memoria y la justicia son ignoradas, y se impone un imaginario en el cual los derechos humanos más destacados en el nuevo contexto son los de la seguridad física y jurídica de la propiedad.

La acción colectiva es ya sustituida por un modelo individualista, consumista y hedonista, que al mismo tiempo descree de la política y de todo objetivo que pretenda modificar la inevitable imposición del modelo neoliberal, considerándolo puro voluntarismo. En el discurso del nuevo gobierno democrático se pretende borrar definitivamente la memoria de la Dictadura y se plantea una expansión de la versión en Democracia del mismo proyecto neoliberal de mercado, iniciado por el gobierno militar.

Así el horizonte del pragmatismo triunfalista de los noventa fue preparado por el discurso normativo-institucionalista de los ochenta, que se transformó en la red de seguridad de una democracia liberal de gestión del mercado, por su legitimación sólo procedimental e institucionalista de la Democracia, sin contenidos político-sociales de cambio. En ese marco, siguiendo a Duhalde (1999), el pasado se cancela no por la obturación que produce un modelo interpretativo hegemónico, con el que es difícil disentir, sino que la clausura es total, porque borra toda sustancia, todo entramado histórico constructivo de una memoria cuya interpretación se discuta.

5. La construcción de un modelo alternativo

Finalmente , entendemos que se genera un nuevo discurso, que recupera los requerimientos por la memoria y el castigo de los genocidas, así como un nuevo relato del pasado previo al golpe, que había sido primero descalificado por violento en la transición y barrida su memoria en los noventa.

Esto se vincula con la aparición de H.I.J.O.S., organización de Derechos Humanos que representa a los hijos de detenidos-desaparecidos, exiliados y otros perseguidos por la Dictadura. Plantean reclamos que se vinculan, por una parte, con la lucha por superar la impunidad, luego de la sanción de las leyes de punto final y obediencia debida e indultos producidos en los gobiernos de los presidentes Alfonsín y Menem respectivamente, y por otra parte, en un escenario de expansión de las políticas neoliberales, que culminan el ciclo políticamente incluyente y socialmente excluyente iniciado desde la transición, sus proclamas también se unen a los reclamos por mayor equidad social.

En este contexto estos jóvenes marcan una clara conciencia de diálogo con la generación de sus padres, bajo los desafíos y el imaginario de una nueva época.

"Hoy decimos con orgullo, con mucho orgullo, que somos hijos de hombres y mujeres que soñaban y luchaban por un mundo digno de ser vivido, somos HIJOS de un sueño que no podrán hacer desaparecer, que no podrán exiliar, que no podrán asesinar ni encarcelar, y que la historia vuelve con fuerza, con más fuerza dándole vida al nombre y a la lucha de nuestros viejos"[7].

La reconstrucción de la Memoria plantea la indagación de la relación entre la represión de los militantes de los setenta y la imposición del modelo neoliberal por el Estado terrorista, luego continuado con algunas variantes en los ochenta y en toda su magnitud en los noventa.

"Necesitamos, los que estamos en este lado del mundo, construir los puentes que reúnan el pasado con el presente: decir que los campos de concentración y tortura de la dictadura son el antecedente de las discriminaciones y la pobreza de hoy, que la destrucción de los derechos sociales de hoy, se basa en la destrucción de quienes lucharon por esos derechos ayer"[8].

---

[7] HIJOS, 24 de marzo de 1996.

[8] HIJOS en el acto de creación del Museo de la Memoria en la Escuela de Mecánica de la Armada, uno de los principales centros de detención y tortura en la Argentina.

Se plantea así una alternativa a los relatos de la transición que demonizó a los setenta y "redujo la complejidad de una experiencia generacional a una determinada opción política atravesada por la violencia guerrillera" (Lesgart 2005). Por el contrario el discurso de H.I.J.O.S. sostiene: "no es casual que hayan aparecido las dictaduras militares en ese entonces en Latinoamérica, para quebrar generaciones con conciencia de cambio"[9].

En síntesis, se plantea una nueva interpretación del pasado que no sólo continúa el reclamo de juicio y castigo a los genocidas y rechazo a la impunidad, sino también reivindica el compromiso político de los militantes desaparecidos con un análisis crítico del incumplimiento en democracia de las demandas sociales.

"Hablamos, entonces, de memoria, verdad y justicia porque sabemos que los gobiernos posteriores a la dictadura no sólo dejaron libres a genocidas y ladrones, sino que, sobre todo, continuaron con el modelo neoliberal impuesto desde entonces. Modelo que, dolorosamente sabemos, ha llevado a la mitad de nuestros compatriotas a vivir en una condición peor que la de pobre"[10].

A partir de esta nueva interpretación se produce un cambio en la política sobre Derechos Humanos, planteándose en el gobierno del presidente Kirchner gran coincidencia con este planteo. Así se advierte la contundencia simbólica de ciertos gestos políticos como la creación del Museo de la Memoria en la ESMA, también en el Centro de Detención y tortura de La Perla en Córdoba y otros lugares que guardan las marcas de la represión.

En lo institucional se derogaron las leyes de punto final y obediencia debida, dictadas en el gobierno de Alfonsín y también se produce la derogación del decreto que impedía las extradiciones de los represores que había sido sancionado por el gobierno de Menen. No sólo se ocupa de reivindicar los derechos de los desaparecidos como "víctimas inocentes", sino que reivindica su militancia y se identifica con una generación que apostó al cambio.

"Formo parte de un generación diezmada, castigada con dolorosas ausencias; me sumé a las luchas políticas creyendo en valores y convicciones a las que no pienso dejar en la puerta de entrada de la Casa Rosada"[11].

---

[9] HIJOS, ibídem.
[10] Discurso de HIJOS pronunciado en la creación del Museo de la Memoria en la Escuela de Mecánica de la Armada. Año 2004.
[11] Discurso del presidente Kirchner, 25-V-2003.

"Fuimos perseguidos por defender nuestras ideas y hoy estamos compartiendo la conducción de la nueva Argentina con una generación en la que muchos no están, pero estamos nosotros para llevar la bandera al lugar que corresponde"[12].

El análisis del presidente Kirchner realiza una interpretación del golpe militar de 1976 muy diferente al realizado por Alfonsín, cuya descripción ya se ha presentado con la reproducción de parte de los fundamentos de la elevación a juicio a las cúpulas militares y guerrilleras.

"A partir del 24 de Marzo de 1976 se aplicó un plan coordinado y sistemático de exterminio y represión generalizados, con un costo humano minuciosamente calculado que sometió a miles de personas al secuestro, a la tortura y a la muerte y los convirtió en 'ausentes para siempre' como irónicamente proclamó el mayor responsable de los crímenes… Pero más allá de estos miles y miles de víctimas puntuales, fue la sociedad la principal destinataria del mensaje de terror generalizado"[13].

"Sólo así podían imponer un proyecto político y económico… de valorización financiera y ajuste estructural con disminución del rol del Estado, endeudamiento externo, con fuga de capitales, y sobre todo, con un disciplinamiento social que permitiera establecer un orden que el sistema democrático no les garantizaba"[14].

En ese marco descriptivo, no se trata de dos fuerzas violentas que luchan frente a un pueblo que sólo aparece como espectador, ajeno a todo compromiso social. Los desaparecidos no son "victimas inocentes" sin pensamientos y compromisos políticos a los que los militares violaron su derechos civiles, sino que eran militantes comprometidos con ideales como justicia y equidad social, que buscaban la transformación social y que fueron perseguidos a causa de esos ideales, y también la sociedad que en su mayoría apoyaba las transformaciones, fue sometida al mismo terror para su disciplinamiento, aunque no todos hayan perdido la vida.

Así coincidiendo con Lesgart (2005) las narraciones construidas en 1983 inscriben la violencia al interior de una historia de no vigencia del Estado de Derecho, que es el que inaugura la transición.

---

[12] Kirchner, 4-II-2004.
[13] Kirchner, 24-III-2006.
[14] Kirchner, 24-III-2006.

La narración de la izquierda peronista (respetamos los términos de la autora, pero sería más correcto hablar de una interpretación coincidente de cierto sector de organizaciones de Derechos Humanos y el gobierno de Kirchner) subraya una violencia nacida desde el interior del Estado y ejercida contra el pueblo, teniendo ambas posiciones un diferente relato de una temporalidad construida con distintas interpretaciones de la historia argentina del siglo XX.

En ese nuevo marco de Memoria y Justicia la referencia a la "violencia" y al "subversivo" pierde todo sentido como explicación de las causas del golpe, y no se cuestiona sólo la ilegalidad y el abandono de la institucionalidad con que actuó la Dictadura, sino que se interpreta su ilegalidad y terror como la estrategia para frenar los ideales de cambio de gran parte del pueblo y de una generación. Entonces se sustituye la apelación al "subversivo" y a la "victima inocente" por la del "militante", cuyo compromiso social por el cambio, enmarcado en un mismo compromiso de vastos sectores sociales, explica la aparición del terrorismo de Estado para poner fin y disciplinar a ese despertar de la conciencia social.

"Voy a estar presente en cada lugar que recuerde a aquellos que dejaron todo, que pusieron todos sus ideales y que soportaron las cosas más atroces por defender un país distinto"[15].

No solamente se resignifica el relato del golpe y los objetivos que buscaba, sino que se recupera la memoria de los militantes desaparecidos, en la construcción del presente.

"Queridos amigos y amigas: creo que estamos compartiendo un hecho y un momento histórico. Veo los rostros de ustedes, sé lo que significan y lo que sintetizan. En este Salón Blanco, que muchas veces ha servido para tantas cosas negras de la historia argentina, hay miles y miles de amigos, compañeros y compañeras, están acá adentro, están con nosotros. Mal que les pese, hicieron todo para que no lleguen pero llegaron, acá están. Muchas gracias y mucha fuerza[16]".

Estas extensas citas pretenden explicar por qué esta visión de la Memoria y Justicia es diferente a la de la transición, no va de la mano de una supuesta imparcialidad de la legalidad del Estado, no puede ser encorsetada en un marco institucional, sino que se articula a una convicción y a un compromiso ético.

---

[15] Kirchner, 28-XI-2003

[16] Kirchner, 16 de diciembre del 2003. Acto de presentación del Archivo Nacional de la Memoria.

Este compromiso ético-político, si se expandiera como imaginario social, puede dar lugar a una recuperación de los ideales de transformación de los setenta pero en un marco de democracia y de las nuevas situaciones internacionales y regionales y plantear algún proyecto alternativo a la globalización de mercado, que instauró en los noventa la exclusión social como inevitable.

Según sostiene Barros (2006), refiriéndose a esta nueva representación: "La identidad del pueblo depende de la construcción de la verdad y la justicia y eso es lo que constituirá una nación que incluya a todos…, es en los sin voz que aparece el espectro del pueblo que ronda y asedia a las voces identificadas con el pasado, los economistas neoliberales, las compañías que se beneficiaron del neoliberalismo, los organismos internacionales de crédito, etc. En esta disputa entre los sin voz y los grandes beneficiados de la década de los noventa es donde aparece la figura de un discurso que no es neutral".

En definitiva el contraargumento a los mitos legitimadores de la dictadura no se produjo en la transición y en los gobiernos posteriores sino a partir de este nuevo discurso sobre los derechos humanos. Así entonces, la formulación iniciada en el proceso y no desvirtuada, en la transición de que la subversión y el caos económico produjeron el golpe militar y los excesos del Estado terrorista, sólo se refuta con otra interpretación que refiere que la Dictadura se instaura para barrer un proyecto popular de transformación y en su lugar impuso la vigencia irrestricta del mercado y el neoliberalismo, cuyos efectos llegan hasta el presente.

Desgraciadamente no podemos decir que esta explicación se haya constituido en hegemónica y que no perviva todavía en vastos sectores de la sociedad, la idea que vincula los años setenta a la violencia y la subversión y no los representa como el período de la utopías y los ideales transformadores. Los efectos de los mitos legitimadores de la dictadura se mantienen, y aunque resignificados siguen teniendo impacto en la falta de adhesión a los proyectos críticos de la política del presente.

Educar al soberano argentino en tiempos de dictadura. Los libros de "Formación Moral y Cívica" en el último gobierno militar

María Teresa Piñero
(Universidad Nacional de Córdoba)

1. Introducción

El último proceso militar (1976-1983) en la Argentina constituye el ejemplo más extremo de creación de un modelo de Estado[1], promovido por una ideología de golpismo, innovadora en comparación con los golpes militares anteriores en el país, pues se instaló un gobierno de las Fuerzas Armadas para producir un cambio radical en toda la sociedad argentina, y no sólo apoyar determinadas fuerzas políticas o gobernar por un período, como en otros momentos históricos. En ese cambio, la instauración de un liberalismo económico se conjugó con el terrorismo físico, así la violencia física y la violencia económica fueron de la mano.

Las ideas liberales de reivindicación del mercado como mecanismo de asignación de recursos, la crítica a las industrias "artificiales" y al "excesivo" intervencionismo estatal que con anterioridad habían formado parte de la gestión de algunos gobiernos, se armonizaron por primera vez en la historia argentina con el pensamiento militar, "proporcionando una filosofía fundante" (Cavarozzi, 1983: 62).

Cavarozzi (1983, 64) sintetiza en tres núcleos temáticos la matriz del orden a erradicar por los militares. Se trataba de elementos antes dispersos que en

[1] Desde 1955 los golpes de Estado en la Argentina se caracterizan por un aumento de las redes de penetración en la sociedad, así en 1955 y 1962 los militares impedían la continuación de los regímenes a los que se oponían, en 1969 la ideología golpista avanza propugnando la instalación de un régimen no democrático sostenido por las Fuerzas Armadas.

1976 se articulan en un discurso único de orden. "La *subversión* –caracterizando como tal no simplemente a las acciones guerrilleras sino a toda forma de activación popular, todo comportamiento contestatario en escuelas y fábricas y dentro de la familia, toda expresión no conformista en las artes y en la cultura, y, en síntesis, todo cuestionamiento a la autoridad; *la sociedad política populista*– el peronismo, los sindicatos, las oposiciones "complacientes" (es decir los radicales y la izquierda parlamentaria) y el Estado tutelar; y, por último, la economía urbana apoyada en la dinámica del *sector industrial*, y sus soportes sociales básicos, una clase obrera "indisciplinada" y un empresariado "ineficiente".

Para ello se comenzó por modificar la sociedad a partir de una feroz represión, apuntando al desmantelamiento de las estructuras de representación popular, sea ésta partidaria, gremial o estudiantil. Se vehiculizó un disciplinamiento social generalizado, mediante la internalización del temor y la quiebra de solidaridades, a partir de la destrucción de la trama social preexistente. Las políticas de desindustrialización por la apertura económica indiscriminada y el terrorismo de Estado debilitaron las organizaciones populares, especialmente el sector sindical. El discurso del gobierno militar asumió acabadamente la tesis del enemigo interior que busca socavar el orden institucional.

El Estado en el orden autoritario fue clave pues fue erigido como *príncipe redentor*, la mano moral, la mano del orden que aprieta, impersonal, el conjunto, porque es el propio conjunto el sindicado como responsable. La metáfora del *cáncer enquistado en la sociedad* constituyó un referente simbólico decisivo en la legitimidad del Estado terrorista, ya que en los propios discursos militares se observa una recurrencia en aislar la figura del gobierno militar de las políticas, remarcando que *por el contrario es el Estado y no el gobierno quien puede diagnosticar y curar las anomalías de la sociedad*. La separación entre sociedad y Estado se instaura en un conjunto de operaciones de gran fuerza a través de un manejo de todas las instituciones y poderes.

"Separar, aislar, para luego aniquilar. ¿A quiénes? A todos, porque no se sabe quiénes son: la sociedad en su conjunto es sospechosa no tanto porque la sociedad se confunda con el mal, sino porque la sociedad está enferma, guarda el mal" (Delich, 1983:19)[2].

---

[2] "En Argentina los subversivos podían ser todos, cualquiera de nosotros. A diferencia de Chile y de Brasil en la que los actores peligrosos estaban más delimitados: estaban en el aparato estatal, en la

El aislamiento implica romper las mediaciones, y es así pues para el encuentro entre un Estado que quitará el mal y una sociedad enferma, deben eliminarse aquellos canales (partidos, sindicatos) que impiden un encuentro auténtico, no viciado por deformaciones políticas. Así la política es la principal actividad que debe prohibirse y es presentada como aquello que divide a los argentinos.

El Estado autoritario destruye la idea del valor de lo público cuando coloniza la estatalidad al convertirla en un espacio agregado de individualidades, suspendiendo la política y estimulando, por medio de la violencia física y económica, la reclusión de las personas a su vida privada. El Estado se privatiza, tanto porque deja en manos del mercado las actividades privadas, porque reduce lo público al reino de la suma de los intereses individuales y se convierte en un actor privado más entre los otros actores. Lo público aparece sólo como el espectáculo del poder, no como espacio de la elaboración del interés colectivo, del proyecto de nación. Lo público retrocede a la privacidad, sólo puede encontrarse fuera del Estado (Delich, 1983: 21).

En los discursos políticos militares de la época se trazan claramente las líneas políticas a seguir, acompañadas por mensajes apelativos que implican un juego profundo de reconversión simbólica. Se trabaja sobre oposiciones axiológicas que tienden a fijar nuevos contenidos a términos claves, así sostenían que a "nuestro tradicional estilo de vida democrático" se le opone la "actual demagogia", ésta no puede ser definida ni sindicalizada en un espacio sino que actúa a través de "slogans, frases hechas y rótulos" que tiene sólo fines electoralistas, provocando confusión en la gente, "a tal punto que es difícil hoy distinguir el bien del mal"[3].

Se instituye una línea causal entre: democracia asociada a fines electoralistas, causa de una corrupción generalizada, por ello se produce una subversión definida como trastocamiento de valores tradicionales, de allí que subversión

---

dirección de los partidos políticos, en la cúpula de los sindicatos, en Argentina los militares entendían que estaba en la sociedad, lejos del aparato estatal y de las grandes escenas de la política: en innumerables huelgas salvajes, en negociaciones mano a mano de salarios y condiciones de trabajo, en cantidad de comportamientos que otros sentían como insoportable insolencia, en universidades enloquecidas y en todas las palabrotas que se podían proferir a militares y burgueses aterrorizados por la guerrilla". (O'Donnell, 1997: 182).

[3] Extraídos de los discursos de la Junta Militar de video del canal "Encuentros" (televisión pública) de la Argentina.

sea des-orden de los valores esenciales del ser nacional. Así la democracia es presentada como distorsionada, no se niega su importancia, sino que se la asocia a la necesidad de su redefinición en un registro de valores que deben ser recuperados, entre ellos el valor más importante, o al menos el prioritario es el de "orden", para ello crean un nuevo diccionario en un contexto de apelación a la memoria colectiva en la que la evocación de la designada *anterior inestabilidad* opera como signo legitimador de esta propuesta de orden.

El destinatario de los mensajes es el "ser argentino" cuya esencia está dada por su sentido de "unidad nacional", frase que es incorporada constantemente en los discursos de los militares. La propuesta de unidad en la Argentina de entonces es capaz de provocar un fuerte efecto a nivel del imaginario, ya que evoca las divisiones del período inmediato anterior, divisiones no sólo entre intereses corporativos o de clase, sino enquistadas al interior de las mismas organizaciones (sindicalismos, grupos guerrilleros divididos, partidos políticos con internas feroces, etcétera).

2. La educación como vehículo de la seguridad nacional

La política educativa del gobierno militar fue parte del proceso de una política general de transformación de la sociedad, para lo cual en términos de macropolítica se procedió a una reorganización del sistema educativo general y en lo micro (aulas, escuela, textos) operó la represión, la censura y la vigilancia constante. Entre los objetivos estaban: el de purgar el cuerpo docente de elementos sospechosos de subversión, erradicar las actividades políticas de escuelas y universidades, extirpar la ideología marxista de los claustros y la reforma de los planes de estudio según normas y valores cristiano occidentales (Duhalde, 1999: 244). Para ello se gestó lo que se llama una *pedagogía procesista de la represión*, que bajo una concepción de educación orientó las políticas de formación de alumnos con sentidos definidos por la ideología del proceso.

En los últimos años se han desarrollado numerosas investigaciones[4] tendentes a dar cuenta de los dispositivos creados por el proceso militar para el éxito de una transformación pedagógica de alcance nacional y definitivo, y

---

[4] La serie "Dictadura y Educación" en sus tres tomos son parte de estos recorridos.

que rebate otras estimaciones de haber sido *una política errática en materia educativa, improvisada y que operaba tan torpemente en esa área, confirmando la escasa preparación de los militares y su descuido natural (por su propia función) de los espacios del saber.* En ese sentido se afirmaba que los cambios de ministros en el área educativa, la ausencia de concepciones educativas signadas por la coherencia y la excesiva transparencia en la persecución del enemigo en los espacios educativos, parecían referir más a un tipo de políticas espasmódicas de corte coyuntural, que a un plan sistemático[5].

La apertura del "archivo BANADE"[6] en el año 2000, que clasifica información secreta sobre cultura y educación de la época de la dictadura, orientó muchas de estas investigaciones que muestran que "…de un lado estaban los campos de concentración, las prisiones y los grupos de tareas. Del otro, una compleja infraestructura de control cultural y educativo, la cual implicaba equipos de censura, análisis de inteligencia, abogados, intelectuales y académicos, planes editoriales, decretos, dictámenes, presupuestos, oficinas… Dos infraestructuras complementarias e inseparables de una misma concepción de reorganización nacional. Que a la desaparición de los cuerpos como técnica se le correspondía el proyecto de desaparición sistemática de símbo-

---

[5] A propósito, el trabajo de Southewell (2001) citado por Postay (2003)

[6] Se refiere a documentos (600) manuscritos, documentos oficiales y fotocopias que fueron encontrados por casualidad por un empleado del edificio del ex Banco Nacional de Desarrollo. La mayoría estaban sellados como "secreto" o "destruir después de leer"."Nos interesa –dijo Alicia Oliveira, la defensora del pueblo– identificar una cadena de mandos militar y burocrática que creó las condiciones para que la censura no fuera sólo una orden escrita que prohibiera un producto cultural sino una advertencia previa y precisa sobre aquello que no podía decirse ni representarse"."La dictadura –dijo Diana Maffía, defensora adjunta– consideraba a la cultura como un enemigo más difícil que la subversión. En la investigación encontramos que había un plan de represión cultural. Fue un plan orquestado, con eje en el Ministerio del Interior". Algo de ese plan de control se ve en el Informe Especial N° 10. Allí cuentan, por ejemplo, que "La Cámara Argentina de Productores de Discos acepta todas las sugerencias que se le formulan y ha propuesto la firma de un convenio con el Ministerio del Interior". Allí se establecerían pautas y "la consulta voluntaria en caso de dudas a una comisión y la revisión del material producido".Nada quedaba librado al azar: "Con respecto a teatros y espectáculos públicos en general –decían– el control es selectivo y esporádico para evitar la superposición de funciones con los gobiernos provinciales". En la ciudad de Buenos Aires, informaban, había una "Comisión de Control" sobre las publicaciones. Maffía contó que encontraron una lista de editoriales "marxistas o con el 50% de la obra marxista". La censura ejercía un gran control sobre la formación de los chicos. En el folleto Subversión en el ámbito educativo, de 1978, el Ministerio de Educación advertía que "la subversión" usaba reclamos como "que todos puedan estudiar", "aumento del presupuesto universitario", o "falta de cursos nocturnos para los que trabajan". *Fuente*: Internet. Entrevista a la defensora del pueblo.

los, discursos, imágenes y tradiciones. Dicho de otro modo: que la estrategia hacia la cultura fue funcional y necesaria para el cumplimiento integral del terrorismo de Estado como estrategia de control y disciplinamiento de la sociedad argentina" (Invernizzi y Gociol, 2002).

El modelo educativo procesista desarticuló el que había comenzado a instalarse en la década del 60 y 70 en la Argentina, en los interregnos de los gobiernos militares de esa época, y que era parte de un discurso social en el que concepciones críticas, contestatarias y hasta revolucionarias impregnaban todos los espacios sociales. La llamada revolución pedagógica y cultural de los 60 significó incorporar teorías críticas, la psicología social, los aportes del psicoanálisis y nuevas prácticas pedagógicas que apuntaban a romper los esquemas más tradicionales con los que se instruía en el país. A este primer proceso de incorporación de enfoques más críticos marcados, no obstante por su carácter eurocéntrico, le sigue un momento de radicalización en los años 70 con la expansión de teorías críticas latinoamericanas que impactan en la pedagogía, y en las mismas prácticas docentes. La adopción del *enfoque freiriano*[7], la difusión de una *pedagogía de la liberación* que tiene como eje la emancipación del sujeto latinoamericano, no sólo impregnó las prácticas educativas sino que además comprometió a los propios sujetos educadores en acciones (sindicalización docente, trabajos de alfabetización, etcétera).

Borrar este incipiente cambio que ponía en el eje de la educación a sujetos contextualizados, latinoamericanos, con su propia historia, que instalaba a la política como discusión del orden colectivo, por lo tanto atravesando todos los espacios, implicaba sin duda un trabajo profundo. Lo educativo, para los militares del 76, fue la herramienta más eficiente para prevenir la aparición de *sujetos revolucionarios.*

Desaparición de profesores, alumnos, personal educativo, exilios, despidos, cierre de carreras, censura de libros, "militarización" de los ritos escolares, control hasta del mínimo acto dentro de las escuelas y universidades[8], fue

---

[7] En 1978 por resolución del entonces ministro de Educación Harguindeguy se prohíbe expresamente el uso de la obra de Pablo Freire a nivel nacional.

[8] La vigilancia constante estaba en las aulas. En Córdoba había escuelas que tenían, a ambos lados del pizarrón, micrófonos no ocultos, a través de los cuales los directivos podían controlar lo que sucedía en las aulas, y escuchar sobre todo al docente.

parte de las estrategias represivas y disciplinadoras, que incluían estrategias discriminadoras ya que la reformulación de la unidad del sistema educativo público dio lugar al fortalecimiento de circuitos diferenciados de acuerdo con los distintos sectores sociales (Pineau, 2005: 33) creando políticas de distribución desigual del bien educación.

El discurso pedagógico procesista articulaba lo cívico-militar enfatizando una pedagogía de los valores moralizadora, disciplinante y autoritaria, que encuentra en el campo educativo posiciones definidas que contribuyen a estructurar los dispositivos de control y represión educativos. Así la formación de docentes en jornadas continuas en la llamada *educación "personalizada"*, que sobredetermina las individualidades, y la expansión de un discurso *perennialista,* que enfatiza las formas perennes del orden social, fruto de una de las irradiaciones neoescolásticas iluminadas por la teología y por la antropología cristiana (Kaufmann, 1997: 151) se combinaba con el control y reformulación de textos de enseñanza en esa línea que apuntaba a una homogeneización de las prácticas pedagógicas unificando cuestiones ideológicas y didácticas.

3. Formar al ciudadano

La asignatura "Formación Cívica", creada en 1976, tenía como objetivo "efectivizar una pedagogía de los valores dentro del marco institucional de la escuela, que ayude a los adolescentes a traducir el deber del juicio moral en comportamientos que manifiesten su madurez" (Kaufmann; 2006: 207).

La idea de una sociedad argentina inmadura, es decir *aún no apta*, es una nota distintiva del enfoque con el cual se estructura lo pedagógico-didáctico y se repite en los mensajes oficiales de los conductores del proceso militar. El proyecto es el desarrollo de la sociedad en un sentido evolutivo y por etapas.

Los manuales de texto sobre "Formación cívica" fueron supervisados y/o creados *ad hoc* durante el proceso militar, dirigidos al cumplimiento de los objetivos del autodenominado *Proceso de Reorganización Nacional (PRN)*, entre los cuales la *seguridad nacional* funcionaba como un eje estructurador de contenidos curriculares y el discurso cristiano su soporte legitimador. El reordenamiento de las relaciones sociales de acuerdo con una lógica de eliminación del subversivo lo era en tanto subvertía el *orden occidental, liberal y cristiano*. La formación del ser nacional debía "promover conductas coincidentes con la identidad nacional, proclives al desarrollo y positivas para la seguridad del país" (Kaufmann, 2006: 153).

La denominación del "ser nacional" se ajustaba a una concepción de nacionalismo entendido como "sentimientos de responsabilidad perfectamente compatibles con la racionalidad del sujeto libre" (Kaufmann, 2006: 166) y no con un ciudadano capaz de problematizar su entorno político y social. La primera medida, en este sentido, fue prohibir los textos sobre civismo previos a la dictadura que constituían *Estudios sobre la Realidad Social Argentina*, que en general respondían a una posición basada en la idea "liberación o dependencia", y llevaban una cierta marca de la época del gobierno justicialista, incluyendo informaciones y argumentaciones vinculadas con su doctrina. Estos textos, además, "proponían una evidente ruptura en los formatos comunicacionales y didácticos en boga para los textos de civismo, ofreciendo actividades no convencionales y propiciando la utilización de los textos como instrumentos de trabajo, de reflexión y debate, propiciando la discusión sobre alternativas, el planteamiento de problemas y la búsqueda de investigación" (Kaufmann, 2006: 154).

A partir de 1978 los manuales de civismo adquirieron diversos formatos y modalidades más definidas, algunos fueron reimpresiones "autorizadas" a los cuales se les agregaban informes, decretos y comunicaciones oficiales e incluso documentos de lucha contra la subversión, otros incorporaban apéndices como la Constitución Nacional, otros fueron encargados por la propia dictadura para su difusión, e incluso en algunos se advierte un auténtico fervor por los escritores por crear una narrativa coherente que articule las ideas de manera exaltativa. En todos los casos se presentaba una manifestación explícita que los contenidos correspondían "al programa oficial" o a los "objetivos establecidos por el Ministerio".

Había otra serie de textos que también eran elegidos por los docentes para el dictado de la materia; los de corte netamente jurídico, que trataba, desde esa dimensión, cuestiones relacionadas con el derecho y el Estado[9].

---

[9] En algunos casos la elección de manuales de corte jurídico permitía a los docentes apartarse de la obligación de trasmitir contenidos construidos bajo el *ethos ideológico* del proceso militar. Así cuando cursé la materia "Formación moral y cívica" durante la dictadura militar, uno de los profesores optó por el "Manual de Derecho Administrativo", y hoy recién puedo significar las razones de la elección de ese texto, algo que en aquel momento parecía carente de sentido en relación con la denominación de la asignatura.

Estos últimos pertenecían a textos anteriores, cuyos contenidos desideologizados, con una visión netamente institucionalista, podían no aparecer como "peligrosos".

La importancia del estudio de los textos de enseñanza radica en que funcionan como los soportes de la asignatura, son los operadores de los objetivos de la misma y forman parte del discurso pedagógico circulante y de lo que es legítimo para ser trasmitido. Definen los currículums educativos, ampliándolos, limitándolos a través de los sentidos jerarquizadores, seleccionadores, clasificatorios, con los cuales se presentan los contenidos y se proponen las actividades. Funcionan como los puentes entre los objetivos de la asignatura y la "intimidad" del aula, ya que el texto orienta la significación del alumno en algún sentido sobre lo que lee. La noción de la indeterminación inicial de todo texto está en la base constitutiva de una relación asimétrica entre el lector y el texto y presupone un impulso al carácter activo del lector para interpretar todo lo no dicho en la superficie pues "… supone que el lector reconstruye el sentido no sólo a partir de lo que el texto proporciona sino que debe 'producir' aquellos tramos que deja en blanco, es decir todo lo que funciona como implícito, sobreentendido e incluso es omitido" (Alonso, 2006: 281).

Estas operaciones en los textos de enseñanza de ciencias sociales, incluidos los de "civismo", adquieren el carácter de constituir procesos de subjetivación sobre la propia vida y las condiciones en las que ésta se desenvuelve. A través de ellos los sujetos elaboran las representaciones sobre su mundo social y "aprenden" las formas posibles de construir su vida en relación con los otros en un determinado contexto económico, político y social.

El discurso educativo de los manuales sobre civismo que veremos, se dirigen a construir ciudadanos hermanados en el temor, la sospecha y la violencia recreando los mitos legitimadores de las dictaduras, que se reproducen en América Latina en los años setenta, pero que encuentran su origen en una ideología de larga tradición militar en la región. Rojas Mix (2007) crea un vocabulario particular que tipifica los mitos del "fascismo dictatorial latinoamericano" y los analiza comparativamente tal como se presentaron en las dictaduras de Chile, la Argentina, Brasil y Uruguay.

4. Los textos

Se seleccionaron tres textos de "Formación Moral y Cívica" escritos por: Blas Barisani[10], Ángela Luchenio[11] y Roberto Kechichián[12], que fueron algunos de los más utilizados en las escuelas públicas de enseñanza media. Los tres pertenecen a la etapa de la pedagogía procesista más dura de la dictadura, pues en 1978 se delinea con mayor claridad el *mensaje* a los alumnos y se cierra el circuito *de formación*. A la asignatura creada en 1976 "Formación Cívica" se le agrega "Moral", desaparecen títulos que abordaban la relación del hombre y su "comunidad", a la vez que se acentúa el hombre en tanto individuo, la familia como primer núcleo de socialización e integración y se incrementan los enunciados relacionados con la Doctrina Social de la Iglesia.

En los textos de "Formación Moral y Cívica" la Moral se construye en equivalencias semánticas con lo "normal". Los significados sobre lo *normal* y lo *anormal* en el hombre argentino funcionan como partición legitimadora de los contenidos formadores y operan con macro-significantes, que aunque no se reiteran, están delineando lo significativo a ser aprehendido por el alumno. Es el caso del término "subversivo", significado que se irá construyendo en los textos a través de los mensajes que se va imprimiendo, para que al final del libro el alumno esté "formado moralmente", y esto implica *delinear su personalidad en contra de lo subversivo, que lo es en tanto atenta contra la naturaleza humana y moral del hombre*, a través de un discurso que muestra una continua "conspiración" de amenazas contra la nación argentina, que se encuentra entre *todos nosotros*. Frente a ello, se apela a que cada uno de los alumnos esté capacitado para detectar al *enemigo*, el que es definido como subvertor del orden moral.

"Se llama subversión a toda acción clandestina o abierta, insidiosa o violenta, que busca la alteración o destrucción de los principios morales y la forma de vida de un pueblo, con la finalidad de preparar con ello la toma del poder, o con la de imponer desde el poder una nueva forma de vida basada en una escala de valores distintas… La acción subversiva se dirige, sobre todo, a la conciencia y a la moral para afectar los principios que rigen al hombre" (Kechichián, 188-189).

---

[10] Ed. Estrada, Bs. As. Edición de 1980.
[11] Ed. Kapelusz, Bs. As. Edición de 1981.
[12] Ed. Stella, Bs. As. Edición de 1981.

El significante opuesto, pleno de valores positivos, es el que se va construyendo a partir del término "ser nacional", que opera como un constructo entre lo deseable y lo existente, que funciona con ambigüedad, pero que nuclea las conductas deseables y que pretende cristalizar una confluencia entre nacionalismo, patriotismo, estilo de vida, tradiciones, espiritualidad, etc. Y que sirve como catalizador para inculcar persuasivamente la ideología procesista, en la que el marxismo se identificará con el terrorismo y los totalitarismos opuestos al "ser nacional".

La narrativa de los libros comienza por construir el orden deseable adoptando formas perennialistas de tono moralizador atado a formas impersonales y eternas, que impide toda crítica por parte del alumno pues ocultando la realidad política y social describe una sociedad que no expresa las condiciones reales de su época. Los textos comenzarán por armar con un sentido modélico al "ser nacional", el que aparece como un dato de la realidad y un ideal a alcanzar,

"El hombre argentino es el resultante de muchas generaciones que se preocuparon de afirmar ciertos valores y afianzar un estilo propio de vida. A los grandes ideales heredados de España: la fe en Dios, el amor a la libertad y el respeto a la justicia, se suman muchos otros que consolidaron su ser nacional" (Barisani, 81)

En el discurso de los textos comprender lo que es el ser nacional resulta complejo para un alumno. La narrativa construye la idea de ser nacional como emergente de un proceso de "iluminación" de la recta razón, que debe ser guiada y se alinea con la idea evolutiva general de la pedagogía procesista, de progresión de las posibilidades del sujeto de "madurar" o "enderezarse" para alcanzar la perfección moral. En este sentido, la formación de los jóvenes se presenta como clave pues deben aprender a distinguir al ser nacional, y contraponerlo al "subversivo".

El tono aleccionador y amenazante se reitera en la intención de convertir al "otro" en un sospechoso:

"Es importante que los jóvenes tomen conciencia de todo lo que nos distingue para poder de esta forma afirmarlo y estar precavidos sobre los intentos (económicos o de otra naturaleza) que procuran vulnerar todo lo que nos identifica, ésta debe ser norma para la juventud" (Luchenio, 158).

En la formación de este ser nacional, los temas en los textos se desarrollan en una progresión que van invitando al alumno a que internalice primero la dimensión moral-cristiana de todas su acciones con un sentido formativo de su carácter y su plena realización en una vida virtuosa. Así los índices de temas se repiten en los textos analizados y son los siguientes:

1-El hombre y las acciones virtuosas. 2. La familia. 3. El hombre y sus realizaciones culturales. 4. El hombre y sus realizaciones económicas. 5. El hombre y sus realizaciones políticas.

Los puntos 1 y 2 en todos los textos funcionan como el núcleo organizador del "orden", en los cuales se plantea la necesidad de un ordenamiento espiritual y actitudinal primario. Por esa razón la diferencia entre normas jurídicas y normas morales y la subordinación de las primeras es relevante. "Las virtudes" (prudencia, justicia, tolerancia etc.), "Los vicios: personales, familiares y sociales", "El dominio de sí", "La formación del carácter", son algunos de los títulos con los que se aborda la "formación moral" del educando. En cada uno de ellos se presenta el valor positivo y sus desviaciones.

El enfoque general del "orden natural" que funciona como contrapunto de la anormalidad-inmadurez-desviación de la persona, criterio con el cual se abordan los contenidos, responden a la utilización de un modelo iusnaturalista, en el que las normas como ordenadoras de la conducta subordinan la ley positiva a un orden natural. Esto permite un juego de equivalencias discursivas entre moral, cívico y natural, cuyos significados pueden intercambiarse construyendo un único sentido.

"Hace falta la lucha interior contra nuestras pasiones desordenadas. Existe un bien que debemos absolutamente querer, que es el Bien Supremo. Existe un fin que se impone a toda conciencia individual, y es de alcanzar ese Bien" (Barisani, 20).

La formación de la "recta razón" se da en un aprendizaje en el cual la familia y el Estado son ejes modélicos de socialización y vigilancia a fin de evitar los "males morales".

En los tres textos la idea de "mal" habilita el discurso de "moralizar" una sociedad comprendida como enferma, en la que el concepto naturalizador de enfermedad es el recipiente que justifica la "limpieza" moral que luego será la base legitimatoria del Gobierno.

Los males morales son colocados en el individuo y en sus formas de socialización, no en las condiciones sociales y políticas en las que vive, abstrayendo al sujeto de las posibilidades de discutir o pensar su entorno. En esta concepción "componiendo" al individuo y a su familia los sujetos alcanzan la vida plena.

"Los males morales tienen sus causas: en el mismo individuo (herencia física o psíquica, enfermedades, etc.) otras son sociales (familias mal constituidas, vivienda inadecuada, cine y literatura corruptores, etc.) o se deben al tipo de mentalidad de la gente (ambición desmedida, ignorancia, soberbia incontrolada)" (Kechichián, 24).

Entre los principales males morales los tres textos marcan al "materialismo", que definido recurrentemente como "una anomalía moral que niega la eficacia a la fuerza creadora del espíritu" (Barisani, 26).

Este término cruzará todas las secciones de los textos, comienza por anclarse en los valores morales del individuo, planteado como obturador de la "ética familiar " porque se trata de "una concepción de la vida que atenta contra la raíz misma de la familia al fomentar el divorcio y el aborto" (Barisani, 26) y es retomado en la tercera sección cuando se presenta "como opuesto a las tradiciones culturales del argentino" y finalmente identificado claramente con el marxismo en la sección cuarta del "hombre y sus realizaciones económicas".

Entre ellas, cita Luchenio (pág. 92) (Kechichian, 185) se encuentran: "el materialismo, la subversión, el individualismo y el totalitarismo". En todos los casos se trata del "intento de menospreciar los valores, el respeto a nuestras tradiciones, así como el reconocimiento de la labor de los próceres". La descripción de los próceres con un sentido de tradición sanmartiniana o belgraniana que pone el acento en su dedicación a la patria, la resignación y ejemplo de virtudes y sacrificios permite entrar a lo que designan como las *deformaciones o anomalías de las propias tradiciones argentinas* El recorte de la historia, la tesis individualizante que enfatiza un aspecto de los hombres de la historia dotando de significado al término "prócer" con un sentido militar, será otra de las estrategias legitimadoras del régimen del 76.

De esta manera el régimen militar va construyendo al "otro", el gran enemigo: el marxismo. La palabra materialismo en los tres textos es vinculado con la anormalidad de sobredeterminar lo material por oposición a lo espiritual, marcado en el discurso militar como definitorio del ser nacional argentino, así se define como "apego excesivo de los bienes materiales que niega los valores espirituales", como teoría errónea acerca de la nacionalidad (Barisani, 21) en tanto se la vincule con factores materiales solamente como geografía, raza, economía, y el marxismo irá surgiendo de las argumentaciones en ese orden, casi naturalmente en el orden de la cultura y lo social, como promotor de esos valores desviados, como la antítesis de lo espiritual. Subversivo por su propia naturaleza, es mostrado en todos los textos como la degradación mayor del espíritu y fuente de dominación política, terrorismo que debe ser combatido por todos los hombres. Una vez sentada la dimensión anormal del marxismo en la sección moral y cultural del texto, éste es tratado más en su faz política en el acápite "El hombre y sus realizaciones políticas".

Para ilustrar el tema, Kechichián (188) acompaña en el texto una foto de la intervención policial en ocasión de sucesos liderados por la FAR en 1970[13]. La elección de esta foto tiene un sentido histórico preciso y funciona como "aleccionadora" y a modo de advertencia, ya que a partir de este hecho comienzan con fuerza las acciones represivas provenientes de la doctrina de la seguridad nacional, que con carácter continental se difunden en la región para el adiestramiento de militares en el poder.

Intervención policial luego del asalto perpetrado por una organización terrorista contra la sucursal de la Provincia del Banco de Buenos Aires, localidad de Garín, en julio de 1970. (Foto A.G.N.)

[13] Esta foto pertenece a lo que se conoce como la presentación de las "Fuerzas Armadas Revolucionarias" (FAR), quienes en la localidad de Garín, Pcia. de Buenos Aires en 1970, realizan un gran despliegue y copan la sucursal del banco de Buenos Aires, sin robarla. Este acontecimiento, junto con otros, le dieron visibilidad a estas organizaciones armadas. El hecho ocurre durante la presi-

"El hombre y sus realizaciones culturales" es el eje en el cual el educando es situado en su contexto y el discurso persuasivo se monta en la articulación de los conceptos de la primera sección, la idea de un derecho natural que se impone al hombre en una vida virtuosa, con temáticas específicamente argentinas, que vendrían a vincular al educando con su medio social, político y económico a partir de un registro moral.

"Necesidades e importancia de ideales de vida para la conformación moral, cívica y cultural de la sociedad argentina", este título en la obra de Barisani resume el enfoque dado al tema. En él la valoración de la herencia cultural hispánica, la continuidad de las tradiciones y el patriotismo ocupan espacio central. *Todos confluyen para dotar de contenidos al orden natural que los educandos deben conocer.* Y que se caracterizan por ser los "valores argentinos".

En este marco, la democracia y el ser nacional se vinculan, la primera es presentada como un ordenamiento adecuado del espíritu, más que una forma de gobierno y así se "biologiza" quitándole toda dimensión conflictiva y social. La naturalización de lo social hace desaparecer prolijamente todo lo arbitrario y humano que posee el ordenamiento sociocultural (Postay, 2003: 105). El perennialismo en el abordaje de la organización política y social constituye una estrategia eficiente en tanto borra la posibilidad de su discusión y legitima el "tapadismo de la realidad política y social" del proceso en tanto en los textos se valora la democracia y en la práctica se establece su opuesto: el totalitarismo más feroz.

De esta forma es posible que en un libro de texto de la dictadura se presente como ilustración de su tapa una "reconstrucción moderna del pórtico del ágora de Atenas, parte de la plaza pública, protegida de la intemperie, en la que el pueblo griego celebraba sus asambleas y donde se administraba justicia" (Barisani, 1), que reenvía a la concepción griega de democracia instituyendo un sentido positivo sobre la misma.

---

dencia de facto de Levingston generando el recordado discurso del entonces Presidente cuando inaugura la "lucha hasta el fin contra el comunismo y las organizaciones terroristas", porque "había comenzado el avance de las organizaciones terroristas en el continente como parte de una estrategia internacional".

La estrategia de historizar a la democracia vinculada con las formas griegas y luego abortar la historia para presentar a la democracia como una "forma del espíritu" se encastra con el sentido general de la dictadura de adoptar el sentido perennialista de raíz cristiano, que aparece como el decodificador del "orden natural" en la historia. Así el sentido griego sobre la democracia ha sido aceptado por su *reinvención tomista*. Pero, además, esta forma clasicista de narrar la democracia la congela en un momento histórico de consideraciones ajenas al mundo contemporáneo y obstruye toda posibilidad que los sujetos la representen en su mundo real. La noción de la democracia al estilo griego, tal cual la presenta la teoría clásica, como construcción emergente de una disposición casi natural del hombre, permite casi como un recurso de sentido común que los alumnos la valoricen sólo como un desprendimiento del espíritu y no como una construcción a problematizar. En este sentido, la dictadura realiza una apropiación del sentido de la democracia, no la niega, no la combate, la resignifica en un intento de hegemonizar su sentido, como otra estrategia de legitimación de su ideología. El sentido, aun el más liberal y tradicional de democracia, de considerar como su finalidad última que los ciudadanos controlen, intervengan y definan objetivos en relación con el poder político cuya titularidad les corresponde, es sustituido por la idea de que hay una sola democracia verdadera y está en un registro espiritual no asequible a todos los hombres, y que el poder político debe ser un príncipe redentor en una cruzada moral de marcar el camino correcto.

El trabajo discursivo sobre la democracia es muy interesante pues se encadenan semánticamente significados capaces de provocar no sólo su desafección sino un profundo temor a la misma. Se constituye como un mecanismo inquisitorial más.

En primer lugar es alojada en el individuo y su espíritu y se instala la desconfianza sobre sus posibilidades en cuanto sea trasladada al mundo de las masas.

"La democracia es independiente de la forma de gobierno: puede vivirse en democracia en una monarquía, y en cambio puede faltar el espíritu democrático en una república" (Barisani, 132).

La idea de "espíritu democrático" se emparenta con la libertad, pero no como valor contra la opresión, sino, como dice el autor:

"libertad para lograr la plenitud espiritual de cada uno…" (Barisani, 133).

Esta libertad es nuevamente una cuestión individual, la que debe ser conducida y controlada. La reiteración de la idea de "inmadurez de los hombres" en la lectura del orden natural que le permita orientar su espíritu adecuadamente en un sentido democrático justifica el salvataje nacional de los militares, ellos representan la mano ordenadora y la espada del espíritu recto.

Por ello uno de los textos habla de "las desviaciones del espíritu democrático" producto del denominado "democratismo", que Barisani (137) toma de Maritain. Así lo califica como el "mito de la soberanía popular".

"..esto es creer que el poder de la mayoría tiene la solución universal de todos los problemas y situaciones. Pensar que la mayoría puede decidir sobre valores fundamentales y absolutos, es un torpe error de marcadas características totalitarias. También Cristo fue crucificado por decisión mayoritaria y Barrabás liberado por votación popular" (Barisani, 150).

"La democracia sólo es legítima cuando respeta el orden moral como emanación de la ley divina, reconoce a Dios como origen…" (Barisani, 134).

La equivalencia discursiva entre mayorías y totalitarismo y su incorporación a un registro moral-cristiano y no político-social, acompañado por ejemplos históricos de fuerte impacto, que lleva a identificar "voluntad popular" con crímenes e injusticia, es susceptible de gestar la ajenidad, la desconfianza y el temor a la democracia, y finalmente al convencimiento de que sólo la *mano conductora del gobierno es capaz de crear un registro de los valores del orden natural para no caer en el democratismo, en las tiranías de las mayorías.*

La despolitización del concepto de democracia se logra desvinculándola de toda referencia a valores contextualizados a la vida real de los sujetos y a toda conflictividad vinculada con el orden emergente de una forma de gobierno. Los posibles problemas surgidos de la vida relacional son "naturalizados" y presentados como formas normales provenientes de un orden dado, que no puede ser problematizado. La denuncia de la pobreza, de la indigencia, por ejemplo, es presentada como "excusas" para justificar las acciones terroristas.

Así Luchenio (158) afirma que entre las causas de la "subversión" está el hecho de que… "los jóvenes, impulsados por sus espontáneas ansias de superar algunos males que nos aquejan, pueden ser conducidos, sin que ellos lo adviertan, por caminos que llevan a vulnerar nuestra idiosincrasia y a proponer soluciones ficticias a *esos males que, por lo demás, son comunes a toda sociedad humana (pobreza, indigencia, etcétera)*".

Frente a un discurso que naturaliza la pobreza y la injusticia, exalta las jerarquías y la dominación, los valores de la "resignación" y la "docilidad", encastrados en la utilización del discurso católico, son presentados como símbolos de las mejores sociedades.

En este orden de cosas, la biologización de lo social se cristaliza en la idea recurrente de "enfermedades" "desviaciones de lo natural", así Kechichián (292) interpela a los jóvenes a "comprometerse en la lucha contra el comunismo", y sostiene: "El que ante una enfermedad o una plaga no piensa en nada o se cruza de brazos, está permitiendo que se extiendan los efectos del mal, por eso ofrecemos al alumno algunas formas para luchar contra el comunismo".

Una de estas luchas, que el texto ofrece, es la defensa de los derechos de las personas contra la opresión. Entre ellos se cita a la propiedad privada como un derecho natural de los hombres, elemento de progreso de las sociedades y asegurador de la libertad humana. En todos los casos los pasajes de mensajes papales o referencias a la doctrina de la Iglesia –Barisani incluso denomina al capitalismo: "Doctrina de la Iglesia", con abundantes citas de la *Rerum Novarum*, son la base de estos mensajes.

La defensa de la propiedad privada es asentada en la familia como socializadora primordial en valores y su fundamento se relaciona con ellos. La defensa de la propiedad privada como parte del orden natural moral se asienta en que es una "garantía para el porvenir y una forma se seguridad para el propietario, fuente de libertad y dignidad para la persona y la familia, a quienes permite resistir las presiones de otros individuos, de grupos o de la sociedad y asegura la máxima productividad, porque impulsa a vencer la ociosidad".

"León XIII enseñaba que es ley sagrada de la naturaleza que el padre de familia provea al sustento y a todas las atenciones de los que engendró, e igualmente se deduce de la misma naturaleza, que quiera adquirir y disponer para sus hijos, que en cierto modo prolongan la personalidad del padre, algo con que puedan defenderse honestamente, en el mudable curso de la vida, de los embates de la adversidad" (Barisani, 91).

El *iusnaturalismo* como mito legitimador de las dictaduras militares le proporciona un andiamaje teórico-ideológico que permite articular el mismo a la defensa de su orden militar (Rojas Mix, 2007). El *iusnaturalismo racionalista*, presente en el enfoque general de los textos, concentra en el hombre que debe encontrar su propia razón ordenada el *ethos* de la corrección militar. La pretensión de identificación del grupo social destinado a ejercer el poder como base de legitimación instituye las estrategias historizantes, así la selección de los "próceres" de la historia y sus virtudes morales y cristianas: "abnegación a la patria", "resignación", que se encuentra en los textos analizados, contribuyen a la identificación de los valores del "ser nacional" con los de los militares al poder.

La escenificación de su valor por la patria están presentes en la reiteración de los símbolos nacionales que son identificados con la escenografía de sus propios emblemas. La penetración ideológica del fascismo de las dictaduras por medio de la manipulación del "patriotismo" corresponde más bien a un "jingoísmo", discurso que mistifica la historia con una escenificación emblemática del "nacionalismo", ordenado a hacer participar a las masas de los valores de una clase (Rojas Mix, 2007).

Así en la mayoría de las tapas de los libros se encuentran fotos de emblemas nacionales como la de uno de los textos seleccionados:

O de acciones militares "por la patria" donde se ve a un cuerpo militar en un desembarco en la Antártida:

En este sentido el iusnaturalismo racionalista, que se corresponde más con la razón moderna, se fusiona con el iusnaturalismo teológico, que aparece como su fuente última, siempre bajo la figura de Dios, aunque no restringida al catolicismo. Así en los textos elegidos, hay un énfasis de aclarar que el orden moral-natural "normal" no se circunscribe al "católico". La preeminencia del iusnaturalismo racionalista en el abordaje es útil como fuente de construcción legítima de un orden político liberal por el carácter inclusivo que este conlleva (todos los hombres por su naturaleza racional), y por su posibilidad de encastrarse con el *ethos* histórico de las sociedades liberales tal como se construyeron en América Latina. Por otra parte si la dictadura hubiera profesado un civismo directamente relacionado con el catolicismo tendría que haber reconocido un poder superior al del propio Estado, el de la Iglesia, último decodificador del orden divino católico.

De esta manera el catolicismo no aparece directamente en los textos sino bajo el manto de las citas y de las referencias tendientes a justificar la necesidad de "dominar pasiones", "enderezar" al débil de espíritu. Este iusnaturalismo tiene una capacidad de eficacia simbólica y por lo tanto es una fuente de dominio, pues al delinearse los principios del orden moral como "dictados de la razón" tiene un sentido de proceso evolutivo no culminado, sino vinculado con el propio hombre y sus capacidades cognitivas. Opera como un recipiente a colmar por discursos de búsqueda de la recta razón y de elementos virtuosos de vida buena y justa que el discurso pedagógico procesista realiza en forma coherente.

La presencia de hombres sufridos de la Iglesia, como la figura que se acompaña en el texto, busca ilustrar la importancia del "renunciamiento" para la concordia, base de la paz social.

Se promueve un renunciamiento a cualquier crítica política, social o económica, ya que ella, como dijimos, ha ido asociándose con "fuente de subversión".

"Si reflexionamos sobre estas ideas comprenderemos la grandeza espiritual de quienes –en el hogar, en el trabajo, en el campo político– deponen sus odios, renuncian quizás a reclamaciones justas, buscando el bien superior de la paz y la concordia". El sembrador de esta virtud… el "Pobrecito de Asís" (Kechichián; 53).

La doctrina del iusnaturalismo adopta para las dictaduras en Latinoamérica, desde su instalación en 1930, su sustento fundamental, construyéndola a su manera, según las alianzas de poder y siendo "las derechas la que la resignifican según sus valores de clase" (Rojas Mix, 114), encontrándose en estos sectores la preocupación por recrear el escolasticismo jurídico-filosófico que orienta la manera general de plantear la historia latinoamericana. Así se vincula con una versión del hispanismo en la que el orden natural cristiano lleva a reivindicar la "obra de España en América" y su relación con una concepción moderna del Estado, quien debe salvaguardar dicho orden, en aras del "bien común", entendido como bien espiritual. Esta versión de la hispanidad se difunde en América como una ideología reaccionaria, unida a la concepción más tradicional del cristianismo que enlaza con la España franquista y que se difunde a través de las congregaciones religiosas pro franquistas que abrían los colegios para educar a las elites criollas: Hermanos de las Escuelas Cristianas, Hermanos Maristas, etc. (Rojas Mix, 2007: 92).

En este sentido en los textos analizados se presenta al aporte evangelizador hispánico como base imprescindible de nuestra formación y superador de las deficiencias originales.

"América, dilecta hija de España… gracias a su espíritu fraternal que nos integró en una unidad espiritual hispanoamericana" (Barisani; 68).

Unidad reinvindicada en la esfera del sentido dicotómico de "civilización o barbarie" producto de nuestra propia doctrina. Se jerarquiza, así, la labor hispánica reforzando su carácter civilizatorio por oposición a la barbarie indigenista cuya población es estigmatizada.

"Nuestros indios no alcanzaron jamás, ni aún bajo la guía de los nobles misioneros, grados superiores de cultura como los blancos" (Barisani, 75).

Estos arquetipos infravalorados se encastran en general con la idea de progreso evolucionista occidental cristiano y liberal, que impregna los textos. En éstos, se observan construcciones de los contenidos orientados a la formación de las personas en valores ético-religiosos que *ordenen* la personalidad, en el que el abordaje institucional (ley, Estado y otros) se hace con tono moralizador explícito. Se borra la dimensión política o social de las instituciones y de los procesos y se los tematiza como problemas de orden moral. Se presenta una bipolaridad que estructura transversalmente los contenidos; existe un orden natural y aceptable que ilumina lo social y un desorden que proviene de su desnaturalización humana y que puede afectar todas las construcciones humanas. El respeto a las tradiciones hispanas, el cultivo del patriotismo y la adhesión a los principios del capitalismo conforman un núcleo formador del *ser nacional* cuyo patrón se considera normado en un derecho natural.

Estos manuales, como sostiene Postay (2003: 102), "muestran una línea histórica que unifica a aquellos conquistadores aguerridos que combinaban audacia, espada y cruz en la misión civilizadora, a los héroes de la fundación de la patria cuyo inapelable catolicismo les permitió luchar por la libertad, con los hacedores del Proceso de Reorganización Nacional, responsables de la reconstitución nacional, decodificadores del 'ser nacional' amenazado por el enemigo". El subversivo es una construcción que permite que la moral religiosa se identifique con la cruzada redentora de la elite política al poder como salvadores del orden frente a una nación concebida como "amenazada".

La amenaza es el subversivo que se construye a través de un discurso autoritario y jerarquizador para impactar en el imaginario de los jóvenes con la fuerza del temor y la convicción de la necesidad de la vigilancia constante sobre el *anormal*. El disciplinamiento social y la construcción de los mitos legitimatorios del régimen al poder se gesta en una identificación entre valores morales- naturales- militares, que permite impulsar conductas reproductoras que guarden silencio ante el temor y la dominación, pero que aprendan a usar la espada moral para aniquilar. Éste es el "buen ciudadano" que aspiraban a construir las dictaduras militares en la región.

Un cuerpo armado al servicio de la Dictadura de Franco: la Guardia Civil

Francisco Javier García Carrero
(Historiador)

1. Los cuerpos policiales españoles hasta la creación de la Guardia Civil

Cuando la Guardia Civil se creó en 1844, esta iniciativa no nació de forma inesperada. En España, como en otros países de nuestro entorno, el Estado siempre había tratado de mantener, e imponer, la seguridad y el orden público. Eran aspectos sobre los que se estaba trabajando desde hacía muchos años y, especialmente, desde la llegada de los Borbones a España.

Sin pretensiones de ser exhaustivo señalaremos que son varios los precedentes lejanos, algunos más próximos (siglo XVIII) y otros estarían en relación con la experiencia francesa o bien con el final del absolutismo en España. Se trata de una serie de instituciones que la historiografía apunta como los cuerpos de seguridad que influyeron, de alguna forma, en la creación de la Guardia Civil al poco tiempo de iniciarse la Década Moderada durante el reinado de Isabel II (1844-1854).

Entre los antecedentes lejanos podemos destacar aquellos que, en muchos casos, tenían su origen en la Edad Media y cuya misión era fundamentalmente la persecución de malhechores, bandidos, ladrones, bandoleros, etc.: *Hermandades, Apellido, Somatén, Guardas del Reino de Aragón o Guardas del General, Ballesteros del Centenar, Guardas de la Costa del Reino de Granada y Migueletes de Valencia y Cataluña*[1].

---

[1] Véase sobre este tema los estudios realizados por el profesor Martínez Ruiz, E., "El mantenimiento de la seguridad pública antes de la creación de la Guardia Civil" en VV.AA., *La Guardia Civil: pasado,*

La llegada de los Borbones a España a principios del siglo XVIII provocó la creación de nuevos cuerpos de seguridad, levantados por iniciativa particular, por autoridades territoriales o bien por iniciativa del poder central o sus aledaños. Piezas muy difíciles de encajar y que llevaron a los ministros ilustrados de finales del siglo XVIII, y principios del XIX, a solicitar una serie de expedientes e informes donde comenzaba a demandarse un único cuerpo de seguridad que abarcase todo el territorio nacional[2]. Estos cuerpos cuya misión no difería de los anteriores eran fundamentalmente los siguientes: *Mozos de Escuadra, Rondas Volantes Extraordinarias de Cataluña o Rondas del Pirrot, Migueletes, Miñones o Fusileros de Valencia, Caudillatos, Compañía Fija de Escopeteros de Getares, Compañía de Escopeteros Voluntarios de Andalucía, Compañía de Fusileros de Guardabosques Reales, Compañía Suelta de Castilla la Nueva y la Compañía Suelta de Fusileros del Reino de Aragón.*

Además de los cuerpos anteriores, los Borbones, especialmente durante los reinados de Carlos III y Carlos IV, también realizaron una serie de medidas relacionadas con el mantenimiento del orden público, disposiciones como la aparición de los alcaldes de cuartel y de barrio, que convivirían con los de Sala de Casa y Corte en Madrid. De la misma forma, incluimos la Superintendencia General de la Policía, que empieza a poner de manifiesto la necesidad de un órgano gestor que estuviese por encima de las múltiples instituciones anteriormente reflejadas[3].

La llegada al poder de José Bonaparte provocó nuevos intentos por solucionar los problemas de seguridad. En este contexto se inscriben la creación del *Batallón de Policía de Infantería Ligera de Madrid, las Milicias Urbanas de Toledo y La Mancha, la Compañía de Migueletes de Navarra de José Napoleón y la*

---

presente y futuro, Aranjuez, Dirección General de la Guardia Civil/UNED, 1989, pp. 27-35 y "La Guardia Civil en la época fundacional" en Comellas, J. L, y otros., *España y su Guardia Civil (1844-1944),* Madrid, Cuadernos de la Guardia Civil, Nº 10, 1994, pp. 29-38.

[2] Sobre estos cuerpos es interesante el análisis de Martínez Ruiz, E. y De Pazzis Pi Corrales, M., "Milicia y orden público: crisis en el sistema de seguridad español del siglo XVIII y el Expediente de Reforma" en *Cuadernos de Historia Moderna,* Nº 29, 2004, pp. 7-49.

[3] Romero Samper, M., "Delito, Policía, Estado y Sociedad. Tendencias actuales de la investigación y debate historiográfico", en *Cuadernos de Historia Moderna,* Nº 9, Madrid, Universidad Complutense, 1988, pp. 229-248, para esta cita, p. 235.

Guardia Cívica[4]. Se trata de cuerpos de trascendencia muy escasa debido al ambiente general en que se crearon: Guerra de la Independencia.

Los estertores del absolutismo y el inicio de la contemporaneidad en España también están jalonados de nuevos proyectos por consolidar una institución definitiva que pusiese orden en el aparato policial. Ensayos que, como los anteriores, acabaron en nuevos fracasos. Cuerpos tan significativos como la *Milicia Nacional, los Voluntarios Realistas, la Legión de Salvaguardias Nacionales* o los primeros esbozos por tratar de crear la policía como institución independiente. De esta forma, con todo este bagaje ensayístico, iniciado el reinado de Isabel II, y coincidiendo con la llegada de los moderados al poder en 1844, fue cuando se creó, definitivamente, una "fuerza especial destinada a proteger eficazmente las personas y las propiedades"[5], es decir, lo que en futuros decretos se denominó: Guardia Civil.

2. Creación de la Guardia Civil, centralismo y militarización del orden público

Como hemos señalado anteriormente, la creación de la Guardia Civil está fechada en 1844 coincidiendo con el inicio de lo que se ha denominado Década Moderada. Una vez publicado el Real Decreto de 26 de enero, anteriormente aludido, el gobierno de González Bravo se apresuró a poner en práctica las resoluciones de esta normativa. Por consiguiente, apareció un nuevo texto legislativo, el Decreto del 28 de marzo de 1844[6], donde se especificaba la creación del Cuerpo de Guardias Civiles dependientes del Ministerio de la Gobernación. Es decir, una opción civilista que tuvo poco recorrido y que va a mantenerse en lucha constante a lo largo de la historia del Cuerpo con la otra opción, la militar, que fue la visible durante la mayor parte de la vida del instituto armado. Sus dos primeros artículos dejaban muy claro el carácter que tendría la nueva institución:

---

[4] Para un mejor conocimiento de todos estos cuerpos nos remitimos al trabajo de Martínez Ruiz, E., "Las fuerzas de seguridad y orden público en la primera mitad del siglo XIX", en *Cuadernos de Historia, IV*, Madrid, Instituto Jerónimo Zurita, 1973, pp. 83-161.

[5] Real Decreto de 26 de enero de 1844, artículo 10.

[6] *Gaceta* del 31 de marzo de 1844.

> Art. 1. Se crea un Cuerpo especial de fuerza armada de Infantería y Caballería, bajo la dependencia del Ministerio de la Gobernación de la península, y con denominación de Guardias Civiles.
>
> Art. 2. El objeto de esta fuerza es proveer el buen orden, a la Seguridad Pública y a la protección de las personas y de las propiedades, fuera y dentro de las poblaciones.

Estamos, por tanto, ante el embrión del que fue el decreto definitivo de reestructuración de la Guardia Civil que tuvo lugar, una vez que el general Narváez llegó al poder y con el duque de Ahumada como su verdadero organizador, el 13 de mayo de 1844[7]. Era evidente que la oposición de la cúpula militar al primer decreto hizo zozobrar los inicios de esta primitiva Guardia Civil, al menos, como la había diseñado González Bravo. De esta forma, el primer artículo de este nuevo Real Decreto aclaraba, definitivamente, la nueva dependencia del instituto armado:

> Art. 1º. La Guardia Civil depende del Ministerio de la Guerra por lo concerniente a su organización personal, disciplina material y percibo de sus haberes, y del Ministerio de la Gobernación por lo relativo a su servicio peculiar y movimiento.

Con este decreto de Ahumada, la institución se convertirá en el instrumento esencial para construir el Estado centralista que querían los moderados en el siglo XIX. Se crea, por tanto, un cuerpo de estructura tentacular[8], disperso por todo el territorio, a semejanza de la Gendarmería francesa, el primer cuerpo de policía que realmente tenía una presencia nacional y de naturaleza militarizada o militarista ya que en ningún momento el decreto habla de que la Guardia Civil sea un Cuerpo militar, sino que tiene "una índole de servicio distinto del Ejército"[9], aunque también es verdad que, posteriormente, durante la Restauración canovista, con la Ley Constitutiva del Ejército de 29 de noviembre de 1878 la Guardia Civil se integró como un cuerpo más dentro de su entramado (artículo 22).

---

[7] *Gaceta* del 14 de mayo de 1844.

[8] López Garrido, D., *La Guardia Civil y los orígenes del Estado centralista*, Madrid, Alianza Editorial, 2004 (2ª edición), p. 12.

[9] Véase sobre este tema, Fernández Bastarreche, F., "Concepto centralista y militarizado del orden público" en *Revista Historia 16*, Nº 218, Madrid, 1994, pp. 32-39, para esta cita p. 34.

Por tanto, la consecuencia de este "golpe militar" como lo llama Gerald Blaney[10], fue un hecho de enorme importancia, ya que este sistema de orden público militarizado se mantuvo, sin modificaciones sustanciales, hasta el final de la dictadura franquista. Se trata de la famosa "doble dependencia" que se mantiene a lo largo de toda su vida. Únicamente se modificó en cuanto al percibo de haberes, que pasó a Gobernación. De la misma forma, desde 1876, en que se entregó a la Guardia Civil el servicio de Guardería Rural y Forestal, también comenzó a depender del Ministerio de Fomento, modificándose el Reglamento del Instituto en el siguiente sentido:

"La Guardia Civil depende: del Ministerio de la Guerra, por lo tocante a su organización, personal, disciplina y material. Del de Gobernación en cuanto a su servicio, percibo de haberes y acuartelamiento y del de Fomento en lo relativo al servicio de Guardería Rural y Forestal".

Antes de comenzar la distribución de los guardias por la geografía nacional, Ahumada quiso dotar al cuerpo con los reglamentos del instituto. Fue en este momento cuando vuelve a surgir la lucha competencial entre la opción civil y militar. De ahí que se elaboren dos textos reglamentarios y no uno, como hubiese sido del gusto del inspector general. Los dos textos legislativos aparecieron en octubre de 1844: el Reglamento para el Servicio[11] y el Reglamento Militar[12]. Las prisas en su elaboración provocaron que Ahumada, no satisfecho, realizase, con mucha más calma, un tercer texto doctrinal, la Cartilla[13], el código moral de la Guardia Civil.

En cuanto a los servicios que tenía encomendado la Guardia Civil podemos resumirlos en los siguientes:

De policía general y de orden público: conservación del orden, la protección de las personas y las propiedades fuera y dentro de las poblaciones.
De policía judicial: para la investigación de los delitos y faltas.
De policía militar: para colaborar con las fuerzas combatientes del Ejército, procurando mantener la paz y la tranquilidad.
Servicios de beneficencia pública.

---

[10] Blaney, G., "La historiografía sobre la Guardia Civil. Crítica y propuestas de investigación" en *Política y Sociedad,* vol.42, N° 2, pp. 31-41, para esta cita p. 35.
[11] *Gaceta*, 10 de octubre de 1844.
[12] *Gaceta*, 16 de octubre de 1844.
[13] La Cartilla fue aprobada el 20 de diciembre de 1845.

Publicados los textos reglamentarios, Ahumada comenzó a distribuir los efectivos por la geografía nacional. En síntesis, la organización partía desde Madrid, donde estaba ubicada la Inspección General, y a partir de la capital, y de forma escalonada, hacerlo por el resto de los Tercios que inicialmente se habían proyectado[14]. Las cabeceras de los trece Tercios iniciales fueron los siguientes: 1º Madrid, 2º Barcelona, 3º Sevilla, 4º Valencia, 5º La Coruña, 6º Zaragoza, 7º Granada, 8º Valladolid, 9º Badajoz, 10º Pamplona, 11º Burgos, 12º Vitoria, 13º Palma de Mallorca[15]. Con esta distribución, todas las provin-

CUADRO Nº 1 DISTRIBUCIÓN INICIAL DE LA GUARDIA CIVIL		
NÚMERO DE TERCIO	**CAPITAL DEL TERCIO**	**TERRITORIO PROVINCIAL**
Tercio Nº 1	Madrid	Madrid, Ciudad Real, Cuenca, Guadalajara y Toledo
Tercio Nº 2	Barcelona	Barcelona, Lérida, Gerona y Tarragona
Tercio Nº 3	Sevilla	Sevilla, Cádiz, Córdoba y Huelva
Tercio Nº 4	Valencia	Valencia, Murcia Albacete, Alicante y Castellón
Tercio Nº 5	La Coruña	La Coruña, Orense, Lugo y Pontevedra
Tercio Nº 6	Zaragoza	Zaragoza, Huesca y Teruel
Tercio Nº 7	Granada	Granada, Almería, Jaén y Málaga
Tercio Nº 8	Valladolid	Valladolid, Ávila, León, Oviedo, Segovia, Palencia, Salamanca, y Zamora
Tercio Nº 9	Badajoz	Badajoz y Cáceres
Tercio Nº 10	Pamplona	Navarra
Tercio Nº 11	Burgos	Burgos, Soria, Santander y Logroño
Tercio Nº 12	Vitoria	Álava, Guipúzcoa y Vizcaya
Tercio Nº 13	Palma de Mallorca	Baleares

[14] Aunque el Decreto fundacional de mayo de 1844 preveía un número de 14 Tercios, esta primitiva Guardia Civil se organizó en 12. No obstante, muy pronto, en julio de 1846, se aumentaron a 13 (Baleares).

[15] Véase sobre la organización inicial de la Guardia Civil a Rivas Gómez, F., "La Guardia Civil y sus

cias españolas, a excepción de las Islas Canarias, quedaban englobadas en algunos de ellos, tal y como refleja el cuadro Nº 1.

Estos primitivos Tercios fueron aumentando en fechas sucesivas por división y acoplamiento de los mismos. Por ejemplo, en 1868 se creó el 14º de Madrid y posteriormente el 15º de Murcia, el 16º de Málaga, el 17º de Tarragona o el 18º de Cádiz, todos creados durante el siglo XIX. A lo largo del XX la ampliación continuó de tal forma que en 1936, coincidiendo con el golpe de Estado, el número de Tercios existentes era de 24.

Otra de las modificaciones importantes en estos años fue la creación de las Zonas. Su aparición se concretó durante la dictadura de Primo de Rivera, concretamente por una orden del 20 de mayo de 1926. En un principio fueron cuatro Zonas, cada una bajo el mando de un general de brigada y con sede en Barcelona (1ª), Sevilla (2ª), Burgos (3ª) y Madrid (4ª). La 5ª fue creada por Decreto de 8 de diciembre de 1933 cuando se produjo la transferencia a la Generalidad de Cataluña de los servicios de la Guardia Civil. De esta forma, Valencia asumió el mando de la 1ª Zona, Córdoba pasaba a ser la Plana Mayor de la 2ª, Valladolid de la 3ª y Madrid continuó con el mando de la 4ª Zona.

Por lo tanto, llegados al inicio de la Guerra Civil, en una escala inferior a la Zona y al Tercio se encontraban las Comandancias, generalmente una por cada provincia española, a excepción de unas pocas, que tenían, además, una Comandancia urbana. Por tanto, su número varió muy poco desde la creación del Cuerpo hasta el inicio de la Guerra Civil, año en el que se contabilizaban 59 Comandancias. Éstas se dividían a su vez en Compañías, en número que variaba a nivel nacional entre tres y cinco, aunque existían Comandancias que tenían hasta ocho Compañías, la de Oviedo, y otras, como Ávila, con sólo dos. Las Compañías se subdividían en Líneas, en número que tampoco era homogéneo a nivel nacional. Algunas, como Oviedo, contabilizaban treinta y dos, y otras, como Álava, únicamente tenían ocho. El último escalón lo ocupaban los Puestos. Es decir, las unidades más pequeñas de la Benemérita con apenas media docena de hombres en cada una. Como en los casos anteriores, el número de Puestos era también muy variable. Badajoz contaba, en 1936, con ciento diez Puestos frente a Lugo, que contabilizaba treinta y seis[16].

---

creadores" en Comellas, J. L. y otros., *España y su Guardia Civil… op. cit.,* pp.19-26 y Martínez Ruiz, E., "Ubicación geográfica inicial de la Guardia Civil" en *Cuadernos de Historia Moderna y Contemporánea,* Nº 1, Universidad Complutense de Madrid, 1980, pp. 83-110.

[16] *Anuario Militar de España,* Madrid, Imprenta y Talleres del Ministerio de la Guerra, 1936, p. 113.

Zonas, Tercios, Comandancias, Compañías, Líneas y Puestos se encontraban, generalmente y respectivamente, al mando de un general, un coronel, un teniente coronel, un capitán, un teniente o alférez y un sargento o cabo. Con esta distribución, la Guardia Civil llegaba prácticamente a todos los rincones de la geografía nacional, la estructura tentacular a la que anteriormente hemos hecho referencia en la que un cuerpo militar diseminado territorialmente, y desplegado no masivamente, había sustituido al Ejército en las funciones del control del orden público. Esta expansión territorial creció, obviamente, en paralelo al colectivo humano que integraba el Cuerpo. El cupo de la Benemérita, en los momentos previos a la rebelión militar de 1936, ascendía a más de 34.000 hombres entre los que había 6 generales y 1.208 jefes y oficiales. Colectivo humano importantísimo para que la rebelión triunfase o fracasase dependiendo del posicionamiento del instituto.

Por lo tanto, a pesar que ideológicamente la oficialidad de la Benemérita estaba más próxima al posicionamiento de los rebeldes, muchos de ellos, siguiendo las estrictas normas que imponía la Cartilla, continuó a las órdenes del gobierno legítimo de la República. Por ejemplo, dentro de los generales, únicamente el que mandaba la Zona de Valladolid se sumó claramente a la rebelión: Federico de la Cruz Boullosa. Este general fue nombrado, unos días después de fracasado el golpe de Estado, el 24 de julio de 1936, inspector general del cuerpo, cargo que ostentó hasta el 2 de septiembre de ese mismo año.

Si bien esto es cierto, no lo es menos que, en aquellas provincias donde la rebelión no triunfó, una gran parte de los oficiales de la Guardia Civil se pasaban a filas rebeldes a la menor oportunidad. Un caso significativo lo encontramos en la provincia de Badajoz. Como en el resto de las comandancias españolas, en Badajoz también se registraron movimientos sediciosos protagonizados por miembros de la Benemérita. No obstante, la firme actitud del jefe accidental de la Comandancia, José Vega Cornejo[17], de mantenerse fiel a las autoridades republicanas, resultó determinante para que los insurgentes no pudieran alcanzar sus objetivos como sí habían logrado en la provincia ca-

---

[17] La actitud de José Vega Cornejo provocó que el 17 de agosto de 1936, una vez que las tropas rebeldes habían conquistado la ciudad de Badajoz, este comandante fuese fusilado por "sus actividades al mando de la Comandancia en contra del Movimiento Nacional", Archivo General del Ministerio del Interior (AGMI), Sección Guardia Civil (SGC), expediente personal.

cereña. El posicionamiento de José Vega atrajo con él a buena parte de sus hombres pero no pudo impedir que otros tantos mostraran una gran fragilidad en apoyo del gobierno legítimo de la República. Especialmente significativo, entre algunos otros ejemplos que podrían señalarse, fue el momento en que se produce la evasión del comandante Miguel de la Vega Mohedano[18] junto con otros 240 guardias cuando marchaba concentrado a Madrid y que se pasaron a filas golpistas por Medellín, llegando posteriormente hasta Miajadas (Cáceres).

3. Guardia Civil y dictadura franquista

Terminada la Guerra Civil española en abril de 1939, la Guardia Civil, como instituto armado fundado en 1844, había desaparecido en la zona republicana. El primer paso para su disolución en zona gubernamental lo encontramos en el decreto del 30 de agosto de 1936, que disponía en su artículo primero que "*se reorganiza el Instituto de la Guardia Civil, que en lo sucesivo se denominará Guardia Nacional Republicana*". Se argumentaba en el mismo que a pesar de que buen número de unidades habían permanecido fieles a su deber, otras, por secundar la sublevación, habían quedado fuera de la disciplina del cuerpo[19].

Posteriormente, el decreto de 26 de diciembre de 1936 creó el llamado Cuerpo de Seguridad, una mezcla de todos los cuerpos afectos al Ministerio de la Gobernación que existían en la zona republicana, cuerpos de Vigilancia Carabineros—, Seguridad y Asalto, Milicias de Retaguardia y Guardia Nacional Republicana. Para llevar a cabo una reorganización del tanto calado se estableció un plazo transitorio que finalizó el 12 de agosto de 1937 cuando la *Gaceta de Madrid* publicó el decreto definitivo en el que el Cuerpo de Seguridad[20] se hacía

---

[18] Al contrario que José Vega, la actitud del comandante De la Vega fue recompensada por los rebeldes. Fue ascendido a teniente coronel en 1938 y coronel desde 1945. No pudo continuar subiendo en el escalafón de la Benemérita, ya que falleció de una grave enfermedad el 8 de agosto de 1946. AGMI, SGC, extracto de hoja de servicio.

[19] *Gaceta de Madrid*, número 244 del 31 de agosto de 1936.

[20] El Cuerpo de Seguridad se dividió en Grupo Uniformado y Civil. El Uniformado se componía de dos Secciones, de Asalto y Urbana. El Civil, de tres Secciones: Policía Interior, Policía Exterior y Policía Especial.

cargo del mantenimiento del orden, vigilancia e investigación en el territorio controlado por la República. Fue la norma definitiva que acababa con cualquier vestigio de la Guardia Civil en zona gubernamental[21]. No obstante, como señala López Corral, las circunstancias en las que vivía la República no favoreció el desarrollo legislativo de esta normativa y los cuerpos implicados siguieron realizando sus funciones, desde la provisionalidad, hasta el final de la contienda[22].

En zona rebelde, aunque durante todo el conflicto el instituto siguió manteniendo sus atribuciones anteriores, la Guardia Civil tuvo que soportar la desconfianza de un sector del llamado bando nacional y del propio Franco, que argumentaban que el fracaso del golpe militar en las ciudades importantes se debió a la actitud de la Benemérita. No le faltaba razón al dictador con esta apreciación. De hecho, el instituto, desde su creación, había ido sustituyendo al Ejército en las funciones de control del orden público en España realizando una progresiva ocupación militar del territorio, tal y como señalamos en el apartado anterior.

Ello lo había llevado, en menos de cien años, a ser el brazo armado más importante que tenía el Estado en cualquier rincón del país. De ahí la enorme trascendencia que le dieron los conspiradores a su posicionamiento para que la rebelión triunfase o fracasase. En líneas generales, podemos decir que la rebelión prosperó allí donde se sublevó la Guardia Civil, más de treinta comandancias; y donde no lo hizo, o se mantuvo en actitud indecisa, el golpe de Estado fracasó, ciento ocho compañías de un total de doscientas diecisiete[23]. Que el posicionamiento de la Benemérita en el conflicto era básico lo demuestra el hecho de que, en los primeros días de la guerra, el propio Franco se dedicó a arengar expresamente a la Guardia Civil. Fue en una alocución radiofónica fechada el 22 de julio en Tetuán:

---

[21] El artículo 13 de este decreto participaba a todos los Jefes y Oficiales de Seguridad, Asalto y Guardia Nacional Republicana para que *en el plazo no superior a 20 días que los que quieran pasar a este Cuerpo causarán baja definitiva en el Ejército.*

[22] Véase sobre este tema López Corral, M., *La Guardia Civil. Claves históricas para entender a la Benemérita y a sus hombres (1844-1975)*, Madrid, La Esfera de los Libros, 2009, pp. 369-374, para esta cita p. 374.

[23] Véase sobre este tema López Corral, M., "La Guardia Civil en la Guerra (1936-1939)", en Comellas, J. L. y otros., *España y su Guardia Civil…, op. cit.*, pp. 143-156; Rivas Gómez, F., "La Guardia Civil del siglo XX" en Sanz Muñoz, J. (coord.), *La Guardia Civil española*, Madrid, Dirección General de la Guardia Civil, 1994, pp. 159-309; Cervero Carrillo, J. L., *Los rojos de la Guardia Civil:*

"¡Abnegado guardia civil! ¡Veteranos soldados que voluntariamente abrazasteis las enseñanzas del duque de Ahumada! ¡Cuánto habéis debido sufrir al ver cómo se mancillaba la justicia, cómo imperaba el desorden y la violencia en el campo y en las villas, mandados por los delincuentes que ayer habíais detenido!

Yo que vi llorar con rabia a los beneméritos guardias ante el desorden en que la sociedad se debatía, incapaces, por órdenes superiores, para cumplir el reglamento, puedo comprender todos vuestros anhelos. Tú, que has vivido las persecuciones de ciudadanos honrados por el grave delito de no compartir una idea, puedes mejor que otro apreciar lo puro de nuestro alzamiento, que al uniros a él con el entusiasmo que lo hacéis, le ponéis refrendo de vuestro prestigioso nombre[24].

Por ello, al poco tiempo de ser encumbrado a la jefatura de los nacionales, Franco, al no conseguir un apoyo masivo del instituto para su causa, contempló la posible disolución tanto de la Guardia Civil como del Cuerpo de Carabineros, cuya lealtad a la República había sido mayor que la de la Benemérita, el 66 por ciento de los efectivos totales[25]. Al finalizar el conflicto, Franco continuaba con su idea de disolución, opción que no veía con malos ojos el propio Serrano Súñer, partidario de apoyarse en las milicias de falange para apostar por el orden público[26]. No obstante, diversos asesores jurídicos y el general Gómez Jordana, que estaba al frente de la Junta Técnica, desaconsejaron esta supresión[27].

Franco, como con otras tantas cosas, optó por la prudencia, la inacción y esperar a ver el desarrollo de los acontecimientos para resolver problemas de gravedad. La amenaza del maquis y el estallido de la Segunda Guerra Mundial jugaron a favor de la continuación del Cuerpo iniciándose una serie de decisiones que así lo señalan. De todas ellas las más importantes fueron el traslado desde Valladolid a la capital de España de la Inspección General, la

---

su lealtad a la República les costó la vida, Madrid, La Esfera de los Libros, 2006 y Vargas González, A., "La Guardia Civil ante el 18 de julio. Corazón partido", en *La Aventura de la Historia*, Nº 105, Madrid, Grupo Unidad Editorial, 2007, pp. 36-43.

[24] López Corral, M., *La Guardia Civil. Claves…, op. cit.*, pp. 354-355.

[25] Ibídem, p. 391.

[26] Ibídem, pp. 392-393.

[27] Al margen de estos nombres, destacaban en la defensa del benemérito instituto militares como Dávila, Asensio, Yagüe, Varela, Muñoz Grandes, Valentín Galarza, Vigón e incluso Camilo Alonso Vega, que, con el tiempo, será el encargado de dirigir con mano de hierro el instituto armado durante los años más duros de la lucha guerrillera.

ley que modificaba la Dirección General de Seguridad[28] en la que, en su artículo quinto, se creaba la Junta de Seguridad compuesta, entre otros, por el inspector general de la Guardia Civil y, sobre todo, el contenido de la ley que organizaba el Ministerio del Ejército donde, entre sus organismos, aparecía claramente reflejada la Inspección de la Guardia Civil y Carabineros, punto V del artículo primero[29].

El apostar por la continuidad de la Benemérita, castigando fundamentalmente a los Carabineros, tuvo varias consecuencias. En primer lugar la definitiva militarización de la Guardia Civil, tal y como refleja el artículo primero de la Ley, después de años de luchas entre la preponderancia civil o militar y, en segundo lugar, la total reorganización del instituto, con una nueva normativa, que sirviese para demostrar su inquebrantable lealtad al régimen dictatorial nacido de una cruenta Guerra Civil y perfilando, además, todos los mecanismos que fuesen necesarios para someterla a los intereses del Estado franquista.

Fue, por tanto, la ley del 15 de marzo de 1940 la que configuró la llamada Guardia Civil "nueva"[30], una reorganización que pretendía erradicar del instituto la herencia del inmediato pasado, especialmente el republicano, y que, por otra parte, puso fin, definitivamente, al Cuerpo de Carabineros[31] después de más de cien años de servicio al país ya que, como puede verse en el artículo cuarto, este Cuerpo quedó absorbido dentro de la nueva organización. Por otro lado, la importancia de esta ley fue tan significativa en el Cuerpo que después de los cuarenta y seis años en que estuvo en vigor, aún derogada, su influencia llega casi hasta la actualidad:

---

[28] Ley del 22 de septiembre de 1939 reorganizando la Dirección General de Seguridad, BOE Nº 269, 26/09/1939.

[29] Ley del 22 de septiembre de 1939 reorganizando el Ministerio del Ejército, BOE Nº 74, 1/10/1939.

[30] Véase sobre este tema Ulla Rega, J., "El marco de la Ley de 15 de marzo de 1940, por la que se reorganiza el cuerpo de la Guardia Civil" en VV.AA., *La Guardia Civil: pasado...*, *op. cit.*, pp.141-145. También es interesante el trabajo de Lasen Paz, M., "La Guardia Civil Nueva (1939-1959), en Comellas, J. L. y otros., *España y su Guardia Civil...*, *op. cit.*, pp. 165-182.

[31] El Cuerpo de Carabineros había sido creado el 9 de marzo de 1829. En principio se le denominó Real Cuerpo de Carabineros de Costas y Fronteras. En 1833 pasó a llamarse Carabineros de la Real Hacienda y, en 1842, tomó la denominación de Carabineros del Reino.

"Artículo primero. Las Fuerzas Armadas, a las que se adscriben los servicios de policía, orden y vigilancia en los casos y lugares del territorio nacional que se indican, pertenecerán al cuerpo de la Guardia Civil, que se reorganiza con esta ley con mando y disciplina y fuero militar, ejerciendo la jurisdicción los generales jefes de las Regiones Militares, comandantes generales de Baleares y Canarias y el jefe superior de las fuerzas militares de Marruecos.

Artículo cuarto. Se suprime la actual Inspección General de Carabineros, cuyos cometidos y funciones se agruparán en una sola sección de la Dirección General de la Guardia Civil, a cuyo Director General pasarán las atribuciones conferidas actualmente al Inspector General de Carabineros. El personal de este Cuerpo será adscrito a los distintos servicios que por esta ley se fijan como privativos del Cuerpo de la Guardia Civil, en la forma que, con arreglo a las aptitudes y condiciones de su personal, determine la Dirección General"[32].

Será, por tanto, una nueva Guardia Civil que tuvo que servir, prioritariamente, a los nuevos gobernantes en su lucha contra el maquis, una de las amenazas más importantes que tuvo el franquismo en sus primeros años de vida. Es lo que el profesor Gabriel Cardona denominó "guardias para un dictadura"[33]. Para ello, por un lado, se le dio importancia fundamental al cargo del director general. De esta forma, si en la Ley de Reorganización del Ejército de 12 de julio de 1940, se establecía que el cargo de director general de la Guardia Civil correspondía a un general de brigada, el 23 de noviembre de este mismo año, Franco decidió que este cargo tenía que estar cubierto por un general del Ejército de Tierra con el empleo de teniente general, en atención, decía el decreto, a "que dicho Cuerpo cuenta con jerarquías superiores a dicho empleo que obligan a superarle por estricto régimen de organización y disciplina"[34].

Por otro lado, la propia ley del 15 marzo especificaba, en dos artículos (quinto y séptimo), cómo la "nueva" Guardia Civil tenía que controlar a todos aquellos que tratasen de menoscabar los cimientos del Estado franquista, especialmente significativa, como veremos posteriormente, será la lucha encarnizada que este nuevo cuerpo tendrá con los "huidos desafectos":

---

[32] Ley reorganizando el benemérito Cuerpo de la Guardia Civil, BOE Nº 77 de 17/03/1940, artículos primero y cuarto.

[33] Cardona, G., "Franco, Camilo y la Benemérita" en *Revista Historia 16*, Nº 218, Madrid, 1994, pp. 48-54, para esta cita, p.48.

[34] Véase el contenido de la Ley designando teniente general director en Aguado Sánchez, F., *Historia de la Guardia Civil*, tomo 6, Madrid, Cupsa Editorial Planeta, 1985, p. 369.

"Artículo quinto: Al Cuerpo de la Guardia Civil le corresponde la vigilancia y guarda de los campos, pueblos, aglomeraciones rurales, factorías, centros industriales y mineros aislados de las poblaciones, de las costas y fronteras, la persecución del contrabando y el fraude, la previsión y represión de cualquier movimiento subversivo y, en todo momento y lugar, la persecución de delincuentes".

En relación con el apartado anterior, ya sabemos que uno de los principios básicos de los rebeldes fue el orden. Su obsesión por lograrlo llegó a convertirse en un argumento al que se recurría constantemente para poder justificar todas sus acciones. El problema se encuentra, como señala Aróstegui, en que el franquismo siempre confundió el sistema de orden público con la represión de la disidencia[35]. Es decir, se asimilaban ambos conceptos como si fuesen un todo y, por lo tanto, ese conjunto había que mantenerlo en todo momento. Por ello, cualquiera de los colectivos encargados de las labores represivas, es decir, militares, guardias civiles o falangistas, utilizaron la violencia, el terror y el miedo como factores recurrentes durante toda la dictadura y, muy especialmente, durante todo el primer franquismo.

Esta violencia de la Guardia Civil hacia los partidarios de la República no es exclusiva del período señalado, sino que se observa, con total nitidez, desde los primeros momentos de la Guerra Civil en aquellas provincias donde el golpe militar había triunfado. Un caso lo suficientemente significativo lo encontramos en la provincia de Cáceres, donde el proceso de conspiración contra la República fue llevado a cabo, entre otros, por dos oficiales de la Benemérita, el comandante Fernando Vázquez Ramos y el capitán Luis Marzal Albarrán[36]. Consumado el golpe en la provincia cacereña, el primero

---

[35] Aróstegui Sánchez, J., "La oposición al franquismo: represión y violencia políticas" en Tusell, J., Alted, A. y Mateos, A. (coord.), *La oposición al régimen de Franco*, tomo I, vol. 2: *Estado de la cuestión y metodología de la investigación. Actas del Congreso Internacional que, organizado por el Departamento de Historia Contemporánea de la UNED, tuvo lugar en Madrid, del 19 al 22 de octubre de 1988*, Madrid, UNED, 1990, p. 242.

[36] Luis Marzal Albarrán había nacido el 13 de agosto de 1897 en Badajoz, ingresó como teniente en el instituto en 1919. Ascendió a capitán en 1928, comandante en 1937, teniente coronel en 1941, momento en que fue destinado a la persecución de huidos en la provincia de Jaén. En este puesto estuvo hasta 1952, en que ascendió a coronel. En 1955 fue nombrado general de brigada y tres años después, 19 de diciembre de 1958, ocupó el puesto de general subdirector de la Guardia Civil, cargo en el que permaneció hasta el 20 de octubre de 1961. Falleció en Madrid el día 27 de mayo de 1973. AGMI, SGC, extracto de hoja de servicio.

fue nombrado gobernador civil y el segundo se hizo cargo de la comandancia de Cáceres. Desde esta última se ejerció una importante labor de control sobre la población desafecta. La orden firmada el 23 de agosto de 1936 por Marzal Albarrán, y dirigida a todos sus subordinados, aclara cualquier duda sobre la implicación de la Benemérita en la represión:

> "(…) Investigar las personas que hayan cometido delitos de sangre, robos y proceder contra ellas con máximo rigor, según las circunstancias de cada caso, y teniendo por norma los bandos de las autoridades militares para el Estado de Guerra (…) En el menor tiempo posible es necesario llevar a los pueblos el efecto de vida cotidiana y tranquilidad, practicando amplia limpieza de los indeseables, y que los honrados ciudadanos que abracen y sientan el entusiasmo y orgullo de su Patria puedan ejercer sus actividades tranquila y noblemente. Es necesario que vean en nosotros el brazo fuerte que les hará mantenerse en el mayor orden y cumplimiento de las leyes pero también han de ver en nosotros paladines esforzados que les asegure el bienestar y el ejercicio de todos sus derechos y prerrogativas"[37].

De la orden se desprende que una de las funciones que tenían los Puestos de la Benemérita en las distintas poblaciones eran las funciones represivas, "limpieza de elementos indeseables", es decir los *paseos*[38]. Muertes indiscriminadas y ausentes de cualquier atisbo de legalidad que se venían realizando desde el principio de la contienda y que la Benemérita las justificó, en sus atestados, como intentos de huida por parte del preso, es decir, lo que eufemísticamente es conocido como *ley de fugas*, aplicada por el instituto a lo largo del siglo XIX para tratar de combatir el fenómeno del bandolerismo, especialmente durante el Sexenio Revolucionario.

No obstante, su origen es anterior a la creación del cuerpo ya que fue la Ley de Orden Público de 17 de abril de 1821 la que permitía a las fuerzas del orden abrir fuego sobre todo preso que intentase huir mientras iba custo-

---

[37] Archivo Histórico Provincial de Cáceres (AHPC), Fondo Gobierno Civil (GC), Orden Público (OP), 23 de agosto de 1936.

[38] Los *paseos* no se desarrollaron exclusivamente en la zona rebelde sino que también fueron puestos en práctica en zona gubernamental. En este último caso eran, normalmente, las milicias revolucionarias, que se hicieron con el control de la situación de facto, las que realizaban estos asesinatos sobre las personas que su único "delito", en muchos casos, fue exclusivamente el de simpatizar con los golpistas.

diado[39]. Al menos, eso deducimos del documento que a continuación se expone y que es un informe que la Guardia Civil del Puesto de Arroyo de la Luz envió al Gobierno Civil de Cáceres:

> "Ayer tuve noticias que Serafín Javato Macías venía del frente marxista de Badajoz. Establecido servicio de captura para que no pudiese huir, (…) avisamos a fuerzas limítrofes que lo capturaron cerca de Herreruela. Personado allí para recogerlo e instruir atestado, intentó fugarse al ser conducido, haciéndole varios disparos de los que fue muerto"[40].

De esta forma, podemos decir que terminada la Guerra Civil por lo que se apostó fue por continuar con estas prácticas puestas en funcionamiento desde los primeros momentos del conflicto. Por ello, para seguir luchando contra este enemigo, que se resistía a ser derrotado, se contó con una oficialidad en la que, en líneas generales, primaba el afán revanchista hacia los vencidos de la República. Como señala López Corral se trataba de una serie de oficiales procedentes del extinto cuerpo de Carabineros, el Ejército y de la Guardia Civil antigua, y que, salvo excepciones, configuraban unos cuadros de mando mediocres, rudos, con escasa preparación profesional e intelectual e incapaces de diseñar estrategias y tácticas a gran escala y que proyectaron más sombras que luces sobre la penumbra de una época oscura[41].

Entre los principales artífices, algunos de ellos reflejados en el cuadro Nº 2, en su lucha contra el maquis destacamos a el coronel José Blanco Novo en Asturias[42], el teniente coronel Juan Luque Arenas en Galicia[43], el comandante Miguel Arricivita Vidondo en León[44], el comandante Antonio Díaz Carmona

---

[39] Véase sobre esta ley, López Corral, M., *La Guardia Civil. Claves históricas…*, *op. cit.*, pp. 84-89.

[40] AHPC, GC, OP, 21 de agosto de 1936.

[41] López Corral, M., *La Guardia Civil. Claves históricas…*, *op. cit.*, p. 441.

[42] Sobre la lucha guerrillera en Asturias, véase García Piñeiro, R., *Fugaos. Ladreda y la Guerrilla en Asturias (1937-1947)*, Oviedo, KRK Ediciones, 2007.

[43] Véase sobre este tema, Heine, H., *A guerrilla antifranquista en Galicia*, Vigo, Xerais, 1982. Aunque sobre el funcionamiento general del maquis en la zona León y Galicia son interesantes los estudios más recientes de González Reigosa, C., *La agonía del león: esperanza y tragedia del maquis*, Madrid, Alianza Editorial, 2004 (4ª edición) y Serrano, S., "Génesis del conflicto: la represión de los huidos. La Federación guerrillera de León-Galicia" en Aróstegui, J y Marco, J. (eds.), *El último frente: la resistencia armada antifranquista en España, 1939-1952*, Madrid, Asociación Los libros de la Catarata, 2008, pp.101-120.

[44] Este comandante que mandaba el subsector de Ponferrada convirtió en algo personal la captura

en Ciudad Real[45], el capitán Germán Sánchez Montoya también en la provincia manchega[46], el coronel Bruno Ibáñez Gálvez en Córdoba[47], el teniente coronel Ángel Fernández Montes de Oca en Córdoba y Málaga[48], el general Manuel Pizarro Cenjor en el Levante español[49], el teniente coronel Eulogio Limia Pérez en Toledo, Ciudad Real y Granada[50] y el teniente coronel Manuel Gómez Cantos en Extremadura. Todos, con mejor o peor fortuna, se dedicaron en cuerpo y alma a la persecución del maquis, aplicando, en la mayor parte de los casos, las tácticas descritas anteriormente donde el aspecto represivo hacia el disidente era lo más significativo de las mismas. Pero lo que será incuestionable es que, la totalidad de los mismos, demostraron una fidelidad, fuera de toda duda, hacia la nueva Guardia Civil, hacia sus mandos y, por tanto, plenamente identificados con el nuevo Estado franquista.

---

del maquis más significativo en los montes de León: Manuel Girón. Sobre este tema véase el trabajo de Macías, S., *El monte o la muerte: la vida legendaria del guerrillero antifranquista Manuel Girón*, Madrid, Temas de Hoy, 2005.

[45] Antonio Díaz Carmona prestó 37 años de servicio a la Benemérita, un estudioso del fenómeno del maquis y que dejó plasmado muchas de sus actuaciones en su libro *Bandolerismo contemporáneo*, Madrid, Compañía Bibliográfica Española, 1969.

[46] Germán Sánchez Montoya fue un guardia civil de gran prestigio dentro del Cuerpo, no en vano llegó a ostentar el cargo de subdirector general de la Guardia Civil entre el 7 de enero de 1972 hasta el 19 de enero de 1974 cuando ya era general de división. Fue el artífice de la caída de otro maquis legendario: Cecilio Martín Borja, "Timochenko".

[47] Bruno Ibáñez fue otro de los guardias civiles inflexibles con los partidarios de la República. Sus matanzas en la provincia de Córdoba están analizadas por Cervero Carrillo, J. L., *Los rojos…, op. cit.*

[48] Después de dejar su estela en Córdoba, en la que, según Francisco Moreno Gómez, sólo quería guerrilleros muertos, pasó a la provincia de Málaga donde, desde octubre de 1949, aplicó la ley de fugas con los colaboradores de la guerrilla. Véase Moreno Gómez, F., "Lagunas en la memoria y en la historia del maquis" en *Hispania Nova. Revista de Historia Contemporánea*. Nº 6, 2006, p. 13.

[49] Pizarro Cenjor, uno de los oficiales mejor formados en su tiempo, subdirector del instituto desde el 15 de julio de 1949 hasta el 29 de octubre de 1954, fue recabado por Camilo Alonso Vega para acabar con una de las agrupaciones guerrilleras con mayor actividad: el AGLA. Volcado en su misión, consiguió, en poco tiempo, disminuir al mínimo la actividad guerrillera antes de su total aniquilación en 1952. Véase sobre este tema Sánchez Cervelló, J. y otros, *Maquis: el puño que golpeó al franquismo. La Agrupación Guerrillera de Levante y Aragón (AGLA)*, Barcelona, Flor del Viento, 2003, pp. 187 y ss.

[50] Según López Corral, el mejor estratega en la persecución de los guerrilleros y "el que alcanzó la más completa depuración de los métodos empleados en la persecución del maquis", *La Guardia Civil. Claves…, op. cit.*, p. 447. y en opinión de Francisco Moreno Gómez, "dirigió en Ciudad Real el exterminio de la guerrilla, desde agosto de 1947 a octubre de 1949, en que pasó a Granada, con el mismo objetivo. Antes había aniquilado la guerrilla en Toledo, experto en contrapartidas, que a todos los maquis capturados los convertía en delatores", en *Historia y memoria del maquis. El cordobés "Veneno", último guerrillero de La Mancha*, Madrid, Alpuerto, 2006, p. 183.

CUADRO Nº 2 PRINCIPALES OFICIALES DE LA GUARDIA CIVIL EN SU LUCHA CONTRA EL MAQUIS	
OFICIAL DE LA GUARDIA CIVIL	**ZONA DE ACTUACIÓN**
José Blanco Novo	Asturias
Juan Luque Arenas	Galicia
Miguel Arricivita Vidondo	León
Antonio Díaz Carmona	Ciudad Real
Germán Sánchez Montoya	Ciudad Real
Manuel Gómez Cantos	Extremadura
Arturo Puga Noguerol	Cáceres
Santiago Garrigós Bernabé	Andalucía
Bruno Ibáñez Gálvez	Córdoba
Felipe Martínez Machado	Córdoba
Roger Oliete Navarro	Cádiz
Luis Marzal Albarrán	Jaén
Francisco Roldán Écija	Granada
Francisco Sánchez Alcaide	Granada
Joaquín Fernández Muñoz	Málaga
Ángel Fernández Montesdeoca	Málaga
Manuel Pizarro Cenjor	Valencia, Teruel y Cuenca
Eulogio Limia Pérez	Toledo, Ciudad Real y Granada

De todos los anteriores destacaremos, según el estudio que realizaremos con posterioridad, a Gómez Cantos, un personaje que se convirtió durante la posguerra en uno de los guardias civiles más controvertidos y de infausto recuerdo en diversas partes del territorio español y, especialmente, en Extremadura por su contundencia contra los huidos desafectos. Además de ello, su concepto tan particular de la disciplina lo llevó a fusilar, sin juicio previo, a tres subordinados del Puesto de Mesas de Ibor (Cáceres) a los que acusó de cobardía ante el enemigo.

4. La respuesta del régimen hacia los huidos en Extremadura: el teniente coronel Gómez Cantos

El oficial de la Guardia Civil, Manuel Gómez Cantos, es uno de los personajes más controvertidos y de infausto recuerdo en toda Extremadura. Como otros tantos guardias civiles, fue un beneficiado de la Guerra Civil que muy pronto impuso su peculiar estilo de lucha contra los *desafectos* al régimen franquista o partidarios de la República: pocos detenidos o heridos, la mayoría muertos. Su fama de hombre violento y despiadado lo convirtió en uno de los modelos de mando que las nuevas autoridades del régimen necesitaban para acabar con la amenaza guerrillera. Todo ello gracias al apoyo que le ofrecieron ciertos mandos castrenses una vez que decidió sublevarse contra la República en Villanueva de la Serena (Badajoz) el 19 de julio de 1936[51]. De esta protección se valió para cometer numerosos desmanes y actuar de manera contundente frente a los enemigos del régimen e incluso con sus propios subordinados, fusilamiento de tres guardias civiles en 1945, motivo último por el cual su meteórica carrera quedaría frustrada para siempre.

Manuel Gómez Cantos nació en San Fernando (Cádiz) el día 25 de marzo de 1892, hijo de Manuel, oficial 3º de Archivos de Marina, y de Blanca. El 30 de agosto de 1912 ingresó como alumno cadete en la academia de Toledo formando parte de la XIX promoción de Infantería, en la que coincidió con su paisano el bilaureado general José Enrique Varela Iglesias. Después de tres años, y con un expediente académico que no le permitió obtener el grado de segundo teniente en junio de 1915 de manos de los reyes Alfonso XIII y Victoria Eugenia como hubiese sido su deseo, consigue la ansiada oficialidad en los exámenes extraordinarios de septiembre de ese mismo año[52].

---

[51] Una vez que abandonó Villanueva de la Serena por la presión de las fuerzas gubernamentales la noche del 29 de julio de 1936 y refugiado en Miajadas (Cáceres) comenzaron sus correrías por parte de la geografía extremeña en poder rebelde. Estas "hazañas" provocaron que el general Queipo de Llano, en su charla radiofónica del 3 de agosto de 1936, hiciese el siguiente comentario sobre este oficial: "En el día de anteayer el capitán Gómez Cantos combatió una concentración marxista en Santa Amalia y continuó la limpia de enemigos en todo el territorio a su alcance (…) Miajadas estuvo sitiada desde primeras horas del día hasta el anochecer en que entró la columna y se defendió heroicamente con noventa guardias civiles, mandados por el capitán Gómez Cantos. ¡Qué juego está dando este Gómez Cantos! En Gibson, I., *Queipo de Llano. Sevilla, verano de 1936*, Barcelona, Grijalbo, 1986, p. 271.

[52] Los datos biográficos, al menos que se especifique otra cosa, están extraídos del AGMI, SGC, hoja matriz de servicios de Manuel Gómez Cantos.

Su primer destino fue el Regimiento de Infantería Guipúzcoa Nº 53 con guarnición en Vitoria, puesto en el que estuvo varios meses, concretamente hasta el 1 de febrero de 1916 que, como tantos militares en busca de un ascenso rápido, es destinado en comisión a Nador, donde desempeñó distintos puestos de responsabilidad (instructor de reclutas, jefe de las prisiones militares o secretario del juez permanente de la plaza).

En 1917, 10 de septiembre, es ascendido a primer teniente de Infantería en propuesta extraordinaria quedando adscrito, en principio, en el mismo puesto que ocupaba en el campamento de Nador. En marzo de 1918 fue trasladado a su pueblo natal, San Fernando, allí fue destinado en comisión al Regimiento de Infantería de Marina. Este año fue muy importante para Gómez Cantos ya que se le concedió su primera medalla militar. El Ministerio de Marina (D.O. Nº 64, p. 443), le concede la Cruz de 1ª Clase del Mérito Naval con distintivo rojo por "los muy relevantes servicios prestados en el territorio de Larache".

El año 1920 encontramos otra fecha importante en la vida de Gómez Cantos, el 7 de enero se le concedió el ingreso en el Instituto de la Guardia Civil realizando las correspondientes prácticas en la Comandancia de Caballería de Córdoba, que finalizó en el mes de mayo de ese mismo año. Fue destinado, en un primer momento, a la Línea de Montilla (Córdoba), situación en la que permaneció poco tiempo porque en agosto de 1920 fue destinado a la Comandancia de Cádiz y más concretamente al Puesto del Puerto de Santa María. En esta población permaneció varios años, hasta 1925, y todavía no hemos observado el comportamiento agresivo que en este oficial está a punto de aflorar, la explicación puede encontrarse en que este destino estaba próximo a su residencia natal.

Será en 1925 cuando detectamos los primeros incidentes graves en la vida de Gómez Cantos. Todo ocurrió después de su paso fugaz por la provincia de Huelva (Aracena), en el Puesto de La Rambla (Córdoba). En esta comandancia, al poco tiempo de llegar, fue arrestado durante dos meses por "detención no justificada de los vecinos de la misma e incumplimiento de las órdenes recibidas". El incidente se produjo después de haber estado en compañía de algunos amigos en diversos prostíbulos de la población "cacheando a los parroquianos que allí se encontraban" y amenazando a uno de sus acompañantes, José Alcalde Gandullo, por haberle recriminado su actitud, con "arrastrarlo de la cola de su caballo".

Por estos hechos, José Alcalde informó de lo que había sucedido a sus superiores de Córdoba, que ordenaron la presencia de Gómez Cantos en la capital. Hizo caso omiso de la orden con excusas poco creíbles y buscó a su denunciante al que "abofeteó para reducirlo a la obediencia y llevárselo al cuartel". Allí con todos los guardias en formación les arengó a que a la primera falta que cometiese el detenido fuese llevado al cuartel "hecho pedazos". Algunos amigos de José quisieron comunicar todo lo que estaba pasando al juez de Instrucción de la población, situación que impidió el teniente "pistola en mano". A pesar de que podemos catalogar estos hechos como muy graves, el caso se resolvió de manera bastante satisfactoria para Gómez Cantos, con excepción del arresto, ya señalado, de dos meses en la comandancia cordobesa:

> "Seguido sumario para deducir las responsabilidades en que hubiera incurrido por atropello cometido (…) fue sobreseído por decreto auditor del Capitán General de la 2ª Región fecha 6 de mayo de 1925 sin declaración de responsabilidad como falta grave"[53].

Independientemente del castigo tan leve que se le impuso, lo que se mostró evidente fue el carácter violento que este oficial comenzaba a reflejar en sus actuaciones como fuerza de orden público. No obstante, lo que sí consiguió La Rambla fue el cambio de destino del personaje. De esta forma, a partir de junio de 1925 tuvo su primer contacto profesional con lo que será la región donde dejará gran parte de su "impronta": Extremadura. Efectivamente, su primer paso por la región fue la comandancia de Cáceres y más concretamente el Puesto de Hoyos, situación en la que estuvo hasta noviembre de ese mismo año, en que fue trasladado a mandar el de Arroyo del Puerco.

En esta última población permaneció hasta agosto de 1926 en que como "supernumerario" fue destinado a Jerez de la Frontera. Pocos meses en la población cacereña pero los suficientes para volver a tener problemas con un paisano y, por consiguiente, con sus superiores. Se le volvió a abrir una causa, en este caso por "informes falsos sobre asuntos del servicio". Este caso tuvo su origen en una deuda que el teniente contrajo con un vecino arroyano, Joaquín Molano, de 1.000 pesetas. Éste, cansado de esperar su devolución, decidió denunciar el hecho ante las autoridades judiciales y ante la propia Benemérita.

---

[53] Archivo General Militar de Segovia (AGMS), hoja de servicios de Manuel Gómez Cantos.

Los mandos preguntaron a Gómez Cantos si había liquidado la deuda contraída y el teniente confirmó, sin ninguna duda, que aquella se había satisfecho[54]. La realidad era muy distinta. En este momento, para poder salir airoso, tuvo que buscar una serie de testigos que amparasen su coartada para que esta causa fuese, de nuevo, sobreseída en 1928:

"Según dictamen auditor de fecha 23 de julio se sobresee definitivamente la causa que se le seguía al comprendido en este documento por informar falsamente a sus superiores en asuntos oficiales".

En noviembre de 1928, con el grado de capitán que poseía desde el mes de junio de ese mismo año, fue destinado al cuarto Tercio y más concretamente a la comandancia de caballería de Sevilla. Aquí volvió a tener un nuevo incidente, en este caso con un comandante, por lo que se le instruye otro procedimiento de averiguación de hechos y, poco después, como casi siempre, el informe es sobreseído en 1931:

"Se le instruyó a este oficial procedimiento previo por incidente ocurrido entre él y un comandante de caballería siendo sobreseído sin responsabilidad por decreto del Excmo. Señor capitán general de la Región".

El 25 de abril de 1931 firmó promesa solemne de adhesión a la República, juramento que no cumplió cuando llegó el caso. Pocos días después fue destinado a la comandancia jiennense, estancia muy corta porque de nuevo tuvo que trasladarse a la de Córdoba. Aquí permaneció hasta febrero de 1934. En los tres años de estancia en este destino volvió a tener graves incidentes con el pueblo al que servía y por añadidura con sus mandos. Uno de los casos más significativos fue cuando avistó a un anciano campesino cuyo pecado fue recolectar aceitunas del suelo de su finca en día festivo. Fue detenido sin mayores explicaciones y trasladado hasta la puerta del ayuntamiento de Puente Genil. Una vez allí, y delante de un centenar de personas, lo abofeteó reitera-

---

[54] El contraer deudas injustificadas es una constante a lo largo de todos sus años como oficial de la Benemérita. Son numerosos los expedientes abiertos contra él tratando de dilucidar los motivos que lo llevaban a no satisfacer los pagos. No obstante, a pesar de tener que dar numerosas explicaciones, informes, escritos, etc., normalmente, sus superiores sabían cómo disculpar estas faltas.

das veces[55]. Es evidente que hechos como el narrado hicieron un daño terrible en la imagen del cuerpo en un época, la República, que trataba de modificar actitudes, muchas veces individuales, que, obviamente, afectaron a la Guardia Civil en su conjunto.

Como señalamos anteriormente, en febrero de 1934 obtuvo un nuevo destino, en este caso la sexta compañía de la comandancia de Málaga (Marbella), última estancia en tierras andaluzas antes de su traslado a Extremadura. Aquí, como no podía ser de otra forma, volvió a tener graves incidentes con sus superiores. Fue acusado de "inexactitud en el cumplimiento de obligaciones reglamentarias y continua demora en la remisión de documentos que interfería en el régimen de la Mayoría"; le fue impuesto, como también era habitual, un castigo muy leve:

"El 29 de diciembre de 1935 le fue impuesto por el comandante mayor de la Comandancia de Málaga, veinticuatro horas de arresto en su domicilio. Empezó y terminó su extinción el 1 de enero de 1936".

El 8 de abril de 1936 regresó a Extremadura, último destino que tuvo antes de la Guerra Civil. En este caso, su traslado tuvo como meta la 5ª compañía de la comandancia de Badajoz con destino en una de las poblaciones pacenses donde será recordado por muchos años: Villanueva de la Serena. Los pocos meses que discurren hasta el golpe de Estado de julio de 1936 están lleno de incidentes entre las autoridades frentepopulistas de Villanueva y el capitán de la Guardia Civil.

Al menos esto podemos deducir de las Actas de Pleno de Ayuntamiento donde se detectan, según exponemos a continuación, los problemas que comenzaba a generar este capitán en la población y, por otro lado, los preparativos que la Benemérita realizaba para sumarse al inminente golpe de Estado.

"El señor Olivares dice que no protesta de que patrulle la fuerza por las calles de noche, pero que anoche el capitán de la Guardia Civil abusó de las órdenes que tuviera diciendo que se diera fuerte a todos y pide se proteste enérgicamente ante el señor Gobernador Civil de la provincia y Ministro de la Gobernación por la actuación del dicho capitán.

---

[55] López Corral, M., "Los fusilamientos de mesas de Ibor" en *Revista de Historia 16*, Nº 251, Madrid, 1997, pp. 8-27, para esta cita p. 27.

> El señor Ferrón tiene que rogar que el señor Alcalde recabe que los cacheos que verifica la Guardia Civil no sean exclusivamente para los obreros y expone su creencia, firme, de que existen manejos de tipo fascista en la localidad".
>
> "El señor Ferrón insiste en las manifestaciones que tiene hechas con anterioridad acerca de la desigualdad de trato en cuanto a los cacheos. Observa que la Guardia Civil ejerce todo su rigor con los obreros y deja en franquicia los elementos derechistas. Dice que son frecuentes las visitas nocturnas que individuos conocidos como fascistas hacen al cuartel de la Guardia Civil y excita el celo del señor Alcalde en el sentido de que la Guardia Municipal extreme la vigilancia en pro del régimen"[56].

El 19 de julio de 1936, Gómez Cantos, tras conversar con el recién nombrado gobernador civil de Cáceres por los golpistas, el comandante de la Guardia Civil Vázquez Ramos, y haciendo caso omiso de las indicaciones que se le hacían desde la comandancia de Badajoz a la que pertenecía, declaró el estado de guerra en Villanueva de la Serena[57]. Se hizo con el control de la población hasta la noche del 29 de julio en que, presionado por milicianos llegados de poblaciones limítrofes, lo obligan a huir hasta Miajadas, pueblo cacereño que ya se encontraba en manos rebeldes. En los diez días que tuvo la población en sus manos, detuvo a un grupo numerosos de vecinos de Villanueva que fueron trasladados posteriormente a la prisión provincial de Cáceres[58].

4.1. La personalidad de Gómez Cantos al descubierto (1936-1945)

El inicio de la Guerra Civil provocó en Manuel Gómez Cantos que su personalidad, violenta, despiadada, ausente de escrúpulos y de la ética más elemental, latente en los distintos ejemplos que anteriormente hemos señalado, aflorase ahora con toda su crudeza contra los partidarios de la Segunda Re-

---

[56] Archivo Municipal de Villanueva de la Serena. Actas de Pleno Municipal, 25 de mayo y 11 de julio de 1936.

[57] Véase sobre estos hechos los trabajos de Gallardo Moreno, J., *La Guerra Civil en la Serena*, Badajoz, Diputación Provincial, 1994, pp.66-67 y Chaves Palacios, J., *La Guerra Civil en Extremadura: operaciones militares (1936-1939)*, Mérida, Editora Regional de Extremadura, 1997, pp.31-33.

[58] Véase la relación de vecinos de Villanueva de la Serena que fueron detenidos por Gómez Cantos y, la mayor parte de ellos, posteriormente fusilados en el trabajo reciente de García Suances, I., *Grupo de Cáceres. Fusilados en Medellín,* Villanueva de la Serena, Asociación para la Recuperación de la Memoria Histórica de Extremadura, 2008.

pública. Es decir, el modelo de mando que las nuevas autoridades franquistas necesitaban para someter al "desafecto", de la misma manera que se estaba realizando en otros puntos de la geografía nacional.

Son numerosos los desmanes que este oficial protagonizó a lo largo de estos diez años. Ejemplos que, salvo el último, el fusilamiento de tres guardias civiles, se vieron siempre como necesarios por el bien de la Patria. De hecho, como veremos, se le entregó, entre otras, la Medalla Militar individual, se lo felicitaba efusivamente o se lo nombraba para puestos de gran responsabilidad en atención a sus "méritos" frente al enemigo.

Sus andanzas más notables comenzaron el 2 de agosto de 1936 cuando fue atacado por varias columnas enemigas con las que "sostuvo fuego hasta las siete de la tarde haciéndolos huir desordenadamente, causándoles 213 muertos". Este hecho, según José Luis Cervero, miembro actual del Cuerpo de la Guardia Civil, que firma con el seudónimo de Jesús Mendoza, se produjo después de enarbolar una bandera blanca que provocó en los atacantes una bajada de la guardia y la sensación de una victoria que nunca sucedió[59]. Utilizando bandera o no, lo que sí es cierto que este hecho fue gratamente valorado por sus superiores:

> "Recibe por ello la felicitación de los Excelentísimos Señores General Jefe del Ejército del Sur y Gobernador Militar y Civil de la provincia de Cáceres".

A principios de 1937, y después de pasar por el frente de Madrid, volvió con su grupo móvil a Mérida, de donde partió el 10 de febrero, por "orden de la superioridad" a las zonas recientemente incorporadas a los rebeldes en la provincia de Málaga. Su misión, supuestamente, era hacer batidas por los montes para tratar de acabar con "las partidas marxistas huidas en la sierra". No obstante, el telegrama que envió desde Marbella denota claramente cuáles eran sus verdaderas intenciones con estas salidas:

> "Terminada misión justiciera con ejemplo máximo en Ojén. Salgo para Mérida. Detalles correo"[60].

---

[59] Mendoza, J., "Gómez Cantos, el exterminador" en *La Aventura de la Historia*, Nº 11, Madrid, Arlanza Ediciones, 1999, p. 30.

[60] Espinosa Maestre, F., *La columna de la muerte. El avance del ejército franquista de Sevilla a Badajoz*, Barcelona, Crítica, 2003, p. 100.

Que las autoridades rebeldes estaban conformes con la actuación de Gómez Cantos lo demuestra el hecho que a finales de 1937 fue habilitado para el empleo de comandante y que durante 1938 van a recaer en él distintos puestos de gran responsabilidad a los que tiene que atender de manera simultánea. Por ejemplo, en febrero de este año fue nombrado Delegado de Orden Público de la provincia de Badajoz. De la misma forma, seguía con el mando de su grupo móvil de la Guardia Civil con el que realizaba constantemente batidas, "servicio de limpieza" como aparece en su documentación personal, para neutralizar las partidas de huidos que pululaban por las distintas sierras extremeñas y de regiones limítrofes. Y, además, fue nombrado, ironías del destino, jefe del Detall del 11º Tercio. Hay que tener en cuenta que con el Detall tenía a su cargo la jefatura de la contabilidad. Es decir, las antiguas cajas pagaderas de los Tercios. Una experiencia tentadora para una persona que durante toda su vida había tenido graves problemas de deudas.

Finalizando 1938 consiguió, gracias a todos los "méritos" que iba acumulando, la Medalla Militar por resolución del jefe del Estado, es decir, del mismísimo Franco. En la misma se aludía que "en todas cuantas comisiones le han sido encomendadas desde el principio de la campaña demostró un gran espíritu militar, valor, energía y dotes de mando excepcionales". En los primeros días de 1939 se le encargó la defensa de Azuaga, Granja de Torrehermosa y Minas de San Rafael. Por estos hechos volvió a ser recompensado de distintas formas. Por un lado el inspector general del cuerpo felicitó a "este jefe por los tres hechos de armas" al igual que el Cuartel General del Generalísimo y el general jefe del Ejército del Sur. Además, el Ayuntamiento de Azuaga le concedió la Medalla de Honor de la ciudad, y por otra parte, consiguió el ansiado ascenso por méritos de guerra por el que venía suspirando desde hacía dos años: se le concedió el empleo de comandante el 26 de febrero de 1939 con antigüedad del 11 de agosto de 1936.

Coincidiendo con el final de la Guerra Civil, Gómez Cantos va a seguir gozando del favor de las nuevas autoridades. Su nueva responsabilidad lo trasladó hasta tierras gallegas. Un decreto del Ministerio de la Gobernación fechado el 31 de marzo de 1939 lo nombró Gobernador Civil de la provincia de Pontevedra. Hasta allí llevó órdenes tajantes de acabar con el problema de los huidos, práctica que las autoridades franquistas sabían que dominaba perfectamente.

En este aspecto, su hoja de servicio, como en tantas cosas, enmascara la realidad. Señala que después de su paso por Pontevedra, el problema de los del monte quedó totalmente solucionado una vez que el gobernador se "entrevistó personalmente con los 1.500 huidos en el monte y auxiliado únicamente por el jefe de la comandancia y un capitán de la compañía, redimiendo a todos y volverlos a sus hogares". Evidentemente, en estas apreciaciones hay bastante de exageración. No obstante, su actuación en Pontevedra, en lo que se refiere al maquis, muestra notables diferencias de las actuaciones criminales realizadas por este oficial durante la guerra y que volvió a poner en práctica una vez que regresó a tierras extremeñas.

Poco tiempo después de llegado a su destino gallego, Gómez Cantos puso en libertad a gran parte de los presos gubernativos que estaban prisioneros en las distintas cárceles de la provincia. A continuación, emitió un bando señalando que "todos aquellos que no tuviesen manchadas la manos de sangre se presentasen a su Autoridad para regular su situación". Sabemos por la prensa que fueron muchos los huidos que acudieron al llamamiento. Al menos eso se desprende, de la información que recoge *El Pueblo Gallego* en su edición del 5 de mayo:

> *"Supremo tacto y humano acierto de un gobernador civil. Hemos visto llegar a los huidos que por la inteligente y arriesgada gestión personal de nuestro gobernador civil se han presentado a su autoridad (…) Son diecisiete hombres, están pálidos y sus rostros muestran barbas crecidas, cabelleras largas (…) frente a la escalinata de la Diputación (…) Nadie parece esperarles y el guardia de servicio les indica su destino: arriba a la derecha, son las oficinas de Orden Público (…) Y en espera de don Manuel Gómez Cantos que no tarde en presentarse. A su presencia, un hondo suspiro de alivio dilata los pechos de los hombres que han respondido a su invitación (…) Y el Gobernador Civil les dice que tienen preparado alojamiento y un centro benéfico donde han de pasar la noche (…)".*

En días posteriores los periódicos vuelve a mostrarnos cifras de huidos que se entregaron, así por ejemplo, el 1 de junio se habla de "249 huidos presentados en Pontevedra más 23 que lo hicieron en Vigo". No sabemos si estos métodos fueron del agrado de las autoridades franquistas, pero lo cierto es que, a finales de agosto, tan sólo cinco meses después de su nombramiento, fue destituido del cargo. Por otro lado, tenemos que señalar que no todos los huidos se presentaron, algunos optaron por seguir luchando hasta 1950, caso de José Luis Quintas Figueroa, el huido que más tiempo costó detener en la comarca viguesa y además, algunos que regresaron, ante las continuas molestias, tuvieron que volver a echarse al monte[61]. Lo más significativo de esta manera de actuar es que Gómez Cantos nunca lo había puesto en práctica en Extremadura y que, una vez que regresó, tardó varios años en volver a intentar estos métodos paternalistas para acabar con el fenómeno guerrillero en la región extremeña[62].

Cesado del cargo en el gobierno pontevedrés, Cantos continuó a las órdenes directas del Gobierno en servicios confidenciales de Fronteras Sur y Oeste por cuyo cometido volvió a ser recompensado con la "Medalla de Campaña, una Cruz roja del Mérito Militar y la Cruz de Guerra concedidas por el general Jefe de la 2ª Región Militar". No obstante, sus métodos no eran del gusto de toda la Guardia Civil, de hecho el propio inspector general de la Benemérita, envió al ministro de la gobernación un escrito, reservado, fechado el 27 de febrero de 1940, en el que se quejaba del comportamiento sin control de este oficial. Estos documentos no hicieron ninguna mella en su carrera como militar.

Es significativo cómo pocos días después, 12 de marzo, fue destinado a la comandancia de Cáceres como primer jefe de la misma, a la vez que era ascendido a teniente coronel de la Benemérita y responsable máximo del Servicio de Persecución de Huidos de las zonas declaradas de guerra en las provincias de Cáceres y Badajoz, ampliadas, durante algún tiempo, hasta Toledo y Ciudad Real. En este cometido volvemos a encontrarnos con el Gómez Cantos de siempre, una persona implacable con los "desafectos" y, por consiguiente, donde sus desmanes, como comprobaremos, alcanzaron sus cotas más elevadas.

Probablemente el primer ejemplo de esta nueva fase represiva ocurrió en la comarca de Las Villuercas a finales de 1940 cuando detuvo a una treintena de personas que fueron fusiladas en la finca "Dehesilla de Mira el Río"[63]. No obstante, sus informes, luego reflejados en su hoja de servicio, relatan los hechos de una forma habitual para este tipo de casos:

---

[61] Sobre su paso por Pontevedra véase el trabajo de Abad Gallego, X.C., "El Gobernador Manuel Gómez Cantos, un personaje controvertido: redentor de 'fuxidos' o criminal de uniforme", en *Revista Glaucopis*, Nº 10, Vigo, Instituto de Estudios Vigueses, 2004, pp. 131-176.

[62] A finales de 1944, una vez constituida la Agrupación Guerrillera de Extremadura, y como método para contrarrestar la agrupación, Gómez Cantos trasladó una oferta de 20 días para que los huidos se presentasen garantizándoles el perdón. La proposición tuvo cierto éxito en Badajoz (Navalvillar de Pela) y menos en la provincia cacereña. Estos métodos también fueron utilizados por el teniente coronel Eulogio Lima Pérez en la provincia de Granada hacia 1950.

[63] Sobre este fusilamiento masivo véase el trabajo de Chaves Palacios, J., *Guerrilla y franquismo. Memoria viva del maquis Gerardo Antón (Pinto)*, Badajoz, Editora Regional de Extremadura, 2005, p. 33 y ss.

"Entusiasta satisfacción por el resultado de varios servicios realizados en su Comandancia en persecución de rojos huidos. Capturando la fuerza a sus órdenes en los días 7 al 10 de diciembre anterior a cuatro de los mismos armados y detener a 26 sujetos de diferentes pueblos de Zorita, Logrosán y Cañamero, que al conducirlos para la reconstitución de los hechos a una sola vez y orden de José María Delgado Palacín (a) el Papa Antiguo, guerrillero rojo, se abalanzaron sobre la fuerza resultando ésta ilesa de la agresión y los 30 detenidos muertos en su totalidad".

En agosto de 1942, y después de una actuación del maquis, en La Calera, poblado anejo a Alía (Cáceres), volvió a montar en cólera mandando detener en la zona a 24 personas a los que acusó de "colaboración con los huidos". Estos detenidos también fueron fusilados sin ningún tipo de miramientos en Alía el 26 de agosto de ese año. De nuevo, otro asesinato masivo que no pudo ser impedido, aunque lo intentó, por el alcalde de Alía, que rogó al teniente coronel que no llevara a cabo los fusilamientos previstos[64].

A pesar de lo implacable de la actuación de la Benemérita en la provincia cacereña, no todos los cuerpos policiales estaban de acuerdo con la manera de afrontar la situación. Es ilustrativo cómo un informe elaborado en la primavera de 1945 por el Cuerpo General de Policía, por encargo del gobernador civil de la provincia de Cáceres, ponía en entredicho las formas de actuar del instituto lo que había posibilitado, decía el documento, el incremento de las "fechorías en la sierra" y ello a pesar de que la Guardia Civil contaba con enorme cantidad de fuerzas, abundantes medios y amplias atribuciones. A juicio de los autores del documento el problema estribaba en que no se había contado con la colaboración de los vecinos que temían "tanto a la Guardia Civil como a los propios huidos"[65]. Situación que era completamente cierta si nos atenemos a los datos que anteriormente hemos señalado.

---

[64] Véase la relación nominal de estas veinticuatro personas, entre las que había una mujer, en la obra de Chaves Palacios, J., *Guerrilla y franquismo…, op. cit.*, p. 39.

[65] Sobre la disparidad de criterios entre Guardia Civil y Policía, véase los trabajos de Chaves Palacios, J., "Fuerzas del orden público y oposición al régimen de Franco en los cuarenta. Críticas de la Policía Armada a la Guardia Civil", en *El Estado y los ciudadanos. Las claves de la España del siglo XX*, Madrid, Sociedad Estatal España Nuevo Milenio, 2001, pp. 221-233 y más recientemente "Fuentes documentales y orales en el estudio de la guerrilla" en Aróstegui Sánchez, J y Marco, J. (eds.), *El último frente, op. cit.*, pp. 261-268.

No obstante, que estos fusilamientos eran del agrado de sus mandos superiores lo demuestran las numerosas recompensas que este oficial sigue recogiendo, tal y como se puede observar en el cuadro N° 3. Medallas, condecoraciones y títulos que reflejan el agradecimiento del régimen por su manera de emplearse con los enemigos de la Patria.

CUADRO N° 3 CONDECORACIONES MILITARES DE GÓMEZ CANTOS (1943-1944)		
FECHA	CONDECORACIÓN	OBSERVACIONES
7 de enero de 1943	Gran Cruz de la Orden del Mérito Militar con distintivo Blanco	Decreto del 7 de enero del jefe del Estado, BOE del 9 de enero de 1943
13 de octubre de 1943	Cruz de la Real y Militar Orden de San Hermenegildo	D.O. (N° 241). Con antigüedad desde el 17 de agosto de 1940
24 de abril de 1944	Placa de la Real y Militar Orden de San Hermenegildo	D.O. (N° 107). Con antigüedad del 7 de diciembre de 1943

Al margen de todo lo anterior, y a pesar de lo implacable de la represión ejercida por Gómez Cantos, estos fusilamientos provocaron reacciones contrarias a las que quería conseguir. Siendo ilustrativo la creciente actividad guerrillera como fue la toma del pueblo de Mesas de Ibor (Cáceres) por una partida de maquis el día 17 de abril de 1945. Este hecho se saldó con la muerte de uno de los guardias civiles en enfrentamiento con la guerrilla y, además, con el fusilamiento, por orden expresa de Gómez Cantos, del resto del puesto, tres guardias civiles a los que acusó de "cobardía ante el enemigo"[66].

---

[66] La toma de Mesas de Ibor por el maquis y sus consecuencias ha sido uno de los temas más analizados por la historiografía que analiza esta etapa histórica. Son varios los trabajos destacados: López Corral, M., "Los fusilamientos de Mesas de Ibor"..., *op. cit.*, pp. 8-27; del mismo autor el reciente *La Guardia Civil. Claves...*, *op. cit.*, pp. 450-457; Chaves Palacios, J., *Guerrilla y franquismo...*, *op. cit.*, pp. 70-80 y García Carrero, F. J., "Rehabilitar la figura de un padre. El fusilamiento del Guardia Civil Sóstenes Romero Flores", en Lorenzana de la Puente, F. (coord.), *Iberismo. Las relaciones entre España y Portugal. Historia y tiempo actual*, VIII Jornadas de Historia en Llerena, 2008, pp. 411-422.

Estos fusilamientos fueron los últimos que ordenó este teniente coronel, Gómez Cantos fue apartado del mando y, por presiones de la Iglesia, la otra gran familia del régimen, acabó sentado delante de un consejo de guerra de oficiales generales que emitieron sentencia de culpabilidad por "abuso de autoridad" a finales de 1945 y posteriormente confirmada por otra del Consejo Supremo de Justicia Militar el 12 de julio de 1946. La condena impuesta, de nuevo, fue benévola: un año de prisión militar correccional, suspensión de empleo y en concepto de responsabilidad civil el Consejo señaló una indemnización a los herederos de las tres víctimas con 10.000 pesetas a cada una de ellas[67].

Gómez Cantos fue reducido a prisión el día 6 de enero de 1947. No llegó nunca a cumplir la pena completa aunque, estando en la cárcel, presentó instancia ante el ministro del Ejército, Fidel Dávila, en la que solicitó y le fue concedido, el pase a la situación de "retirado" por "hallarse delicado de salud". Este retiro acabó con una carrera militar llena de sombras y que había sembrado de luto, como hemos podido comprobar, a numerosas familias extremeñas.

Estuvo residiendo en Cáceres durante algún tiempo. No obstante, algunos incidentes de su familia con las hijas de uno de los guardias fusilados en Mesas, al margen del conocimiento que el resto de la población tenía de este militar en esta capital, provocaron que se marchase a vivir definitivamente a Madrid, donde murió el 29 de mayo de 1977 cuando contaba 85 años edad. Fue enterrado en el cementerio de Carabanchel.

---

[67] Archivo Militar Territorial Nº 1 de Madrid, causa 131.089, leg. 7.849.

Imaginarios en contacto: libros, imágenes e ideas políticas de la dictadura militar chilena y el franquismo[1]

Isabel Jara Hinojosa
(Universidad de Chile)

1. Introducción

Varios estudios han puesto de manifiesto los puntos de contacto entre el imaginario político-cultural franquista y el de la dictadura militar chilena (1973-1990). En esta línea se inscribe este artículo, sabiendo que el contacto no fue exclusivo y que no es posible suponer una excesiva dependencia ideológica externa para el régimen de Pinochet, simbólicamente arraigado en la tradición militar y conservadora local.

Sin embargo, propongo aquí explorar aquellos imaginarios en contacto, en su doble vertiente visual y escrita, entendiendo textos e imágenes anclados en libros e ilustraciones, como componentes complementarios y activos en la construcción del discurso político-cultural de los regímenes políticos (junto a otros elementos).

Las complejas relaciones entre literatura o imagen, por un lado, y la política, por otro, suelen estudiarse desde la memoria de la resistencia; desde la estética de las obras como política; desde los "programas" artísticos de los propios regímenes políticos; o desde su retórica gráfica y editorial. En esta última perspectiva, exploraré algunas lecturas y publicaciones de intelectuales

---

[1] Este artículo es una versión modificada de mi ponencia al coloquio *Memoria histórica y dictaduras en Hispanoamérica en el siglo XX: un ejercicio de historia comparada*, organizado por el CEXECI y la Universidad de Chile. Santiago, 30 de octubre de 2008. Incorpora reflexiones de la investigación en curso, *Funciones políticas de las imágenes en dictadura: la ilustración de libros en la Editora Nacional Gabriela Mistral, 1973-1976* (Proyecto Fondecyt N° 11080048).

chilenos, así como ciertas ilustraciones de libros de la editorial oficial de la dictadura, en la idea de que tanto lo escrito como lo visual formaron parte del "proyecto cultural" autoritario y que fue este conjunto, y no sólo el aspecto doctrinal, el que lo relacionó con el programa cultural franquista. Me parece que la combinación de sentidos más sistematizados desde lo escrito con otros más imprecisos desde lo visual permite relevar de manera más completa la nueva "cultura política" que se buscaba instalar después de 1973, así como conexiones y diferencias más heterogéneas con el caso franquista.

La actividad de unos cuantos académicos hispanistas chilenos (sus conexiones con la diplomacia cultural franquista y su influencia sobre algunos discípulos), resultó decisiva en la configuración del imaginario conservador que en parte nutrió al régimen militar, pese a que en ningún caso agotó un proceso tan complejo como la apropiación de una ideología. Por ello, examinar sus lecturas españolistas y sus publicaciones, así como la adaptación que hiciera la generación siguiente, particularmente Jaime Guzmán, resulta imprescindible para comprender el contacto entre los imaginarios franquista y chileno.

Por otra parte, pese a su corta existencia en manos del Estado, la Editora Nacional Gabriela Mistral (1973-1976), sucesora de la prolífica y comprometida Quimantú (editora del gobierno de Allende), puede considerarse uno de los primeros soportes utilizados por el régimen militar para su instalación simbólica y ruptura con la cultura sociopolítica anterior, tanto de la Unidad Popular (UP) en particular como de la tradición democrática en general. De allí que se considere un dispositivo válido para analizar la "ilustración" de la nueva cultura política, posible de comparar con la gráfica franquista.

2. El activo franquista en el "proyecto cultural" autoritario

Aunque poco articulada, la política cultural del régimen pasó de una primera etapa "de fuerza" a una de "reconstrucción cultural", en que la depuración dio paso a la promoción de actividades "acorde la idiosincrasia chilena" y al despliegue de una institucionalidad (Asesor Cultural de la Junta, Departamento Cultural de la Secretaría General de Gobierno, institutos culturales comunales), guiada por orientaciones generales que configuraran una directriz centralizada tras propósitos nacionalistas, geopolíticos y cristianos (Errázuriz, 2006).

En todo caso, su zigzagueo y falta de organicidad no le restó pertrecho ideológico. Es sabido que, entre otros, el discurso cultural del régimen militar chileno revitalizó en cierta medida un proyecto cultural extranjero tempranamente "nacionalizado" como el hispanismo franquista (Rojas-Mix, 1978; Jara, 2006), mezclando sus elementos corporativistas e hispanistas con doctrinas propiamente militares y con vertientes criollas del ideario conservador, nacionalista y neoliberal (Cristi y Ruiz, 1992; Cristi, 2000). Aunque el neoliberalismo eclipsó a los demás discursos desde los años ochenta, el sustrato franquista sobrevivió en algunas ideas legitimadoras del golpe militar y en la retórica cultural del régimen. Como es sabido, el enlace temprano de esta pervivencia fueron intelectuales de la revista *Estudios* (1932-1957), tales como Osvaldo Lira o Jaime Eyzaguirre, que difundieron sus ideas desde el campo teórico en vez del partidista, incorporando el hispanismo al pensamiento académico chileno y despolitizándolo, especialmente de su regusto franquista.

Así pues, a través de las publicaciones y contactos académicos o personales de aquella generación, ciertos elementos ideológicos franquistas fueron apropiados por algunos discípulos y reciclados después en la validación y proyección de la dictadura chilena. Por tanto, no es difícil dimensionar la transmisión de aquel ideario a través de los textos compartidos, a los cuales se sumaron después los textos del franquismo tardío.

Lo que resulta más difícil de precisar es el tráfico de aquellas ideas a través de las imágenes, por su papel (habitualmente considerado) secundario en la edificación de significados políticos definidos, pese a su ventajoso efecto materializador. No obstante, parece que, al menos con respecto a la instalación simbólica del autoritarismo chileno, la función política prevista de las imágenes, en particular de las ilustraciones de libros oficiales, alcanzó cierta consistencia, aunque fuera subliminal. Tal vez, ello fuera por el aparente carácter antiprogramático de la dictadura en lo cultural y artístico, que desplazó efectos de simbolización política hacia la gráfica editorial (por no mencionar la televisión). Por otra parte, pudo responder a la naturaleza misma de la gráfica: si toda ilustración anuda explícita y funcionalmente la imagen a la instrucción y divulgación (Martínez, 2004: 6-7), una parte de la gráfica de la editora oficial se convirtió en una sintaxis formal y técnica que, sin perder su iconicidad, remarcó los sucesos que interesaban al régimen y participó de la comunicación de su pensamiento.

En consecuencia, libros e imágenes contribuyeron, en distinta y singular medida, a configurar el imaginario político de la dictadura militar, en desigual pero efectivo parentesco con el franquista.

3. Lecturas tempranas

Como adelantamos, durante los años treinta y cuarenta, la tradición hispánica conservadora tuvo una aceptación significativa en Chile[2], especialmente por la divulgación que de ella hiciera la revista *Estudios* y círculos afines. Así, la revista *Acción Española* y obras como *Apología de la Hispanidad*, del cardenal Gomá, o *Defensa de la Hispanidad*, de Ramiro de Maeztu, fueron leídas con interés por políticos católicos y sacerdotes chilenos. De hecho, en 1936, el libro de Maeztu había sido impreso en este país y aparecieron diversos comentarios sobre él en el periódico de la Liga Social y en el diario *El Mercurio*. Incluso, un año antes, el sacerdote Osvaldo Lira había editado un artículo que, reflexionando sobre la identidad latinoamericana, desarrollaba las tesis de Maeztu desde una perspectiva teológica.

Efectivamente, en dicho artículo (que después convirtió en libro) Lira asentó la 'Hispanidad' como la identidad dominante de los pueblos americanos y la elevó a valor universal de la fe cristiana, a partir de la trayectoria peninsular: la defensa del orden cristiano mediante la expulsión de judíos y musulmanes, la formación de la monarquía "misionera" del siglo XVI y de su imperio tridentino, serían sus máximas encarnaciones históricas. En consecuencia, la asimilación de los pueblos americanos habría formado una raza biológicamente impura pero espiritualmente fortalecida en el catolicismo (Lira, 1934: pp. 26-37).

El contexto de recepción de estos postulados –y del hispanismo españolista en general– no era desfavorable. Entre las editoras con sede y librería en

---

[2] Como ha documentado Carlos M. Rama, en realidad toda Latinoamérica vivió entonces la pugna hispanista-indigenista-panamericanista, que interesó a los conservadores españoles. Así puede entenderse la embajaduría de Ramiro de Maeztu en la Argentina, durante el gobierno de Primo de Rivera en 1928, o la colaboración de intelectuales americanos en revistas de *Acción Española*.

Santiago, "Zig-Zag" fue una de las más importantes del país, cuyo criterio eminentemente comercial le permitió editar textos republicanos y nacionales. El nombramiento del escritor español José María Souvirón en su dirección editorial en 1943 y la promesa que tendría una mayor comprensión para España, esperanzó al franquismo de obtener una mayor influencia en aquélla. Por su parte, la empresa "Ercilla" igualmente editó libros adictos y contrarios al Movimiento, ya que también sometió su criterio ideológico al comercial; por lo mismo fue que Souvirón, que trabajaba en ella como censor de traducciones hasta poco después del alzamiento, abandonó su puesto en fidelidad a la causa nacional. "Difusión Chilena" fue otra editorial que se identificó con el franquismo, pero en una línea más estrictamente cultural y criolla, al publicar los escritos de Jaime Eyzaguirre y Osvaldo Lira y al reeditar, a instancias del primero, las obras más señaladas de los pensadores nacionalistas chilenos y latinoamericanos. "Nascimento", por su parte, fue la más cercana al Movimiento, editando obras favorables a la España nacional y, sobre todo, libros clásicos de la cultura española, sin publicar nunca ningún texto antifranquista. Así que los hispanistas chilenos no actuaron en vacío.

Por su erudición, el padre Lira se convirtió en uno de los más reconocidos intelectuales pro franquistas del país. A comienzo de la década del cuarenta, se trasladó a España, donde impartió clases, se vinculó con intelectuales del régimen y publicó artículos y libros, como *Hispanidad y mestizaje y otros ensayos* de 1952. A su regreso, se dio a la misión de formar jóvenes, especialmente entre sus alumnos de la Universidad Católica de Santiago, y también en espacios informales. De allí que algunos universitarios del Movimiento Gremialista (surgido en 1966 y liderado por el estudiante de Derecho Jaime Guzmán) mantuvieran reuniones periódicas de orientación filosófico-teológica con él.

Con estos discípulos, Lira compartió sus lecturas de los conservadores Francisco de Quevedo y Marcelino Menéndez Pelayo, de los tradicionalistas Donoso Cortés y Vázquez de Mella, y de los falangistas Víctor Pradera, José Primo de Rivera y Ramiro de Maeztu. Usándolos como bibliografía y fuente de inspiración, les transmitió su reivindicación de la 'Hispanidad' como identidad latinoamericana, frente a la "deshispanización" que, desde su perspectiva, hacían las interpretaciones indigenistas u otras. Más decisivo aún, con aquellas lecturas preparó a sus discípulos para combatir el liberalismo político, el marxismo y las corrientes modernizadoras del catolicismo[3]. Sin lugar a dudas, la lección de fondo del Padre Lira a dichos jóvenes fue la lucha teórica frontal contra la Modernidad.

Ahora bien, el historiador y profesor universitario Jaime Eyzaguirre, que en 1947 fue profesor invitado a la Cátedra "Maeztu" de la Universidad de Madrid, también fue un señero productor del pensamiento "chileno-franquista". Su profunda religiosidad y su concepción providencialista de la historia lo predispusieron a concebir el devenir americano y chileno casi exclusivamente como un ramal de la tradición católica hispana, entendiendo Catolicismo e Hispanismo como dos caras del Cristianismo revelado. En rigor, leyendo a Maeztu, Eyzaguirre se convenció del "mesianismo español": es decir, que la Hispanidad era la realización más alta del ideal cristiano durante el imperio contrarreformista. A su vez, del análisis de las obras de Donoso Cortés, Vásquez de Mella, Maeztu y Menéndez Pelayo comprendió la estamentalidad colonial americana como la prolongación del orden medieval cristiano, sustrato puro de la Hispanidad, a la vez que asumió la ilustración liberal y jacobina como decadencia extranjerizante, racionalista y capitalista. Tales lecturas, además de trabajos sobre el derecho colonial, le inspiraron su obra clásica *Hispanoamérica del dolor* (1947), en la cual reivindicó la categoría de Tradición como el factor verdadero y definidor de la comunidad hispanoamericana, y denunció que la emulación de los modelos representativos liberales era una deslealtad de parte de estos países.

La inflexión que en los años sesenta se produjo en el pensamiento chileno hispanista –Eyzaguirre enlazó corporativismo y liberalismo económico a través del principio de subsidiaridad, mientras Lira aceraba su crítica antidemocrática–, fue asimilada por sus seguidores. Precisamente, el abogado Jaime Guzmán, fundador del gremialismo y luego el intelectual más influyente de la dictadura hasta 1980, fue uno de aquellos discípulos, tal vez el más aven-

---

[3] Fundamentando con la metafísica tomista y la filosofía política del tradicionalismo español, inculcó que el origen de la sociedad política radicaba en el orden natural y que como no existían la sociedad ni el individuo, imaginados por la teoría liberal, la democracia era un mito. Lo único verdaderamente delegable y representable era lo que tenían en común los individuos: vínculos territoriales o gremiales (corporativismo social). Enseñó que el sufragio universal y el sistema de partidos no permitían la armonización de intereses en un conjunto orgánico, puesto que cada partido aspiraba al poder total, por lo que en la democracia anidaba el totalitarismo estatal. Por último, acusó a la política liberal de rechazar el orden natural y el sentido sagrado del poder, al separar la religión del Estado (VV.AA, 1994: 24-29).

tajado. Habiendo conocido a Lira desde niño, no era extraño que admirara el nacionalcatolicismo desde joven y conociera bien los textos de los tradicionalistas españoles, de José Primo de Rivera y de juristas de posguerra (Rojas y otros: 1996).

Estas enseñanzas se reforzaron durante su paso por la Universidad Católica, donde además de las clases y reuniones con Lira, tuvo clases con Eyzaguirre. Pudo, entonces, fundir las lecciones del historiador y del filósofo con las formulaciones neoliberales divulgadas en su universidad.

Ya producido el golpe militar, Guzmán siguió amparando el corporativismo social en la Comisión que, por encargo de la Junta de Gobierno, discutió una nueva Constitución, pero le restó eficacia real al alejar a los gremios de las decisiones, sobre todo económicas. Con ello, modificó los postulados originales de sus mentores sobre la acción de los cuerpos intermedios, pero logró dar respaldo teórico a la proscripción que hizo la Junta de los sindicatos. En este giro, echó mano de las teorías jurídicas de la institucionalización franquista.

4. Lecturas del franquismo institucionalizado

Al centralizar los militares la conducción política (pese a los asesores civiles) y al gobernar mediante decretos-leyes, el régimen chileno fue durante sus primeros siete años una dictadura "clásica", cimentando su legalidad en el estado de excepción fijado por la Constitución de 1925, que había sido conservada en teoría, aparte del apoyo de la Corte Suprema y de la Comisión Constituyente ya mencionada.

Evidentemente, la naturaleza misma de este Comité, surgido de un golpe militar, quebraba el concepto de soberanía popular antes vigente en Chile, al otorgarle a la Junta la potestad de generar una nueva Carta Fundamental. El papel de Guzmán fue crucial en dicha Comisión y su formación intelectual próxima a la cultura política franquista también. Ésta le permitió actualizar lo aprendido de sus mentores con la producción jurídica española de posguerra, que había legalizado al franquismo.

Entre dicha producción, fue importante la de Luis Sánchez Agesta, que —como otros colegas— había asentando la legitimidad de origen y potestad constituyente del "Alzamiento" en el hecho mismo de fuerza, en vista de que carecía de soporte electoral o monárquico. Luego, cuando fue necesario un "maquillaje democratizador", Sánchez abrió la posibilidad de una participación social menor, distinguiendo entre "poder constituyente originario" y "poder derivado o constituido": el primero lo conservaba el "Generalísimo" y el segundo podía usarlo el pueblo español para reformar la Constitución mediante algún tipo de representación.

Resultaron también provechosas las reflexiones de Gonzalo Fernández de la Mora, básicamente en tres aspectos: al establecer la irrealidad de la igualdad humana y, por ende, de la igualdad del voto en ella fundamentada; y al usar la heterogeneidad de individuos y pueblos agrupados en las naciones como argumento para minar la "voluntad general" como expresión de todos y como fuente única de poder legítimo. En definitiva, para Fernández la representación parlamentaria era un mito que enmascaraba el oculto dominio de las oligarquías partidistas: es decir, el ejercicio de una "partitocracia" en vez de una democracia. En cambio, debido a la formación católico-corporativista que compartía con Sánchez, postulaba que la comunidad debía representarse a través de corporaciones, dejar su dirección en manos de expertos y no de ideólogos, y sustituir el Estado de bienestar por uno subsidiario que realmente ampliara la autonomía de realización individual y gremial.

Habiendo conocido estas teorías a través de profesores y de publicaciones, y habiéndolas enseñado en sus clases de Derecho Político a fines de los años setenta, Guzmán las utilizó además para justificar e institucionalizar al régimen chileno. De este modo, insistió en que la legitimidad del régimen procedía del acto de fuerza militar y que estando disuelto el Congreso, que antes ejercía el Poder Constituyente, la Junta Militar había asumido el poder constituyente derivativo; por tanto, sus decretos-leyes subordinaban a la Constitución de 1925, hipotéticamente vigente (Cristi, 2000: 86-88). Al mismo tiempo, propugnó el objetivo de una sociedad menos ideologizada y más tecnificada, lo cual requería ensanchar la fuerza de los órganos intermedios y disminuir la del Estado. En este punto, volvió a Lira e Eyzaguirre para subrayar que la verdadera identidad chilena residía en la tradición hispánica y que, en consecuencia, el país enraizaba su organización social en el orden "corporativista" colonial, el cual no era por tanto un modelo político extraño sino que la recuperación de su alma más profunda.

Pero, ¿cómo lograr el re-acostumbramiento a una tradición perdida por décadas de "decadencia" liberal y marxista? Justamente, a través de un prolongado gobierno militar que arrebatara el dominio a los partidos y que institucionalizara un orden sin representación popular o, al menos, con una controlada cuando volviera a haberla. En el fondo, Guzmán confiaba en que la dictadura evitaría a Chile degenerar en una "partitocracia" cuando se normalizara la nueva institucionalidad, heredándole un Estado autoritario en lo político pero subsidiario en lo económico, para que una economía desregulada le impidiera inmiscuirse en la libre acción de los órganos intermedios.

Así pues, la operación teórica que los juristas españoles hicieran antes para Franco, Guzmán la hizo para Pinochet, encumbrando su régimen desde la condición de dictadura tradicional a la de dictadura soberana y validando el nuevo orden jurídico sin representación popular (o con una lejana y disminuida), todo a través de una síntesis de influencias tempranas y tardías. Aunque fuera el polo libremercadista el que finalmente dominara, incluso en el discurso de Guzmán, éste tuvo la capacidad de acrisolar una original mezcla entre el corporativismo hispanista de sus maestros chilenos y las elaboraciones politológicas del franquismo institucionalizado, contribuyendo a la operación de certificación y proyección de la dictadura chilena.

5. Editorializando el hispanismo "pinochetista"

Ya que la industria editorial no había quedado fuera de los perjuicios de la inflación económica con que acabó la UP, la Junta Militar, con un sentido práctico inmediato, introdujo los objetivos comerciales en su política editorial. Sin embargo, también operó con criterios ideológicos de mediano y largo plazo: prohibió cualquier libro sospechoso (en lo político o lo moral), limitó los proyectos universitarios, requisó las últimas ediciones de Quimantú, la intervino, reestructuró su consejo editorial, reorganizó sus colecciones y, finalmente, la clausuró y transformó en Editora Nacional Gabriela Mistral (ENGM).

Desde las nuevas ediciones de ésta, se acometió la legitimación del golpe militar en la opinión pública, se abandonó la literatura de crítica social, se recuperó la literatura "apolítica" y tradicional, chilena o universal, y se dio especial énfasis a la historia nacional en clave militar, hispanista y costumbrista, deteniéndose en los paisajes y los próceres, especialmente de las Fuerzas Armadas o de la república conservadora (Castillo, 2000: 200). Para reforzar la "despolitización" de los chilenos, la nueva editora publicó además pequeños manuales que –enseñando oficios, arreglos domésticos o entretenimientos– completaron desde la "utilidad práctica" la oferta cultural destinada a una familia concentrada en su supervivencia económica o en su distracción. El trasfondo común de las colecciones doctrinarias y pragmáticas era la sustitución de los compromisos de clase y políticos preexistentes por los de un patriotismo nacionalista y de un catolicismo conservador, aparte de un concepto de familia concentrada en su hogar, patriarcal y cristiana.

Por supuesto, la ENGM también dio cabida de manera especial al hispanismo tradicionalista, que a estas alturas era un valor específico de la política cultural oficial, especialmente de su discurso histórico. De esta forma, algunos textos destinados al público estudiantil retomaron un lenguaje épico para explicar la peculiaridad del espíritu español, derivado de la "tenaz lucha contra el enemigo religioso", la cual le hiciera arraigar tan profundamente "su fe cristiana", sus "virtudes guerreras" y su combativo "sentido mesiánico", que estos rasgos definirían su triunfo y herencia en América (Ibáñez, 1974: 6-9). Junto a este tipo de textos, la ENGM reimprimió clásicos hispanistas españoles y chilenos, siguiendo el clima intelectual oficial de los primeros años, que fue enfáticamente católico, nacionalista e hispanista. El asesor para Asuntos Culturales de la Junta ejemplificó ese ambiente señalando en eventos y publicaciones que Chile pertenecía a "esa civilización suprema alcanzada por el hombre" que era el imperio católico español, gracias al cual "millones de seres abraza(ba)n la fe de Cristo redimiendo sus espíritus rústicos", y que esta herencia exigía el "orgullo y responsabilidad de las generaciones agraciadas por el genio de la raza" (Secretaría General de Gobierno, 1974: 9).

Lógicamente, ideas como éstas no sólo fueron dichas y escritas, sino que también ilustradas. Tal como hiciera antes el franquismo.

6. El franquismo "ilustrado"

Como es lógico, y tal como en el caso chileno, la gráfica de las publicaciones oficiales franquistas desarrolló sus significaciones en el seno de la cultura oficial del régimen. De hecho, las artes plásticas se dividieron entre una rama abiertamente propagandística –cuya iconografía épica, manierista, surrealista o barroca disminuyó con el desarrollo de la guerra mundial– y una tradicional –de paisaje, bodegón o figura–, que continuaba el academicismo naturalista y costumbrista de preguerra. Esta producción tradicional, junto a la escultura del retrato, del desnudo y de los temas religiosos revitalizados, se potenció después de la Segunda Guerra Mundial, cuando el uso del arte como mero pretexto para el mensaje político dio paso, en los círculos oficiales, a la búsqueda de la "política" del propio arte, sin propaganda explícita.

Durante la Guerra Civil, la producción visual se había concentrado en unas pocas películas, carteles e ilustraciones, cuya espiritualidad y patetismo buscaban conmover al observador. Pero ya en la posguerra, la ilustración se convirtió en la vertiente de mayor desarrollo de la producción gráfica oficial, combinando el dibujo realista de personas y objetos, de manera naturalista o expresionista, con el gusto por las ruinas, y así dar lugar a alegorías idealizadoras (Llorente, 1995: 112-196).

De este modo, las ilustraciones franquistas cumplieron un importante papel tanto durante el conflicto como en la posguerra, porque aportaba el estilo grave y exaltado que requería el discurso bélico, al mismo tiempo que los símbolos históricos legitimantes para la posterior consolidación. De hecho, ya estabilizado el régimen, los elementos gráficos aportaron el poder de las emociones: bien magnificando o destacando el nombre de una autoridad o una idea, bien resaltando sus eslóganes, estilizando ciertas figuras, repitiendo ciertos personajes o coloreando sus acciones. Además, aquellas alegorías de posguerra se abrieron también a lo tradicional, lo artesano, lo "nacional", de manera que al acabar el período falangista, el pintoresquismo compitió de igual a igual con el acento heroico en la ilustración. No se perdería del todo, sin embargo, el gusto falangista por una geometría neoclásica, resignificada en la cultura autoritaria, tan afín a la disciplina escolástica como a la autoridad paternalista y jerárquica promovida por la dictadura (Cirici, 1977: 45-54).

Por otra parte, el arcaísmo deliberado de la ornamentación y ceremonial de los actos políticos contagió también la ilustración, prolongando en ella la vida de ese imaginario arcaísta y jerárquico fundado en el pasado y en la minoría elegida. Asimismo, el manierismo de las ilustraciones se espejeó en el clasicismo extremo del monumentalismo arquitectónico y en las alusiones líricas, pictóricas o rituales del pasado imperial, generando una mezcla intencionada de épocas y estilos que legitimaba al régimen con un ayer prestigioso mediante una estética que remarcaba la unidad espiritual intemporal (Barrachine, 1998: 216-221).

Para mayor abundamiento, en muchas publicaciones franquistas la monumentalidad retórica de los discursos se acompañaron de una monumentalidad epigráfica, mediante títulos que imitaban el latín o el castellano tridentino (en que la V reemplazaba a la U), viñetas que imitaban cruces latinas o inscripciones medievales, y escrituras de renglones cerrados. Por su parte, los publicistas falangistas acuñaron imágenes y símbolos gráficos que el franquismo usaría prolongadamente, tales como las inscripciones latinas o las mayúsculas para escribir palabras como 'revolución', 'imperio' o 'mando'. A la par, las ilustraciones de guerra, cargadas de perspectivas surrealistas, de troncos desnudos o rotos, de flores, ángeles, de motivos mortuorios o metafísicos, permanecieron inspirando por años la imaginería editorial, especialmente de textos políticos. Además, una llamativa preocupación por la dignidad y la elegancia de los personajes obligó a recurrir al uniforme, como el sistema más rápido de sugerir sensación de estilo. Por su parte, la sacralización de la camisa y de prendas propiamente militares y la heroificación de figuras religiosas se insertaron en la promoción de un concepto poético de la historia y de la vida, que llegó hasta las historietas infantiles (Cirici, 1977: 102).

En definitiva, aunque no hubo una dirección única para la producción de la imagen gráfica oficial, la ilustración franquista, especialmente del primer periodo, gustó del arcaísmo y del pintoresquismo, dentro de un repertorio figurativo tradicional. Se desarrolló –y en parte compartió– la afectación, militarismo, emotividad y exaltación de la estética franquista en general, cuyo sentimentalismo y mitología heroica ocultaban el aislamiento cultural: las formas sinuosas o desproporcionadas contribuyeron al clima de ensoñación, mientras que las simétricas refrendaron visualmente la idea de unidad, totalidad y orden del nuevo Estado.

7. Ilustrando el "pinochetismo"

A diferencia del franquismo, que tendió a usar diferentes recursos, el régimen chileno elaboró menos "propaganda visual", pero sin dejar de usar las ilustraciones para desplegar su "proyecto cultural" y simbolizar su discurso político. Pero sobre todo, creó un entorno "despolitizador", de forma que el diseño gráfico se alejó de las orientaciones del contexto social y de la educación popular, característicos de la UP, y pasó a las del libremercado.

Las restricciones políticas, el avance de la televisión y las escasas actividades culturales incentivaron su neutralidad simbólica. Además, la casi desaparición de formatos como el afiche y el liderazgo empresarial de los años ochenta, derivó en el boom de la publicidad volcada a la imagen corporativa. El racionalismo caracterizó casi toda la gráfica del período, tanto por la influencia del diseño industrial suizo o alemán como por la elusión de los códigos populares de raíz latinoamericana (Álvarez, 2004: 143-152).

Por otra parte, no hubo programas acabados para las artes ni la gráfica. Como es sabido, superados los primeros momentos de persecución o ignorancia (por razones políticas y no estéticas), el estilo promovido fue el de consumo fácil, siguiendo los gustos del mercado. Más que una dirección explícita, dominó la sanción a las creaciones que criticaran las ideas políticas oficiales o que contravinieran sus valores tradicionalistas, impuesta no siempre a través del castigo directo sino frecuentemente de la mofa periodística o de la "crítica" (Ivelic y Galaz, 1988). Probablemente, se impuso el criterio de algunos "especialistas" proclives al régimen, que desde el principio recomendaron que no se cayera en un dirigismo asfixiante para que así fluyeran de manera libre los valores nacionales que el marxismo habría instrumentalizado (Arce, 1974: 308-313).

Con todo, no es menos cierto que se tendió a desvalorar la vinculación de los artistas con las ideas indigenistas, latinoamericanistas y/o desarrollistas. Por ende, los motivos amerindios y las representaciones de luchas sociales o de figuras magnificadas de trabajadores manuales, tan propias de la "iconosfera" allendista (particularmente muralista), cayeron en desgracia (Castillo, 2006).

Curiosamente, el cambio editorial que significó el paso de Quimantú a ENGM no modificó su diseño gráfico, al menos el de sus libros: se mantuvieron los formatos, la dirección de arte y las formas gráficas, aunque al servicio del nuevo discurso político-cultural. Luego, la ENGM redujo los tirajes y desperfiló su producción hasta derivar a la impresión de etiquetas y revistas por encargo (Álvarez, 2004: 141-143). A este continuismo y empequeñecimiento, se agregó el hecho de que las publicaciones parecen haberse supeditado más a las coyunturas políticas, a los reequilibrios de poder interno o, incluso, a las personas encargadas, que a definiciones estrictas de una "cultura oficial". Por tanto, junto a la falta de organicidad de la política cultural del régimen y al pragmatismo de su política editorial, hubo una relativa debilidad gráfica, ejemplificada en la ENGM, que habría llegado a renunciar a una reelaboración gráfica propia.

Sin embargo, más allá de la línea gráfica y tipográfica, las nuevas funciones previstas para las ilustraciones de libros de la ENGM no podían sino resignificar las imágenes. Ello, porque el contexto político-cultural de producción y circulación había cambiado radicalmente y porque sus demandas hacia las publicaciones oficiales eran otras. De manera que si cambiaron los contenidos y su entorno simbólico, el papel de las ilustraciones, aunque fueran las de siempre o parecidas, ya no era el mismo.

En efecto, para responder al impulso re-fundacional del nuevo régimen, este repertorio debía resignificar las habituales alegorías republicanas, romper con la iconografía de la UP (que, como hemos dicho, exaltaba a los trabajadores o los motivos latinoamericanistas) y revitalizar la cultura visual tradicional, de la derecha política y del mundo militar. De manera que aquellas imágenes sobrepasaron la continuidad de la gráfica y jugaron su papel en la construcción de la imaginería que debía ilustrar.

Así pues, cooperaron en la construcción de espacios simbólicos, como la tradición, la "chilenidad" (sujetos, historia, paisajes) o la Patria amenazada, frente a las influencias foráneas o al marxismo internacional. Así, por ejemplo, pueden entenderse algunas fotografías del libro sobre astronomía *Chile mira hacia las estrellas* (1975), que retrataban los rostros arrugados y nervudos de un anciano y de un campesino, el afable semblante de una abuela mapuche vestida con su traje tradicional y la lozanía juvenil de tres carabineras, todas compartiendo la misma leyenda: "Una raza fuerte y altiva". En realidad, estas fotografías pertenecían al capítulo titulado "Composición racial" (de por sí extraño en un libro de astronomía), cuyo texto central decía:

"La buena conformación física de la mayor parte de las razas indígenas autóctonas incorporadas al conjunto, así como la carencia de asiáticos y negros, fue formando, con la indudable influencia de una naturaleza fuerte y exigente, lo que don Nicolás Palacios llamó en su estudio *La Raza Chilena*, una población que si bien puede mostrar en ciertos aspectos características diferentes, tiene una unidad nacional y espiritual singular" (...) "El reciente y rotundo fracaso de quienes intentaron introducir en el país conceptos, ideologías y costumbres ajenos a su idiosincrasia y el repudio integral de toda la ciudadanía a la pretendida incorporación de extranjeros recién llegados al manejo del país y de su más caras instituciones, son pruebas irrecusables de la reciedumbre de su nacionalidad y de su índole libertaria. Olvidaron los marxistas que Chile no es un pueblo tropical y que, en cambio, sigue estando formado, sin aspavientos, por un raza sobria, pero que, como lo cantara Ercilla, 'no ha sido por rey jamás regida ni a extranjero sometida'" (Aldunate, 1975: 29-31).

También de vital importancia fueron las más repetidas imágenes que insistían en momentos dramáticos o culminantes para la historia nacional, escogiendo ilustrar la vida o muerte heroica del militar o los pasajes recientes de la frustrada experiencia socialista. De hecho, para calzar con la propaganda cultural general, autojustificada en la historia nacional, los símbolos más recurrentes fueron los del reservorio figurativo tradicional (la bandera, el escudo, los héroes de la Independencia o de la Guerra del Pacífico, la figura de los huasos, la danza de la *cueca*), en el entendido que el gobierno militar venía a restaurar la "chilenidad" usurpada por las "ideologías foráneas". Dichas imágenes alegóricas completaban los mensajes de otros medios, como la canción nacional, el folclore oficialista o el "Adiós al Séptimo de Línea"[4], que era la cortina musical televisiva de la Dirección Nacional de Comunicación Social (DINACOS).

Para mayor abundamiento, las ilustraciones de algunas colecciones debieron adaptarse a la integración sobredimensionada de las Fuerzas Armadas como protagonistas de los eventos nacionales, especialmente de las fiestas patrias e incluso de los actos cívicos escolares. Esto generó, en cierta medida, la tendencia a copar el imaginario popular, en desmedro de otros protagonistas tradicionales, como el de los "héroes" civiles, juveniles o del propio pueblo ("roto") chileno (Subercaseaux, 1978). Asimismo, la repetición y ensalzamiento de determinadas figuras históricas, remarcadas como fundadoras de la nacionalidad, como Bernardo O'Higgins o Diego Portales, se trasladaron a la retórica gráfica. En el fondo, el sentido dominante –como telón de fondo de la nueva escena visual y política– era la de un país cohesionado, ordenado, despolitizado y en paz, opuesto al país desordenado, dividido, ideologizado y amenazado de la UP.

En definitiva, pese a la continuidad gráfica del período anterior, las imágenes de libros de la ENGM funcionaron como mediaciones simbólicas y

---

[4] Tonadilla que habría sido cantada por uno de los regimientos que participó en la Guerra del Pacífico.

modalidades subliminales de persuasión ideológica en el régimen chileno, en una peculiar manera. Pero no siendo el chileno un régimen de cuño fascista, con una buscada relación directa del líder con las masas (como pareció serlo más el franquismo), aquellas imágenes enfatizaron más las figuras de la cultura tradicional, reconstruidas a partir del discurso oficial, que la figura personal del general Pinochet. Además, ostentaron un estilo menos severo, exaltado y religioso que el español, aunque sí tendieron a un similar academicismo naturalista y a la asociación entre la tradición folclórica con lo "nacional": así pues, la retórica gráfica del "pinochetismo" apeló al costumbrismo y al heroísmo militar tal como hiciera antes, a su modo, la operación ilustradora del franquismo.

8. A modo de conclusión

La relación entre los hispanistas chilenos, la cultura franquista y sus discípulos, algunos después asesores del régimen militar, facilitó la conexión ideológica entre los imaginarios culturales y políticos del autoritarismo español y chileno. Lecturas tempranas y tardías, publicaciones, intereses y definiciones comunes no sólo señalaron una fructífera interacción sino que la apropiación criolla de una parte del discurso franquista, destacando Jaime Guzmán como el discípulo capaz de actualizar esa "lección" para beneficio del régimen chileno. El proceso y producto de tales imaginarios en contacto se vertió en textos e ilustraciones que actuaron como elementos interdependientes potenciados mutuamente en la configuración del nuevo orden simbólico de la dictadura chilena.

De modo que el "pinochetismo" editorializó parte de sus principios históricos, jurídicos y culturales con el utillaje franquista. Asimismo, los ilustró recurriendo al repertorio tradicional del pensamiento conservador y militarizando los motivos patrióticos populares. Como el franquismo, no desplegó un programa acabado hacia la gráfica ni las artes, aunque se mostró más débil que aquél en su propaganda visual. Con todo, el "pinochetismo" usó la retórica visual de las publicaciones oficiales para simbolizar en parte su discurso político. Si la ilustración franquista, sobre todo temprana, acudió al arcaísmo, al pintoresquismo y al recurso emotivo, la de la ENGM recicló los héroes y símbolos patrios, los paisajes y el costumbrismo para oponer una supuesta cultura propiamente nacional a lo "foráneo". A falta de una estética "pinochetista" definida, estos clichés visuales reemplazaron la mitología izquierdista de la UP. En vez de graficar la unidad y totalidad pretendida por el Estado franquista, que tan bien representara el monumentalismo arquitectónico español, las imágenes de la ENGM pretendieron graficar el "alma nacional" recuperada y purificada por la Junta Militar.

En suma, podríamos suponer que, en la laberíntica relación entre producción gráfica y escritural, por un lado, y demandas políticas, por otro, tanto aquella producción gráfica como los libros que las cobijaron, así como los demás textos e ideas que vincularon a los hispanistas de ambos lados del Atlántico, constituyeron un espacio de construcción de sentido que expusieron los contactos (diferencias incluidas) entre los imaginarios franquista y "pinochetista".

Por supuesto, sigue pendiente una revisión más acuciosa que esclarezca mejor el cruce entre las ilustraciones y textos con el proyecto cultural del régimen militar, y, por extensión, su enlace indirecto con las necesidades de legitimación política de éste. También sigue pendiente el detalle de su grado de distancia o semejanza frente al "modelo" franquista. Mientras se avanza hacia ese objetivo, he sugerido aquí una aproximación al problema que considere textos, ideas e imágenes, para situar de manera más integral los puntos de vecindad entre los dos imaginarios políticos.

De la conspiración del mal absoluto a la restauración del orden tradicional. Franquismo y pinochetismo. Bases para un pensamiento antidemocrático

Sergio Andrés Aedo Vásquez
(Historiador)

1. Introducción

Uno de los sucesos de mayor dolor sin duda desde el punto de vista polemológico son las guerras fratricidas. La sociedad pierde una total dimensión de los hechos, reduciendo toda concepción del enemigo a una simple categorización ambivalente. La historia nos ha demostrado que el daño perpetrado al interior de las sociedades es irreparable. Ningún grito atormentado puede ser mayor que el grito de un solo hombre[1].

Impactantes resultan las atrocidades cometidas por el bando sublevado español tras la insurrección de julio de 1936, así como también resultaron las violaciones a los Derechos Humanos perpetradas por las Fuerzas Armadas chilenas a partir de septiembre de 1973. No resulta comprensible desde cualquier punto de vista analítico la aplicación de tanto salvajismo. El hombre, como hemos observado a través de siglos, puede ser un fuerte potencial de creación, como a su vez el total destructor de su propia obra.

---

[1] El problema actual de los estudios, en relación con la represión como fenómeno y categoría de estudio historiográfico, nace de las descripciones cuantitativas que suelen hacerse de éste. "El asesino es el que mata a una persona y el sufrimiento como experiencia individual no es una realidad susceptible de cuantitivación". Véase Sánchez Marroyo, F. "Guerra Civil y represión en Extremadura", en Chaves Palacios, J., *Badajoz agosto de 1936, Historia y Memoria de la Guerra Civil en Extremadura*, Badajoz, Diputación Provincial de Badajoz, 2006, pp. 55-108.

El fenómeno de la violencia extrema desde el Estado, sin embargo, no es un fenómeno fortuito. Los casos de la España franquista como el Chile de Pinochet no son necesariamente azarosos. Ambos poseen un componente único, esencial, un germen que los ha hecho perpetuarse y lo seguirá haciendo a través de la historia.

Los chilenos quedaban sin palabras al observar, a través de un medio televisivo, las declaraciones del general Augusto Pinochet, ante la pregunta de un periodista que pedía explicación por el hallazgo de dos cadáveres en una misma fosa común. El general respondía a través de un tono moderado y, paralelamente a ello, sarcástico: "qué economía más grande". Declaraciones que pueden rozar lo absurdo, casi lo indescriptible, y que dejan al descubierto las manifestaciones del poder.

Escalofriantes resultaban las reflexiones de un torturador frente a su víctima en la gran obra literaria del escritor George Orwell *1984*. Las palabras de aquel hombre inspiraban terror, y advertían sobre el totalitarismo y el peso para quienes conspiraban contra el modelo:

"Has comprendido la realidad del pasado y del presente...Bien, pero ¿y el futuro? Una pregunta: ¿cómo afirma un hombre su poder sobre otro? Haciéndolo sufrir. Exacto. La obediencia no basta. El poder es infligir dolor y humillación, de otra forma no se puede estar seguro. El poder está en deshacer la mente humana y volver a componerla, dándole nuevas formas a tu elección. El poder no es un medio, es un fin".

Borrar toda huella del pasado, así como la deslegitimación y aniquilación de sus forjadores, parece un fenómeno característico al interior de estas dos experiencias históricas. No sólo significaron la quiebra abrupta de modelos democráticos. Sus orígenes, fundamentos y posterior accionar parecen proceder de una matriz común. Ambos modelos buscaron legitimarse en el poder, ambos lograron introducir reformas que no fueran capaces de ser arrancadas de la historia. La génesis de aquellas experiencias, tan atroces para estas dos naciones, es el objetivo que busca desarrollar el siguiente artículo.

2. La quiebra de la tradición. El proyecto revolucionario

La Segunda República significó una experiencia política democrática. Su triunfo ponía en alerta el proceso de una España monárquica en decadencia. La continuación de fracasos en términos de retención colonialista en Hispanoamérica, como la particular dependencia de las Fuerzas Armadas para sustentar el régimen en los decenios posteriores, no hicieron otra cosa que mostrar los últimos estertores de un gobierno agonizante[2]. Este hecho, si bien puede ser entendido como el término cíclico de todo proceso que sucumbe ante la evolución, no habría experimentado un quiebre tan abrupto hacia su tradicionalismo, como fue el triunfo de la República en 1931. España se enfrentaba a un nuevo escenario, el de la constitución de un nuevo modelo, que le permitiese hacer frente al peso de su historia. Se avanzaba hacia lo que se pensaba el inicio de una nueva era: la sociedad republicana.

Se ha planteado que no hay mayor peligro para un hombre que imbuirlo de tanta libertad. Los conflictos aparecen, en especial cuando éstos son manipulados por las acciones del poder. Foucault planteaba esta verdad en los años setenta del siglo XX: su utilización para el sometimiento, como para ser sometido. Extraña dualidad para un fenómeno y experiencia tan compleja[3].

Republicanos, socialistas, anarcosindicalistas, entre otras fracciones políticas, controlaron el poder. Los conflictos ya se hacían patentes en los primeros meses de la Segunda República. Azaña[4], en calidad de presidente del Ejecutivo, realizó su tarea de gobierno sin contrapesos de la derecha, dándole una orientación progresista a su programa de reformas, que para algu-

---

[2] Los problemas en relación con la estabilidad política española encuentran su origen en el período monárquico. La instauración de Alfonso XII, sumado a la tarea de los militares por contenerlo en el poder, llevaron a la corona a perder peso en término de imagen. Sumado a ello, la crisis del agrario llevó al Gobierno a vender las tierras para volverlas productivas. Sin embargo ello condujo a la concentración del poder en los sectores más acaudalados de la sociedad española, reproduciendo con ello las contradicciones sociales a un extremo peligroso. Jackson, G., *La República española y la Guerra Civil*, Barcelona, Crítica, 1976, pp. 25-42.

[3] La problemática del poder, entendido como la capacidad de sometimiento ejercido sobre el otro, posee la característica de instrumentalizar a los cuerpos bajo su acción. Si bien el poder puede ser utilizado para someter, materializado en la acción de un individuo, este ultimo también sufre las acciones de éste en un proceso inverso. Dualidad en la aplicación del fenómeno. Véase Foucault, M. *La microfísica del poder*, Madrid, Piqueta Editorial, 1972.

[4] Juliá, S., *Vida y tiempo de Manuel Azaña 1880-1940*, Madrid, Taurus, 2008.

nos fue interpretado como el renacimiento del radicalismo pequeño burgués del siglo XIX. La izquierda comenzaba a creer en las virtudes del sistema democrático, ignorando cualquier acuerdo con la opinión católica. El PSOE, si bien en los primeros meses de vida de la República había mantenido una postura prudente frente al proceso, comenzaba, dos años más tarde, a radicalizarse, fenómeno que ha sido denominado como el "giro bolchevique". Algo similar hacía la CEDA, que comenzaba a criticar abiertamente la democracia parlamentaria. Empezaba a predominar la idea de ruptura con la vieja elite política. España pagaría, en el corto plazo, los conflictos que fueron propios de la Europa de la Segunda Guerra Mundial.

Semejante fenómeno se reproducía décadas más tarde con el proyecto de la vía chilena al socialismo, conducida por Salvador Allende. La Unidad Popular daba una gran lección al mundo. El camino de apertura hacia el socialismo a través de las urnas era posible. Chile se convertía en una experiencia de referencia mundial, y nadie hacía presagiar, tres años más tarde, un desastre tan grande en términos institucionales y humanos. Eran tiempos de cambio. La revolución pacífica era posible. Sólo bastaban las virtudes republicanas del régimen institucional, y la consiguiente movilización del pueblo[5].

Sin embargo la ucronía y la esperanza no sirvieron para eliminar los conflictos que disolvieron el ayer. El Partido Comunista, allendista en términos de pragmatismo, se adhería a los dictámenes del XX Congreso de la Internacional del PCUS. La desestalinizacion, así como la lucha hacia la conquista del poder a través de la vía democrática, parecía el camino tras años de clandestinidad. El otro tenor de la izquierda, el Partido Socialista, ya no era el partido mesocrático de los años treinta. La revolución cubana invadió su imaginario. Había nacido una nueva forma de hacer política: la conquista del poder por la vía armada[6].

---

[5] Chile se convertía en el primer país en el mundo en que un candidato, que se autodefinía marxista, conquistaba la silla presidencial a través de la vía del sufragio popular. Tras un proceso electoral que le dio un pequeño margen de triunfo con treinta y seis mil los votos frente a los otros dos representantes de la derecha y el centro político, era ratificada su elección por el Congreso Nacional, en sesión del 24 de octubre de 1970. Véase en Márquez Corvalán, L. *Los partidos políticos y el golpe del 11 de septiembre*, Universidad Bolivariana editorial, Santiago, 2000, pp. 19-41.

[6] Es lícito argumentar que dada la naturaleza ideológica de los partidos políticos que componían la Unidad Popular, así como las negociaciones políticas establecidas por algunas fracciones de ésta con la Democracia Cristiana, se fueron minando las relaciones internas del bloque. Por ello resulta coherente hablar de "izquierdas" en términos plurales, para definir las características de éste. Véase

La izquierda del 36 en España como la de los 70 en Chile, fueron capaces de forjar las bases para un nuevo modelo constructivista al interior de sus sociedades. Las diferencias en términos de pragmatismo, así como la fijación de metas revolucionarias de carácter radical, fueron dejadas de lado parcialmente. El objetivo mediato era otro: la conquista del poder. Se hacía necesario conquistar el Estado para avanzar hacia la revolución. Este camino que pareció tan claro desde un comienzo, comenzó a deformarse en su andar. El poder ya estaba conquistado. Al cabo de unos años, se hacía necesario resolver qué hacer con éste.

Un posicionamiento radical, como un reclamo constante a la huelga como fenómeno de lucha, desarrollaron los anarcosindicalistas españoles, especialmente en las regiones del Norte. El Estado no podría convertirse en el nuevo opresor. Se hacía necesario destruir las bases del sistema para poner fin a la opresión capitalista[7]. Las características de este enfoque contrastaban con los planteamientos medianamente pragmáticos y gradualistas de la izquierda más moderada (con excepción del giro bolchevique efectuado por algunas fracciones de la izquierda en el año 1933). Los fenómenos nuevamente se vieron reducidos al control del poder.

El proletariado del Norte contrastaba de manera radical con la España rural del Sur, que si bien presentó grados de movilización y adhesión popular, su fundamento práctico no fue necesariamente de izquierda. Valores tan arraigados a la cultura material no podrían ser arrancados de un momento a otro. Los conflictos se incrementaron, en la medida que las contradicciones en el interior de la sociedad se hicieron más evidentes. El mismo fenómeno se ponía de manifiesto con la tesis revolucionaria elevada por miembros del Partido Socialista chileno y el movimiento de izquierda revolucionario MIR. El llamado "Poder Popular".

La construcción de un nuevo Gobierno, que fuese capaz de destruir las estructuras del Estado como institución liberal, mostraba las desavenencias

---

en Márquez Corvalán, L. *Los partidos políticos y el golpe del 11 de septiembre*, Santiago, Universidad Bolivariana Editorial, 2000, pp. 111-119.

[7] Con la conquista del poder en 1931, la izquierda desarrollaba diferentes planteamientos en relación con el camino a seguir. Los socialistas pedían la expulsión del rey, así como los catalanes pedían la formación de una República federal. Solo los anarcosindicalistas decían no tener relación con el nuevo "gobierno burgués", pero nunca lo desacreditaron o atacaron. Jackson, G., *op. cit.,* pp. 43-57.

de la izquierda en razón de la estrategia a seguir. Para los más radicales se hacía necesaria la destrucción del Estado burgués, de otra forma el proceso revolucionario se vería frenado. Estos planteamientos, que respondían a los principios del trotskismo clásico, pretendían avanzar hacia la revolución en términos de un proceso permanente, con la fijación de objetivos mediatos, orientados a destruir los canales institucionales desarrollados por la propia democracia liberal, y que harían sucumbir incluso al nuevo Estado[8]. La conquista del poder en este caso sólo presentaba funcionalidad en términos prácticos, como un puente en el tránsito hacia la sociedad socialista. Para Allende, así como para las fracciones de la izquierda más gradualista, este fenómeno generaba ruptura en el interior del bloque de gobierno. Se quería evitar la división del movimiento, sobre todo en un escenario que parecía avanzar hacia la guerra civil.

La historiografía española ha repetido los ecos divisorios del pasado, entre republicanos y franquistas, así como Chile dividió su historia entre Allende y Pinochet. Este debate, si bien resulta interesante desde cualquier enfoque analítico, ha generado cierta esterilidad respecto del estudio de los procesos destructivos y constructivos coyunturales de ambas derivas democráticas.

3. De la necesidad virtud. Las Fuerzas Armadas, último bastión en defensa de la patria

Cualquiera que sea el enfoque respecto del final abrupto de ambos proyectos democráticos, lo cierto es que experiencias golpistas buscaron arrancar para siempre toda posibilidad de creacionismo. Para el caso español, en términos cuantitativos, fue un proceso mucho más doloroso. El fracaso del

---

[8] La tesis del Poder Popular que fue muy utilizada en términos de propaganda, y suponía la articulación de un nuevo Estado transitorio, que destruyera el canal institucional liberal. Esta estrategia utilizada por las fracciones bolcheviques en el levantamiento revolucionario de 1917 en Rusia, pretendían la cooptación de las fuerzas armadas zaristas para alcanzar las metas revolucionarias. En Chile fue materializado al menos en términos teóricos, bajo la organización de Cordones Industriales. Grupos de empresas en manos de los trabajadores, que debían coordinar las tareas de resistencia ante un posible alzamiento armado de la derecha o las fuerzas militares del orden. Márquez Corvalán, L. *op. cit.*, p. 252.

alzamiento militar condujo a la guerra civil, con la siguiente institucionalización de la violencia en ambos frentes. Una guerra cruenta que costó la vida a miles de personas, se convirtió en una pesadilla para su población, secuelas que se han prolongado hasta nuestros días. No hay palabras para una vida que ha sido obligada a transitar por estos episodios de terror y crueldad. No se puede entender cómo una vida es mutilada para siempre en su ser mas íntimo.

En Chile, las desapariciones de personas, exilio forzado, ejecuciones, fusilamientos, así como la impunidad para los asesinos, también ha sido una cruz que ha tenido que cargar la sociedad. La propia transición democrática se vivió en silencio. Un país que en un tiempo fue popular por su convocatoria hacia la concentración pública, quedaba castrado para siempre en términos de opinión. Resultaba muy peligroso hablar. El terror militar, institucionalizado a través de aparatos represivos como los de inteligencia, fue apagando esa luz, como también la del camino de regir su propia voluntad y destino. Sólo hoy sabemos lo duro que han sido estos capítulos para la historia del pueblo chileno.

Como se ha señalado anteriormente, los estudios respecto de estos dos fenómenos se han masificado. El retorno de la democracia posibilitó, de alguna forma, la apertura para el estudio de ambos. Pese a su importancia para hacer justicia a quienes no fueron los portadores del poder en el pasado, impedidos de dar testimonio sobre los hechos en esa peculiar coyuntura, estos estudios se han tornado ciertamente peligrosos respecto del rebrote de las heridas del pasado. Pareciese que las viejas rencillas volvieran a cobrar vida, pero sumado a ello, se evidencia cierta esterilidad en relación con el estudio mismo sobre las coyunturas de tránsito en ambas experiencias democráticas.

Se han desarrollado estudios sobre la Segunda República como de la Guerra Civil. Sus temáticas han caminado desde los procesos de constitución del poder republicano, hasta los años de la experiencia franquista, pero el estudio sobre la génesis del poder no parece cautivar tal romanticismo entre los investigadores, en especial cuando se sobreentiende que es ésta quien pone fin a la experiencia democrática en ambos Estados.

En Chile, los estudios en relación con la dictadura militar son aún pocos. El distanciamiento histórico parece ser el problema en la actualidad. No se puede comprender, por un lado, un distanciamiento emocional de sus protagonistas, quienes en algunos casos son los que reconstruyen la historia. Es algo "comprensible", que si bien puede llevarnos a un debate y reflexión interesante, no es el objeto de este artículo. Como quiera que fuese, estamos ante un proceso relativamente reciente. Tal vez la sociedad chilena deberá transitar por los mismos caminos que ha recorrido España. Es un fenómeno que sólo el tiempo responderá.

Si bien estas temáticas son interesantes, la tarea de este artículo está orientada en razón de los fenómenos que conllevan a la constitución del poder, específicamente bajo los denominados "estados de excepcionalidad". Las instituciones castrenses tuvieron un papel relevante en este proceso. Someramente se ha llegado a identificar ambos alzamientos como el posicionamiento de los proyectos de derecha a través de una vía fáctica. En el caso español, es muy palpable en su historiografía hablar del peso de la Falange y el movimiento nacional como sus principales ideólogos.

Las matrices de su pensamiento son fundamentales para entender el origen del poder, y los militares sublevados supieron comprender muy bien este hecho. Había que interpretar los intereses castrenses, como el interés de toda una nación, acudiendo a principios que son tan propios del nacionalismo, y que pretendemos desarrollar limitadamente aquí. En Chile, no puede quedar de lado todo análisis referente al pensamiento político militar. La estrategia del golpe de Estado funcionó de manera perfecta, eliminando cualquier posibilidad de reacción mediata por la sociedad. Es lícito preguntarse la "autoría moral" de la cual se adueñaron las instituciones castrenses, en ambas experiencias históricas, para comprender el desenlace de los hechos.

Las Fuerzas Armadas, tanto en España como en Chile, siempre se vieron acompañadas por el peso de la tradición. La restauración monárquica española, como la continua intervención militar impulsada por la misma corona para mantener el orden institucional, otorgaron cierta "legitimidad de intromisión" en los asuntos del Estado, cuando bajo su óptica apremiase su intrusión. Este fenómeno, tan recurrente en el mundo castrense hispano, fue haciéndose cada vez más evidente. Por exponer un ejemplo de esa intervención militar en los asuntos civiles españoles en pleno siglo XX, citamos el golpe de Estado perpetrado el 13 de septiembre de 1923 por el general Primo de Rivera. Esta realidad, que se fue haciendo tan característica del gobierno español, fue un fenómeno que ni la propia República pudo borrar.

Una gran cantidad de delitos bajo ésta fueron tratados como "rebeliones militares". Así, no es extraño que entre 1934 y 1936 se desarrollaran a lo menos más de dos mil consejos de guerra[9]. En 1933 se había aprobado la "ley de orden republicano" de origen republicano-socialista, la cual estuvo vigente hasta 1959. La izquierda había hecho concesiones de poder sobre el orden público, fenómeno que resulta paradójico en una sociedad que se desenvuelve bajo una normativa que es propia del Estado de Derecho.

Situación símil en Chile bajo el gobierno de la Unidad Popular. La precipitación del sector más radicalizado de la izquierda fue acompañado de la idea de que el conflicto por el poder se resolvería inevitablemente a través de el choque armado con la derecha. Este fenómeno condujo al Gobierno a legislar sobre la Ley de Control de Armas, u ordinariamente conocida como "ley tuerta"[10]. Sólo las instituciones castrenses fueron autorizadas por el gobierno allendista para mantener bajo su jurisdicción el control armado, fenómeno que fue entendido por el ala más extrema de la izquierda como un intento para desmovilizar al pueblo.

El propio Gobierno, ante la posibilidad de un alzamiento militar, integró en su gabinete a miembros de las Fuerzas Armadas. Este hecho, que puede ser interpretado como una estrategia del gobierno de la Unidad Popular orientada a impedir la quiebra del diálogo con las instituciones castrenses, también abrió paso para que éstas se sintiesen participes en la resolución del proceso político, como lo habían hecho en diversas ocasiones en el pasado.

La España militar sublevada vio en el desarrollo de la guerra el camino para legitimarse. La estrategia de un alzamiento conjunto fracasó. Esto ponía en entredicho las aspiraciones de los golpistas, quienes comenzaron a ver en la reacción republicana un muro para que la insurrección se generalizara. Pese a ello, fue la propia reacción del Gobierno lo que les permitió otorgarles legitimidad para constituirse en el poder.

El proceso de desarrollo de la guerra civil se tornó complejo. Militarmente las provincias poseían jurisdicciones distintas. Sin embargo esta misma "disparidad" otorgó legitimidad al alzamiento militar. A modo de ejemplo, la alcaldía de Badajoz, en sesión extraordinaria del 20 de julio de 1936, aprobaba el

---

[9] Espinosa, F. *La justicia de Queipo. Violencia selectiva y terror fascista en la II división de 1936: Sevilla, Huelva, Cádiz, Málaga, Córdoba y Badajoz*, Barcelona, Crítica, 2006, p. 270-271.

[10] La Ley de Control de Armas Nº 17.768 autorizaba directamente a los militares para allanar fabricas y sedes de diferentes grupos políticos, con el objeto de restablecer el control militar sobre el territorio ante los avatares políticos por los cuales atravesaba el país.

auxilio de las armas[11]. Esta decisión de los miembros del Frente Popular no originó otra cosa que legitimar el estado de guerra, autorizando a la población a armarse y con ello a deslegitimar las fuerzas de orden tradicional.

Contexto que permitió a los sublevados dar un paso adelante en términos de legitimación jurídica, fenómeno que si bien desarrollaremos en las páginas siguientes, fue acuñado bajo el concepto de "rebelión marxista". Bajo este precepto, todo proceso gubernamental previo al alzamiento es categorizado bajo el concepto de rebelión. La justicia militar golpista prefirió no hablar de guerra civil, sino de "lucha entre el espíritu de España y la desviación materialista de la historia". Entendían, pues, que sólo cabía la deslegitimación y depuración de la sociedad republicana frente al "antipatriotismo".

En Chile, el golpe militar fue seguido por la declaración pública efectuada por los miembros de la Junta Militar de Gobierno. En ella se habló de restaurar el orden moral de la sociedad, y con ese fin se hacía indispensable limpiar al país del "cáncer marxista"[12], que había precipitado a la sociedad chilena a su decadencia. En este caso, la legitimación del proceso no se evidencia con el propio golpe. Sólo un año después, en 1974, la Junta Militar hizo pública su "Declaración de Principios", exponiendo los supuestos básicos y elementales del nuevo Gobierno, pero con un potente mensaje orientado hacia la restauración del orden.

Este fenómeno llevaba implícita la idea del impedimento que suponía la restauración tradicional del orden político e institucional, al menos en términos demoliberales, ya que su esencia se encontraría corrompida por la influencia ideológica extranjera, fenómeno que habría conducido al país a olvidar su tradición política. Eso se desprende de las afirmaciones del general Pinochet, al argumentar que el verdadero enemigo de la patria que llevara a la intervención militar no fue precisamente el marxismo, sino el multipartidismo, como expresión política del liberalismo.

---

[11] Espinosa, F., p. 133.

[12] Estas declaraciones desarrolladas por los miembros de la Junta Militar chilena tras el golpe militar de la mañana del 11 de septiembre de 1973, no sólo hicieron alusión a los términos de destrucción a los cuales se había llevado a la institucionalidad republicana. Se dejaba patente el interés de dar exterminio a las ideologías de izquierda, como lo dejara explícito el comandante de la aviación Gustavo Leigh: "estamos dispuestos a actuar hasta las últimas consecuencias". Discurso pronunciado a través de los medios comunicacionales de difusión televisivo, por la Junta Militar de Gobierno, 11 de septiembre de 1973.

4. Matrices conceptuales para un pensamiento antidemocrático

Si bien hemos explicado algunos antecedentes que incidieron en la precipitación de dichos gobiernos, ningún análisis sería realmente completo si no se considerara en ello la mentalidad de sus protagonistas. La cuarta generación de los Anales hacia finales del siglo XX, ya planteaba la perentoria necesidad de abarcar los estudios de las mentalidades, no entendido como un tercer nivel de experiencia histórica, sino como la estructura fundante de la realidad.

Si bien algunos estudios históricos apuntan a la idea de que la agresividad casi "inhumana" desarrollada por el bando sublevado español encontraría su explicación en el tipo de soldado empleado, existen elementos que nos permiten establecer otros enfoques analíticos, que ayudan en la comprensión de este fenómeno. Para algunos sectores de la historiografía española, el soldado forjado en la mentalidad colonialista africana era el estereotipo adecuado en las explicaciones analíticas que se dan sobre el comportamiento militar, en especial los relativos al estudio del alzamiento de julio de 1936. Un soldado aguerrido, preparado para la lucha, dotado de lealtad e identificación con su tradición. De él depende el resguardo de la patria, como de él es deber que la nación camine por la senda de los valores más íntimos arraigados en su historia. Constituían el último baluarte de la patria.

Por tradición, las Fuerzas Armadas siempre han sido celosas en el resguardo de su pensamiento. Al menos en términos de acción pública, está vetada su participación política. Ellas deben guardar lealtad al gobierno constituido. Fenómeno dialéctico al interior de una institución en que su componente humano proviene esencialmente de estratos sociales bajos, pero que paralelamente es adoctrinado en la idea del resguardo de los elementos más "sublimes" de la patria.

Si bien algunos autores sostienen que el nacionalismo del ejército español se materializó como un proceso de respuesta frente a la invasión napoleónica en la primera década del siglo XIX, fue la propia intención de los oficiales por asumir la realidad directa en el control del poder lo que se volvió con el tiempo en un fenómeno casi normalizado por la tradición.

Si bien las Fuerzas Armadas españolas encontraron en la defensa de la nación las bases para sus planteamientos nacionalistas, no fueron indiferentes a la influencia de otro tipo de nacionalismos europeos, principalmente a los construidos a partir de una matriz ideológica reaccionaria a la disolución de la patria, nacidas al amparo del giro decimonónico finisecular del siglo XIX, proveniente de los análisis biologicistas darwinianos, que presuponían la tesis de la exaltación de la raza y del Estado en forma.

"La consolidación de las civilizaciones y culturas, para el avance de las ciencias y para el progreso de la medicina. La guerra provoca grandes beneficios para los pueblos contendientes. Sin la guerra la humanidad no hubiese avanzado, pues la verdad hay que imponerla por la fuerza, no basta la razón"[13].

Su componente ideológico fue de carácter antisocialista y antiliberal. Presuponían que las ideologías que se abrían camino a través de la experiencia democrática conspiraban a favor de la disolución de la patria. El multipartidismo y la asociación de partidos no serían otra cosa que las aspiraciones lucrativas de ciertos sectores políticos. Para ello, estos fenómenos conducían inevitablemente a que la sociedad experimentara su decadencia.

"El Ejército será durante mucho tiempo y quizá ya para siempre, el apoyo robusto del orden social y un dique invisible contra los intentos ilegales del proletariado, que nada conseguirá con la violencia, salvo el inútil derramamiento de su propia sangre"[14].

La Fuerzas Armadas chilenas sufrieron hacia finales del siglo XIX un fenómeno de adoctrinamiento e influencia ideológica militar de esencia alemana. Proceso denominado en términos historiográficos como "prusianización"[15]. Después de su triunfo en la Guerra del Pacifico, Chile, tras haber derrotado a Perú y Bolivia en un sangriento conflicto, temía un posible ataque en múltiples frentes, conocido bajo los estudios militares como HVM3, o Hipótesis Vecinal Máxima. Una guerra en tres frentes, que incluyera a la Argentina, sería la peor experiencia a la que podría enfrentarse Chile.

---

[13] Declaraciones de Carrero Blanco. Tusell, J., Carrero. *La emergencia gris del régimen de Franco*, Madrid, Ediciones Temas de Hoy, 1993, p. 27.

[14] Declaraciones de Antonio Cánovas. Payne, S., *Los militares y la política en la España contemporánea*, Madrid, Sarpe, 1988, p. 60.

[15] Corvalán Márquez, L., "Profesionalización e Ideologización en el Ejército Chileno. Los orígenes de su asunción del concepto de enemigo interno", en *Revista Mapocho*, Santiago, 2005, p. 159.

Por ello, el gobierno de Chile tomo la decisión de contratar los servicios de un particular número de generales alemanes, tras los espectaculares triunfos conseguidos frente a las fuerzas francesas a mediados del siglo XIX en la sangrienta guerra franco-prusiana[16]. La recepción fue total. Se acuñaron los principios del nacionalismo alemán. Así, las Fuerzas Armadas tuvieron su primera oportunidad de intervenir en un proceso político como fue la quiebra del gobierno mesocrático de Alessandri en el año 1924, y dar paso a la instauración de una nueva Carta Fundamental un año más tarde. Los militares demostraban al mundo político estar nutridos de un fuerte componente ideológico. Carlos Ibáñez, general chileno admirador del fascismo italiano y conductor de este proceso, introducía reformas que no habían podido ser saldadas a través de la vía institucional en casi tres décadas.

Si bien estos planteamientos poseen ciertas particularidades tomando como base las realidades locales de ambos países, como el peso de su tradición histórica, ambos alzamientos militares presentaron una matriz común en la génesis de la constitución del poder: el denominado "Estado de Excepcionalidad".

El primer rastro sobre esta matriz de pensamiento la encontramos en Edmund Burke. Este escritor y pensador británico de la segunda mitad del siglo XVIII dio origen a la conocida "epistemología política"[17]. Un modelo de empirismo político que rechazaba abiertamente la pretendida nulidad que se hacía sobre la tradición legal consuetudinaria, en especial sobre los nuevos principios legalistas emanados de la Revolución Francesa. Para él, lo único que necesitaba el mal para triunfar, era que los hombres buenos no hiciesen nada. Como oposición a ello, contrapuso a los modelos constructivistas la historia real. Esta historia que ha pasado por generaciones, y que por ende posee un asidero histórico, encontraría su validez en la razón abstracta, impidiendo de esta forma ser borrada de manera radical.

---

[16] *Carta de Juan Guillermo Matta al Ministro de Guerra del Gobierno de Chile*. Berlín, octubre 07 de 1883. Folio 46. Ministerio de Guerra, Volumen 832. Archivo Histórico Nacional de Chile.

[17] Dotado de una profunda conciencia religiosa, a Burke le fue imposible aceptar la interpretación de la historia que ofrecían Voltaire y demás escritores de la Ilustración, y a través del elemento conservador que le proporcionaba Montesquieu con su interés en relacionar e interpretar los hechos y su respeto por la tradición, la imaginación filosófica de Burke lo llevaba a considerar la historia de la cultura como una trayectoria marcada por la sabiduría de Dios. Burke, E., *Reflexiones sobre la Revolución Francesa*, Madrid, 1989, p. 17.

El liberalismo habría buscado romper la tradición histórica. La democracia no cabría dentro de la realidad, y buscarla se mostraba como un fenómeno contra los hechos concretos. El racionalismo abstracto constituiría una lógica inaplicable. Sólo el orden tradicional empírico que nace de la realidad es lo que verdaderamente funciona. Para este pensador, el hecho de que la doctrina liberal fuera inaplicable a la realidad, no involucraba que ella fuese necesariamente inofensiva. Al penetrar en las altas esferas, buscaría ponerse en práctica a través de la articulación de partidos, reproduciendo con ello la división de la sociedad.

La matriz explicativa para esta corriente de pensamiento encuentra su origen en el llamado "Orden Tradicional". Éste operaría como una comunidad intergeneracional, es decir a través de la materialización del vínculo entre los muertos, los vivos y los venideros. Esa unión estaría constituida por factores tales como la idiosincrasia, la estética, la religión, entre otros elementos.

Este orden tradicional, nacido como el resultado de la experiencia proporcionada por la trayectoria histórica, por la que han transitado las sociedades, se habría conceptualizado posteriormente bajo los términos de "Nación". La pretendida disolución, producida por la ambición y enfrentamiento de diferentes grupos al interior de ésta, sería fruto de la infiltración de ideas extranjeras que ninguna relación poseerían con los valores más íntimos de cada nación[18]. Una sola generación no poseería el pretendido derecho a demoler lo que tantas generaciones previas han construido, y que las venideras estarán por hacer. La modernidad indefectiblemente terminaría destruyendo a la tradición. La decadencia encontraría su origen en el alejamiento de ésta, es decir, en el alma misma de la nación.

El creador del concepto tradicionalista del orden natural es Dios, por lo cual cuestionar el orden natural y jerárquico que se reproduce en el interior de las sociedades es ir contra la voluntad de éste. Quienes cuestionaron este

---

[18] "La materialización principal de estas teorías en América Latina fue el surgimiento de las dictaduras de las Seguridad Nacional. Éstas, en efecto, se concibieron a sí mismas como partícipes de una guerra en contra de la subversión y la conspiración universal comunista. De ahí que asumieran la tarea de destruir a ese enemigo, concebido no sólo como un elemento foráneo que actúa infiltrado, sino que, a la par, como el supremo mal que amenaza desde dentro al supremo bien, que es la nacionalidad, la religión, la familia, la propiedad, la moral, etc.". Corvalán Márquez, L., "La tesis sobre la conspiración del mal absoluto como recurso de la violencia extrema desde el Estado", *Revista de Humanidades Mapocho*, Santiago, 2003, p. 18.

orden natural fueron los filósofos ilustrados, que conceptualizados bajo términos demoníacos, representarían el mal sin límites. Estos filósofos racionalistas habrían deseado destruir la Iglesia, la monarquía absoluta, y para lograr sus fines buscaron organizar sectas masónicas, difundiendo un tipo de literatura que terminó por destruir el andamiaje religioso de la sociedad, infiltrándose en las elites intelectuales y en la clase alta, la que a su vez terminó traspasando este mensaje a la servidumbre y con ello al pueblo, desembocando, finalmente, en la revolución. Un caso concreto que ejemplificaría lo antes señalado nace de las propias reflexiones de E. Burke ante los acontecimientos desatados por la Revolución Francesa, que difundida por toda Europa habría puesto en peligro la existencia del resto de las monarquías. La destrucción de ésta como la de su legado revolucionario se hacía imperiosa. Representaba la encarnación del mal absoluto.

Ante la urgente necesidad de restaurar el orden y el derecho consuetudinario, la sociedad se enfrenta en un conflicto decisivo para su subsistencia, que sólo podría ser resuelto a través de la reacción de la tradición. Sin embargo, la democracia ha corrompido la virtud de los hombres que han tendido a olvidar su pasado. Se hacía necesario confiar esta tarea "salvífica" a aquellos sectores que fuesen reconocidos como los últimos baluartes de la patria: las Fuerzas Armadas.

La tarea por resolver este conflicto puede ser rastreada a través de la corriente de pensamiento del jurista alemán Carl Schmitt, pensador adscrito a la escuela del llamado "realismo político", que centró sus reflexiones en los avatares políticos de su país y en toda la Europa del siglo XX.

La lógica del enfrentamiento en el interior de la sociedad entre el peso de su historia y el intento de aquellos elementos que luchan por destruirla es conceptualizada en términos de confrontación dialéctica, entre lo que él denominó como el Bien y el Mal absoluto. En una coyuntura determinada, se vivirían momentos de enfrentamiento entre ambas, en la cual no cabe transacción posible alguna. Ante ello sólo cabe precipitar el enfrentamiento a través de una decisión salvadora, encaminada a restaurar el orden perdido, considerado natural e intrínsecamente bueno[19]. En este contexto, que pone a la sociedad al borde de la disolución, se entendería la entronización de un

---

[19] Corvalán Marquéz, L. "La Democracia como antivalor", *Revista Mapocho*, N° 45, Santiago, 1999, p. 153.

principio de restauración, que es validado bajo la situación de un estado de emergencia. Esto es denominado bajo la conceptuación dada por Schmitt como "Estado de Excepcionalidad"[20].

Bajo la lógica de los estados jurídicos de excepcionalidad, está permitida la restricción sustancial de los derechos de la persona, independiente de su calidad de inalienabilidad, reduciendo decisiones de tipo moral a procedimientos meramente jurídicos, lo que permite al gobierno constituido ante la crisis violentar los derechos humanos a través de un procedimiento normalizado ante la ley. El papel salvífico no es natural a cualquier individuo. El don es propio de algunos hombres que poseen características excepcionales, dada la tarea mesiánica que se les confía. Para Schmitt esta labor debe ser secundada por las Fuerzas Armadas. Estos principios, que representan las bases de las corrientes nacionalistas, fueron recepcionados por ideólogos y pensadores tanto de España como de Chile, que influyeron de manera decisiva en el patrón argumentativo utilizado por éstos para legitimarse en el poder.

En el caso de España, el concepto de nacionalismo proviene de su identificación con la tradición católica, que se sustenta a través del pensamiento escolástico y neoescolástico, dividiendo a la nación entre patriotas y antipatriotas. Juan Donoso Cortés ya lo advertía, argumentando que "toda cuestión política era primero una cuestión teológica"[21]. Algo similar expresaba Ramiro de Maeztu, quien más cercano a las letras que a la acción política, sustentaba la idea que el ser de la nación como identidad se encontraba vinculado con el catolicismo. El "no ser" es la pérdida de la identidad es decir la recepción de lo extranjero.

El mismo fundador de la Falange, José Antonio Primo de Rivera, afirmaba que frente a la crisis era necesaria una revolución nacional acorde con la tradición, representando una voluntad nacional sobre las derechas e izquierdas, que simbolizaría a la nación como unidad. Para ello el Estado debe ser la expresión de esta unidad y su impulsor. La diversidad política constituiría un antivalor, ya que disgregaría a la patria. Ante esto, el Ejército tendría un rol fundamental, ya que por su permanencia histórica ante la crisis, debe reemplazar al Estado inexistente[22].

---

[20] "Soberano es quien decide acerca de la situación de excepcionalidad". Véase en Schmitt, C. *Teología Política*, Buenos Aires, Ediciones Struhart y Cía., 1985.

[21] Véase Larios Mengotti, G., *Donoso Cortés. Juventud, política y romanticismo*, Bilbao, 2003.

[22] "Mientras el orden no esté asegurado y el régimen naciente triunfante, serán preferente atención

De acuerdo con los principios fascistas, para el éxito de la tarea, se debería reemplazar el sistema de partidos por el corporativismo, ya que sólo a través de éste se conseguiría promover la participación de la comunidad nacional en organismos nacionales y medios, impidiendo las luchas sectoriales en el interior de la sociedad. Esto es lo que diferenció el fascismo con el decisionismo español, ya que el corporativismo se convertía en una barrera contra la omnipotencia estatal planteada por el primero.

Una revolución nacional ha cambiado la fisonomía de nuestro país, y en la España Nacional se ha establecido un régimen nuevo, que se basa en principios tradicionales y patrióticos, que son nervio de nuestra Historia, así como en los puros principios del derecho, y hay una garantía efectiva para la sociedad y para las relaciones internacionales de todo orden, reinando con una autoridad efectiva la tranquilidad y el bienestar. En la España roja nada queda de la legalidad pretendida; los extranjeros mandan los ejércitos, la anarquía reina en sus campos y ciudades, ninguna de las leyes fundamentales de la nación está en vigor: no se respeta ni la religión, ni la familia, ni la propiedad, y las organizaciones anarquistas y marxistas asaltan, roban, matan, muchas veces con la complicidad del Gobierno[23].

La tarea de los militares conllevaba un objetivo superior. No se podía analizar ni enjuiciar sus actos con criterios racionales, dada la grandeza de la tarea: sólo Dios y la historia. Se buscó descalificar al enemigo tomando sus argumentos como los gérmenes del mal, que habrían producido el caos y el conflicto en la sociedad. Lo que se buscó plasmar fue el sello de restauración nacional, y para ello los sublevados acuñaron el concepto de la "Santa Cruzada". Un movimiento nacional que permitiese al país constituirse nuevamente en el seno de su tradición. El camino elaborado por los sublevados fue

---

de los militares en todos sus grados y clases los servicios de organización, vigilancia y orden público, debiéndose suspender toda instrucción o acto que entorpezca estos fines, sin que ello signifique entregar las tropas a la molicie ni abandonar la misión profesional. Por encima de toda advertencia están las medidas que el patriotismo, inteligencia y entusiasmo por la causa sugiera a cada uno en momentos que no son de vacilar, sino de jugarse el todo por el todo, es decir la vida por la patria". Díaz Barrado, M., *Palabra de Dictador. General Primo de Rivera: análisis de discursos (1923-1930)*. Cáceres, Universidad de Extremadura, 1985.
[23] Discurso pronunciado por Francisco Franco, "En España amanece", véase: http://www.generalisimofranco.com/discurso3.htm

el de la santa misión, entendida como una cruzada de violencia para la cual el exterminio del infiel suponía una tarea avalada por Dios.

Así, la reacción por la defensa de los elementos "más sublimes de la tradición", se consolidó como el instrumento propagandístico de guerra más valioso para los militares. Permitió engarzar conceptos disímiles como Patria, Estado, Nación, Imperio o Religión, que se consagraron finalmente bajo el concepto de "Hispanismo". Éste, posteriormente, se transformaría en un mito de referencia constante para la ideología franquista.

"Sin embargo es consolador ver cómo muchos mueren, mejor dicho la totalidad. Todos se confiesan, y alguna de las muertes han sido edificantes y sobremanera consoladoras"[24].

Para el caso de Chile, la recepción de estas matrices para un pensamiento antidemocrático se produjeron, como hemos señalado anteriormente, desde finales del siglo XIX. El peso del Hispanismo en este país no tuvo el mismo efecto que en otras naciones. El trabajo que venía haciendo el Instituto de la Hispanidad con sede en Madrid desde 1940, sobre América Latina, se vio frenado con el triunfo del Frente Popular chileno en las elecciones de 1939. El franquismo efectivamente había penetrado en la sociedad chilena, pero no en todo los estratos. La recepción de esta corriente estuvo especialmente en manos de académicos e intelectuales de la Universidad Católica de Chile.

Personajes como el sacerdote Osvaldo Lira permearon el pensamiento político conservador chileno. Tradicionalista hispano-franquista de fuertes principios "preconciliares", rechazó tenazmente las reformas sustentadas por el Concilio Vaticano II. Era imperioso mantener el resguardo sobre los principios del conservadurismo, y con él los de laIglesia frente al avance del comunismo en las instituciones eclesiásticas. Para él la España de Franco representaba el modelo de idealismo político. Defensor de la tradición y un catolicismo fervoroso. Lira había tenido la oportunidad de instruirse en el franquismo, realidad que experimentó al establecerse en España. La Escuela de Vázquez de Mella influyó de manera radical en su pensamiento, que pon-

---

[24] Declaración de Bernabé Copado, P. Capellán militar de la columna de Redondo. Espinosa, F., *La justicia* (...), p. 269.

dría en práctica a su regreso a Chile en la década de los sesenta[25]. Fenómenos como éste fueron otorgando las bases para la renovación del pensamiento político conservador de la derecha chilena.

Sin embargo, el principal gestor y articulador del nuevo pragmatismo de la derecha, y que posteriormente lo llevó a convertirse en el ideólogo de la dictadura militar chilena, fue el jurista Jaime Guzmán. Guzmán, que fue alumno y discípulo de Osvaldo Lira en la Escuela de Derecho, tuvo la singularidad de dar nacimiento a la nueva fisonomía de la derecha. La influencia de Lira fue decisiva en la mentalidad de Guzmán. Preocupado ante el avance de las ideologías de izquierda sobre el país, como el peso del totalitarismo internacional que demostraba cernirse sobre las sociedades, vio en la renovación de la derecha el freno a estos fenómenos.

Pare ello se dio a la tarea de refundar a la oposición, a través de un blindaje social de tipo popular. La idea sobre una "derecha de masas" constituía la clave para detener la decadencia a la que era arrastrado el país. La organización del mediano y gran empresariado a través de gremios, como a su vez la articulación de la resistencia en el mundo universitario, lo llevaron a rechazar por un período prolongado la lógica de la organización partidista[26]. Este fenómeno se convertiría, posteriormente, en uno de los principales problemas a los que se que enfrentaría la Unidad Popular. Su estrategia fue la de siempre: presentarse como un hombre "apolítico" frente a las circunstancias de crisis.

Tras el golpe militar de septiembre de 1973, Guzmán es llevado como asesor político del general Leigh, y posteriormente de Pinochet. Su obra principal fue la de convencer a los militares que, dado el estado de excepcionalidad por la cual atravesaba el país, el nuevo gobierno no debía orientar su tarea hacia la restauración de la institucionalidad quebrantada, sino por el contrario, debía darse al plan de constituir un nuevo régimen prescindiendo para ello de todo enfoque o componente demoliberal.

---

[25] Véase Lira, O., *Nostalgia de Vázquez de Mella*, Santiago, Andrés Bello Editorial, 1979.
[26] Véase Rubio Apiolaza, P., *El Movimiento Gremial de la Universidad Católica: Algunos aspectos de su propuesta ideológica (1966-1970)*, Santiago, Dibam Ediciones, 2006.

Dentro del marco expuesto en el punto anterior, el Gobierno de las Fuerzas Armadas y de Orden ha asumido la misión histórica de dar a Chile una nueva institucionalidad que recoja los profundos cambios que la época contemporánea ha ido produciendo. Sólo así será posible dotar a nuestra democracia de una sólida estabilidad, depurando a nuestro sistema democrático de los vicios que facilitaron su destrucción, pero trascendiendo a una mera labor rectificadora, para entrar de lleno en el audaz campo de la creación[27].

Este tipo de construcción discursiva nacido bajo los principios de excepcionalidad, que fue materializada por los militares a partir de septiembre de 1973, pretendió justificar las acciones de las Fuerzas Armadas a través del argumento de que se trataba de una tarea de carácter "ineludible" para el restablecimiento del orden. Se acudía para ello a los fundamentos que se desprenden de los principales patrones argumentativos sobre la conspiración del mal absoluto, que plantearon autores como Burke, Schmitt, Donoso Cortés, Vázquez de Mella, entre otros autores.

5. Articulación de un proceso

A modo de conclusión es preciso hacer algunas reflexiones finales. Si bien ambos procesos históricos están condicionados por los particularismos que nacen como fruto de las realidades y circunstancias locales a las cuales se adscriben, los fenómenos internos sobre la constitución del poder estuvieron condicionados por la existencia de patrones análogos, que pretendo resumir brevemente aquí.

El intervencionismo militar es un fenómeno histórico presente en ambas naciones. El legado, basado en el derecho consuetudinario de éstas para intervenir en la acción pública, fueron otorgándole de forma gradual y de manera creciente potenciales cuotas de poder. Ello los condujo a sentirse responsables sobre la resolución de los fenómenos políticos, cuando bajo su óptica apremiase la intervención.

---

[27] Fragmento del discurso de Augusto Pinochet: "Una Nueva Institucionalidad: tarea para el actual gobierno", *Declaración de Principios del Gobierno Militar*, Santiago, 11 de marzo de 1974.

Un segundo fenómeno es la contradicción social-tradicional que significó la instauración de proyectos políticos de tipo constructivistas. Modelos que contrariaron de manera radical el peso de la tradición de ambos países, y se convirtieron en un obstáculo para el consenso y el desarrollo de los procesos. La instauración de la República en el caso español, después de décadas de legado monárquico, se materializó en una fractura profunda en el interior de la sociedad, que posteriormente acabaría en una guerra civil. Para el caso chileno, el triunfo del marxismo por la vía democrática institucional se convirtió en un fenómeno de expectación mundial, no sólo por haber puesto en práctica la experiencia socialista-democrática más peculiar de la historia bajo la Guerra Fría, sino también por su posterior legado de muerte en el que se hundiera tras el golpe de Estado en septiembre de 1973.

El tercer y último fenómeno que debe conducirnos a reflexionar es el peso ideológico de las instituciones castrenses y la influencia del pensamiento conservador revolucionario articulado por la derecha. En ambos proyectos democráticos, el pensamiento político militar terminó fusionándose al pensamiento nacionalista más extremo de la derecha local. Ésa fue la base argumentativa para el alzamiento y terminó convirtiéndose en la plataforma ideológica para la posterior sustentación de los regímenes militares en ambos países.

Si bien hoy analizamos estos argumentos en términos de factores que promovieron la articulación del movimiento sublevado, para el período de estudio en cuestión operó como el caballo de batalla de los alzados. En ambos casos se buscó hacer interpretar las ambiciones y deseos de las Fuerzas Armadas como los de toda una sociedad[28]. Esto, que formó parte de una verdadera propaganda, terminó constituyéndose en un legado imborrable para la historia de ambas naciones.

---

[28] "El nacionalismo utilizó estereotipos como el legado de José Antonio, la revolución pendiente o el mito de la Cruzada de Liberación, para encubrir la existencia de una guerra civil y el carácter sedicioso de su levantamiento contra un gobierno legítimo, tanto como para asentar la idea de que sus combatientes defendían valores tan trascendentales y connaturales a España como los religiosos, los raciales, los imperiales, los de unidad". Hinojosa J., "De Franco a Pinochet. Un proyecto cultural franquista en Chile", en *Hispanismo en Fascistizacion: Dictadura de Primo de Rivera y Segunda República*, Barcelona, 2005, pp. 29-35.

"A los que así proceden, yo les pregunto: ¿Cómo va a procurar el bien común un Estado cuya inseguridad llegara a colocarlo al borde de la disolución o del caos? ¿No es acaso un supuesto indispensable de todo ser que busca su perfección y desarrollo el asegurar primeramente su propia subsistencia?

Es como fruto del análisis precedente que se comprende también que, ante el marxismo convertido en agresión permanente, resulte imperioso radicar el poder en la Fuerzas Armadas y de Orden, ya que sólo ellas cuentan con la organización y los medios para hacerle frente. Ésa es la verdad profunda de lo que está aconteciendo en gran parte de nuestro continente, aunque algunos rehúsen reconocerlo públicamente"[29].

Pese a no existir un paralelismo histórico en el desarrollo de estos dos casos en estudio, es importante destacar que la experiencia franquista sirvió como un referente histórico para Chile. No sólo se habían recepcionado las principales matrices del pensamiento hispanista, sino también su accionar, en términos de pragmatismo, que fueron fundamentales para hacer efectivo el alzamiento.

La coordinación militar fue un elemento decisivo para el triunfo. Chile al cabo de unos años se convirtió en el modelo de enfrentamiento al marxismo latinoamericano. El rápido control militar ejercido sobre la sociedad, como la consolidación normalista-jurídica alcanzada en menos de un año, que le otorgaron las bases para su desenvolvimiento, la llevaron a ser calificada ordinariamente por algunos círculos intelectuales como "la dictadura perfecta".

"La alternativa de una sociedad de inspiración marxista debe ser rechazada por Chile, dado su carácter totalitario y anulador de la persona humana, todo lo cual contradice nuestra tradición cristiana e hispánica[30]".

España se había convertido en el estereotipo de Chile. Su posterior quiebre ponía en alerta la sustentación de la matriz antidemocrática que había consolidado de manera efectiva el caudillo español, y que Augusto Pinochet

---

[29] *Chile marcha hacia el futuro*, discurso de Augusto Pinochet pronunciado con motivo del "tercer aniversario de la liberación nacional", el 11 de septiembre de 1976.

[30] Fragmentos del discurso de Augusto Pinochet. Véase *Chile en el contexto mundial: bases para una definición*, en *Declaración de principios del gobierno de Chile*, Santiago, marzo 11 de 1974.

había recepcionado de manera tan fervorosa a comienzos de 1974, con su "declaración de principios", adoptando en un potencial grado las matrices organizadoras del gobierno español.

La muerte de Francisco Franco generó una reacción generalizada en el mundo militar chileno. Representaba la pérdida de un modelo que había sabido, de manera perfecta, articular el discurso nacionalista frente al combate extranjerizante sustentado por el marxismo-leninismo, y que para ello, no había escatimado en apelar a los principios esenciales de la tradición nacional, así como Augusto Pinochet tampoco lo hizo al declarar sobre esta noticia.

> Deseo informar al país que, movido por un profundo sentimiento de afecto a nuestra Madre Patria, hoy dolida por la pérdida del Generalísimo Francisco Franco e interpretando el sentir del pueblo de Chile, he decidido viajar a Madrid. España durante mucho tiempo ha sufrido, como nosotros sufrimos hoy, el intento perverso del marxismo que siembra el odio y pretende cambiar los valores espirituales por un mundo materialista y ateo.
>
> El coraje y la fe que han engrandecido a España, inspira nuestra lucha actual. Por eso concurro en representación del pueblo y Gobierno chilenos, a rendir homenaje a este guerrero que sorteó las más fuertes adversidades, y también entregar nuestros mejores deseos y augurios a la España de hoy, de mañana y de siempre[31].

Así, la admiración que Augusto Pinochet profesaba por Franco, se reflejó en la pretendida inspiración de su Gobierno frente a la dictadura española. Chile no sólo tendió a refundar el Estado, sino también su cultura y mentalidad. Para ello tomó como base el pensamiento tradicionalista español, en específico el discurso hispanista.

Las matrices para un pensamiento antidemocrático, si bien poseen la característica de ser en su esencia franco-alemanas, fueron recepcionadas por un singular número de ideólogos locales, que haciendo suyo el discurso de la restauración del orden tradicional, supieron sentar las bases para el despliegue de un nuevo orden. El nacionalismo español apeló a los términos del hispanismo, así como Pinochet, imbuido de un espíritu de restauración y de combate frente al marxismo, conceptualizó estos principios bajo el precepto de chilenidad. Una cruzada que redujo el enfrentamiento político-ideoló-

---

[31] Augusto Pinochet. *Declaración de la Secretaria de la Presidencia, ante la muerte de Francisco Franco*, reproducidas por diario *El Mercurio*, cuerpo I, 21 de noviembre de 1975.

gico a la dialéctica maniquea entre el bien y el mal absoluto. Ésta es la génesis de la constitución del poder, una construcción ideológica que ronda como un fantasma en la historia de ambas naciones.

Terminamos nuestra exposición con las palabras de Pinochet tras asistir, en noviembre de 1975, al sepelio de Francisco Franco en Madrid:

> "Quise cruzar el Atlántico para estar sólo unas horas en territorio español a fin de rendir póstumo y emocionado homenaje a un estadista que se distinguió por su lucidez y coraje para defender el patrimonio de su pueblo y de la civilización cristiana, y para luchar sin desmayos en contra del enemigo comunista"[32].

---

[32] Declaraciones públicas de Augusto Pinochet presentadas a su regreso de España. Diario *El Mercurio*, cuerpo I, 25 de noviembre de 1975.